Peter Gentsch/Sue Lee (Hrsg.)

Praxishandbuch Portalmanagement

M °/.

D1727537

Peter Gentsch/Sue Lee (Hrsg.)

Praxishandbuch Portalmanagement

Profitable Strategien für Internetportale

GABLER

Bibliografische Information Der Deutschen Bibliothek
Die Deutsche Bibliothek verzeichnet diese Publikation in der Deutschen Nationalbibliografie;
detaillierte bibliografische Daten sind im Internet über <http://dnb.ddb.de> abrufbar.

1. Auflage 2004

Alle Rechte vorbehalten
© Betriebswirtschaftlicher Verlag Dr. Th. Gabler/GWV Fachverlage GmbH, Wiesbaden 2004

Lektorat: Jens Kreibaum

Der Gabler Verlag ist ein Unternehmen von Springer Science+Business Media.
www.gabler.de

Das Werk einschließlich aller seiner Teile ist urheberrechtlich geschützt. Jede
Verwertung außerhalb der engen Grenzen des Urheberrechtsgesetzes ist ohne
Zustimmung des Verlags unzulässig und strafbar. Das gilt insbesondere für
Vervielfältigungen, Übersetzungen, Mikroverfilmungen und die Einspeicherung
und Verarbeitung in elektronischen Systemen.

Die Wiedergabe von Gebrauchsnamen, Handelsnamen, Warenbezeichnungen usw. in diesem Werk
berechtigt auch ohne besondere Kennzeichnung nicht zu der Annahme, dass solche Namen im
Sinne der Warenzeichen- und Markenschutz-Gesetzgebung als frei zu betrachten wären und daher
von jedermann benutzt werden dürften.

Umschlaggestaltung: Nina Faber de.sign, Wiesbaden
Satz: Fromm MediaDesign, Selters/Ts.
Druck und buchbinderische Verarbeitung: Wilhelm & Adam, Heusenstamm
Gedruckt auf säurefreiem und chlorfrei gebleichtem Papier
Printed in Germany

ISBN 3-409-12454-3

Vorwort

Nach der ersten Phase der Internetportale, die dadurch gekennzeichnet war, dass viele Unternehmen ein Internetportal als „Must be" im Zuge der allgemeinen Internet-Entwicklung entwickelt haben, stellt sich nun zunehmend die Frage der gezielten Kapitalisierung der Portale. Wie lassen sich systematisch quantitative und qualitative Nutzeffekte durch die Internetportale erzielen: Wie lässt sich die Kundenzufriedenheit und -bindung erhöhen? Wie lassen sich bestimmte Prozesse über das Internetportal effizient und damit kosteneinsparend abwickeln? Wie können Internetportale genutzt werden um als Value Channel Umsatzsteigerung zu erzielen? Die Beantwortung dieser Fragen ist auch aus der Argumentationslogik des Investitionsschutzes zwingend notwendig. Viele Unternehmen haben viel Zeit und Geld in die Entwicklung von Portalen gesteckt. Es stellt sich nun die Frage, wie sich entsprechende ROI-Potenziale realisieren lassen.

Die zweite Generation der Internetportale muss durch klare Mehrwerte wie personalisierte Bundel bestehend aus Content, Commerce und Community, gezielte Produkt- und Leistungsangebote, Prozessverbesserung in Hinblick auf Qualität, Zeit und Kosten ihr Business-Potenzial aufzeigen.

Ziel des vorliegenden Buches ist es, sowohl Unternehmenspraktikern und Professionals als auch Studierenden der Wirtschaftswissenschaften und der Informationstechnologie einen Überblick über die verschiedenen Aspekte des Managements von Internetportalen zu geben und Hilfestellung und Anregungen für ein erfolgreiches Portalmanagement zur Verfügung zu stellen. Mit dem „Praxishandbuch Portal Management" wollen wir grundlegende Strategien, Herausforderungen, Trends und Entwicklungen in den Themenbereichen Geschäfts- und Erlösmodelle, Finanzierungs- und Rechtsfragen, Marketing und technologische Plattform abbilden. Alle Aspekte des facettenreichen Portalmanagements abzubilden, ist in einem Band kaum möglich. Wir hoffen dennoch, es ist uns weitgehend gelungen.

Wir danken den zahlreichen renommierten Experten aus Wissenschaft und Praxis, die mit ihren Beiträgen dazu beigetragen haben, ein möglichst rundes Bild vom vielseitigen Portalmanagement zu schaffen und für Aktualität und Qualität des Werkes stehen.

Im ersten Teil führt *Prof. Dr. Dirk Stelzer* in das Themengebiet der Portale ein und gibt einen Überblick über verschiedene Begriffsverständnisse sowie Arten von Portalen. Dabei sollen Fragen wie: Was versteht man unter einem Portal? Wie lassen sich Portale z. B. von Startseiten, Homepages oder elektronischen Marktplätzen unterscheiden? Welche Klassen von Portalen gibt es? Welchen Zielen dienen und welche Funktionen erfüllen Portale? beantwortet werden.

Thorsten Gurzki beschreibt Funktionsweisen und Aufbau von Portalsoftware sowie wichtige Funktionalitäten und Anforderungen an die Portaltechnologie wie Struktur- und Layout-Management, Content Management, Suchfunktionalität, Rechte- und Benutzerverwaltung sowie Prozessunterstützung, Integration von Systemen und den Auswahlprozess für Portalsoftware.

Im zweiten Teil beschreibt das Management von Portalen, insbesondere rechtliche Fallstricke, Portalsicherheit, strategische Positionierung und Finanzierung sowie das Prozessportal-Management. *Dr. Ivo Geis* geht in seinem Beitrag „Das Recht von Websites und Portalen" insbesondere auf rechtliche Grundlagen des Internetrechts ein sowie Informations- und Unterrichtungspflichten, Verantwortlichkeiten von Portalbetreibern sowie Domainrechte.

Stefan Bohlmann und *Heiko Stock* beschreiben Sicherheitsrisiken und entsprechende Abwehr-Maßnahmen innerhalb des zunehmend virulenten Themas „Security", einem zentralen Thema für Unternehmen, die auf der Basis immer intensiverer Zusammenarbeit mit Kunden und Partnern Services im Internet bereitstellen und damit Gefahr laufen, ihre Vertrauensstellung durch leichtfertigen Umgang mit sensiblen Geschäftsdaten zu beeinträchtigen.

Professor Bernhard Wasmayrs Beitrag geht zunächst auf verschiedene Finanzierungsphasen im Unternehmensaufbau ein. Anschließend werden die zur Verfügung stehenden Finanzierungsquellen und -alternativen dargestellt und in Bezug auf ihre Eignung zur Finanzierung von E-Commerce-Geschäftsmodellen kritisch bewertet. Eine Darstellung der potenziellen Kapitalgeber und ihrer jeweiligen Interessenslage schließt sich an. Abschließend werden typische Finanzierungsstrukturen von Portalmodellen aufgezeigt und durch Empfehlungen zur zukünftigen Gestaltung von Finanzierungen im Bereich E-Commerce abgeschlossen.

Professor Stefan Jugel beleuchtet zunächst einige grundlegende Aspekte im Umgang mit Beteiligungskapital. Dabei kommt der Kommunikation der Geschäftsidee eine maßgebliche Bedeutung zu. Die Praxis zeigt, dass gerade hier große Defizite festzustellen sind. Viele Internetunternehmen haben Schwierigkeiten darzustellen, was das Einzigartige ihrer Tätigkeit in Abgrenzung zum Wettbewerb ist. Wie will man aber einen potenziellen Investor überzeugen, wenn man ihn nicht zu informieren und zu begeistern versteht? Als Hilfestellung hierzu zeigt der Beitrag ein strukturiertes Vorgehen auf, wie Unternehmen die Argumentation ihrer Einzigartigkeit, ihrer Unique Selling Proposition, erarbeiten können.

Gerald Wieder beschreibt in seinem Beitrag den Weg vom Intranet zum Prozessportal, welche Geschäftsprozesse sich für eine Portalunterstützung eignen, warum Prozesse durch webbasierte Dienste besser funktionieren, wie Inhalte des Prozessportals als Grundlage für Kundenportale genutzt werden können, und zeigt eine geeignete Methodik zur Ermittlung und quantitativen Bewertung des Nutzens von Prozess- und Mitarbeiterportalen auf.

Professor Christian Bachem beschreibt in seinem Beitrag die Einordnung, Abgrenzung und Bedeutung des Multichannel-Marketing sowie Potenziale, Multichannel-Strategien und Entwicklungsperspektiven im Rahmen der konsequenten und vollständigen Einbindung von Portalen in die Kunden- und Geschäftsprozesse der Unternehmen.

Christoph Hammer und *Marco Schmoecker* beschreiben in ihrem Beitrag „Navigation als Instrument der Kundenführung und -bindung", welche Möglichkeiten sich einem Unternehmen bieten, Kunden intelligent zur gewünschten Information zu führen, und geben Empfehlungen wie sich eine gute Nutzerführung kapitalisieren lässt.

Der Artikel von *Dr. Abdi Scheybani* zeigt die Praxisrelevanz von Recommender-Systemen im Kontext von Kundenportalen auf, vermittelt einen Überblick zu deren unterschiedlichen funktionalen und technischen Ausprägungen und erörtert die Fallstricke bei der Implementierung von Recommender-Systemen. Darüber hinaus werden branchenspezifische Anwendungsbedingungen bei der Einführung dieser Systeme exemplarisch betrachtet.

In dem Beitrag „Service-Portale im Maschinenbau" beschreibt *Dr. Rainer Bamberger* den Leitbildwechsel im Maschinenbau: vom dienstleistenden Produzenten zum produzierenden Dienstleister, die Entwicklung einer Servicestrategie und die Unterstützung durch Service-Portale sowie deren Funktionen.

Detlef Müller-Solger beschreibt Herausforderungen von E-Government-Portalen. Neben theoretischen Grundlagen geht es um die praktische Umsetzung und um Wege zur optimalen Ausnutzung der neuen Informationstechnologien. Unter Berücksichtigung des Themas Bürgerportale stehen dabei Hinweise zur Entwicklung von Lösungen an der Schnittstelle zwischen den einzelnen Akteuren des Staates im Vordergrund.

Der vierte Teil „Wissens- und Kompetenzmanagement mit Portalen" beschäftigt sich mit dem Wissensmanagement in Intranets, Mitarbeiterportalen und Extranets. In dem Beitrag von *Dr. Winfried Felser* geht es um die fundamentale Begründung von Portalen im Bereich des Wissensmanagements. Dabei geht Felser vom Leitbild der Kompetenten Gesellschaft aus, auf dessen Basis er zeigt, welche konkreten Anforderungen an die Portal-Technologien und Portal-Architektur gestellt werden.

Dr. Bernd-Ulrich Kaiser beschreibt in seinem Beitrag „Architektur eines Mitarbeiterportals" unter anderem Zielsetzungen, Herausforderungen, das inhaltliche, organisatorische und technische Konzept von Mitarbeiterportalen sowie die Umsetzung am Beispiel des Mitarbeiterportals der Bayer AG, myBayNet.

Professor Martin Grothe beschreibt in seinem Beitrag „Extranet-Portale: Communitykonzepte und Perspektiven durch Collaboration und Blended Learning" Ziele, Erfolgsfaktoren sowie Funktionsmodelle und Betriebskonzepte von Extranet-Portalen und geht insbesondere auf den nicht-materiellen Nutzen und den Return-on-Investement ein.

Last but not least beschreibt *Sebastian Grimm* zukünftige Herausforderungen, Treiber und Trends im Portalmarkt. Dabei werden diesen Trends auf Kundenseite, die Trends bei den Betreibern von Portalen, also Unternehmen, Behörden oder andere Gruppen, gegenübergestellt, um daraus Ableitungen für die Entwicklungen im Portalmarkt zu treffen.

Dieses Werk wäre nicht möglich gewesen ohne die Unterstützung zahlreicher Expertenkollegen, Freunde und der Familie. Unser besonderer Dank gilt Herrn Lenny Ghersi für die konzeptionelle Unterstützung und unserem Lektor Herrn Jens Kreibaum.

Berlin und Wiesbaden im März 2004

Peter Gentsch und *Sue Lee*

Inhaltsverzeichnis

Erster Teil

Portale: Einführung, Architekturen und Technologien

Dirk Stelzer
Portale – Einführung und Überblick

Thorsten Gurzki
Portaltechnologie

Dirk Stelzer

Portale – Einführung und Überblick

1.   Einleitung

Der folgende Beitrag gibt eine Einführung in das Themengebiet Portale und einen Überblick über verschiedene Begriffsverständnisse sowie Arten von Portalen. Im Einzelnen sollen folgende Fragen beantwortet werden:

- Was versteht man unter einem Portal?
- Wie lassen sich Portale von anderen Gegenständen unterscheiden, die häufig in einem Atemzug mit Portalen genannt werden, z. B. Startseiten, Homepages oder elektronische Marktplätze?
- Welche Klassen von Portalen lassen sich unterscheiden?
- Welchen Zielen dienen und welche Funktionen erfüllen Portale?

2.   Erörterung des Begriffs Portal

Der Begriff Portal wird sowohl im Zusammenhang mit der Gestaltung von Bauwerken als auch im Zusammenhang mit der Gestaltung von bestimmten Seiten im World Wide Web[1] verwendet.

2.1   Traditionelle Portale

Schlägt man in Lexika unter dem Stichwort Portal nach, so findet man dort üblicherweise folgende Beschreibungen:

Ein Portal ist ein durch architektonische Gliederung oder plastischen Schmuck hervorgehobener Eingang von Tempeln, Kirchen, Palästen und ähnlichen Bauwerken. Während sich die architektonische Gestaltung von Portalen von der Antike, über die Romanik, Gotik, Renaissance und Barock bis in die Neuzeit wandelte, blieb die wesentliche Funktion der Portale im Laufe der Zeit konstant, nämlich einen eindrucksvollen Eingang zu einem dahinter liegenden, räumlich abgegrenzten und inhaltlich zusammenhängenden Bereich zu kennzeichnen.

Aus diesen Beschreibungen lassen sich verschiedene charakteristische Merkmale eines Portals ableiten:

- Ein Portal ist ein optisch hervorgehobener Eingang.
- Dieser Eingang dient einer Vielzahl von Nutzern.
- Nachdem die Benutzer ein Portal passiert haben, erwartet sie eine Menge inhaltlich zusammenhängender und miteinander verbundener Bereiche.

---

1   Die Begriffe World Wide Web, Web und WWW werden im Folgenden synonym verwendet.

2.2   Digitale Portale

Ein digitales Portal wird oft auch als „Gateway" oder Eingangstor zu Teilen des Internets[2] bezeichnet. In diesem Zusammenhang bezeichnet Fricke den Begriff Portal als „einen zentralen Einstiegs- und Navigationspunkt, der dem Anwender Zugang zu einem virtuellen Angebotsraum bietet und ihn auf weiterführende Informationen – entsprechend seinen jeweiligen Interessen – lenkt."[3] Laut Frenko sind Portale „Einstiegsseiten ins Internet ... Die Websurfer sollen die jeweilige Webseite als Sprungbrett für das weitere Surfen nutzen und als Ausgangspunkt ansehen."[4]

Henning bemerkt: „Ein Portal ist eine Web-Site, die rund um ein zentrales Thema eine Vielzahl von Informationen und Services bietet, die nicht nur aus dem Unternehmen des Betreibers stammen und ihre Benutzer durch Personalisierbarkeit und vielfältige thematische Strukturierung bei der Beherrschung und Bewertung des Informationsflusses unterstützen."[5] Nach Hess und Herwig sind Portale „Angebote im WWW, die den Nutzer auf weiterführende Seiten im WWW entsprechend seiner Interessen lenken. Im übertragenen Sinne sind Portale als spezifische Ausprägung von Intermediären zu verstehen, die die Nachfrage (eines Nutzers) auf Angebote (im WWW) lenken."[6] Kalakota und Robinson definieren ein Portal als „any intermediary or middleman offering an aggregated set of services for a specific well-defined group of users".[7]

Es fällt auf, dass die Verwendung des Begriffs Portal im Zusammenhang mit dem Internet verschiedene Parallelen zur Verwendung des Begriffs im traditionellen Sinn hat:

- Ein Portal wird als Einstiegspunkt bzw. als Eingang angesehen.
- Ein Portal dient verschiedenen, meist sehr vielen Nutzern.
- Ein Portal eröffnet den Zugang zu einem (Informations-)Raum bzw. zu einem Bündel unterschiedlicher Funktionen.

Neben diesen Parallelen zwischen traditionellen und digitalen Portalen gibt es aber auch einige Besonderheiten der Portale im Internet.

Die mit Hilfe eines Portals im WWW zugänglichen Informationen und Funktionen werden nicht nur von der Institution, die das Portal betreibt, zur Verfügung gestellt.

---

2   Der Begriff Portal wird in erster Linie im Zusammenhang mit einem Dienst des Internets, nämlich dem World Wide Web, gebraucht. Aus Vereinfachungsgründen wird im Folgenden dennoch zum Teil der Oberbegriff „Internet" verwendet.

3   Fricke, M. (2001), S. 371.

4   Frenko, A. (1998), o. S.

5   Henning, P. (2001), S. 374.

6   Hess, T.; Herwig, V. (1999), S. 551.

7   Kalakota, R.; Robinson, M. (2000), S. 87–88.

Ein Portal ist in erster Linie ein Hilfsmittel für menschliche Anwender. Dies unterscheidet Portale von anderen Hilfsmitteln im Internet, welche maschinellen Akteuren dienen, wie dies z. B. im Zusammenhang mit der Agententechnologie oder klassischen EDI-basierten Anwendungen der Fall ist.

Aus diesen Überlegungen lässt sich eine erste, vorläufige *Definition des Begriffs Portal im Zusammenhang mit dem Internet* ableiten:

Ein Portal ist eine Website, die einer Vielzahl menschlicher Benutzer den Einstieg in einen bestimmten Bereich des World Wide Web erleichtert und deshalb von diesen immer wieder benutzt wird.

Im Sprachgebrauch der letzten Jahre haben sich drei weitere Kriterien zur Definition des Begriffs „Portal" im Zusammenhang mit dem Internet herausgebildet.

Nutzungsintensität

Von einem Portal spricht man typischerweise nur dann, wenn die entsprechende Seite eine hohe Nutzungsintensität aufweist. Das bedeutet, dass eine Website noch nicht allein dadurch zum Portal wird, dass sie einen Einstiegspunkt in einen Bereich des WWW darstellt. Folgt man diesem Begriffsverständnis, wird eine Website erst dann zum Portal, wenn ein erheblicher Anteil der Zielgruppe dieses Portals auch Gebrauch von diesem macht.

Funktionsumfang

Eine Website wird in der Regel erst dann als Portal bezeichnet, wenn sie einen gewissen Funktionsumfang aufweist bzw. wenn mit Hilfe des Portals eine Vielzahl von Funktionen nutzbar ist. Während die ersten Portale Ende der 90er Jahre des vorigen Jahrhunderts im Wesentlichen Link-Sammlungen waren, ermöglichen Portale den Nutzern heute häufig zusätzlich Suchmöglichkeiten, E-Mail-Funktionen, den Zugriff auf relevante aktuelle Nachrichten, Diskussionsforen und Newsgroups, das Herunterladen interessanter Dokumente und Softwareprogramme sowie viele weitere Funktionen.

Personalisierungsmöglichkeit

Ein weiteres Kriterium, das oft zur Abgrenzung von Portalen gegenüber anderen Websites verwendet wird, ist die Personalisierbarkeit.[8] Portale bieten den Nutzern üblicherweise die Möglichkeit, auf Auswahl und Anordnung der angezeigten Elemente des Portals Einfluss zu nehmen.

---

8   Vgl. Finkelstein, C. (1999), o. S.; Frenko, A. (1998), o. S.; Henning, P. (2001), S. 374; Schackmann, J.; Schü, J. (2001), S. 623–625.

Eine Website soll nur dann als Portal bezeichnet werden, wenn alle genannten Definitionskriterien erfüllt sind. Daraus lässt sich folgende Definition des Begriffs ableiten:

Ein Portal ist eine personalisierbare, benutzerfreundliche Website, mit deren Hilfe diverse Informationen und Funktionen zugänglich sind und die von einer Vielzahl menschlicher Benutzer immer wieder zum Einstieg in einen bestimmten Bereich des World Wide Web benutzt wird.

3. Abgrenzung von einigen verwandten Begriffen

Der Begriff „Portal" wird oft in einem Atemzug mit verschiedenen anderen Begriffen verwendet. Deshalb wird im Folgenden versucht, Portale von einigen anderen Gegenständen abzugrenzen.

Im Browser eingestellte Startseiten

Die in einem Browser eingestellte Startseite ermöglicht dem Nutzer dieses Browsers den Zugang zu den Ressourcen des WWW. Obwohl diese Seite dem Benutzer beim Einstieg in das World Wide Web hilft, ist diese Startseite selbst kein Portal. Sie dient nur diesem einen Nutzer und nicht – wie oben ausgeführt – einer Vielzahl von Nutzern. Selbstverständlich kann jeder Nutzer eines Browsers als Startseite ein Portal einstellen, z. B. msn.com.

Homepages

Eine Homepage ist die Einstiegsseite zur Webpräsenz eines Unternehmens, einer Organisation oder einer Person. Eine Homepage erfüllt zwar einige (eine Homepage ermöglicht menschlichen Internetnutzern den Zugang zu den von der betreffenden Institution im Web zur Verfügung gestellten Ressourcen), nicht aber notwendigerweise alle (Nutzungsintensität, Funktionsumfang, Personalisierungsmöglichkeiten) der Definitionskriterien des Begriffs „Portal". Eine Homepage kann demzufolge nur dann als Portal bezeichnet werden, wenn sie eine hohe Nutzungsintensität, einen großen Funktionsumfang sowie Personalisierungsmöglichkeiten aufweist. Dies ist z. B. bei den Homepages der großen Internet Service Provider in der Regel der Fall.

Kataloge und Suchmaschinen

Es gibt im Wesentlichen zwei Gründe dafür, warum populäre Suchdienste im WWW, wie Yahoo!, Altavista, Lycos oder andere als Portale bezeichnet werden. Erstens nutzen viele Menschen die Suchdienste dieser Anbieter als Ausgangspunkt, um im World Wide Web zu „surfen". Deshalb weisen diese Seiten eine enorme Nutzungsintensität auf. Zweitens haben die Betreiber ihre Angebote in den letzten Jahren sehr stark erweitert, so dass den Nutzern heute nicht nur Suchfunktionen, sondern ein breites Angebot an Informationen und Funktionen zur Verfügung steht. Das letzte Argument führt dazu, dass z. B. die Suchmaschine Google lange Zeit nicht als Portal bezeichnet werden konnte, da die Betreiber das Funktionsspektrum von Google bewusst eng gestalteten und im Wesentlichen auf Suchfunktionalitäten beschränkten. Erst in letzter Zeit wurden weitere Funktionen, wie Zugang zu Usenet-Groups, Verzeichnisse und News ergänzt, so dass auch bei Google eine Entwicklung von einer reinen Suchmaschine hin zu einem Portal zu bemerken ist. Außerdem bieten die meisten Suchmaschinen ihren Nutzern auch Personalisierungsmöglichkeiten.

Elektronische Business-to-Business-Marktplätze

Elektronische Business-to-Business-Marktplätze sind technisch und organisatorisch intermediäre internetbasierte Informationssysteme, die verschiedene Funktionen zur Unterstützung einzelner oder aller Phasen von Markttransaktionen zwischen verschiedenen anbietenden und nachfragenden Unternehmen zur Verfügung stellen.[9] Beispiele für diese Handelsplattformen sind cc-chemplorer.com, covisint. com, supplyon.com oder trimondo.com. Ein elektronischer Business-to-Business-Marktplatz dient Mitarbeitern von anbietenden oder nachfragenden Unternehmen als Einstiegspunkt zu den von dem Marktplatz angebotenen Informationen und Funktionen, im Wesentlichen zur Unterstützung des zwischenbetrieblichen Handels. Aktive Marktplätze werden von einer Vielzahl von Menschen genutzt, ihr Funktionsumfang ist in den letzten Jahren kontinuierlich gesteigert worden.[10] Die meisten Marktplätze bieten Personalisierungsmöglichkeiten und verweisen auf Informationsangebote anderer Institutionen. Elektronische Business-to-Business-Marktplätze, die diese Kriterien erfüllen, können demnach als eine spezielle Form von Portalen verstanden werden.

4. Ein kurzer Abriss der geschichtlichen Entwicklung von Portalen

Der Begriff „Portal" findet sich weder in dem Klassiker „Frontiers of Electronic Commerce" aus dem Jahr 1996[11], noch in dem ein Jahr später publizierten Standardwerk „The Economics of Electronic Commerce"[12]. Die Begriffe Internet-Portal bzw. Web-Portal werden erst seit 1998 verwendet.[13] Übersichten über die geschichtliche Entwicklung von Portalen beginnen häufig mit einer Darstellung der Entwicklung

---

9 Vgl. Kaplan, S.; Sawhney, M. (2000), S. 97; Rebstock (2000), S. 5.
10 Vgl. Griese, J. (2003); Kaplan, S.; Sawhney, M. (2000); Wise, R., Morrison, D. (2001).
11 Vgl. Kalakota, R.; Robinson, M. (2000).
12 Vgl. Choi, S.; Stahl, D.; Whinston, A. (1997).
13 Vgl. Finkelstein, C. (1999), o. S.; Schumacher, M.; Schwickert, A. (1999), S. 11.

von Yahoo![14] Laut Kalakota und Robinson entwickelte sich Yahoo! im Laufe der letzten Jahre von einer Linksammlung, über einen katalog-gestützten Suchdienst und ein Kommunikationsportal, hin zu einem „Media Network".[15]

Ende der 90er Jahre des vorigen Jahrhunderts nutzten auch Browserhersteller (im Wesentlichen Microsoft und Netscape) sowie Internet Service Provider bzw. On-line-Dienste (T-Online, AOL, CompuServe oder MSN) die Tatsache, dass viele An-wender die Nutzung des WWW von den Homepages der jeweiligen Anbieter aus be-gannen. Viele Anwender änderten die vom Browserhersteller eingestellte Startseite nicht, sondern riefen bei jedem Start des Browsers zunächst die Webseiten von Mi-crosoft, Netscape oder anderen Unternehmen auf. Der Erfolg der Web-Portale sowie die zunehmende Einrichtung von Schnittstellen zwischen herkömmlichen Applika-tionen und Internet-Technologien führten dazu, dass auch in den Unternehmen web-basierte Einstiegspunkte zu den Informationen und Applikationen der betreffenden Organisation eingerichtet und als Portale bezeichnet wurden.

Viele der in den Unternehmen nach und nach entstehenden Intranets waren durch eine unübersichtliche Vielfalt schlecht strukturierter und inkonsistent dargestellter Informationen gekennzeichnet. Der Wildwuchs der Informationen in den Intranets machte die ursprüngliche Intention dieser unternehmensinternen, webbasierten Dienste zunichte, Mitarbeitern einen leichten und benutzerfreundlichen Zugang zu den relevanten Informationsquellen zu bieten. Die Arbeit in und mit den Intranets war für viele Benutzer mit einem hohen Aufwand verbunden. Portale versprachen eine Arbeitserleichterung, in dem sie einen vorstrukturierten Zugang zu den Infor-mationen des Unternehmens zur Verfügung stellten.

Anbieter von Standardsoftware griffen diese Idee schnell auf. So begann SAP bei-spielsweise 1999 unter der Bezeichnung „MySAP.com Enterprise Portal" die Ent-wicklung einer webbasierten Oberfläche, mit deren Hilfe Anwender einen leichten Zugang zu den verschiedenen Komponenten der SAP-Software, aber auch zu Soft-waresystemen anderer Hersteller, zu Individualsoftware und externen Informations-ressourcen erhalten sollten. Unter dem Schlagwort „Wissensmanagement" wurden in den letzten zehn Jahren eine Reihe von Methoden, Verfahren und Werkzeugen ent-wickelt, die Mitarbeiter bei der Bearbeitung schlecht-strukturierter Aufgaben unter-stützen sollen.[16] Auch in diesem Zusammenhang wurde die Grundidee der Portale in vielen Unternehmen aufgegriffen. Man richtete Webseiten ein, die den Mitarbeitern unter Verwendung von Personalisierungstechniken einen einfachen Zugang zu Wis-sensmanagement-Werkzeugen gestatteten. Diese webbasierten Einstiegspunkte wurden oft als Wissensportale oder „Knowledge Management Portale" bezeichnet.

---

14 Vgl. Kalakota, R.; Robinson, M. (2000), S. 89 oder Schumacher, M.; Schwickert, A. (1999), S. 10.
15 Vgl. Kalakota, R.; Robinson, M. (2000), S. 88–89.
16 Vgl. Gentsch, P. (1999); Stelzer, D. (2003), S. 33–37.

Die zunehmende Bedeutung der Mobilkommunikation sowie die Verbindung von Internet- und Mobilfunktechniken haben zur Entwicklung Sprach-, WAP- und anderen Portalen geführt.[17] Diese Portale legen den Schwerpunkt auf die Integration multimedialer Inhalte. Es ist zu erwarten, dass die Verbreitung multimedialer Portale insbesondere durch die Weiterentwicklung und Ausbreitung von UMTS, Wireless Local Area Networks und anderen Technologien vorangetrieben wird.

5.   Möglichkeiten zur Klassifikation von Portalen

Liest man aktuelle Veröffentlichungen oder beobachtet die Aktivitäten verschiedener Unternehmen, so fällt auf, dass Portale im Internet in unterschiedlichen Kontexten und mit unterschiedlichen Schwerpunkten gestaltet werden. Um einen Überblick über die unterschiedlichen Arten von Portalen zu ermöglichen, werden im Folgenden zunächst Kriterien erörtert, mit deren Hilfe die verschiedenen Arten von Portalen klassifiziert werden können. Im Anschluss werden mit Hilfe ausgewählter Kriterien vier Klassen von Portalen beschrieben.

5.1   Klassifikation nach der Breite der mit Hilfe des Portals erreichbaren Themengebiete: horizontale und vertikale Portale

Horizontale Portale bieten ein stark diversifiziertes Informationsangebot. Sie sind nicht auf bestimmte Interessengruppen, Themen, Branchen, Produktgruppen oder Ähnliches fokussiert, sondern bieten ein breit gefächertes Angebot an Informationen und Funktionen. Beispiele für horizontale Portale sind die Websites von Internet-Dienstleistern wie Yahoo!, T-Online oder web.de.

Vertikale Portale sind auf bestimmte Interessengruppen, Themen, Branchen oder Produktgruppen ausgerichtet und bieten einen Zugang zu darauf spezialisierten Informationen und Funktionen. Beispiele für vertikale Portale sind fool.com (für Kapitalanleger), feierabend.com (für ältere Internetnutzer), eierlei.de (für Sammler von Überraschungseiern) oder webmd.com (für die Healthcare-Branche).

---

17 Vgl. z. B. Bamberger, R. ; König, A. (2002), S. 261–266.

5.2 Klassifikation nach dem Nutzerkreis: offene und geschlossene Portale

Offene Portale sind für jedermann zugänglich und nicht nur auf bestimmte Nutzergruppen ausgerichtet. Geschlossene Portale sind auf bestimmte Nutzergruppen beschränkt.[18]

Eine Spezialform der Klassifikation nach dem Nutzerkreis ist die Unterscheidung in Web-Portale und Unternehmensportale.[19] Web-Portale[20] dienen laut Fricke der strukturierten Recherche und Präsentation von Inhalten im WWW, wobei diese Funktionen für alle Internet-Nutzer zur Verfügung stehen. Unternehmensportale sind auf die spezifischen Bedürfnisse eines Unternehmens ausgerichtet. Nutzer dieser (geschlossenen) Unternehmensportale im engeren Sinn sind die Mitarbeiter des Unternehmens. Es ist aber auch denkbar, dass der Kreis der zugelassenen Nutzer Anteilseigner, Kunden, Lieferanten oder andere Kooperationspartner des Unternehmens einschließt.

5.3 Klassifikation nach dem genutzten Teilbereich des Internets: Internet, Extranet, Intranet

Eine von Schumacher und Schwickert vorgeschlagene Klassifikation[21] ist mit dem vorher erörterten Kriterium eng verwandt. Die Autoren klassifizieren Portale nach dem mit Hilfe des Portals zugänglichen Teil des Internets in Intranet-Portale, Extranet-Portale und Internet-Portale. Ein Intranet-Portal ist ein Portal, das Mitarbeitern eines Unternehmens oder einer sonstigen Organisation den Zugang zu verschiedenen Informationsbeständen, Anwendungen oder anderen Ressourcen ermöglicht. Extranet-Portale erfüllen im Wesentlichen die gleichen Funktionen, erweitern den Kreis der berechtigten Nutzer aber um verschiedene aktuelle oder potenzielle Kooperationspartner des Unternehmens, z. B. Kunden oder Lieferanten. Internet-Portale er-

---

18 Die Unterscheidung in offene oder geschlossene Portale ist nicht gleichbedeutend mit der Unterscheidung in Portale, deren Nutzung eine Registrierung erfordert, und solche Portale, bei denen keine Registrierung erforderlich ist. Es ist durchaus möglich, dass offene Portale (= Portale, die für alle Internet-Nutzer zugänglich sind) vor der Nutzung eine Registrierung der Anwender verlangen. Geschlossene Portale setzen typischerweise Zugangskontrollen ein, um unberechtigte Nutzer, auszuschließen. Dies kann – muss aber nicht notwendigerweise – durch eine Registrierung erfolgen.

19 Vgl. Fricke, M. (2001), S. 371–373.

20 Der Begriff „Web"-Portale ist etwas irreführend, da alle (offene und geschlossene) Portale auf Internet- bzw. Web-Technologien basieren. Wenn Fricke den Begriff „Web-Portale" verwendet, dann will er damit offenbar in erster Linie ausdrücken, dass diese Portale aus dem gesamten Web (und nicht nur aus einem Extra- oder Intranet heraus) erreichbar sind. Um eine klarere Unterscheidung von Unternehmensportalen vornehmen zu können, wird in diesem Kapitel allerdings der Begriff „Konsumentenportale" verwendet.

21 Vgl. Schumacher, M.; Schwickert, A. (1999), S. 8.

öffnen den Zugang zum gesamten World Wide Web und nicht nur zu einem durch die Interessen eines Unternehmens oder einer Organisation abgegrenzten Informations- und Funktionsbereich.

Man kann dieses Kriterium nicht nur zur Abgrenzung des mit Hilfe des Portals *zugänglichen Teils des Internets* verwenden, sondern auch zur Abgrenzung des Teils des Internets, aus dem heraus *das Portal zugänglich* ist. Ein Intranet-Portal ist demnach z. B. ein Portal, das nur aus einem Intranet heraus erreichbar ist, das aber durchaus auf Ressourcen im gesamten Internet verweisen kann.

5.4 Klassifikation nach dem Personalisierungsgrad: standardisierte und personalisierte Portale

Frenko klassifiziert Portale nach dem Personalisierungsgrad.[22] Danach sind Portale im weiteren Sinne standardisierte und für alle Nutzer gleiche Einstiegspunkte ins Web. Bei Portalen im engeren Sinne hat der Nutzer Einfluss auf die ihm präsentierten Inhalte. Er kann bestimmte Präferenzen angeben und hat dadurch Einfluss auf die gemäß seinen Anforderungen dynamisch generierten Inhalte. Wie bereits erwähnt, geht man heute davon aus, dass Personalisierung ein charakteristisches Merkmal aller Portale ist.

5.5 Klassifikation nach dem Funktionsschwerpunkt: Informations- oder Funktionsorientierung

Portale können auch nach ihrem jeweiligen Funktionsschwerpunkt klassifiziert werden:

Die ersten Portale entstanden aus klassischen Such- und Verzeichnisdiensten. Sie verstanden sich als Aggregatoren, die verschiedene Inhalte strukturiert zusammenfassten und so den Nutzern die Suche und Navigation im World Wide Web erleichterten. Diese erweiterten ihr Angebot nach und nach um vielfältige weitere Informationen und Funktionen und entwickelten sich dadurch zu Portalen. Beispiele hierfür sind Yahoo! sowie andere Verzeichnisse und Suchmaschinen.

Im Laufe der Zeit entwickelten sich weitere Portale, die ihren Schwerpunkt weniger auf die Suche bzw. Recherche nach Informationen legten. Stattdessen stellen diese Portale in erster Linie Funktionen zur Verfügung, mit deren Hilfe die Nutzer miteinander kommunizieren und kooperieren können. Deshalb werden diese Websites zum Teil auch als „Collaboration Portals" bezeichnet. Beispiele hierfür sind intranets.com

---

22 Vgl. Frenko, A. (1998), o. S.

oder e-groups.com[23] bzw. Yahoogroups.com. Diese Websites bieten den Benutzern die Möglichkeit, offene oder geschlossene Benutzergruppen anzulegen, innerhalb derer die Mitglieder Nachrichten austauschen, sich gegenseitig Dateien zur Verfügung stellen, Links verwalten sowie einfache Datenbank-, Kalender- oder Projektmanagementfunktionen nutzen können.

Ein Beispiel für einen anderen Funktionsschwerpunkt von Portalen wurde bereits genannt: die Unterstützung von Handelsfunktionen. Einerseits gibt es Portale, die hauptsächlich den Handel mit privaten Endverbrauchern unterstützen. Das prominenteste Beispiel für diese Portale ist sicherlich eBay. Andererseits gibt es auch Portale, die den zwischenbetrieblichen Handel unterstützen, nämlich die bereits erwähnten elektronischen Business-to-Business-Marktplätze.

Im Bereich der Unternehmensportale haben sich in den letzten Jahren weitere Klassen von Portalen herausgebildet. Im weiteren Verlauf dieses Kapitels werden z. B. charakteristische Eigenschaften von Informations-, Kollaborations-, Applikations- und Wissensmanagementportalen erörtert.

5.6 Klassifikation nach den durch das Portal miteinander verbundenen Nutzergruppen

Schumacher und Schwickert unterscheiden Portale außerdem nach den durch das Portal miteinander verbundenen Nutzergruppen in Business-to-Consumer-Portale, Business-to-Employee-Portale und Business-to-Business-Portale.[24] Business-to-Consumer-Portale ermöglichen es privaten Konsumenten, auf das Informations- und Funktionsangebot von (verschiedenen) Unternehmen zuzugreifen. Ein typisches Beispiel hierfür sind Reiseportale, wie z. B. reisen.de. Business-to-Employee-Portale sind inhaltlich weitgehend deckungsgleich mit den zuvor erläuterten Intranet-Portalen. Sie ermöglichen es Mitarbeitern einer Organisation, verschiedene Informationsbestände und Anwendungen der jeweiligen Organisation zu nutzen. Business-to-Business-Portale erlauben es Mitarbeitern verschiedener Unternehmen, auf Informationsangebote und Anwendungen anderer Unternehmen zuzugreifen. Typische Beispiele hierfür sind elektronische Business-to-Business-Marktplätze oder Portale im Bereich des Supply Chain Managements. Der Vollständigkeit halber müssten hier weitere Portalklassen ergänzt werden, wie z. B. Consumer-to-Consumer-Portale. Ein Beispiel hierfür ist eBay, da dieser Marktplatz private Endverbraucher beim Aufbau von Handelsbeziehungen zu anderen Konsumenten unterstützt.

23 e-groups.com wurde im Juni 2000 von Yahoo! übernommen. Das Funktionsangebot dieses Portals ist nun unter www.yahoogroups.com erreichbar.
24 Vgl. Schumacher, M.; Schwickert, A. (1999), S. 8.

6.   Eine einfache Klassifikation von Portalen

Zur Auswahl einiger typischer Klassen von Portalen werden hier die Kriterien „Nutzerkreis" sowie „Breite der mit Hilfe des Portals erreichbaren Themengebiete" verwendet.

Mit Hilfe des Kriteriums „Nutzerkreis" werden offene und geschlossene Portale unterschieden. Offene Portale sind für jeden Nutzer des WWW zugänglich und nicht auf bestimmte Gruppen beschränkt. Da sich diese Portale in erster Linie an Endverbraucher wenden, werden diese im Folgenden als „Konsumentenportale" bezeichnet. Geschlossene Portale sind lediglich aus einem Intra- bzw. Extranet heraus erreichbar. Da diese Portale in der Regel von Unternehmen entwickelt und betrieben werden, werden diese häufig auch als „Unternehmensportale" oder „Enterprise Portals" bezeichnet.

Das Kriterium „Breite der mit Hilfe des Portals erreichbaren Themengebiete" unterscheidet vertikale von horizontalen Portalen. Wie bereits erwähnt, ermöglichen horizontale Portale ihren Nutzern den Zugang zu einem breit gefächerten Angebot an Informationen und Funktionen. Vertikale Portale sind dagegen auf bestimmte Interessengruppen, Themen, Branchen oder Produktgruppen spezialisiert. Abbildung 1 gibt eine Übersicht über die Klassifikation von Portalen.

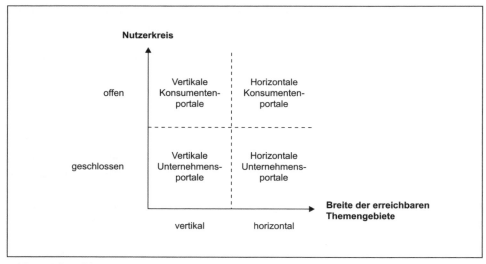

Abb. 1: Klassifikation von Portalen

Im Folgenden werden zunächst Konsumenten- und anschließend Unternehmensportale näher beschrieben. Es werden charakteristische Eigenschaften, Informationsangebote und Funktionen vorgestellt, die für die ausgewählten Klassen von Portalen charakteristisch sind, sowie Ziele erörtert, die mit der Entwicklung und dem Betrieb solcher Portale üblicherweise verfolgt werden.

6.1 Konsumentenportale

Konsumentenportale sind offene Portale, die aus dem Internet heraus für Jedermann zugänglich sind.

Charakteristische Eigenschaften

Wie bereits angedeutet, macht es die unüberschaubare Vielfalt von Informationen, Diensten und Anwendungen im World Wide Web einem Nutzer nahezu unmöglich, die für ihn relevanten Angebote mit einem angemessenen Aufwand zu finden. Aus dem gleichen Grund ist es für Anbieter von Produkten oder Dienstleistungen sehr schwer, die eigenen Informationen so zu platzieren, dass sie von möglichst vielen Mitgliedern der Zielgruppe wahrgenommen werden. Dadurch ergibt sich sowohl bei den Anbietern als auch bei den Nachfragern ein großes Interesse daran, die Verweise auf die Informationen so zu strukturieren, zu katalogisieren und aufzubereiten, dass sie mit geringem Aufwand möglichst über einen (oder zumindest mit Hilfe einiger weniger) Einstiegspunkte ins WWW auffindbar und erreichbar sind.

Konsumentenportale befriedigen diese Bedürfnisse. Sie strukturieren die Informationsflut für den Nutzer vor, reduzieren den Suchaufwand und machen die Vielfalt der im Web erreichbaren Informationen – zumindest etwas – übersichtlicher. Außerdem können Portale deren Nutzer auf Informationen aufmerksam machen, die sie sonst möglicherweise nicht gesucht hätten und auf die sie ohne das Portal wahrscheinlich nicht aufmerksam geworden wären. Dadurch werden Portale attraktiv für Anwender. Dies wiederum eröffnet interessierten Anbietern von Informationen die Möglichkeit, im Rahmen von Portalen effektiv zu werben.

Horizontale Konsumentenportale

Horizontale Konsumentenportale umfassen ein sehr breites Spektrum an Informationen und Funktionen. Die folgende Aufstellung gibt einen beispielhaften Überblick über Angebote von Konsumentenportalen wie Yahoo!, MSN, AOL, CompuServe, web.de oder T-Online:

- Suchdienste in Form von Suchmaschinen und katalogbasierten Verzeichnissen
- Aktuelle Nachrichten zu Politik, Wirtschaft, Börsenberichte, Kultur, Wetter, Sport und vielen anderen Themen
- (zum Teil kostenfreie) E-Mail-Dienste

- weitere Kommunikationsdienste wie z. B. SMS, MMS, Web-Fax, Fax-to-E-Mail, Voice-over-IP etc.
- Communities, Diskussionsforen und Newsgroups zu diversen Themen
- Software-Downloads
- Auskunftsdienste, wie digitale Telefonbücher, Gelbe Seiten, Suche nach E-Mail-Adressen, Bahn- und Flugpläne, Kino- und TV-Programme, Veranstaltungskalender
- Rubrikenanzeigen (Immobilien, PKW etc.)
- Online-Jobbörsen
- Zahlungsmöglichkeiten mit Micro-Payment-Verfahren (elektronisches Geld) und weitere Finanzdienstleistungen
- Werbung

Vertikale Konsumentenportale

Das Angebot der verschiedenen vertikalen Konsumentenportale ist naturgemäß sehr viel heterogener als das der horizontalen Portale. Daher lässt sich das Informations- und Funktionsangebot auch nur schwer zusammenfassend charakterisieren. Grundsätzlich bieten diese Portale aber ähnliche Kategorien von Informationen und Funktionen an wie horizontale Portale. Allerdings sind die Angebote jeweils spezifisch auf die Interessengruppen, das Thema, die Branche oder Produktgruppe bezogen, auf die das Portal ausgerichtet ist. Oft ist der jeweilige thematische Schwerpunkt bereits am Namen des Portals ablesbar, wie z. B. bei kinder.de, reisen.de, boerse.de, berlin.de oder stahlhandel.de. Hat ein Interessent für einen bestimmten Themenbereich Kenntnis von einem einschlägigen Portal, findet er dort in der Regel mit einem geringeren Aufwand spezifischere und detailliertere Informationen als dies mit Hilfe einer herkömmlichen Suchmaschine oder über ein horizontales Portal der Fall ist. Da sich vertikale Konsumentenportale an Zielgruppen mit spezifischen Interessen wenden, sind die Streuverluste bei Werbung auf diesen Portalen niedriger als bei horizontalen Portalen. Dementsprechend werden Werbetreibende bereit sein, einen höheren Preis für Werbung zu zahlen, als dies auf horizontalen Portalen der Fall ist.

Mit Konsumentenportalen verfolgte Ziele

Will man die Ziele analysieren, die mit Konsumentenportalen verfolgt werden, müssen zunächst drei verschiedene Interessengruppen unterschieden werden: die Anwender und Betreiber der Portale sowie die Portalpartner. Portalpartner sind Unternehmen, die im Rahmen des Portals Werbung treiben oder kostenpflichtige Dienste anbieten, die über das Portal erreichbar sind.

Ziele der Anwender

Konsumentenportale unterstützen den Anwender bei der Suche nach Informationen sowie bei der Navigation im WWW. Während reine Suchmaschinen oft eine unüberschaubare Anzahl von Treffern generieren, strukturieren Portale das Angebot in bestimmten Kategorien vor, so dass sich für den Benutzer der Suchaufwand verringert. Insbesondere bei vertikalen Konsumentenportalen ergibt sich außerdem die Möglichkeit den Nutzer auf Angebote hinzuweisen, nach denen er zwar nicht explizit gesucht hat, die aber dennoch für ihn interessant und von Nutzen sein können.

Dementsprechend erwarten die Nutzer von Portalen in erster Linie:[25]

- Kostenlose Einstiegsseiten und Orientierungshilfen in das WWW
- Einfache, übersichtliche und benutzerfreundliche Bedienung durch eine einheitliche Gestaltung der Portalseiten
- Vielfalt an qualitativ hochwertigen und ständig aktualisierten Informationen und Funktionen

Ziele der Betreiber

Die Anbieter verfolgen mit dem Betrieb von Portalen in der Regel einen wirtschaftlichen Nutzen. Sie wollen Erlöse erzielen. Dies kann durch Werbeeinnahmen und Umsatzprovisionen, durch den Verkauf gebührenpflichtiger Dienste oder durch die Erstellung und Verwertung von Marktforschungsdaten geschehen.

Ziele der Portalpartner

Portalpartner wollen erreichen, dass die Nutzer des Portals ihre Werbung zur Kenntnis oder kostenpflichtige Dienste in Anspruch nehmen. Daher sind sie daran interessiert, dass ihre Informationen von den Portalnutzern schnell wahrgenommen werden. Um dies zu erreichen, sind sie bereit, dafür zu zahlen, dass ihre Dienste vom Portal aus leicht zugänglich sind, dass ihre Werbebanner an hervorgehobener Stelle platziert und dass ihre Webseiten bei Suchanfragen unter den ersten Ergebnissen aufgelistet werden.

6.2 Unternehmensportale bzw. Enterprise Portals

Unternehmensportale sind (in der Regel geschlossene) Portale, die aus dem Intranet bzw. einem Extranet eines Unternehmens heraus für Mitarbeiter, Kunden, Lieferanten oder andere Kooperationspartner des betreffenden Unternehmens zugänglich sind.

---

25 Vgl. Schumacher, M.; Schwickert, A. (1999), S. 16.

Charakteristische Eigenschaften

Die zunehmende Komplexität und Diversifizierung der Geschäftstätigkeit vieler Unternehmen sowie deren steigende Durchdringung mit Informationssystemen führte einerseits zu einem steigenden Informationsbedarf der Mitarbeiter, andererseits aber auch zu der Schwierigkeit, die richtigen Informationen zur richtigen Zeit mit einem angemessenen Aufwand erreichen zu können. Portale versprachen, die Lösung dieses Problems unterstützen zu können. Wie bereits erwähnt, griffen Anbieter von Standardsoftware diese Idee auf und entwickelten webbasierte Oberflächen, mit deren Hilfe Anwender einen leichten Zugang zu den verschiedenen Komponenten von Standardsoftwaresystemen, zu Individualsoftware und zu Ressourcen im Intra- sowie im Internet erhielten. Diese Portale werden als Enterprise Portals oder Corporate Portals bezeichnet.

Enterprise Portals weisen folgende charakteristische Eigenschaften auf:[26]

Es sind webbasierte, aus einem Intra- oder Extranet des jeweiligen Unternehmens zugängliche benutzerfreundlich und einheitlich strukturierte Einstiegspunkte zu unternehmensinternen und -externen Informationsbeständen und Anwendungen, die die Mitarbeiter zur Erfüllung ihrer Aufgaben benötigen.

Auch die Unternehmensportale lassen sich in horizontale und vertikale Portale unterscheiden.

Horizontale Unternehmensportale

Horizontale Unternehmensportale ermöglichen den berechtigten Benutzern den Zugang zu einem breit gefächerten Angebot an Informationen und Anwendungen. Sie sind nicht auf bestimmte Anwendungen, Mitarbeitergruppen oder Produkte fokussiert. In Anlehnung an Finkelstein[27] werden folgende Ausprägungen von horizontalen Unternehmensportalen unterschieden: Enterprise Information Portals, Enterprise Collaboration Portals, Enterprise Application Portals und Enterprise Knowledge Portals.

Enterprise Information Portals

Enterprise Information Portals bieten einen zentralen Einstiegspunkt in die Informationsbestände eines Unternehmens. Das Problem, das man mit Enterprise Information Portals zu lösen versucht, besteht darin, dass die zur Lösung betrieblicher Aufgaben notwendigen Informationen in sehr unterschiedlichen Darstellungsformen vorliegen und in verschiedenen Informationssystemen verstreut sein können. Beispiele sind:

---

26 Vgl. Finkelstein, C. (1999), o. S.
27 Vgl. Finkelstein, C. (1999), o. S.

- Strukturierte Daten in Datenbanken oder Data Warehouse Systemen
- Texte, Graphiken, Audio- oder Videosequenzen in Dateiverzeichnissen
- Texte und Diagramme in Dokumenten Management Systemen
- Nachrichten und kurze Notizen in Electronic-Mail-Systemen
- html-Seiten, pdf-Dokumente und andere Ressourcen im Intranet
- Vorgehensweisen, „Lessons Learned" und „Best Practices" in Projektdokumentationen
- Von externen Beratungs- oder Marktforschungsunternehmen zugekaufte Berichte und Analysen

Grundsätzlich kann jeder Mitarbeiter mit den entsprechenden Berechtigungen auf diese Informationen zugreifen. Weiß er aber nicht genau, in welchen Systemen sich die von ihm gesuchten Informationen befinden, kann die Suche mit einem erheblichen Zeitaufwand verbunden sein. In vielen Fällen wird er nicht einmal wissen, dass Informationen, die er zur Bearbeitung seiner aktuellen Aufgabe verwenden könnte, im Unternehmen verfügbar sind.

Portale, die einen einheitlichen Zugang zu all diesen Informationen gestatten, können hier Abhilfe schaffen. Die Mitarbeiter können mit Hilfe einer einheitlichen Oberfläche auf verschiedene Informationen zugreifen, und zwar völlig unabhängig davon, in welcher Darstellungsform und in welchen Informationssystemen die benötigten Daten, Texte, Grafiken, Videos oder Audios abgespeichert sind. Enterprise Information Portals ermöglichen dem Anwender einen leichten Zugang zu Informationen aus unternehmensinternen und -externen Quellen.

Enterprise Collaboration Portals

Während Enterprise Information Portals den Mitarbeitern in erster Linie Zugriff auf Informationen gestatten, erweitern Enterprise Collaboration Portals das Angebotsspektrum um Funktionen von Groupware bzw. Workgroup Computing Systemen. Sie unterstützen die Zusammenarbeit abteilungsübergreifender und häufig räumlich verteilter Teams, indem sie den Mitarbeitern die Möglichkeit geben, Informationen mit Hilfe unterschiedlicher Medien auszutauschen und Aufgaben gemeinsam zu bearbeiten. Typische Funktionen der mit Hilfe von Enterprise Collaboration Portals erreichbaren Anwendungssysteme sind:

- Unterstützung unterschiedlicher Kommunikationsformen zwischen den Teammitgliedern (z. B. Computer-gestützte Telefonie, Electronic Mail, Newsgroups, Schwarze Bretter etc.)
- Unterstützung von Konferenzen räumlich getrennter Personen, asynchron (z. B. per E-Mail) oder synchron (z. B. als Chat)
- Gemeinsame Bearbeitung von Objekten (z. B. Dokumente, Zeichnungen oder Softwarecode) durch Teammitglieder („Joint Editing")
- Einfache Projektmanagementfunktionen, wie Zeit- und Ressourcenplanung
- Terminverwaltung
- Automatischer Abgleich verschiedener, verteilter Datenbestände

Enterprise Application Portals

In vielen Unternehmen kommt sowohl betriebswirtschaftliche Standardanwendungssoftware (so genannte Enterprise Resource Planning- oder ERP-Software) als auch eine Vielzahl unterschiedlicher Individualsoftwarelösungen zum Einsatz. Da diese Softwareprogramme in der Regel in unterschiedlichen Kontexten entstanden sind sowie für unterschiedliche Zielgruppen und von unterschiedlichen Herstellern bzw. Entwicklerteams erstellt wurden, präsentieren sich diese Systeme den Anwendern in ganz unterschiedlicher Weise. Dies stellt kein gravierendes Problem dar, so lange sich die Arbeit einzelner Mitarbeiter im Wesentlichen auf ein oder einige wenige Anwendungssysteme konzentriert. Durch die zunehmende Prozessorientierung und Versuche, das Aufgabenspektrum der Mitarbeiter zu erweitern (Job Enrichment), müssen viele Mitarbeiter aber innerhalb kurzer Zeit mit sehr unterschiedlichen Softwaresystemen arbeiten. Je heterogener diese Systeme sind, desto unproduktiver werden tendenziell die Mitarbeiter.

Enterprise Application Portals versuchen dem entgegenzuwirken, in dem sie einen einheitlichen Einstiegspunkt für die unterschiedlichen Anwendungssysteme eines Unternehmens bieten. Im Idealfall bekommt ein Mitarbeiter durch ein solches Portal eine einheitliche Oberfläche zur Verfügung gestellt, völlig unabhängig davon, ob er mit einem ERP-System arbeitet oder mit einer unternehmensspezifischen Individuallösung.

Enterprise Knowledge Portals

Enterprise Knowledge Portals umfassen die Funktionen der ersten drei Kategorien und stellen sowohl einzelnen Anwendern als auch ganzen Projektgruppen in einer personalisierten Umgebung die Informationen und Anwendungen zur Verfügung, die sie zur Bewältigung ihrer Aufgaben benötigen. Die vielfältigen Informationsbestände, Kommunikationsmedien und Anwendungssysteme eines Unternehmens sind alle über ein Portal zugänglich.

Wissensverarbeitung – in Erweiterung der Informationsverarbeitung – entsteht, wenn Mitarbeiter in die Lage versetzt werden, Informationen mit dem jeweils relevanten Kontext zu vernetzen, um komplexe Probleme zu lösen und explizites Wissen (= Information) zu speichern und zu kommunizieren, um anderen Menschen die Nutzung dieses Wissens zu ermöglichen.[28]

Enterprise Knowledge Portals unterstützen genau diese Aufgaben. Sie ermöglichen es den Anwendern, auf Informationen in verschiedenen Darstellungsformen (strukturierte Daten, Texte, Grafiken, Bilder, Videos und Audios) in den vielfältigen Informationsbeständen sowie Kommunikations- und Anwendungssystemen zuzugreifen

---

28 Vgl. Stelzer, D. (2003), S. 33–37.

und flexibel miteinander zu verknüpfen. Enterprise Knowledge Portals stellen somit einen zentralen Zugang zu den verschiedenen Werkzeugen des Wissensmanagements in einem Unternehmen dar.

Abbildung 2 gibt einen Überblick über die vier erörterten Klassen horizontaler Unternehmensportale.

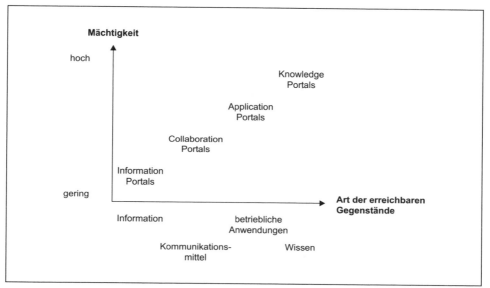

Abb. 2: Überblick über horizontale Unternehmensportale

Vertikale Unternehmensportale

Vertikale Unternehmensportale sind speziell auf bestimmte Zielgruppen, Anwendungsgebiete oder Unternehmensbereiche ausgerichtet. In Theorie und Praxis werden z. B. folgende vertikale Unternehmensportale unterschieden.

Enterprise Expertise Portals

Enterprise Expertise Portals[29] verbinden Mitarbeiter mit ähnlichen Aufgaben, Interessengebieten und Erfahrungshintergründen. Dies kann immer dann sinnvoll sein, wenn Mitarbeiter mit verwandten Aufgaben über verschiedene Standorte eines Unternehmens verteilt sind, wenn sie auf ähnliche Informationen und Anwendungen zugreifen und in unregelmäßigen Abständen und zum Teil ad hoc miteinander kommunizieren müssen. Dies ist z. B. bei Qualitäts-, Sicherheits- oder Datenschutzbeauftragten der Fall.

---

29 Vgl. Finkelstein, C. (1999), o. S.

Prozessportale

Prozessportale unterstützen Mitarbeiter in der Wahrnehmung von Aufgaben, die zur Ausführung bestimmter Geschäftsprozesse relevant sind. Diese Portale erleichtern den jeweiligen Mitarbeitern den Zugang zu den Datenbeständen, Dokumenten und Anwendungen, die sie zur Erledigung ihrer Aufgaben benötigen. Das Funktionsspektrum dieser Portale ist sehr ähnlich wie das der horizontalen Enterprise Portals allerdings ist der Gegenstandbereich der Prozessportale auf bestimmte Geschäftsprozesse eingegrenzt. Während sich Prozessportale im engeren Sinn auf unternehmensinterne Geschäftsprozesse beschränken, können Prozessportale im weiteren Sinn auch für unternehmensexterne Anwender geöffnet werden. Im Rahmen des Supply Chain Managements ist es z. B. denkbar, mit Hilfe von Prozessportalen auch Kunden, Lieferanten sowie Logistik- und anderen Kooperationspartnern einen Zugang zu den jeweils relevanten Informationen und Anwendungen zu ermöglichen.

Lieferanten-, Kunden- und Kooperationspartnerportale

Während die Zielgruppe von Enterprise Expertise Portals und Prozessportalen in erster Linie Mitarbeiter der jeweiligen Unternehmen sind, richten sich Lieferanten-, Kunden- und Kooperationspartnerportale primär an unternehmensexterne Interessenten. Je nach dem Grad der jeweiligen Kooperationsbeziehung kann Kunden, Lieferanten oder anderen Kooperationspartnern mit Hilfe der Portale ein Zugriff auf Daten oder Anwendungen des Unternehmens ermöglicht werden. Kundenportale unterstützen aus der Sicht der Unternehmen in erster Linie den Absatz. Es ergeben sich vielfältige Möglichkeiten zur Integration von Kundenportalen mit den Customer-Relationship-Management-Werkzeugen des Unternehmens. Lieferantenportale sollen eine effizientere Kommunikation zwischen dem Unternehmen und seinen Lieferanten ermöglichen. Hier ist in erster Linie an eine Kombination von Electronic Procurement Lösungen, z. B. Desktop-Purchasing-Systemen, und den Portalen zu denken.

Portale für andere Kooperationspartner können z. B. Forschungs- und Entwicklungspartnern oder Logistikunternehmen einen Zugriff auf ausgewählte Ressourcen des Unternehmens ermöglichen.[30]

Abbildung 3 gibt einen Überblick über verschiedene Arten vertikaler Unternehmensportale. Die ERP-Systeme im Zentrum der Abbildung sind als Beispiel zu verstehen. Denkbar ist selbstverständlich auch, dass unternehmensexternen Interessenten mit Hilfe der Portale ein Zugriff auf Individualsoftwaresystemen, Dokumente, Datenbanken oder andere Ressourcen gestattet wird.

---

30 Vgl. z. B. Puschmann, T. (2000), S. 63–64.

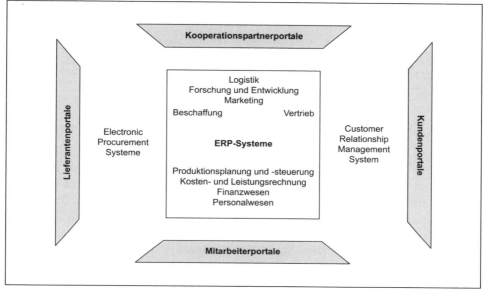

Abb. 3: Überblick über vertikale Unternehmensportale

Mit Unternehmensportalen verfolgte Ziele

Das wesentliche Ziel der Entwicklung und des Betriebs von Unternehmensportalen besteht darin, Produktivitätssteigerungen der Mitarbeiter zu erzielen. Aufbau und Pflege der Portale erfordern erhebliche Investitionen. Dennoch erhoffen sich die Verantwortlichen einen positiven Return-on-Investment und zwar dadurch, dass die Mitarbeiter ihre Aufgaben mit Hilfe der Portale schneller – und dadurch zu geringeren Kosten – bewältigen können. Außerdem wird erwartet, dass sich die Qualität der Entscheidungen und Arbeitsergebnisse durch einen vollständigeren Zugriff auf relevante Informationen erhöht. Empirisch konnten bisher aber weder Effektivitätssteigerungen noch Effizienzverbesserungen durch den Einsatz von Portalen nachgewiesen werden.

Zum Teil werden mit der Entwicklung und dem Betrieb von Portalen auch weitere Absichten verbunden. Insbesondere zu der Zeit, als hochgesteckte Erwartungen in Application Service Providing gesetzt wurden, verknüpfte man mit dem Aufbau von Portalen die Hoffnung, einzelne Anwendungen leichter von externen Unternehmen betreiben lassen zu können, ohne dass dies für die Anwender zu Einschränkungen führen sollte.[31] Diese Erwartungen scheinen sich bisher allerdings nicht erfüllt zu haben.

---

31 Vgl. Finkelstein, C. (1999), o. S.

7.   Typische Funktionen von Portalen

Im Folgenden werden typische Funktionen von Portalen erörtert. Die Darstellung erfolgt anhand der Unternehmensportale. Mit Ausnahme des „Single Sign-On" verfügen allerdings auch die meisten Konsumentenportalen über die hier erörterten Funktionen.

Benutzerorientierte Integration

Die zentrale Funktion eines Unternehmensportals besteht darin, den Benutzern einen integrierten, einheitlichen Zugang zu unterschiedlichen Informationsbeständen und Anwendungen eines Unternehmens zu ermöglichen. Portale erlauben es den Mitarbeitern in einfacher Weise, Informationen aus unterschiedlichen Quellen zu nutzen und miteinander zu verbinden, ohne sich mit unterschiedlichen Benutzeroberflächen, Zugangsberechtigungen oder Darstellungsformen beschäftigen zu müssen. Als besonderer Vorteil der Unternehmensportale gilt die Möglichkeit, den Mitarbeitern einen einfachen Zugang zu bereits lange bestehenden Anwendungssystemen (Legacy Systems) zu gestatten, die bis dahin mehr oder weniger unverbunden nebeneinander betrieben wurden.

Präsentation

Portale präsentieren Nachrichten, Suchergebnisse, Resultate von Datenbankabfragen oder den Zugang zu anwendungsspezifischen Funktionen in einer dem jeweiligen Benutzer angemessenen Art und Weise. Dies umfasst z. B. eine professionelle Gestaltung der Benutzeroberfläche, mächtige Suchfunktionen sowie Personalisierungsmöglichkeiten für alle mit Hilfe des Portals erreichbaren Ressourcen. Viele Portale bieten außerdem verschiedene Modi mit unterschiedlich stark gestalteten Hilfefunktionen und Unterstützungsmöglichkeiten.

Personalisierung

Personalisierung bedeutet, dass sich das Portal nicht für alle Nutzer in der gleichen Form darstellt, sondern dass die Auswahl der angezeigten Informationen und Funktionen sowie deren Darstellungsform auf die spezifischen Belange einzelner Nutzer des Portals zugeschnitten werden. Personalisierung bietet die Möglichkeit, Mitarbeiter zumindest vor einem Teil der Informationsflut zu bewahren und ihnen nur die Informationen zu präsentieren, die für ihre Aufgaben und Interessengebiete relevant sind. Es lassen sich zwei verschiedene Arten der Personalisierung unterscheiden: rollenbasierte Personalisierung und Individualisierung. Bei der rollenbasierten Personalisierung werden verschiedene Aufgabenspektren zu Rollen zusammengefasst. Mit den einzelnen Rollen werden spezifische Informationsbestände, Anwendungen und Funktionen sowie Zugriffsrechte verknüpft. Die Administratoren ordnen jedem Nutzer des Portals eine oder mehrere Rolle zu. So können für jeden Benutzer, der sich an dem Portal anmeldet, genau die Informationen angezeigt, die Anwendungen geladen und die Funktionen bereit gestellt werden, die der jeweiligen Rolle entsprechen. Bei der Individualisierung beeinflusst jeder Anwender Auswahl, Anordnung und Darstellungsform der einzelnen Elemente des Portals völlig selbstständig.

Suchdienste, strukturierte Linksammlungen und Navigationshilfen

Ähnlich wie die meisten Konsumentenportale umfassen Unternehmensportale heute oft Suchmaschinen, strukturierte Linksammlungen und Navigationshilfen. Suchmaschinen in Unternehmensportalen suchen in der Regel nicht das gesamte World Wide Web ab, sondern nur die Informationsbestände und Anwendungssysteme, die mit Hilfe des Portals zugänglich sind. Durch Voreinstellungen kann die Suche auf bestimmte Bereiche des Intranets – oder auch des Internets – eingegrenzt werden. Diese Voreinstellungen können entweder – entsprechend der Rolle des jeweiligen Mitarbeiters – von den Administratoren der Portale oder von den Mitarbeitern im Zuge der Individualisierung selbst vorgenommen werden. Strukturierte Linksammlungen und Navigationshilfen ersparen es Mitarbeitern immer wieder die gleichen Zugänge zu Informationen und Anwendungen suchen zu müssen. Angaben dazu, welche Ressourcen in letzter Zeit häufig verwendet wurden, oder Bewertungsmöglichkeiten durch Nutzer können wertvolle Hinweise auf nützliche Objekte geben und dadurch Zeit sparen helfen.

Push-Dienste

Unter der Überschrift Push-Dienste können sich die Nutzer von Portalen über Neueinträge und Veränderungen in ausgewählten Ressourcen benachrichtigen lassen. Die Benachrichtigungen können z. B. per E-Mail, via SMS, mit Hilfe eines Laufbands oder in Form eines Fensters beim Einloggen in das Portal erfolgen.

Single Sign-On

Single Sign-On bezeichnet die Möglichkeit, dass sich ein Mitarbeiter nicht mehr bei jedem Anwendungssystem mit Hilfe eines Identifikationskennzeichens und eines Passworts anmelden muss. Dies geschieht vielmehr nur noch einmal beim Anmelden am Portal. Es meldet den Nutzer bei allen Informationsbeständen und Ressourcen an, auf die er vom Portal aus zugreift, ohne dass dies der Anwender überhaupt bemerkt. Das bedeutet sowohl für die Anwender als auch für die Administratoren eine erhebliche Erleichterung. Die Anwender müssen sich nicht mehr Dutzende von Passwörtern merken und für die Administratoren wird die zentrale Verwaltung von Identifikationskennzeichen, Passwörtern und Zugriffsrechten im Rahmen des Portals deutlich vereinfacht.

Literatur

Bamberger, R., König, A. (2002): Voice Business. Aufbau von Sprachportalen mit dem Phone Manager. In: Wirtschaftsinformatik. Nr. 3, S. 261–266

Choi, S.-Y., Stahl, D. O., Whinston, A. B. (1997): The Economics of Electronic Commerce. Indianapolis

Finkelstein, C. (1999): The Emergence and Potenzial of Enterprise Information Portals (EIPs). In: The Data Administration Newsletter (TDAN.com). Nr. 10, http://www.tdan.com/i010fe02.htm; abgerufen am 23.07.2003

Frenko, A. (1998): Internet-Portal-Sites: Aktueller Hype oder mehr? http://www.webagency.de/infopool/internetwissen/ak981123.htm, abgerufen am 10.07.2003

Fricke, M. (2001): Portal. In: Peter Mertens (Hrsg.): Lexikon der Wirtschaftsinformatik. 4. Aufl., Berlin – Heidelberg – New York, S. 371–373

Gentsch, P. (1999): Wissen managen mit innovativer Informationstechnologie. Strategien – Werkzeuge – Praxisbeispiele. Wiesbaden

Griese, J. (2003): Entwicklungsstufen elektronischer Marktplätze. In: Hans-Georg Kemper, Wilhelm Mülder (Hrsg.): Informationsmanagement. Neue Herausforderungen in Zeiten des E-Business. Lohmar, S. 89–103

Henning, P. (2001): Gestaltung von Internet-Portalen. In: Arnold Hermanns, Michael Sauter (Hrsg.): Management-Handbuch Electronic Commerce. Grundlagen, Strategien, Praxisbeispiele. 2. Aufl., München, S. 373–387

Hess, T., Herwig, V. (1999): Portale im Internet. In: Wirtschaftsinformatik. Nr. 6, S. 551–553

Kalakota, R., Robinson, M. (2000): E-Business 2.0: Roadmap for Success. 2. Aufl., Boston – San Francisco

Kalakota, R., Whinston, A. B. (1996): Frontiers of Electronic Commerce. Reading, Mass.

Kaplan, S., Sawhney, M. (2000): E-Hubs: The New B2B-Marketplaces. In: Harvard Business Review. Nr. 3, S. 97–103

Linthicum, D. S. (2000): Enterprise Application Integration. Boston – San Francisco – New York

Puschmann, T. (2000): Healthcare-Portale – Kundenzentrierung in der Pharmaindustrie. In: Praxis der Wirtschaftsinformatik. Nr. 215, S. 57–68

Rebstock, M. (2000): Elektronische Geschäftsabwicklung, Märkte und Transaktionen – eine methodische Analyse. In: HMD – Praxis der Wirtschaftsinformatik. Nr. 215, S. 5–15

Schackmann, J., Schü, J. (2001): Personalisierte Portale. In: Wirtschaftsinformatik. Nr. 6, S. 623–625

Schumacher, M., Schwickert, A. C. (1999): Web-Portale – Stand und Entwicklungstendenzen. Arbeitspapiere WI, Nr. 4/1999, Hrsg.: Lehrstuhl für Allg. BWL und Wirtschaftsinformatik. Johannes Gutenberg Universität. Mainz

Stelzer, D. (2003): Informations- versus Wissensmanagement – Versuch einer Abgrenzung. In: Hans-Georg Kemper, Wilhelm Mülder (Hrsg.): Informationsmanagement. Neue Herausforderungen in Zeiten des E-Business. Lohmar, S. 25–41

Wise, R., Morrison, D. (2001): Die zweite Revolution im Geschäft Business to Business. In: Harvard Business Manager. Nr. 3, S. 40–45

Thorsten Gurzki

Portaltechnologie

1.   Vom Intranet zum Portal

Die Potenziale der Web-Technologien, die ursprünglich im wissenschaftlichen Umfeld zur Informationsbereitstellung und -verteilung entwickelt wurden, wurden auch im gewerblichen Bereich früh erkannt. Es entwickelten sich Informationsangebote, die auf einem Web-Server abgelegten statischen HTML-Seiten basierten. Über diese Technik wurden interne Informationen und Dokumente verteilt. Das Intranet als internes Kommunikationsmedium entstand. Mit der weiteren Verbreitung des World Wide Web und den steigenden Nutzerzahlen im Internet wurden die gleichen Technologien für die öffentliche Verbreitung von Unternehmens- und Produktinformationen für Web-Auftritte genutzt. Um engen Geschäftspartnern teilweisen Zugriff auf gemeinsam genutzte Informationen zu ermöglichen, wurden Teile des Intranets für diese spezifische Zielgruppe freigegeben. Die so gemeinsam mit externen Partnern genutzten Teile des Intranets werden als Extranet bezeichnet.

Ein Defizit der Intranet/Extranet/Web-Auftritt-Technik war bis dahin die Nutzung von statischen HTML-Seiten. Bei diesem Ansatz musste die komplizierte manuelle Pflege der Informationen von einem Webmaster durchgeführt werden. Besonders schwierig war die Pflege von großen und stark verlinkten Informationsangeboten. Heute gehören diese Probleme der Vergangenheit an. Durch die Einführung von Content Management Systemen wurde der Prozess der Informationserstellung verbessert und auch weniger technisch versierte Anwender in den Unternehmen können Informationen im Intranet, Extranet oder Internet publizieren.

Eine zusätzliche Komplexität haben die Intranet- und Web-Auftritte durch die Einbindung von webbasierten bzw. webfähigen Anwendungen erhalten. Hierüber werden einfache Anwendungen, wie z. B. eine Adressdatenbank mit Suchfunktion für das Intranet oder ein Shop-System für den öffentlichen Web-Auftritt, bereitgestellt. Am Beispiel Intranet lassen sich die Grenzen dieses Ansatzes aufzeigen: Zwischenzeitlich existieren in Unternehmen viele verschiedene webfähige oder webbasierte Anwendungen von verschiedenen Abteilungen unter dem gemeinsamen Dach des Intranet. Trotz dieser Gemeinsamkeit sind die Systeme nicht integriert und oft nur durch einen Link über das Intranet erreichbar. Sie verfügen über individuelle Benutzungsoberflächen und eigene Benutzerverwaltungen. Somit ist bei der Nutzung von verschiedenen Anwendungen in jedem Fall eine erneute Anmeldung an dieser Applikation notwendig.

2.   Prozessorientierung in Portalen

Portale sind eine direkte und konsequente Weiterentwicklung der Internet- und Intranettechnologien. Als wesentliches neues Merkmal kommt zur Informationsverbreitung die Prozessorientierung hinzu. Ein Portal ist nach Gurzki und Özcan (2003) definiert als eine Applikation, die basierend auf Web-Technologien einen zentralen Zugriff auf personalisierte Inhalte sowie bedarfsgerecht auf Prozesse bereitstellt.

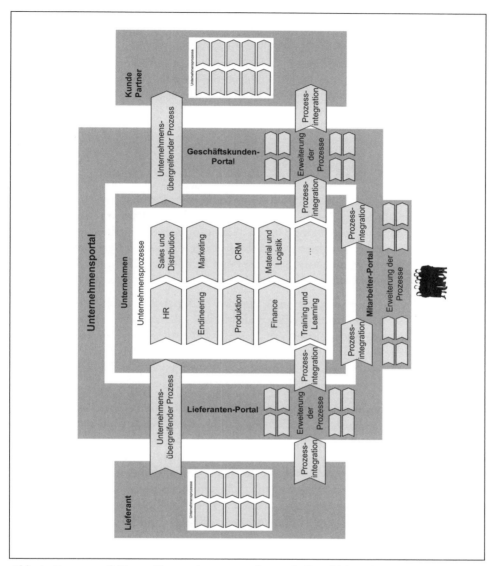

Abb. 1: Prozessumfeld von Unternehmensportalen nach Gurzki (2002)

Über diese Basisdefinition hinaus lassen sich weitere optionale charakteristische Merkmale für ein Portal aufführen:

- Integration: Prozessabwicklung und Datenaustausch zwischen verschiedenen heterogenen Anwendungen über eine Portalplattform.
- Zentraler Zugriff über eine homogene Benutzungsoberfläche auf unternehmensrelevante Applikationen.
- Die Möglichkeit, Zusammenarbeit in Arbeitsgruppen zu unterstützen.

Portale integrieren externe Prozesse mit den internen Prozessen eines Unternehmens. Abbildung 1 stellt das Prozessumfeld eines Unternehmens und die Integrationspotenziale durch ein Portal dar. Betrachtet man das Umfeld aus Unternehmenssicht, so lassen sich Portale nach Zielgruppen weiter unterteilen (vgl. Rütschlin (2001)). Hieraus leitet Gurzki (2003) die folgenden Portaltypen ab: Mitarbeiterportale, Geschäftskundenportale, Lieferantenportale. Als weiterer wichtiger Haupttyp lässt sich das Endkundenportal identifizieren.

3.   Funktion und Aufbau von Portalsoftware

Im Folgenden wird der Aufbau und die Funktion einer Portalsoftware eingehender betrachtet. Der Markt für Portalsoftware ist schwer durchschaubar und es existieren viele unterschiedliche Ansätze im Bereich Technologie und verschieden ausgeprägte Funktionsumfänge der einzelnen Produkte. Aus der Vielfalt der Systeme wurde eine Referenzarchitektur abgeleitet (vgl. Gurzki und Hinderer (2003)), die den grundlegenden Aufbau und die Basisfunktionalität von Portalsoftware aufzeigt.

Die Architektur ist eine allgemeine Architektur. Der Aufbau konkreter Produkte kann von diesem Modell in Einzelfällen abweichen. Insbesondere bietet nicht jeder Hersteller alle in der Architektur enthaltenen Bausteine an bzw. bieten einige Hersteller zusätzliche Funktionalitäten an. Der Aufbau von Portalen gliedert sich in drei Ebenen: Präsentation, Anwendungslogik und Backendsysteme. Die Ebene der Anwendungslogik enthält die eigentliche Portalsoftware.

Die Präsentationsebene entspricht dem Endgerät des Portalnutzers. Hier können neben dem allgemein gebräuchlichen Browser auch andere Geräte, wie z. B. ein WAP-fähiges Mobiltelefon oder ein PDA, zur Anwendung kommen. Die Anwendungsbereiche sind hierbei vielfältig: vom Mitarbeiterarbeitsplatz mit PC und Browser für den Zugriff auf die Warenwirtschaft bis hin zur mobilen Erfassung von Auftragsdaten. Der Bereich mobile Anwendungen spielt zum derzeitigen Zeitpunkt aus Sicht der Unternehmen eine eher untergeordnete Rolle (vgl. Gurzki und Özcan 2003). Dennoch ist in diesem Bereich in den kommenden Jahren auf Grund der erzielbaren Einsparpotenziale vermehrt mit Anwendungen zu rechnen. Nahezu jede Portalsoftware baut auf einem Application Server auf. Im Allgemeinen wird heute bei einem Application Server von einem Java-J2EE-Applikationsserver ausgegangen. Darüber hinaus sind jedoch auch andere Formen möglich, wie z. B. Skript-Application Server. Beispiele hierfür sind PHP und Coldfusion, auf deren Basis ebenfalls Portalsoftware realisiert wird.

In Plattformkonzepten von Herstellern, die sehr stark Application-Server-orientiert sind, ist die Portalsoftware ein optionaler Bestandteil der Plattform und damit eine mitgelieferte Komponente des Application Servers. Ein Vorteil des Einsatzes von Application Servern ist, dass für das Portal zu entwickelnde unternehmensspezifische Anwendungen ebenfalls auf dieser technischen Basis realisiert werden können. Ein

Bestandteil des Application Servers ist bei den meisten Produkten ein Bereitstellungs-
dienst in Form eines Web-Servers, der die Anfragen der Clients entgegen nimmt und
die Portalseiten ausliefert. Integrierte Transaktionsdienste gewährleisten die Trans-
aktionssicherheit über die verschiedenen angebundenen Systeme hinweg. Die Integrationsdienste, die gängige Middleware-Technologien und Web Services unterstützen, gestatten eine einfache Anbindung von bestehenden Systemen in das Portal.

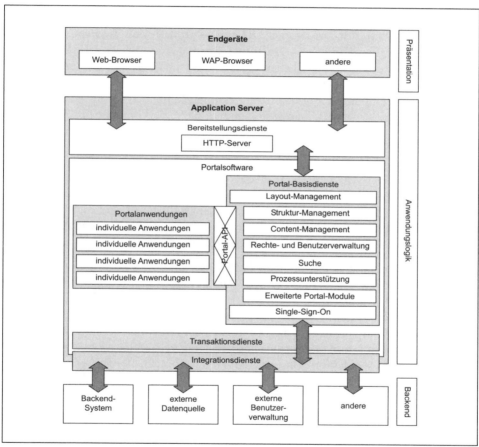

Abb. 2: Referenzarchitektur für Portalsoftware nach Gurzki und Hinderer (2003)

Die Portalsoftware bietet zur Realisierung von Portalen Basisdienste an, die von den
unternehmensspezifischen Portalanwendungen genutzt werden können. Portale
besitzen damit im softwaretechnischen Sinne eine Framework-Funktion zur Realisierung von Anwendungen. Die Basisdienste einer Portalsoftware sind: Layout-,
Struktur- und Content Management, Rechte- und Benutzerverwaltung, Suche, Prozessunterstützung sowie Single Sign-On. Darüber hinaus können weitere hersteller-
abhängige Dienste, die so genannten erweiterten Portalmodule, existieren.

4.   Struktur- und Layout-Management

Im Bereich Portale greifen verschiedene Strukturierungsmethoden ineinander. Diese müssen klar differenziert werden. Aus diesem Grund entwickelt Gurzki (2002) und in Fortführung Gurzki und Hinderer (2003) die Unterscheidung zwischen Struktur-, Layout- und Content-Management.

Das Strukturmanagement definiert den strukturellen Aufbau und die Navigierbarkeit des Portals, wie es dem Nutzer personalisiert präsentiert wird. Dies umfasst insbesondere die Definition, an welcher Stelle der Portalstruktur Anwendungen platziert sind. Ein wesentliches Element des Strukturmanagements sind die Portalseiten (Portal-Pages), auf denen die Elemente des Portals platziert werden. Sie sind vergleichbar mit den Seiten eines konventionellen Web-Auftritts, werden jedoch dynamisch zur Laufzeit von der Portalsoftware erzeugt. In der Struktur wird die Anordnung der Portalseiten im Navigationsbaum und die Verlinkung der einzelnen Seiten untereinander beschrieben. Um der Personalisierbarkeit Rechnung zu tragen, wird im Strukturmanagement vom Betreiber festgelegt, welche Portalseiten für den jeweiligen Nutzer zugänglich sind bzw. welches seine persönliche Startseite ist. Mittels der Strukturdefinition wird ebenfalls festgelegt, welche Anwendungen in Form der nachfolgend beschriebenen Portlets auf Portalseiten fest oder optional und damit durch den Nutzer konfigurierbar verfügbar sind. Diesem Basisdienst sind auch die „Personalisierungs-Engines" bzw. Classifier (vgl. Bauer 2001), die regelbasiert Anwendungen und Inhalte zielgruppenspezifisch anbieten, zuzuordnen.

Jede Portalanwendung ist einem virtuellen Fenster im Portal zugeordnet, in der die Ausgabe der Anwendung dargestellt wird. Die virtuellen Fenster entsprechen damit der Funktionalität und Aussehen, der von Betriebssystemen her bekannten Fenster. Sie besitzen einen optionalen Fensterrahmen, der Elemente für das Schließen, das Vergrößern bzw. das Verkleinern des Fensters enthält. Ebenfalls optional ist die Möglichkeit der Konfiguration des Portlets und der damit verbundenen Anwendung. Die virtuellen Fenster werden im Allgemeinen Sprachgebrauch Portlets genannt. Diese Bezeichnung ist von der Portlet-Programmierschnittstelle für Portalanwendungen (Portlet-API) abgeleitet. Abbildung 3 zeigt zwei Beispiele für Portlets.

Portlets besitzen nicht zwingend einen Fensterrahmen. In bestimmten Anwendungsszenarien haben die Rahmen keinen Mehrwert. Sie lassen sie sich daher auch ausblenden. Ein Anwendungsbereich von Portlets ohne Rahmen sind Geschäftskundenportale, die sehr stark Design-lastig sind und bei denen der anonyme Besucher keine Möglichkeit zur Veränderung der Seiten hat.

Die Aufgabe des Layout-Managements ist die Zusammenstellung der vom Nutzer angefragten Portalseiten aus den einzelnen Anwendungen und die Erzeugung der dem Endgerät des Nutzers entsprechenden spezifischen Ausgabe. Bei einem Aufruf mit einem Web-Browser ist das Ziel die Erstellung einer HTML-Seite, die alle Portlets und die damit verbundenen Inhalte, sowie die Navigationselemente und sonstige

Designelemente enthält. Dieser Erstellungsprozess wird Rendering genannt. Hierbei werden die strukturellen Vorgaben, die Berechtigung sowie die Layout-Vorgaben des Portalbetreibers und/oder des jeweiligen Nutzers im Bezug auf Farbschemata, Platzierung der Visualisierungskomponenten und andere grafische Elemente, wie z. B. Bilder berücksichtigt.

Abb. 3: Portlets auf einer Portalseite

Das Rendering von Portalseiten besteht aus zwei wesentlichen Schritten:

1. Akquisition der Daten aus den einzelnen Anwendungen/Systemen
2. Zusammenstellung der einzelnen Seiten, Anpassung Layout, Hinzufügen der Navigationselemente

Das Rendering von Portalseiten ist im Detail ein komplexer Vorgang. Die einzelnen in das Portal integrierten Anwendungen und Systeme müssen möglichst parallel abgefragt werden. Hierbei kann es zu Verzögerungen durch langsame bzw. ausgefallene Systeme kommen, die die Auslieferung der Seite verzögern. Die Portalsoftware muss über geeignete Methoden zur Behandlung dieser Probleme verfügen um die Portalseite in einer definierten und möglichst kurzen Zeit ausliefern zu können. Abbildung 4 zeigt den Rendering-Ablauf einer Portalseite. In dem Beispiel liefern die Systeme A, B und C Informationen für die Portlets A, B und C. Während des Rendering werden die Informationen abgerufen und auf der Portalseite aggregiert. Die Portalseite wird als ganze HTML-Seite ausgeliefert.

Die Portlets sind als Fenster im Portal in HTML nachgebildet, damit sie im Browser des Benutzers angezeigt werden können. Aus diesem Grund können Sie auch nicht mit der Maus direkt verschoben werden, sondern müssen über eine ebenfalls HTML-basierte Konfigurationsseite auf einer Portalseite angeordnet werden. Die Abbildung 5 zeigt ein Beispiel für eine Konfigurationsseite, auf der sich die Anordnung von Portlets über eine HTML-basierte Oberfläche verändern lässt.

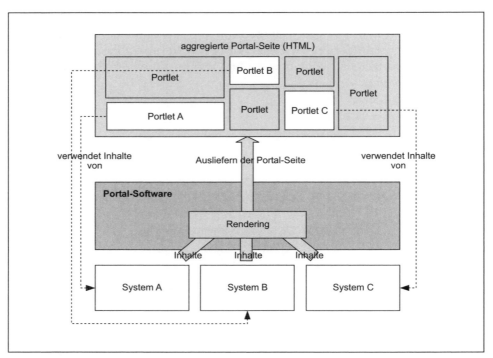

Abb. 4: Rendering von Portalseiten

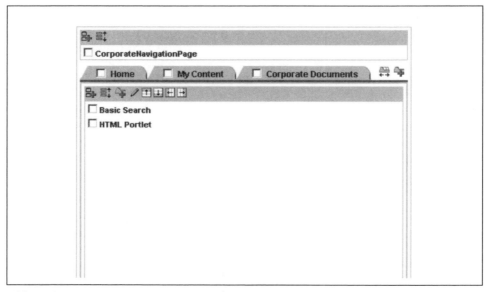

Abb. 5: Layout-Management einer Portalseite

5. Content Management

Ein Portal besteht in der Regel nicht nur aus einer Zusammenstellung von Anwendungen. Darüber hinaus werden über das Portal Inhalte zur Verfügung gestellt, die nicht in einer interaktiven Anwendung erzeugt wurden. Die Verwaltung von Inhalten ist bei einem Portal ebenso wichtig wie bei einem herkömmlichen Web-Auftritt. Auch in Portalen wird Content Management benötigt. Das Content Management verwaltet die Inhalte und stellt sie für das Portal bereit. Hierüber werden die Redaktionsprozesse (vgl. Zschau (2001)) für die Inhalte des Portals abgewickelt. Das Content Management hat im Zusammenhang mit Portalen eine reine Verwaltungsfunktion. Die Struktur des Portals wird im Strukturmanagement außerhalb des Portals festgelegt. Gleiches gilt analog für das Layout.

Das Content Management kann Bestandteil der Portalsoftware sein oder als externes Content Management System (CMS) integriert werden. In der Praxis reichen bei vielen Anwendungen die integrierten oftmals sehr grundlegenden Content-Management-Fähigkeiten von Portalsoftware nicht aus. Insbesondere wenn komplexe Redaktionsprozesse umgesetzt werden müssen, ist die Einbindung eines externen Content Management Systems unumgänglich. Zeichnet sich in der Planungsphase des Portals ab, dass das Portal einen nur geringen Anteil an interaktiven Anwendungen enthält und in einem hohen Maße Informations-lastig wird, muss zwischen dem Einsatz einer Portalsoftware mit eingebundenem CMS, dem Einsatz eines CMS mit zur Seite gestelltem Applikationsserver oder gar dem ausschließlichem Einsatz eines CMS ohne Portalsoftware abgewogen werden.

6. Suche

Der Basisdienst „Suche" ist eine weitere zentrale Funktion im Portal. Aufgabe der Suche ist das gesamte Portal für den Benutzer „suchbar" zu machen. Die Suchfunktion steht hierbei vor der Herausforderung mit verschiedenen Datenquellen umgehen zu müssen, die neben völlig verschiedener Strukturierung auch verschiedene Semantik besitzen. Die Komplexität zeigt sich an einem einfachen Beispiel: die Suche in einem Dokumentenbestand trifft auf eine andere Struktur als die Suche in den Datenbeständen eines CRM-Systems. Zur Implementierung der Suche ist eine Eingrenzung der zu durchsuchenden Datenbestände und Anwendungen sowie die umfassende Anpassung der Suchmaschine an die zu durchsuchenden Datenbestände unumgänglich.

7. Rechte- und Benutzerverwaltung und Single Sign-On

Die Rechte- und Benutzerverwaltung ist ein weiterer Basisdienst einer Portalssoftware. Die Verwaltung der Benutzer und ihrer Rechte kann intern im Portal erfolgen. In der Praxis wird hierfür jedoch auf unternehmensweite Verzeichnisdienste (Directory Services) zurückgegriffen. Diese Verzeichnisdienste werden vom Portal über eine Schnittstelle, wie z. B. das weit verbreitete Lightweight Directory Access Protocol (LDAP) angesprochen. Eng verbunden mit der Rechte- und Benutzerverwaltung ist der Single Sign-On-Dienst. Single Sign-On behebt die Schwäche der Intranets, dass der Nutzer sich an die verschiedenen enthaltenen Anwendungen einzeln anmelden muss. Bei Einsatz von Single Sign-On meldet sich der Portalnutzer einmalig mit seiner Kennung und seinem Passwort am Portal an.

Die Anmeldung an den einzelnen integrierten Anwendungen erfolgt durch den Single Sign-On Mechanismus (vgl. Abbildung 6). An dieser Stelle erfolgt das Zusammenspiel mit dem unternehmensweiten Verzeichnisdienst. Im Verzeichnisdienst kann der Benutzer mit seinen Berechtigungen für alle Systeme einmalig eingetragen werden. Eine getrennte Verwaltung für die einzelnen Anwendungen und das Portal ist nicht mehr notwendig. Die Realisierung von Single Sign-On kann über verschiedene Mechanismen erfolgen: z. B. ist die Realisierung durch einen Authentifizierungsserver und die Verwendung von Tickets möglich oder durch eine zentrale gesicherte Passwortablage im Portal bzw. im Verzeichnisdienst.

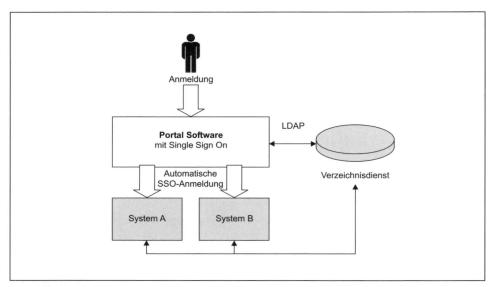

Abb. 6: Single Sign-On

Der zentrale Zugang über Single Sign-On wird in der Praxis oftmals skeptisch betrachtet und als Sicherheitslücke angesehen. Es besteht jedoch die Möglichkeit diesen zentralen Zugang mittels hochwertigen Mechanismen, wie Token Cards und Einmalpasswörtern in einem Maße zu schützen, wie es im Vergleich zur Sicherung der einzelnen Systeme nur sehr schwer möglich wäre.

8. Prozessunterstützung

Die Prozessunterstützung als Basisdienst ist eine der jüngsten Funktionalitäten von Portalsoftware. Die Unterstützung von Prozessen gestattet eine visuelle Modellierung des Prozesses, der im Portal abgebildet werden soll. Hierbei wird die Portalanwendung mit Hilfe des Modellierungswerkzeuges aus Portalseiten, den Daten der im Portal integrierten Systeme und anwendungsspezifischer Logik visuell und durch Programmierung entwickelt. Ein durchgängiger Portalentwicklungsprozess wird durch die Integration von Prozessportalsoftware und Geschäftsprozessmodellierungs-werkzeugen wie z. B. dem gängigen ARIS Toolset erreicht (vgl. Abaxx (2003)).

9. Portal-API

Portalanwendungen werden über eine Softwareschnittstelle, der Portal-API (Application Programming Interface, API), vom Portal aufgerufen. Am Markt existieren verschiedene Ansätze für Portal-APIs unter verschiedenen Namen, wie z. B. Portlets, I-Views, I-Lets und Gadgets. Diese APIs unterscheiden sich in ihrem Umfang und in ihrer Funktionalität. Das bekannteste Beispiel für eine Portal-API ist die Portlet-API, die im Rahmen des Java Community Process von einem Konsortium spezifiziert wurde (vgl. JCP (2003)) und in Zukunft von vielen Herstellern übernommen wird.

10. Integration von Systemen

Die Integration von Systemen in einem Portal kann auf der Basis verschiedener Ansätze erfolgen. Zwei wesentliche Methoden sind die anwendungsorientierte Integration und die Datenintegration. Die anwendungsorientierte Integration führt Anwendungen zusammen, die in der Lage sind, HTML-basierte Ausgaben zu erzeugen. Dies sind alle von sich aus webfähigen Anwendungen. Dies ist der einfachste Fall, da hier zur Integration die Ausgabe des Systems herangezogen werden kann und lediglich lich der eigentliche HTML-Inhaltsteil, der HTML-Body, in die zu erstellende Portalseite eingefügt werden muss. Hierbei ist zu beachten, dass Design und Layout bereits an die Gestaltung des Portals auf Anwendungsseite angepasst sind oder durch das Portal selbst anpassbar sein müssen. Bei dieser Integrationsform entspricht die Portalanwendung direkt dem integrierten System.

Werden für das Portal spezielle Anwendungen entwickelt, die Informationen aus verschiedenen Systemen beziehen, ist eine Datenintegration notwendig. Bei diesem Ansatz werden die Systeme an die Portalsoftware gekoppelt und die einzelnen Anwendungen im Portal können Daten aus den Systemen abrufen oder hineinschreiben. Ein Beispiel für eine Portalanwendung, die auf verschiedene Daten zugreifen muss, ist ein Management-Informationssystem, das als Portalanwendung im Portal realisiert ist.

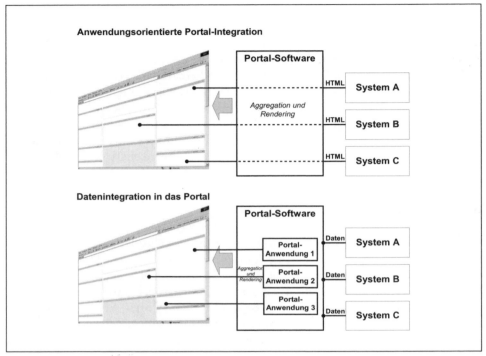

Abb. 7: Anwendungsorientierte Portalintegration (oben) und Datenintegration (unten)

Die Anwendung muss aktuelles Zahlenmaterial aus dem Warenwirtschaftssystem des Unternehmens sowie aus dem Customer Relationship Management System (CRM) abrufen. Zur Realisierung der Logik der Portalanwendungen kann auf den zugrunde liegenden Application Server zurückgegriffen werden. Hierbei können die eingangs erwähnten Integrationsdienste zur Umsetzung der Datenintegration genutzt werden.

Die Unterschiede zwischen anwendungsorientierter Integration und Datenintegration bei Portalen sind in Abbildung 7 dargestellt. In der Praxis werden verschiedene Mischformen eingesetzt.

11. Der Auswahlprozess für Portalsoftware

Portalsoftware ist ein wesentliches Element für die Integration von Geschäftsprozessen und betrieblichen Informationssystemen. Portaleinführungen besitzen als bereichs- und systemübergreifende Projekte eine hohe Komplexität und Brisanz. Im Vorfeld des Projekts wird im kleinen Projektteam diese Komplexität in vielen Fällen nicht deutlich. In der Analysephase drohen diese Projekte dann an der Komplexität und den sich durch die Betrachtung von vielen Organisationseinheiten ständig ausweitenden Anforderungen zu scheitern. Die Einführung von Portalsoftware erfordert wie jede Einführung integrativer Software eine ausführliche Vorbereitung und eine zielgerichtete Durchführung. Hierfür existieren am Markt verschiedene Methoden.

Eine bekannte Methode ist die Portal Analyse und Design Methode (PADEM) von Fraunhofer IAO. Ausgewählte Phasen der PADEM-Methode sind in Abbildung 8 dargestellt. Neben einer Definition des Vorgehens nach einzelnen Projektphasen, existieren für jede dieser Phasen Dokumente, wie Verfahrenshinweise, Checklisten und Fragebögen, die die Durchführung zielorientiert leisten und damit die Komplexität begrenzen (vgl. Hinderer und Gurzki (2003)).

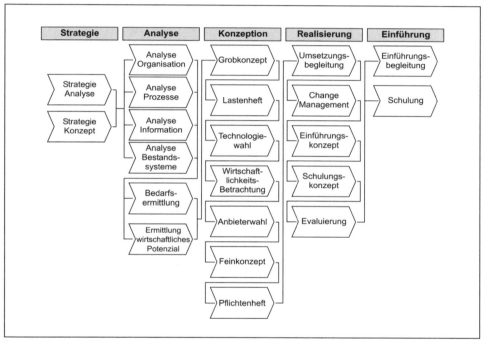

Abb. 8: Portal-Projektphasen nach PADEM (Auswahl)

Die wichtigsten Schritte für die Auswahl einer Portalsoftware lassen sich in sieben Punkten zusammenfassen:

1. Identifikation der portalrelevanten Prozesse
2. Analyse der Wirtschaftlichkeit der Einzelprozesse
3. Erstellung eines Grobkonzeptes: Entwurf eines Prozessmixes aus wirtschaftlich und strategisch sinnvollen Prozessen
4. Ableitung der technischen Anforderungen
5. Erstellung einer Anforderungs-Checkliste und des Lastenheftes
6. Vorauswahl und Präsentation
7. Bewertung der Ergebnisse auf Basis der Anforderungs-Checkliste

Betrachtet man die Anwendungslandschaft eines Unternehmens so wird schnell klar, dass viele Redundanzen in Projekten mit webbasierten Zugriff durch eine Portalsoftware aufgelöst werden können. Praktische Beispiele für positive Synergieeffekte sind die gemeinsame Benutzer- und Rechteverwaltung der Anwendungen und der Zugriff über eine Benutzungsoberfläche. Portalsoftware muss daher insbesondere im Bereich der Mitarbeiterportale als eine Infrastrukturkomponente betrachtet werden. Diese Tatsache sollte sich in der Wirtschaftlichkeitsbetrachtung widerspiegeln.

Portalsoftware benötigt in den meisten Anwendungsszenarien selbst Infrastrukturkomponenten. Ein Beispiel hierfür ist der unternehmensweite Verzeichnisdienst für die Verwaltung der Portalbenutzer. Aus diesem Grund ist eine Betrachtung aller aktuellen und zukünftigen Projekte im Unternehmen auf eine direkte Abhängigkeit oder Synergie unabdingbar.

In einer Untersuchung in den Branchen Elektrotechnik sowie Maschinen- und Anlagenbau (Gurzki und Özcan (2003)) wurden Unternehmen nach ihren Anforderungen an Portalsoftware befragt. Als wichtige Anforderungen ergaben sich insbesondere die leichte Einbindbarkeit bestehender Informationssysteme, Personalisierung durch den Nutzer, Suchfunktion im Portal, Lokalisierung/Unterstützung von Mehrsprachigkeit, Anbindung an unternehmensweite Verzeichnisdienste, Single Sign-On, Anpassbarkeit des Layouts, Personalisierung durch den Betreiber und die Erweiterbarkeit. Unter den am höchsten gewichteten Anforderungen lag insbesondere auch die Zuverlässigkeit des Herstellers. Die Ergebnisse der Notenbewertung sind als Mittelwerte in Abbildung 9 dargestellt. Aus Sicht der Unternehmen spielt derzeit die Verfügbarkeit auf der Windows-Plattform eine wichtige Rolle. Die Verfügbarkeit unter Unix und seinen Derivaten wird signifikant geringer eingestuft.

Für die Betrachtung der funktionalen Aspekte von Portalsoftware ist zum direkten Vergleich eine Checkliste notwendig. Die folgende Liste enthält basierend auf Bullinger (2002) eine Zusammenfassung der wichtigsten Kriterien für die Auswahl von Portalsoftware sowie ausgewählte Beispiele für die Detaillierung der einzelnen Punkte:

- Einsatzgebiete: Mitarbeiterportal, Geschäftskundenportal, Lieferantenportal
- Personalisierungsmechanismen: Profile, Lokalisierung, Regionalisierung
- Suche: Volltext, Suche in Dokumenten, Suche in externen Anwendungen
- Workflow-Management: für Redaktionsprozesse und für Anwendungen
- Community: Foren, E-Mail Benachrichtigung, Call-Center-Anbindung
- Shop: integriertes System bzw. externe Anbindbarkeit
- Collaborative Work: Groupware bzw. Groupwareanbindung, Team-Werkzeuge
- Schnittstellen: Anwendungsintegration, Content-Syndication
- Client: Nutzungseinschränkungen für bestimmte Browser
- Datenbank Management System: System und Lizenzierung
- Application Server und Middleware: Erweiterbarkeit des Portals
- Content Management: integriertes Content Management bzw. externe Anbindung möglich
- Sicherheit: Anbindung an Verzeichnisdienst, Benutzer- und Rechteverwaltung
- Kosten: Lizenzierung, Wartung, Update

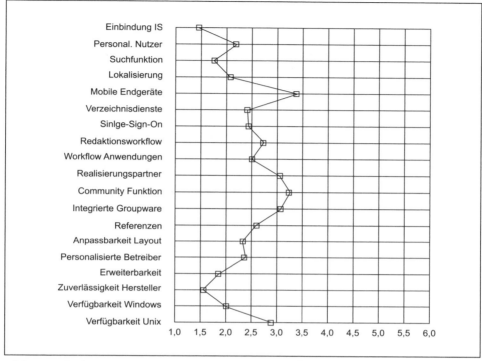

Abb. 9: Anforderungen an Portalsoftware (Gurzki und Özcan (2003))

Aus dieser allgemeinen Checkliste kann eine individuelle anwendungsspezifische Liste abgeleitet werden. Bei der Auswahl der Portalsoftware spielen jedoch auch weiche Faktoren eine Rolle. Insbesondere muss die Zusammenarbeit mit dem Hersteller bzw. Dienstleister einwandfrei funktionieren und ein gemeinsames Verständnis für Problemstellung und Lösungsweg vorhanden sein.

Die gesamte Portallösung, bestehend aus Portalsoftware und den weiteren benötigten Komponenten wie Cotent Management System und Integrationssoftware, muss dabei nicht zwingend von einem Hersteller kommen. Es empfiehlt sich eine sorgfältige Abwägung des „Ein-Hersteller"-Konzepts gegenüber einem „Best-of-Breed"-Ansatzes mit den besten Lösungen verschiedener Anbieter. Im letzteren Fall ist die beauftragung eines Generalunternehmers mit Kompetenz in allen ausgewählten Systemen sinnvoll.

12. Zusammenfassung

Die Weiterentwicklung bestehender Intranets und Web-Auftritte zu einem Mitarbeiter- bzw. Geschäftskundenportal ist aus Unternehmenssicht als ein logischer Schritt zu betrachten. Portaleinführungen sind system- und bereichsübergreifende Projekte und stellen sich damit vielfältigen Herausforderungen, die ein zielgerichtetes Vorgehen notwendig machen. In der Analysephase werden die portalrelevanten Prozesse identifiziert. Es empfiehlt sich ein pragmatisches Vorgehen, das die wesentlichen kostensenkenden Prozesse identifiziert und gezielt in ein erweiterbares Portalkonzept überführt. Auf Basis dieses Konzepts wird die Portalsoftware ausgewählt. Die vorgestellte Referenzarchitektur für Portale erleichtert die herstellerunabhängige Konzeption von Portalen und gibt Hinweise zur Vorauswahl von Portalsoftware. Nahezu alle am Markt befindlichen Softwareprodukte basieren auf einem Application Server, der, zusätzlich zur eigentlichen Portalsoftware, die Entwicklung von eigenen Portalanwendungen unterstützt. Portalsoftware besitzt je nach Hersteller verschieden ausgeprägte Basisdienste, die bei der Auswahl berücksichtigt werden müssen.

Werden alle Aspekte einer Portaleinführung beachtet, so entsteht eine mächtige Infrastrukturkomponente, die zur effizienten Kostensenkung bei der Abwicklung von Geschäftsprozessen beiträgt.

Literatur

Abaxx (2003): Prozess-Portale – Prozessorientierung als kritischer Erfolgsfaktor. Whitepaper. Web-Adresse: http://www.abaxx.de/downloads/produkte/WP_ProzessPortale.pdf, abgerufen am 15.07.2003

Bauer, H. (2001): Unternehmensportale – Geschäftsmodelle, Design, Technologien. Bonn

Bullinger, H.-J. (Hrsg.), Gurzki, T., Hinderer, H., Eberhardt, C.-T. (2002): Marktübersicht Portal Software für Business-, Enterprise Portale und E-Collaboration. Stuttgart

Gurzki, T. (2002): Vom Konzept zum Portal: Technologien, Vorgehen, Wirtschaftlichkeit. Tagungsband Seminar Business Portale, Stuttgarter E-Business Tage 2002; Online verfügbar unter: http://www.gurzki.de/vortraege/ebusinesstage2002/

Gurzki, T., Hinderer, H. (2003): Eine Referenzarchitektur für Software zur Realisierung von Unternehmensportalen. In: WM 2003: Professionelles Wissensmanagement – Erfahrungen und Visionen; Ulrich Reimer, Andreas Abecker, Steffen Staab, Gerd Stumme (Hrsg.), GI-Edition – Lecture Notes in Informatics (LNI). Bonn

Gurzki, T. (2003): Mitarbeiterportale – eine Technologie, IT-Strategie oder Philosophie? Vortrag E-Business Lounge Hamburg, Hamburg@work 13. Mai 2003, Web-Adresse: http://www.gurzki.de/vortraege/ebusiness_lounge2003/index.html

Hinderer, H., Gurzki T. (2003): Prozessorientierte Wirtschaftlichkeitsbetrachtung von Unternehmensportalen. In: WM 2003: Professionelles Wissensmanagement – Erfahrungen und Visionen; Ulrich Reimer, Andreas Abecker, Steffen Staab, Gerd Stumme (Hrsg.), GI-Edition – Lecture Notes in Informatics (LNI). Bonn

JCP Java Community Process Website (2003): JSR 168 – Portlet Specification. Web-Adresse: http://www.jcp.org/en/jsr/detail?id=168, aufgerufen am 15.07.2003

Rütschlin, J. (2001): Informatik 2001: Wirtschaft und Wissenschaft in der Network Economy – Visionen und Wirklichkeit. Tagungsband der GI/OCG-Jahrestagung, 25.–28. September 2001, Universität Wien, S. 691–696

Zschau, O., Traub, D., Zahradka (2001): Web Content Management – Websites professionell planen und betreiben. Bonn

Zweiter Teil

Management von Portalen

Ivo Geis
Das Recht von Websites und Portalen

Stefan Bohlmann und Heiko Stock
Sicherheit von Unternehmensportalen

Bernhard Wasmayr
Finanzierung von Geschäftsmodellen

Stefan Jugel
Erfahrungen aus der Finanzierung mit Beteiligungskapital

Gerald Wieder
Prozessportal-Management: Unterstützung und Optimierung von
Kerngeschäftsprozessen durch Portale

Ivo Geis

Das Recht von Websites und Portalen

1.   Einleitung

Websiten und Portale sind ein Bestandteil der elektronischen Kommunikation. In diesen Plattformen werden Informationen bereitgestellt und können Informationen ausgetauscht werden. Diese Dienstleistungen hat die EU-Richtlinie über den elektronischen Geschäftsverkehr für den EU-Binnenmarkt einheitlich geregelt. Entsprechend den Anforderungen dieser Richtlinie ist durch Art. 1 „Gesetz über rechtliche Rahmenbedingungen für den elektronischen Geschäftsverkehr" (EGG) vom 14.12.2001 (BGBl. I S. 3721) das Teledienstegesetz vom 22. Juli 1997 geändert worden. Für Teledienste gilt ein besonderes Datenschutzrecht: das Teledienstedatenschutzgesetz (TDDSG). Das TDDSG war neben dem Teledienstegesetz Bestandteil der Internetgesetzgebung des Jahres 1997. Nach einer Evaluierungsphase ist das TDDSG 1997 überarbeitet worden. Hierdurch ist ein neues Datenschutzrecht für Teledienste entstanden. Für die Betreiber von Websites und Portalen werden damit die rechtlichen Bedingungen durch das Teledienstegesetz (1.0) und das Teledienstedatenschutzgesetz bestimmt (2.0). Mit dem Domainrecht (3.0) werden die Grundzüge aufgezeigt, die durch die Rechtsprechung für den Erwerb der Domain entwickelt worden sind.

2.   Das Teledienstegesetz

Durch das Teledienstegesetz sind einheitliche wirtschaftliche Rahmenbedingungen für die verschiedenen Nutzungsmöglichkeiten der Teledienste (1.1) entstanden. Der Zugang zu Telediensten ist frei (1.2). Nach dem Herkunftslandprinzip gilt grundsätzlich das Recht des Landes, in dem der Diensteanbieter niedergelassen ist (1.3). Der Diensteanbieter hat bestimmt Informationspflichten (1.4). Für das Angebot auf Websites und Portalen besteht ein differenziertes System der Verantwortlichkeit (1.5).

3.   Zweck und Anwendungsbereich

Durch das Teledienstegesetz werden nicht die gesamten elektronischen Kommunikations- und Informationsdienste erfasst, sondern „Teledienste": die individuelle Kommunikation des Benutzers mittels verschiedenster digitalisierter Darstellungsformen, wie Zeichen Bilder und Töne. Diese Individualkommunikation ist von der auf öffentliche Meinungsbildung angelegten medialen Kommunikation abzugrenzen, die nicht in den Anwendungsbereich dieses Gesetzes fällt. Zur medialen Kommunikation zählen insbesondere Pressedienste, Rundfunk und Fernsehen.[1]

---

1   Spindler, in Rossnagel (Hrsg.): Recht der Multimedia-Dienste, EL 1. Januar 2000, § 2 Rz. 16–24; zum Haftungsrisiko der Teledienste mit journalistisch-redaktionellem Inhalt Podehl, MMR 2001, 17.

4. Grundsatz der Zugangsfreiheit

Durch den Grundsatz der Zulassungsfreiheit der Teledienste gemäß § 5 TDG wird der durch Art. 2 Abs. 1 und Art. 12 Grundgesetz garantierten allgemeinen Handlungs- und Gewerbefreiheit entsprochen. Die Handlungs- und Gewerbefreiheit steht unter einem einschränkenden Gesetzesvorbehalt. Insofern besteht Zugangsfreiheit „im Rahmen der Gesetze". Eine Einschränkung ergibt sich damit durch allgemeine Zulassungsverfahren wirtschaftsrechtlicher oder gewerberechtlicher Art, die nicht speziell und ausschließlich Dienste der Informationsgesellschaft betreffen oder die in den Anwendungsbereich des Telekommunikationsgesetzes fallen. Sofern ein Teledienst in Ausübung eines Berufes erbracht wird, für den allgemeine Zulassungsvoraussetzungen bestehen, müssen folglich diese Voraussetzungen auch bei der Erbringung des Teledienstes erfüllt sein. Zulassungs- und Anzeigepflichten, die allein an den Umstand anknüpfen, dass ein Teledienst angeboten oder erbracht wird, sind hingegen gemäß § 5 TDG unzulässig.

5. Das Herkunftslandprinzip

Nach dem durch die E-Commerce-Richtlinie eingeführten Herkunftslandprinzip sind Diensteanbieter nach dem Recht des Landes für ihre Informationen verantwortlich, in dem sie mit ihrem zentralen Geschäftssitz niedergelassen sind. Diese Anforderung des europäischen Rechts ist mit § 4 TDG in deutsches Recht umgesetzt worden.

5.1 Das Prinzip der Niederlassung

Der Anwendungsbereich dieses Herkunftslandprinzips ist gemäß § 4 Abs. 1 TDG darauf beschränkt, dass die Dienste der Informationsgesellschaft geschäftsmäßig angeboten oder erbracht werden. Der Begriff „geschäftsmäßig" grenzt den Anwendungsbereich auf Teledienste ein, die ein Diensteanbieter aufgrund einer nachhaltigen Tätigkeit mit oder ohne Gewinnerzielungsabsicht erbringt.

In der Bundesrepublik Deutschland niedergelassene Diensteanbieter

Diensteanbieter müssen die innerstaatlichen Vorschriften des Mitgliedstaates beachten, in dem sie niedergelassen sind und nicht die Vorschriften des Mitgliedstaates, in dem die Leistungen geschäftsmäßig angeboten oder erbracht werden, § 4 Abs. 1 TDG. Dem in der Bundesrepublik Deutschland niedergelassenen Diensteanbieter ist es damit möglich, mit der Einhaltung der nationalen Vorschriften Dienste in einem anderen Mitgliedstaat zu erbringen, auch wenn dort andere Vorschriften gelten, § 4 Abs. 1 TDG.

In einem anderen EU-Mitgliedstaat niedergelassene Diensteanbieter

Teledienste, die in der Bundesrepublik Deutschland von Diensteanbietern angeboten oder erbracht werden, die in einem anderen EU-Mitgliedstaat niedergelassen sind, werden durch deutsches Recht grundsätzlich nicht eingeschränkt, § 4 Abs. 2 Satz 1 TDG. Dies ist nur ausnahmsweise möglich, wenn die öffentliche Sicherheit und Ordnung, die öffentliche Gesundheit und die Interessen der Verbraucher gefährdet sind, § 4 Abs. 2, Satz 2 und Abs. 5 TDG.

Außerhalb des EU-Binnenmarktes niedergelassene Dienstleister

§ 4 TDG regelt nicht, welche Normen für die Verantwortlichkeit von Informationen zu beachten sind, wenn in der Bundesrepublik Deutschland niedergelassene Diensteanbieter ihre Teledienste in Staaten außerhalb des EU-Binnenmarktes erbringen oder wenn Diensteanbieter, die in einem solchen Staat niedergelassen sind, ihre Teledienste in der Bundesrepublik Deutschland anbieten oder erbringen. Damit gilt nach dem Schutzlandprinzip das Wettbewerbsrecht des Staates, für den das Angebot vorgesehen ist und nach dem Tatortprinzip das Strafrecht des Staates, in dem die Information abgerufen wird.

Ausnahmen für die Anwendung des Herkunftslandprinzips

Die Anwendung des Herkunftslandprinzips ist durch eine Unberührtheitsklausel in § 4 Abs. 3 TDG und eine Ausnahmeklausel in § 4 Abs. 4 TDG eingeschränkt. Von dem Herkunftslandprinzip bleiben auch das internationale Privatrecht und die Zuständigkeit der Gerichte unberührt, § 2 Abs. 6 TDG.

Die Unberührtheitsklausel

Von dem Herkunftslandprinzip bleiben gemäß § 4 Abs. 3 TDG die Freiheit der Rechtswahl (Nr. 1), die Vorschriften für vertragliche Schuldverhältnisse in Bezug auf Verbraucherverträge (Nr. 2) und die Vorschriften über den Grundstückserwerb (Nr. 3) unberührt.

Die Ausnahmeklausel

Das Herkunftslandprinzips gilt gemäß § 4 Abs. 4 nicht für

- hoheitlich tätige Berufsgruppen, wie Notare und öffentlich bestellte Sachverständige, § 4 Abs. 4 Nr. 1 TDG
- die Vertretung von Mandanten durch Rechtsanwälte vor Gericht, § 4 Abs. 4 Nr. 2 TDG
- nicht angeforderte kommerzielle Kommunikation durch elektronische Post wie Werbung per E-Mail, § 4 Abs. 4 Nr. 3 TDG
- Gewinnspiele mit einem einen Geldwert darstellenden Einsatz bei Glücksspielen einschließlich Lotterien und Wetten, § 4 Abs. 4 Nr. 4 TDG

- die Anforderungen an Verteildienste, soweit bei diesen die redaktionelle Gestaltung zur Meinungsbildung für die Allgemeinheit nicht im Vordergrund des Dienstes steht, § 4 Abs. 4 Nr. 5 TDG
- die Regelungen zum Urheberrecht und verwandter Schutzrechte sowie zum gewerblichen Rechtsschutz, § 4 Abs. 4 Nr. 6 TDG
- die Ausgabe elektronischen Geldes durch Institute, die nach Art. 8 Abs. 31 der so genannten E-Geld-Richtlinie (2000/46/EG) von Aufsichtsvorschriften freigestellt sind, § 4 Abs. 4 Nr. 7 TDG
- Vereinbarungen oder Verhaltensweisen, die dem Kartellrecht unterliegen, § 4 Abs. 4 Nr. 8 TDG
- grenzüberschreitende Tätigkeiten von Versicherungsunternehmen, § 4 Abs. 4 Nr. 9 TDG
- das Datenschutzrecht, § 4 Abs. 4 Nr. 10 TDG

Internationales Privatrecht und Zuständigkeit der Gerichte

Die Regeln über die Zuständigkeit der Gerichte werden durch das TDG und damit das Herkunftslandprinzip nicht berührt, § 2 Abs. 6 TDG. Das TDG berührt auch nicht die Regelungen im Bereich des internationalen Privatrechts. Damit bleiben Normen des internationalen Privatrechts anwendbar, insoweit durch diese Normen nicht der freie Dienstleistungsverkehr über die Anforderungen des Niederlassungsstaates hinausgehend eingeschränkt wird.

6. Informationspflichten

Auf Grund der Anforderungen der E-Commerce-Richtlinie ist in dem Teledienstegesetz ein zweistufiges System der Informationspflichten umgesetzt worden, bestehend aus allgemeinen und besonderen Informationspflichten.

6.1 Allgemeine Informationspflichten

Allgemeine Informationspflichten bestehen gemäß § 6 TDG bei geschäftsmäßigen Telediensten: Telediensten, die ein Diensteanbieter aufgrund einer nachhaltigen Tätigkeit mit oder ohne Gewinnerzielungsabsicht erbringt.

Anschrift des Diensteanbieters

Gemäß § 6 Nr. 1 TDG ist der Diensteanbieter verpflichtet, Namen und Anschrift der Niederlassung, bei juristischen Personen zusätzlich den Vertretungsberechtigten, anzugeben. Handelt es sich bei dem Diensteanbieter um eine Personenhandels- (OHG, KG) oder Kapitalgesellschaft (GmbH, AG), ist statt des Namens die Firma mit dem jeweiligen Rechtsformzusatz anzugeben; bei der Anschrift ist der Gesellschaftssitz maßgebend.

Elektronische Kommunikationsmöglichkeiten

Der Anbieter ist verpflichtet, durch die Angabe einer Telefon-, Telefax- und E-Mail-Adresse eine schnelle elektronische Kontaktaufnahme zu ermöglichen, § 6 Nr. 2 TDG.

Behördliche Zulassung

Bedarf die im Rahmen des Teledienstes angebotene oder erbrachte Tätigkeit einer behördlichen Zulassung, so hat gemäß § 6 Nr. 3 TDG der Anbieter Angaben zur jeweils zuständigen Aufsichtsbehörde zu machen, wie der zuständigen Anwalts- oder Ärztekammer.

Eintragung in Register

Ist der Anbieter in das Handels-, Vereins-, Partnerschafts- oder Genossenschaftsregister eingetragen, muss gemäß § 6 Nr. 4 TDG die Angabe der entsprechenden Registriernummer angegeben werden.

Berufliche Befähigungsnachweise

Anbieter, die Tätigkeiten offerieren, deren Ausübung durch Rechtsvorschriften an den Erwerb eines Hochschuldiploms oder eines anderen beruflichen Befähigungsnachweises gebunden ist, sind gemäß § 6 Nr. 5 TDG zu den folgenden Angaben verpflichtet:

- über die Kammer, der sie angehören
- über die gesetzliche Berufsbezeichnung und den betreffende Mitgliedstaat, in dem diese verliehen worden ist
- über die maßgeblichen berufsrechtlichen Regelungen, die die Voraussetzungen für die Berufsausübung reglementieren

Umsatzsteueridentifikationsnummer

Der Diensteanbieter ist, sofern er umsatzsteuerpflichtig ist, verpflichtet seine Umsatzsteueridentifikationsnummer nach § 27a UStG anzugeben, § 6 Nr. 6 TDG.

Andere gesetzliche Informationspflichten

Andere Informationspflichten, wie z. B. des Fernabsatzgesetzes, werden nicht eingeschränkt, § 6 Satz 2 TDG.

Ordnungswidrigkeiten und Geldbuße

Ein vorsätzlicher oder fahrlässiger Verstoß gegen die in § 6 Satz 1 Nr. 1 bis 6 TDG aufgeführten Informationspflichten stellt gemäß § 12 Abs. 1 TDG eine Ordnungswidrigkeit dar, die nach § 12 Abs. 2 TDG mit einer Geldbuße von bis zu 50.000 Euro geahndet werden kann. Ein Verstoß liegt vor, wenn der Anbieter die geforderten Informationen nicht richtig oder nicht vollständig verfügbar hält.

6.2   Besondere Informationspflichten

Weitergehende Informationspflichten bestehen gemäß § 7 Satz 1 TDG für die kommerzielle Kommunikation: jede Form der Kommunikation, die der unmittelbaren oder mittelbaren Förderung des Absatzes von Waren, Dienstleistungen oder des Erscheinungsbildes eines Unternehmens, einer sonstigen Organisation oder einer natürlichen Person dient, die eine Tätigkeit im Handel, Gewerbe oder Handwerk oder einen freien Beruf ausübt, § 3 Nr. 5 TDG.

Erkennbarkeit der kommerziellen Kommunikation

Die kommerzielle Kommunikationen muss klar zu erkennen sein, indem sie sich von anderen Inhalten und Informationen in ihrem Erscheinungsbild deutlich unterscheidet, § 7 Satz 1 Nr. 1 TDG.

Identifizierbarkeit des Anbieters

Die natürliche oder juristische Person, in deren Auftrag die kommerzielle Kommunikation erfolgt, muss eindeutig identifizierbar sein, wie durch Nennung des Namens oder der Firma oder durch die Präsentation eines Firmenlogos, § 7 Satz 1 Nr. 2 TDG.

Angebote zur Verkaufsförderung

Angebote zur Verkaufsförderung wie Preisnachlässe, Zugaben und Geschenke müssen klar erkennbar sein, § 7 Satz 1 Nr. 3 TDG. Die Bedingungen für die Inanspruchnahme von Preisausschreiben oder von Gewinnspielen mit Werbecharakter müssen leicht zugänglich sein sowie klar und unzweideutig angegeben werden, § 7 Satz 1 Nr. 4 TDG.

Ordnungswidrigkeiten und Geldbuße

Die Vorschriften des Gesetzes gegen den unlauteren Wettbewerb (UWG) bleiben gemäß § 7 Satz 2 TDG unberührt. Dies hat zur Konsequenz, dass die in § 7 TDG geregelten Informationspflichten nach § 13 UWG bußgeldbewehrt sind. Daher war eine Sanktionierung im TDG nicht erforderlich.

7. Verantwortlichkeiten der Diensteanbieter für Informationen

Die §§ 8 bis 11 TDG definieren entsprechend den Artikeln 12 bis 15 der E-Commerce-Richtlinie ein abgestuftes System der Verantwortlichkeit der Diensteanbieter für eigene Informationen und für fremde Informationen. Der in den §§ 8 bis 11 TDG verwendete Begriff „Informationen" umfasst alle Angaben, die im Rahmen des jeweiligen Teledienstes übermittelt oder gespeichert werden.[2]

7.1 Haftung für eigene Informationen

Diensteanbieter, die eigene Informationen zur Nutzung bereithalten, sind gemäß § 8 Abs. 1 TDG für diese uneingeschränkt nach den allgemeinen Gesetzen des Zivil- und Strafrechts verantwortlich und haften hiernach. Wird beispielsweise jemand durch eigene Informationen des Diensteanbieters in seinem Persönlichkeitsrecht verletzt, so kann er gemäß §§ 823 Abs. 1 und 2 BGB in Verbindung mit § 185 StGB sowie § 1004 BGB Unterlassungs-, Widerrufs- und Schadensersatzansprüche gegen den Diensteanbieter geltend machen.[3] Auch eine strafrechtliche Verfolgung nach den Beleidigungstatbeständen gemäß §§ 185 ff. StGB ist möglich.

7.2 Verantwortlichkeit für fremde Informationen

Die Verantwortlichkeit für fremde Informationen besteht in den von der E-Commerce-Richtlinie vorgegebenen abgestuften Formen der Durchleitung von Informationen gemäß § 9 TDG, der Zwischenspeicherung zur beschleunigten Übermittlung von Informationen gemäß § 10 TDG und der Speicherung von Informationen gemäß § 11 TDG. Für diese drei Formen der Verantwortlichkeit für fremde Informationen bestehen allgemeine Grundsätze gemäß § 8 Abs. 2 TDG.[4]

Allgemeine Grundsätze

Nach den allgemeinen Grundsätzen des § 8 Abs. 2 TDG hat der Diensteanbieter im Falle der Durchleitung, der Zwischenspeicherung und der Speicherung fremder Informationen keine allgemeinen Überwachungs- oder Nachforschungspflichten hinsichtlich rechtswidriger Inhalte und Tätigkeiten, § 8 Abs. 2 Satz 1 TDG. Allerdings bleibt die Pflicht des Diensteanbieters nach den allgemeinen Gesetzen zur Entfernung oder Sperrung von rechtswidrigen Informationen bestehen, § 8 Abs. 2 Satz 2

---

2   BT Drucksache 14/6098 S. 23.; siehe zur strafrechtlichen Verantwortlichkeit von Zugangsvermittlern *Sester*, CR 2001, 98 ff.
3   Zur zivilrechtlichen Haftung nach § 8 Abs. 1 TDG *Hoffmann*, MMR 2002, 284, 285 f.
4   Zu den Regeln der E-Commerce-Richtlinie über die Verantwortlichkeit der Provider *Freytag*, CR 2000, 600.

TDG. Dies bedeutet, dass der Anbieter bei Kenntnis rechtswidriger Informationen diese entfernen oder ihre Nutzung sperren muss. Diese Kenntnis kann dem Diensteanbieter auch durch Dritte oder eine Behörde verschafft werden. Damit können Gerichte oder Verwaltungsbehörden im Rahmen der jeweiligen Ermächtigungsgrundlage gegenüber dem Diensteanbieter anordnen, die Rechtsverletzung durch Entfernung der rechtswidrigen Informationen oder Sperrung des Zugangs abzustellen oder zu verhindern. Dabei ist allerdings zu beachten, dass die geforderten Maßnahmen technisch möglich und zumutbar sind. Diese ungeschriebene Voraussetzung ergibt sich aus allgemeinen übergeordneten Rechtsgrundsätzen. Technisch Unmögliches darf das Recht ebenso wenig verlangen wie Unzumutbares. Die Zumutbarkeitsgrenze bemisst sich dabei im Einzelfall nach der Wertigkeit des gefährdeten Rechtsgutes. Je höherwertiger das geschützte Rechtsgut ist, um so mehr kann dem betroffenen Diensteanbieter zugemutet werden.[5]

Durchleitung von Informationen

Leitet der Diensteanbieter Informationen durch, so ist er von der Haftung für rechtswidrige Informationen befreit. Die Durchleitung von Informationen ist als Übermittlung von Informationen (§ 9 Abs. 1, 1. Alternative TDG), als Vermittlung des Zugangs zu Informationen (§ 9 Abs. 1, 2. Alternative TDG) und als automatische kurzzeitige Zwischenspeicherung (§ 9 Abs. 2 TDG) möglich. In diesen Fällen ist die Tätigkeit des Diensteanbieters auf den technischen Vorgang beschränkt, ein Kommunikationsnetz zu betreiben und den Zugang zu diesem zu vermitteln. Diese Tätigkeit ist automatischer Art, bei der der Diensteanbieter in der Regel keine Kenntnis über die weitergeleitete oder kurzzeitig zwischengespeicherte Information hat.[6]

Um das Haftungsprivileg gemäß § 9 Abs. 1 TDG als Übermittlung von Informationen oder als Vermittlung des Zugangs zu Informationen in Anspruch nehmen zu können, darf der Diensteanbieter die Übermittlung nicht veranlasst (§ 9 Abs. 1 Nr. 1 TDG), den Adressaten der übermittelten Informationen nicht ausgewählt (§ 9 Abs. 1 Nr. 2 TDG) und auch die übermittelten Informationen nicht ausgewählt oder verändert haben (§ 9 Abs. 1 Nr. 3 TDG). Ist der Diensteanbieter in einer dieser Formen an dem Übermittlungsvorgang beteiligt, so haftet er wie für eigene Informationen gemäß § 8 Abs. 1 TDG. Diese Haftung besteht gemäß § 9 Abs. 1 Satz 2 TDG auch, wenn der Diensteanbieter absichtlich mit einem der Nutzer seines Dienstes zusammenarbeitet, um rechtswidrige Handlungen zu begehen.

§ 9 Abs. 2 TDG stellt klar, dass als Durchleitung von Informationen auch die automatische kurzzeitige Zwischenspeicherung gilt, soweit diese ausschließlich zur Übermittlung von Informationen im Kommunikationsnetz geschieht und die Information nicht länger gespeichert wird, als es für die Übermittlung üblicherweise erforderlich ist.

---

5 BT Drucksache 14/6098, S. 23.
6 BT Drucksache 14/6098, S. 23 f.

Zwischenspeicherung zur beschleunigten Übermittlung von Informationen

Wie im Fall der Durchleitung von Informationen nach §§ 9 TDG so ist der Diensteanbieter auch im Falle der Zwischenspeicherung zur beschleunigten Übermittlung von Informationen, dem so genannten Caching, gemäß § 10 TDG von der Verantwortlichkeit für rechtswidrige Informationen befreit. Hierzu müssen die unter den Nummern 1 bis 5 des § 10 TDG genannten Bedingungen erfüllt sein.[7] Durch diese Bedingungen wird sichergestellt, dass die Information nicht verändert wird (Nr. 1), dass die Zugangskontrollen zu der Information funktionsfähig sind (Nr. 2), dass aktuelle Information nicht durch zeitlich überholte Information verdrängt wird (Nr. 3), dass die Technologie zur Sammlung von Daten über die Nutzung der Information nicht beeinträchtigt wird (Nr. 4) und dass der Zugang zu der Information entfernt oder gesperrt wird, sobald der Diensteanbieter von der Entfernung oder Sperrung der Information am ursprünglichen Ausgangsort Kenntnis erhält oder ein Gericht oder eine Verwaltungsbehörde die Entfernung oder Sperrung angeordnet hat. Wie im Falle der Durchleitung von Informationen gemäß § 9 Satz 2 TDG so verliert auch im Falle der automatischen zeitlich begrenzten Zwischenspeicherung der Diensteanbieter das Haftungsprivileg, wenn er absichtlich mit einem der Nutzer seines Dienstes zusammenarbeitet, um rechtswidrige Handlungen zu begehen, § 10 Satz 2 TDG.

Speicherung von Informationen

Speichert ein Diensteanbieter für einen Nutzer Informationen (so genanntes Hosting), so ist er gemäß § 11 TDG von der Haftung für die Rechtswidrigkeit der Informationen nur unter bestimmten Voraussetzungen befreit: Strafrechtlich ist der Dienstanbieter von der Haftung befreit, wenn er keine Kenntnis von der rechtswidrigen Handlung oder der Information hat, § 11 Satz 1 Nr. 1 TDG. Für Schadensersatzansprüche, also zivilrechtlich, ist der Diensteanbieter von der Haftung befreit, wenn ihm keine Tatsachen oder Umstände bekannt sind, aus denen die rechtswidrige Handlung oder die Information offensichtlich wird. Erlangt der Diensteanbieter von der rechtswidrigen Handlung oder Information Kenntnis so muss er nach § 11 Satz 1 Nr. 2 TDG unverzüglich die betreffende Information entfernen oder den Zugang zu ihr sperren. Erfolgt dies nicht, so ist er für die rechtswidrige Information strafrechtlich verantwortlich und haftet für eventuell entstandenen Schaden zivilrechtlich.[8] Auch für diesen Fall gilt, dass die geforderten Maßnahmen für den Anbieter technisch möglich und zumutbar sein müssen.

Diskussionsforen, Suchmaschinen und Links

Das Internet lebt von Diskussionsforen, Suchmaschinen und Links. Die Einordnung in das Recht der Verantwortlichkeit ist rechtlich fraglich.

---

7   BT Drucksache 14/6098, S. 24.
8   Zur zivilrechtlichen Haftung nach § 11 TDG *Hoffmann,* MMR 2002, 284, 288.

Diskussionsforen

Für Diskussionsforen, auch Chatrooms genannt, sieht das TDG nicht eine ausdrückliche Regelung vor. Die Funktion von Diskussionsforen besteht darin, dass von dem Diensteanbieter eine Plattform zur Verfügung gestellt wird, auf der Informationen von den Nutzern zum Austausch bereitgestellt werden. Dies ist für den Diensteanbieter weder eine Durchleitung gemäß § 9 TDG, noch eine Zwischenspeicherung gemäß § 10 TDG, sondern eine Speicherung fremder Informationen im Sinne von § 11 TDG. Der Diensteanbieter ist in diesem Falle bei Kenntnis der rechtswidrigen Informationen strafrechtlich verantwortlich. Er haftet für einen Schaden, der durch rechtswidrige Informationen entsteht, wenn ihm Tatsachen bekannt sind, aus denen die rechtswidrigen Informationen offensichtlich werden. So ist von der Rechtsprechung ein Diskussionsforum als Bereithalten fremder Inhalte gemäß § 5 Abs. 2 TDG alte Fassung, der Vorgängervorschrift des § 11 TDG, bewertet worden. Der Diensteanbieter wurde als strafrechtlich verantwortlich für die rechtswidrigen Informationen angesehen, die von den Nutzern in die Diskussionsforen eingestellt wurden, da er grob fahrlässig keine Kenntnis von den Inhalten hatte.[9] Das entscheidende Ergebnis dieser Rechtsprechung ist: Kenntnis der rechtswidrigen Inhalte im Sinne von § 5 Abs. 2 TDG alte Fassung ist bei grob fahrlässiger Unkenntnis angenommen worden. Es ist naheliegend, dass diese Interpretation der „Kenntnis" auf § 11 TDG als Nachfolgevorschrift des bisherigen § 5 Abs. 2 TDG übertragen wird. Grob fahrlässige Unkenntnis begründet damit strafrechtliche Veranwortlichkeit und zivilrechtliche Verantwortlichkeit in Form von Schadensersatz. Dies bedeutet, dass in der Organisation von Unternehmen das rechtlich verantwortliche Management bei Unkenntnis rechtswidriger Informationen in Diskussionsforen in Anspruch genommen werden kann, weil es sich diese Unkenntnis als Organisationsverschulden zurechnen lassen muss. Um dieses Risiko zu reduzieren sollte der Diensteanbieter durch eine Benutzungsordnung deutlich machen, dass die Nutzer keine rechtswidrigen Informationen in Diskussionsforen bereitstellen dürfen und er andernfalls gemäß § 11 Satz 2 TDG verpflichtet ist, die rechtswidrigen Inhalte zu löschen, um nicht dafür verantwortlich gemacht zu werden.[10]

Suchmaschinen

Suchmaschinen sind entsprechend Art. 21 Abs. 2, Satz 1 der E-Commerce-Richtlinie gesetzlich nicht zu regeln, um die Entwicklung in Wissenschaft und Rechtsprechung abzuwarten.[11] Diese Entwicklung könnte durch die bisherige Bewertung der Suchmaschinen bestimmt werden. Hiernach galt das Betreiben von Suchmaschinen als ein Zugangverschaffen gemäß § 5 Abs. 3 TDG alte Fassung, wonach eine Haftung für

---

9   *LG München* I Urteil vom 30.3.2001, CR 200, 333 mit Anmerkung *Spindler*, CR 2001, 324.
10 Hierzu *Ladeur*, MMR 2001, 787.
11 BT Drucksache 14/6098 S. 37; *Müglich*, CR 2002, 583, 591.

rechtswidrige Inhalte nicht bestand.[12] Dem würde nach dem neuen TDG § 9 Abs. 1, 2. Alternative entsprechen. Eine weitere Möglichkeit besteht darin, die von den Suchmaschinen bereitgehaltenen Inhalte als zeitlich begrenzte Zwischenspeicherung gemäß § 10 TDG zu bewerten, die wie die Durchleitung nach § 9 TDG von der Haftung für rechtswidrige Informationen befreit.[13] Suchmaschinenanbieter sollten sich von dieser Ungewißheit der rechtlichen Einordnung durch die Rechtsprechung unabhängig machen und sich zumindest durch einen deutlichen Hinweis in den Nutzungsbedingungen von möglichen rechtswidrigen Informationen deutlich distanzieren.

Links

Links treten in zwei Formen auf: Mit dem Hyperlink wird für den Nutzer erkennbar auf eine fremde Homepage verwiesen, der Inlinelink lässt den Nutzer nicht erkennen, dass die Information von einer anderen Homepage stammt. Wie im Falle der Suchmaschinen sind auch die Links nicht gesetzlich geregelt, da nach Art. 21 Abs. 2, Satz 1 der E-Commerce-Richtlinie auch für die Links die Entwicklung in Wissenschaft und Rechtsprechung abgewartet werden soll, um eine harmonisierte europäische Regelung zu finden. Dies macht eine Einordnung der Links in das bestehende Recht notwendig.[14]

Der Inlinelink ist nach bisherigem TDG als Bereithalten eines eigenen Inhalts gemäß § 5 Abs. 1 bewertet worden, da der Inhaber der Website sich den fremden Inhalt zu eigen macht. Dies bedeutet, dass nach dem jetzt geltenden TDG mit dem Inlinelink Diensteanbieter eigene Informationen zur Nutzung gemäß § 8 Abs. 1 TDG bereithalten.[15] Damit besteht für Diensteanbieter eine strafrechtliche Verantwortlichkeit und eine Schadensersatzpflicht für Schäden, die durch rechtswidrige Informationen der Inlinelinks verursacht worden sind.

Der Hyperlink entzieht sich einer Einordnung in die Verantwortlichkeitsregeln des TDG. Das Setzen des Hyperlinks bedeutet, Informationen auszuwählen. Dies ist eine inhaltlich-wertende Komponente. Es handelt sich damit nicht um den technischen Vorgang der Durchleitung von Informationen nach § 9 TDG oder der Zwischenspeicherung von Informationen gemäß § 10 TDG.[16] Der Hyperlink ist auch nicht eine Speicherung von Informationen gemäß § 11 TDG, denn der Diensteanbieter speichert durch den Hyperlink nicht Informationen im Auftrag eines bestimmten

---

12 Zur Befreiung des Zugangsvermittlers von der Kontrollpflicht rechtswidriger Inhalte *LG München I,* Urteil vom 17. November 1999, CR 2000, 117.

13 So *Koch,* K & R 2002, 120, 123; zur Interpretation der Suchmaschinen als technische Verbreitung *Köster/Jürgens* MMR 2002, 423, 424.

14 Zu dem weiteren Gesichtspunkt der intellektuellen Verbreiterhaftung *Köster/Jürgens,* MMR 2002, 423 f.

15 So *LG Lübeck,* Urteil vom 24.11.1998, MMR 1999, 686 = CR 1999, 650 f.; *Schack,* MMR 2001, 9, 16.

16 So *Spindler,* MMR 2002, 495, 496.

Nutzers.[17] Dies bedeutet, dass der Diensteanbieter für die durch Hyperlinks und durch Inlinelinks bereitgestellten Informationen nach den allgemeinen Gesetzen haftet. Der Diensteanbieter kann damit durch das Setzen von Links für Informationen verantwortlich gemacht werden, die Strafnormen verletzen und für Schäden, die durch unrichtige Informationen entstanden sind.

Das Risiko der Links kann durch Haftungsreduzierungsklauseln gemindert werden, die auf der Website leicht erreichbar und deutlich lesbar sind. Die Grenzen für diese Haftungsreduzierungsklauseln sind durch das Recht der Allgemeinen Geschäftsbedingungen eng gezogen und werden durch das Verbot der unsachgemäßen Benachteiligung bestimmt. Deshalb ist ein pauschaler Haftungsausschluss für die Verantwortlichkeit von Inhalten nicht zulässig. Zulässig ist aber, auf das spezifische Risiko im Netz hinzuweisen, dass sich die Inhalte der Website einschließlich der Links trotz aller Mühen um ihre Richtigkeit ändern können, der Diensteanbieter als Inhaber der Website trotzdem um genaue, vollständige und aktuelle Informationen bemüht ist, aber für die ständige Rechtmässigkeit und Richtigkeit der Inhalte nicht die Verantwortung übernehmen kann.

Das Rechtsrisiko zwischen Portalanbietern und Shop-Inhabern

Die rechtliche Bewertung der Portale wird durch die Verantwortlichkeitsregeln des Teledienstegesetzes bestimmt. Von einer Haftungsprivilegierung als Vermittlung des Zugangs gemäß § 9 TDG kann nicht ohne weiteres ausgegangen werden.[18] Es muss vielmehr angenommen werden, dass das Haftungsprivileg der Zugangsvermittlung eng ausgelegt wird. Damit können Portalinhaber nicht damit rechnen, sich auf dieses Privileg erfolgreich zu berufen, sondern müssen von einer Verantwortlichkeit für die Informationen gemäß § 11 TDG ausgehen, die in ihrem Portal erreichbar sind. Dieses Risiko, kann durch Vereinbarungen zwischen dem Portalinhaber und den Shopbetreibern reduziert werden. Dies bietet sich vor allem in bestehenden gesellschaftsrechtlichen Vertragsbeziehungen, wie Konzernen, an. Bestandteil sollten jedenfalls die folgenden Regeln sein:

- „Die Verantwortung für den Inhalt der Web Site eines Shops wird von dem Inhaber des Shops getragen. Der Inhaber des Shops verpflichtet sich, in regelmäßigen wöchentlichen/monatlichen Abständen, den Inhalt auf seine Richtigkeit zu kontrollieren. Werden Fehler festgestellt, so werden diese von dem Inhaber des Shops unverzüglich berichtet." Erfolgt dies nicht, so ist der Portalbetreiber zur fristlosen Kündigung des Shopvertrags berechtigt.

---

17 *Müglich*, CR 2002, 83, 591; *Spindler*, MMR 2002, 495, 497.
18 FAZ vom 13. April 2000, S. 1 „Online-Anbieter haftet für Raubkopien" und S. 41 „Musik für Millionen".

8.   Das Teledienstedatenschutzgesetz

Die Neuerungen des TDDSG sind grundlegend. Sie umfassen den Geltungsbereich (2.1), die Unterrichtungspflicht des Dienstanbieters (2.2), die Bestands-, Nutzungs- und Abrechnungsdaten (2.3), das Recht zur Datenverarbeitung bei Missbrauch von Telediensten (2.4), die Einwilligung des Nutzers (2.5), die organisatorischen Pflichten (2.6), die Einbeziehung des Bundesbeauftragten für den Datenschutz und die Bußgeldvorschriften (2.7).

8.1 Der Geltungsbereich des TDDSG

Das neue TDDSG[19] knüpft an den Begriff der Teledienste im Teledienstegesetz (TDG) an. In § 2 Abs. 1 TDG ist eine sehr weit gefasste Begriffsbestimmung enthalten, nach welcher alle elektronischen Informations- und Kommunikationsdienste, die für eine individuelle Nutzung von kombinierbaren Daten wie Zeichen, Bildern oder Tönen bestimmt sind und denen eine Übermittlung mittels Telekommunikation zugrunde liegt, Teledienste sind. Diese Begriffsbestimmung erfordert für das TDDSG eine Klarstellung, die durch § 1 Abs. 1 Satz 2 TDDSG in negativer Form erfolgt ist: Das TDDSG gilt nicht in Bereichen, in denen eine Anwendung der speziellen Grundsätze des TDDSG nicht sachgerecht ist. Als Schutzgesetz für Endverbraucher umfasst das TDDSG damit nicht Informations- und Kommunikationssysteme, die zur ausschließlichen Steuerung von Arbeits- oder Geschäftsprozessen in Unternehmen oder öffentlichen Stellen bereitgestellt werden.[20] Auch der Nutzerbegriff wurde durch § 2 Nr. 2 TDDSG anders als im TDG geregelt, indem die juristischen Personen aus dem Nutzerbegriff des TDDSG herausgenommen wurden, da diese nicht Inhaber personenbezogener Daten sein können.[21]

8.2 Unterrichtungspflicht des Diensteanbieters

„Zu Beginn des Nutzungsvorgangs" ist der Diensteanbieter nach § 4 Abs. 1 S. 1 TDDSG zur Unterrichtung des Nutzers über Art, Umfang und Zweck der Erhebung, Verarbeitung und Nutzung personenbezogener Daten verpflichtet, da bei Abruf des Angebots durch den Nutzer bereits eine automatische Erhebung von Nutzungsdaten erfolgen kann und eine Unterrichtung vor der Erhebung dann nicht möglich ist. Die Unterrichtung des Nutzers muss nicht bei jeder neuen Nutzung wiederholt werden, da der Diensteanbieter diese nach § 4 Abs. 1 S. 3 TDDSG ohnehin für den jederzeitigen Abruf bereithalten muss.[22]

---

19 Art. 3 des Gesetzes über rechtliche Rahmenbedingungen für den elektronischen Geschäftsverkehr (Elektronischer Geschäftsverkehr-Gesetz-EGG) in BR-Drucks. 912/01 und Begründung hierzu BT-Drucks. 14/6098.
20 BT Drucks. 14/6098, S. 27.
21 *Schaar,* Datenschutz im Internet, München 2002, S. 234 ff.
22 BT Drucks. 14/6098, S. 28; vgl. hierzu *Schaar,* Datenschutz im Internet, München 2002, S. 109 ff.

9. Bestands-, Nutzungs- und Abrechnungsdaten

Das für das deutsche Datenschutzrecht charakteristische Verbot mit Erlaubnisvorbehalt gilt auch für das TDDSG. Nach § 3 Abs. 1 TDDSG dürfen personenbezogene Daten vom Diensteanbieter zur Durchführung von Telediensten nur erhoben, verarbeitet und genutzt werden, soweit dieses Gesetz oder eine andere Rechtsvorschrift es erlaubt oder der Nutzer eingewilligt hat. Der Anwendungsbereich des Gesetzes ist damit auf den Vertragsschluss zur Durchführung von Telediensten beschränkt. Der Datenschutz des TDDSG erfasst personenbezogene Daten, die als Bestandsdaten, Nutzungsdaten und Abrechnungsdaten im Rahmen des Teledienstenutzungsvertrages entstehen.

9.1 Bestandsdaten

Der Gesetzgeber hat von einer katalogartigen Aufzählung möglicher Bestandsdaten abgesehen, weil die Vielfältigkeit möglicher Teledienste eine kasuistische Aufzählung ausschließt. Als typische Arten von personenbezogenen Daten, die zur Begründung, inhaltlichen Ausgestaltung oder Änderung eines Teledienste-Vertrages geeignet sind, gelten Name, Vorname, Anschrift, Rufnummer, Teilnehmer- oder Anschlusskennung, persönliches Kennwort, Passwort, E-Mail-Adresse, Geburtsdatum, Kreditkartennummer, Bankverbindung.[23] Ohne Einwilligung des Nutzers können Bestandsdaten nur erhoben, verarbeitet und genutzt werden, soweit sie für die Begründung, inhaltliche Ausgestaltung oder Änderung eines Vertragsverhältnisses über die Nutzung von Telediensten erforderlich sind. Für alle anderen Zwecke, wie z. B. die Werbung, ist die Einwilligung des Nutzers notwendig, § 5 S. 1 TDDSG.[24]

Erforderlichkeit und Löschungspflicht

Bestandsdaten können nach § 5 S. 1 TDDSG nur erhoben, verarbeitet und genutzt werden, wenn dies erforderlich ist. Das Kriterium der „Erforderlichkeit" ist für die Frage von erheblicher Bedeutung, ob ein Diensteanbieter im Vorfeld des Vertragsabschlusses Bestandsdaten über den Nutzer erheben darf. So verlangen Diensteanbieter häufig von Nutzern die Angabe personenbezogener Informationen, wenn der Nutzer das Angebot kostenlos sichten und Informationen auf seinen Rechner herunterladen will. Das TDDSG erlaubt durch § 5 S. 1 TDDSG die Erhebung von Bestandsdaten nur zur inhaltlichen Ausgestaltung oder Änderung eines Teledienstevertrags. Die Datenverarbeitung im Rahmen eines vorvertraglichen Vertrauensverhältnisses ist damit nicht erlaubt.[25] Die Pflicht zur Löschung von Bestandsdaten ist in § 5 TDDSG nicht ausdrücklich geregelt. Diese Pflicht ergibt sich aus dem Grund-

---

23 *Dix* in *Roßnagel*, Recht der Multimedia-Dienste, EL 1. Januar 2000, § 5 Rz. 27–28.
24 Vgl. hierzu *Schaar*, Datenschutz im Internet, München 2002, S. 125 ff.
25 *Dix* in *Roßnagel*, Recht der Multimedia-Dienste, EL 1. Januar 2000, § 5 Rz. 37–38.

satz der Erforderlichkeit. Nach diesem Grundsatz sind die Bestandsdaten zu löschen, wenn sie nicht mehr zur Begründung, Ausgestaltung und Änderung des Teledienstevertrages erforderlich sind, etwa weil das Vertragsverhältnis beendet ist und
nachträgliche Ansprüche nicht mehr bestehen. Die Löschungspflicht ergibt sich
auch aus § 35 Abs. 2 BDSG, der gemäß § 1 Abs. 2 Anwendung findet.[26]

Übermittlung an Strafverfolgungsbehörden

In § 5 TDDSG ist ein neuer Satz 2 eingefügt worden, der gleichlautend für Nutzungsdaten auch in § 6 Abs. 5 S. 5 TDDSG aufgenommen worden ist. In beiden Fällen besteht eine gleichwertige Interessenlage festzustellen, dass die Bestimmungen des
TDDSG nicht den Befugnissen der Strafverfolgungsbehörden und der Gerichte entgegenstehen.[27] Die Vorschrift konstituiert weder eine eigene Übermittlungsver-
pflichtung gegenüber Strafverfolgungsbehörden, noch gibt sie diesen das Recht auf
automatisierten Zugriff zu Kundendateien. Die Regelung soll lediglich klarstellen,
dass die Anbieter von Telediensten berechtigt sind, den Ermittlungsbehörden die Daten zu übermitteln, die diese berechtigt erheben. Anders als nach § 89 Abs. 6 TKG
wird also nicht eine eigene Übermittlungspflicht begründet, noch ein Recht der Strafverfolgungsbehörden auf den Datenzugriff entsprechend § 90 TKG. Durch § 5 Satz 2
TDDSG wird nur klargestellt, dass Bestandsdaten aufgrund § 94 StPO beschlag-
nahmt werden dürfen und dass der Diensteanbieter die Daten gemäß § 95 StPO he-
rauszugeben hat.[28]

9.2 Nutzungsdaten

Mit der Neufassung des § 6 TDDSG sollen die Erlaubnistatbestände für Nutzungsdaten transparent zusammengefasst werden.[29] Damit ist eine Regelung entstanden,
die die Definition der Nutzungsdaten, die Nutzungsprofile für Zwecke der Werbung,
die Übermittlung von anonymisierten Nutzungsdaten zu Zwecken der Marktforschung und die Löschung von Nutzungsdaten umfasst.

Definition der Nutzungsdaten

Nach der neu hinzugefügten beispielhaften Auflistung in § 6 Abs. 1 S. 2 a) bis c)
TDDSG sind Nutzungsdaten insbesondere Merkmale zur Identifikation des Nutzers, Angaben über Beginn und Ende sowie den Umfang der jeweiligen Nutzung und
Angaben über die vom Nutzer in Anspruch genommenen Teledienste. Hierzu gehören Steuerungsinformationen und Informationen zur Bestimmung der Interaktions-

---

26 *Dix* in *Roßnagel,* Recht der Multimedia-Dienste, EL 1. Januar 2000, § 5 Rz. 48.
27 BT Drucks. 14/6098, S. 29.
28 *Schaar,* Datenschutz im Internet, München 2002, Rz. 818.
29 BT Drucks. 14/6098, S. 29; Vgl. hierzu *Schaar,* Datenschutz im Internet, München 2002, S. 140 ff.

partner. Typische Steuerungsinformationen sind die Beschreibung des technischen Dienstes, der genutzt werden soll, wie das File Transfer Protocol, die Bezeichnung einer Seite im WorldWideWeb als URL, die Anfragen bei einer Suchmaschine, Angaben über den eingesetzten Browsertyp, der mit Identifikationsdaten verbunden ist. Informationen zur Bestimmung des Interaktionspartners sind E-Mail-Adressen, Nutzerkennungen einschließlich persönlicher Identifikationsnummern (PIN) und Transaktionsnummern (TAN), IP-Adressen, die eine Identifikation des Nutzers, wie durch die statische Zuordnung, zulassen.[30]

Beschränkung der Verarbeitung von Nutzungsdaten

Die gesetzlich erlaubte Verarbeitung von Nutzungsdaten ist beschränkt. § 6 Abs. 3 TDDSG enthält in Satz 1 die gesetzliche Erlaubnis des Diensteanbieters, Nutzungsprofile unter Verwendung von Pseudonymen zu erstellen. Nach § 6 Abs. 5 S. 4 TDDSG darf der Zugangsvermittler die Daten zu Zwecken der Marktforschung in anonymisierter Form nur an Diensteanbieter übermitteln, deren Teledienste der Nutzer in Anspruch genommen hat.[31] „Marktforschung" ist die Erkundung eines Marktes einschließlich seiner Trends und Entwicklungsmöglichkeiten. Gegenstand der Marktforschung kann damit das Verhalten eines einzelnen Nutzers und von Nutzergruppen sein. Anonymisieren erfordert nach § 3 Abs. 6 BDSG, dass personenbezogene Daten nicht mehr oder nur mit unverhältnismäßig großem Aufwand einer bestimmten oder bestimmbaren natürlichen Person zugeordnet werden können.[32]

9.3 Abrechnungsdaten

§ 6 Abs. 4 TDDSG bestimmt, dass der Diensteanbieter Nutzungsdaten über das Ende des Nutzungsvorgangs hinaus verarbeiten und nutzen darf, soweit sie für Zwecke der Abrechnung erforderlich sind. Sind Nutzungsdaten hierfür nicht erforderlich, so sind sie zu löschen. Zeitlicher Anknüpfungspunkt für die Löschung ist das Ende der jeweiligen Nutzung. Ist eine sofortige Löschung nicht oder nur mit unverhältnismäßigem Aufwand zu bewerkstelligen, so reicht die Löschung im Rahmen der täglichen Reorganisation des Datenbestandes aus.[33] § 3 Abs. 4 Nr. 5 BDSG definiert das Löschen als „Unkenntlichmachen gespeicherter personenbezogener Daten". Diese Vorschrift wird ergänzt durch die Regelung des § 4 Abs. 2 Nr. 2 TDDSG, wonach der Diensteanbieter verpflichtet wird, die Datenlöschung technisch-organisatorisch sicherzustellen. Gelöscht werden müssen alle Nutzungsdaten des § 6 Abs. 1 TDDSG, die nicht für Zwecke der Abrechnung mit dem Nutzer erforderlich sind oder zur Erfüllung gesetzlicher, satzungsmäßiger oder vertraglicher Aufbewahrungsfristen ge-

30 *Dix/Schaar* in *Roßnagel,* Recht der Multimedia-Dienste, EL 1. Januar 2000, § 6 Rz. 82–86.
31 *Dix/Schaar* in *Roßnagel,* Recht der Multimedia-Dienste, EL 1. Januar 2000, § 6 Rz. 161–164.
32 *Dix/Schaar* in *Roßnagel,* Recht der Multimedia-Dienste, EL 1. Januar 2000, § 6 Rz. 168–169.
33 *Schaar/Schulz* in *Roßnagel,* Recht der Multimedia-Dienste, EL 1. Januar 2000, § 4 Rz. 81.

sperrt werden können. Damit kann der Diensteanbieter, der ein Verfahren zur personenbezogenen Bezahlung von Telediensten vorsieht, nach § 6 Abs. 4 TDDSG als Abrechnungsdaten personenbezogene Daten erheben, verarbeiten und nutzen, soweit dies für die Abwicklung des Abrechnungsverfahrens erforderlich ist. Nach § 6 Abs. 4 Satz 2 TDDSG besteht die Möglichkeit Bestands- und Abrechnungsdaten für die Zwecke der kaufmännischen Buchführung nach § 257 HGB zu sperren.[34]

10. Recht zur Datenverarbeitung bei Missbrauch von Telediensten

§ 6 Abs. 8 TDDSG enthält einen neuen Erlaubnistatbestand, der es einem Diensteanbieter ermöglicht, im Falle des Missbrauchs seiner Teledienste durch Nutzer deren Daten für Zwecke der Rechtsverfolgung zu verarbeiten, zu nutzen und an Dritte zu übermitteln. Die Regelung ist sachgerecht: Wie bei den Telekommunikationsanbietern dürfen die Datenschutzbestimmungen dem Diensteanbieter nicht die Möglichkeit nehmen, sich gegen schädigende Handlungen durch Nutzer zu wehren. Die Vorschrift ist eng gehalten. Insbesondere kann der Diensteanbieter nicht beliebig vorgehen. Er muss ihm vorliegende Anhaltspunkte, die die Annahme eines Missbrauchs durch einen Nutzer nahe legen, dokumentieren, damit diese gegebenenfalls von der Aufsichtsbehörde überprüft werden können.[35]

Elektronische Einwilligung

Bestandsdaten und Nutzungdaten sind für die Werbung von hohem Wert, da mit diesen Daten die Kaufinteressen individuell ermittelt werden können und mit einem entsprechenden Angebot reagiert werden kann. Deshalb wird der Nutzer auf der Website des Diensteanbieters um seine elektronische Einwilligung für die Verarbeitung seiner Daten zu Werbezwecken gebeten und ihm wird versichert, dass die Verarbeitung der Daten auf die genannten Zwecke beschränkt bleibt. Hierdurch gewinnt die Möglichkeit des Nutzers, die Einwilligung elektronisch zu erklären, eine besondere Bedeutung. Die Einwilligung kann entsprechend des Kommunikationsmittels der Teledienste gemäß § 3 Abs. 3 TDDSG elektronisch erfolgen. Die Anforderungen an die elektronische Einwilligung sind in § 4 Abs. 2 TDDSG und § 3 Abs. 4 TDDSG geregelt.

---

34 BT Drucks. 14/6098, S. 28.
35 BT Drucks. 14/6098, S. 30.

Eindeutige und bewusste Handlung des Nutzers

Die nach § 4 Abs. 2 Nr. 1 TDDSG erforderliche eindeutige und bewusste Handlung des Nutzers ist gegeben, wenn die Einwilligung auf der freien Entscheidung des Nutzers beruht, § 4a Abs. 1 Satz 1 BDSG. Entscheidungsfreiheit des Nutzers bedeutet, dass er über den vom Diensteanbieter beabsichtigten Verwendungszweck informiert wird. Dies wird durch eine Datenschutzerklärung erreicht, die der Nutzer auf der Website des Diensteanbieters abrufen kann.

Protokollierung

Mit der nach § 4 Abs. 2 Nr. 2 TDDSG erforderlichen Protokollierung der Einwilligung ist als wesentlicher Bestandteil deren Zeitpunkt und der Umfang der personenbezogenen Daten zu protokollieren, die der Diensteanbieter zu erheben, zu verarbeiten oder zu nutzen beabsichtigt.

Jederzeitige Abrufbarkeit

Der Inhalt der Einwilligung muss nach § 4 Abs. 2 Nr. 3 TDDSG vom Nutzer jederzeit abgerufen werden können. Dies bedeutet eine hardware- und softwaremäßige Ausstattung nach dem Stand der Technik.

Hinweis auf das Widerrufsrecht

Der Nutzer ist „vor Erklärung seiner Einwilligung" nach § 4 Abs. 3 TDDSG auf sein Recht auf jederzeitigen Widerruf mit Wirkung für die Zukunft hinzuweisen. Damit muss der Hinweis so rechtzeitig vor Erteilung der Einwilligung erfolgen, dass der Nutzer ihn auch wahrnehmen kann. Inhaltlich muss der Hinweis Name und Adresse des Diensteanbieters enthalten, damit der Nutzer den Widerruf ausüben kann.

Kopplungsverbot

Die Vorschrift des § 3 Abs. 4 TDDSG verbietet dem Diensteanbieter in einer Monopolstellung, die Erbringung seiner Dienste an die Einwilligung des Nutzers zu „koppeln".

Organisatorische Pflichten des Diensteanbieters

Die technischen und organisatorischen Vorkehrungen wie das Abbrechen der Verbindung und das Löschen von Daten sind in § 4 Abs. 4 TDDSG geregelt, die Anzeige der Weitervermittlung in § 4 Abs. 5 TDDSG, die Ermöglichung der anonymen und pseudonymen Inanspruchnahme von Telediensten und ihrer Bezahlung in § 4 Abs. 6 TDDSG, die Auskunft, die auch elektronisch erteilt werden kann, in § 4 Abs. 7 TDDSG.

11. Bundesbeauftragter für den Datenschutz und Bußgeldvorschriften

Den Regeln des TDDSG soll durch die Integration des Bundesdatenschutzbeauftrag-ten und einen Ordnungswidrigkeitenkatalog Nachdruck verliehen werden. Nach § 8 TDDSG beobachtet der Bundesdatenschutzbeauftragte die Entwicklung des Daten-schutzes bei Telediensten und nimmt dazu im Rahmen seines Tätigkeitsberichts Stel-lung. § 9 TDDSG enthält einen Katalog von Ordnungswidrigkeiten: Abs. 1 erfasst Verstöße gegen die Unterrichtungspflicht nach § 4 Abs. 1 TDDSG, gegen die Organi-sation der elektronischen Einwilligung nach § 4 Abs. 4 TDDSG, gegen die techni-schen und organisatorischen Vorkehrungen nach § 4 Abs. 4 TDDSG und gegen das Verbot eines Zusammenführens von Nutzungsprofilen mit Daten über den Träger des Pseudonyms nach § 6 Abs. 3 TDDSG. Ordnungswidrigkeiten können mit einer Geldbuße bis zu 50.000 Euro geahndet werden.[36]

12. Erwerb und Schutz der Portaldomain

Die Domain ist für Portalbetreiber ein wichtiges Wirtschaftsgut. Deshalb ist die Ver-gabe der Domain und der rechtliche Schutz der Domain ein entscheidender Bestand-teil des rechtlichen Portalmanagements.

13. Die Vergabe der .com-Domain und der de.-Domain

Die weltweite Topleveldomain .com wird durch die selbstorganisierte Regulierungs-institution ICANN Internet Corporation for Assigned Names and Numbers verge-ben. Die Verantwortlichen der ICANN sollen durch eine Internetwahl ermittelt wer-den. Die ICANN ist auf der Grundlage eines vertragsmäßigen Rahmenwerks mit dem US Departement of Commerce verantwortlich für die Vergabe von IP-Adressen und Top Level Domain Names. [37]

Die Domain .de für die Bundesrepublik Deutschland wird durch einen Antrag bei der DENIC e. G. erworben.[38] Die Verantwortlichkeit der DENIC bei der Domainverga-be ist durch mehrere Entscheidungen geklärt worden. Die DENIC gilt als eine neut-rale Vergabestelle für Domain-Namen. Als Vergabestelle ist es nicht Aufgabe der DENIC im Konfliktfall zwischen Anmelder und Dritten die Rechtslage umfassend

---

36 BT Drucks. 14/6098, S. 31.; *Rasmussen*, CR 2002, 36 (44); *Schaar*, Datenschutz im Internet, Mün-chen 2002, S. 209 f.

37 memorandum of understanding between ICANN and US-Department of Commerce: http://www.ntia.doc.gov/ntiahome/domainname/icann-memorandum.

38 Zur Domain-Anmeldung siehe Pressemitteilung der DENIC vom 3.8.2000 in XVIII MMR 9/2000.

zu prüfen. Ihr ist eine Überprüfung der Registrierungsanträge auf markenrechtliche, wettbewerbsrechtliche und namensrechtliche Unbedenklichkeit nicht zumutbar. Zumutbar ist lediglich eine Prüfung auf grobe und unschwer zu erkennende Unstimmigkeiten.[39]

13.1 Der Schutz der Domain

Namensrecht und Markenrecht

Für den Schutz der Domain durch das Namensrecht gemäß § 12 BGB und des Markenrechts gemäß § 15 Markengesetz ist entscheidend, dass bereits in der Registrierung eines Unternehmensnamens als Domain-Bezeichnung ein Namens- oder Markengebrauch liegt, wenn beabsichtigt ist, die Domain-Bezeichnung auch zu nutzen.[40] Im Streit über das Recht auf denselben Namen gilt der Grundsatz der Priorität. Danach steht grundsätzlich demjenigen das Recht auf die Domain zu, der den Namen gleich in welcher Form – ob als Firmennamen oder als Domain – als Erster benutzt hat. Ausnahmsweise geht das Recht desjenigen vor, dessen Name oder Marke Verkehrsgeltung erreicht hat. Dies gilt z. B. für etablierte Firmennamen.

Branchenbezeichungnen als Domain

Die Internetsuche durch die Eingabe von Branchenbezeichnungen hat an Bedeutung gewonnen. Die Verwendung dieser Gattungsbegriffe als Domainnamen ist nicht immer wettbewerbswidrig. Insbesondere dann nicht, wenn durch Werbung gewährleistet ist, dass verschiedene Anbieter im Verkehr bekannt sind. Mit „lastminute.com" wird nicht der Eindruck erweckt, es handle sich um ein Portal für eine originäre Dienstleistung, da den interessierten Kreisen bekannt ist, dass es zahlreiche Anbieter für Last-Minute-Reisen gibt.[41] Der BGH hat in seinem Urteil vom 17. Mai 2001 – I ZR 216/99 die Domain „mitwohnzentrale" als wettbewerbsrechtlich zulässig bewertet, die in den vorausgehenden Instanzen als wettbewerbsrechtlich unzulässig bewertet worden ist.[42] Nach Ansicht des BGH ist es wettbewerbsrechtlich zulässig, Kundenströme zu kanalisieren. Die Grenze zur Wettbewerbswidrigkeit wird überschritten, wenn ein allgemeiner Begriff irreführend sein kann, etwa wenn dadurch der Anschein erweckt wird, der betreffende Internetanbieter sei der einzige dieser Art.

39 Siehe hierzu Bettinger/Freytag, Computer und Recht 1999, 28 ff.
40 OLG Stuttgart: Steiff.com, MMR 1998, 543 f.
41 *LG Hamburg* Urteil vom 30. Juni 2000 CR 2000, 617.
42 *OLG Hamburg,* K&R 2000, 190 ff. und Anmerkung *Strömer,* 192 f.

14. Fazit

Teledienstegesetz

Zweck und Anwendungsbereich

Durch das Teledienstegesetz sind entsprechend den Anforderungen der EG-Richtinie über den elektronischen Geschäftsverkehr wirtschaftliche Rahmenbedingungen für Teledienste entstanden. Als Teledienste gelten gemäß § 1 und § 2 TDG die Nutzungsmöglichkeiten der elektronischen Informations- und Kommunikationsdienste mit Ausnahme der auf die öffentliche Meinungsbildung angelegten medialen Kommunikation wie Pressedienste, Rundfunk und Fernsehen. Für Portalinhaber, die Informations- und Kommunikationsdienste im Sinne der §§ 1 und TDG anbieten, gelten damit die rechtlichen Anforderungen des TDG.

Grundsatz der Zugangsfreiheit

Teledienste sind im Rahmen der Gesetze gemäß § 5 TDG zulassungsfrei. Eine Einschränkung besteht demnach nur durch allgemeine Zulassungsverfahren wirtschaftsrechtlicher, berufsrechtlicher oder gewerberechtlicher Art.

Das Herkunftslandprinzip

Durch die internationale Abrufbarkeit der Teledienste stellt sich die Frage des für Teledienste anwendbaren Rechts. Das Herkunftslandprinzip bestimmt für den europäischen Binnenmarkt gemäß § 4 TDG, dass die Diensteanbieter die Vorschriften des Mitgliedstaates zu beachten haben, in dem sie niedergelassen sind.

Informationspflichten

Allgemeine Informationspflichten bestehen für geschäftsmäßige Teledienste gemäß § 6 TDG. Besondere Informationspflichten bestehen für die kommerzielle Kommunikation gemäß § 7 TDG. Der Verstoß gegen die in § 6 TDG bestimmten Informationspflichten ist gemäß § 12 TDG bußgeldbewehrt. Ein Verstoß gegen die besonderen Informationspflichten ist nach § 13 des Gesetzes gegen den unlauteren Wettbewerb bußgeldpflichtig.

Verantwortlichkeiten der Diensteanbieter

Die Verantwortlichkeit des Diensteanbieters für Informationen ist durch ein abgestuftes System geregelt: für eigene Informationen, die zur Nutzung bereitgehalten werden (§ 8 Abs. 1 TDG) und für fremde Informationen in der Form der Durchleitung (§ 9 TDG), der Zwischenspeicherung (§ 10 TDG) und der Speicherung (§ 11

TDG). Rechtlich ungeklärt ist die Einordnung der in Diskussionsforen, in Suchmaschinen und in Links bereitgestellten Informationen. Dieses Risiko kann durch Haftungsreduzierungsklauseln gemindert werden.

Teledienstedatenschutzgesetz

Geltungsbereich des TDDSG

Das TDDSG gilt nach § 1 Abs. 1 Satz 2 TDDSG nicht für Informations- und Kommunikationssysteme, die ausschließlich zu beruflichen oder dienstlichen Zwecken oder zur ausschließlichen Steuerung von Arbeits- oder Geschäftsprozessen innerhalb von oder zwischen Unternehmen oder öffentlichen Stellen bereitgestellt werden. Im Ergebnis ist das TDDSG damit ein Schutzgesetz für Endverbraucher. Portalinhaber sind als Diensteanbieter damit gegenüber Endverbrauchern datenschutzrechtlich nach dem TDDSG verantwortlich.

Unterrichtungspflicht des Diensteanbieters

Der Nutzer ist „zu Beginn des Nutzungsvorgangs" nach § 4 Abs. 1 Satz 1 TDDSG über Art, Umfang und Zweck der Erhebung, Verarbeitung und Nutzung personenbezogener Daten zu unterrichten.

Bestandsdaten, Nutzungs- und Abrechnungsdaten

Bestandsdaten

Ohne Einwilligung des Nutzers können nach § 5 TDDSG Bestandsdaten nur erhoben, verarbeitet und genutzt werden, soweit sie für die Begründung, inhaltliche Ausgestaltung oder Änderung eines Vertragsverhältnisses über die Nutzung von Telediensten erforderlich sind. Für alle anderen Fälle ist die Einwilligung des Nutzers notwendig. Die Bestandsdaten sind zu löschen, wenn sie nicht mehr zur Begründung, Ausgestaltung und Änderung des Teledienstevertrages erforderlich sind.

Nutzungsdaten

Nach der neu hinzugefügten beispielhaften Auflistung in § 6 Abs. 1 Satz 2 a) bis c) TDDSG sind Nutzungsdaten insbesondere Merkmale zur Identifikation des Nutzers, Angaben über Beginn und Ende sowie des Umfangs der jeweiligen Nutzung und Angaben über die vom Nutzer in Anspruch genommenen Teledienste. Nach § 6 Abs. 4 TDDSG dürfen Diensteanbieter Nutzungsdaten über das Ende des Nutzungsvorgangs hinaus verarbeiten und nutzen, soweit sie für Zwecke der Abrechnung erforderlich sind. Sind Nutzungsdaten hierfür nicht erforderlich, so sind sie zu löschen.

Abrechnungsdaten

Sieht der Diensteanbieter ein Verfahren zur personenbezogenen Bezahlung von Telediensten vor, so darf er nach § 6 Abs. 4 Satz 1 TDDSG als Abrechnungsdaten personenbezogene Daten erheben, verarbeiten und nutzen, soweit dies für die Abwicklung des Abrechnungsverfahrens erforderlich ist.

Recht zur Datenverarbeitung bei Missbrauch von Telediensten

§ 6 Abs. 8 TDDSG enthält einen neuen Erlaubnistatbestand, der es einem Diensteanbieter ermöglicht, im Falle des Missbrauchs seiner Teledienste durch Nutzer deren Daten für Zwecke der Rechtsverfolgung zu verarbeiten, zu nutzen und an Dritte zu übermitteln.

Elektronische Einwilligung

Der wesentliche Bestandteil der elektronischen Einwilligung nach § 3 Abs. 3 TDDSG ist nach § 4 Abs. 2 Nr. 3 TDDSG eine eindeutige und bewusste Handlung des Nutzers. Dies ist gegeben, wenn die Einwilligung auf der freien Entscheidung des Nutzers beruht, § 4a Abs. 1 Satz 1 BDSG. Entscheidungsfreiheit des Nutzers bedeutet, dass er über den vom Diensteanbieter beabsichtigten Verwendungszweck informiert wird. Als der übliche Weg hat sich hierfür die Datenschutzerklärung des Diensteanbieters entwickelt.

Organisatorische Pflichten des Diensteanbieters

Die organisatorischen Pflichten umfassen das Löschen von Daten (§ 4 Abs. 4 TDDSG), die Anzeige der Weitervermittlung (§ 4 Abs. 5 TDDSG), die Ermöglichung der anonymen und pseudonymen Inanspruchnahme von Telediensten und ihrer Bezahlung (§ 4 Abs. 6 TDDSG) und die elektronische Auskunft (§ 4 Abs. 7 TDDSG).

Bundesbeauftragter für den Datenschutz und Bußgeldvorschriften

Der Bundesbeauftragte für den Datenschutz ist durch § 8 TDDSG in das TDDSG integriert, indem er zu der Entwicklung des Datenschutzes bei Telediensten im Rahmen seines Tätigkeitsberichts Stellung nimmt. Der Bußgeldrahmen für den Ordnungswidrigkeitenkatalog des § 9 TDDSG verdoppelt die Bußgelder des BDSG, um der Gefährdung personenbezogener Daten der Verbraucher in offenen Netzen Rechnung zu tragen.

Der Schutz der Domain

Die durch die ICANN oder die DENIC erworbene Domain wird durch das Namensrecht und das Markenrecht geschützt.

Stefan Bohlmann und Heiko Stock

Sicherheit von Unternehmensportalen

1. Einleitung

Security entwickelt sich immer mehr zum zentralen Thema für Unternehmen, die auf der Basis immer intensiverer Zusammenarbeit mit Kunden und Partnern Services im Internet bereitstellen und damit Gefahr laufen, Ihre Vertrauensstellung durch leichtfertigen Umgang mit sensiblen Geschäftsdaten zu beeinträchtigen.

In der globalen Wirtschaft kommt es heute mehr denn je darauf an, Wettbewerbsvorteile zu sichern. Innovative Firmen setzen zu diesem Zweck ein Unternehmensportal ein, das alle verfügbaren Ressourcen in einem zentralen System zusammenführt sowie einen zentralen Zugriff auf Informationen, Anwendungen und Services bietet. Beim Austausch wichtiger Geschäftsinformationen mit Partnern, Lieferanten und Kunden darf der Sicherheitsaspekt jedoch nicht ausser Acht gelassen werden.

Mit dem „Going Web" sind für Unternehmen eine Vielzahl von Risiken in Bezug auf die Datensicherheit verbunden. In der Regel werden vollständige Prozesse auf Internettechnologie verlagert; die dabei verarbeiteten vertraulichen Daten dürfen jedoch unter keinen Umständen in die Hände von Hackern oder der Konkurrenz fallen. Aus diesem Grund müssen Sicherheitsrisiken rechtzeitig erkannt und entsprechende Maßnahmen ergriffen werden. In vielen Ländern ist dies sogar gesetzlich festgeschrieben, etwa durch das deutsche KonTraG (Gesetz zur Kontrolle und Transparenz im Unternehmensbereich): Mit diesem Gesetz, seit 1998 in Kraft, werden Unternehmen in Deutschland unter anderem verpflichtet, ein Überwachungssystem zur frühzeitigen Erkennung existenzgefährdender Entwicklungen einzurichten. Unternehmensweites Risikomanagement wird zur – häufig ungeliebten – Pflicht.

Vier Faktoren sind ausschlaggebend für die Sicherheit sensibler Daten: Integrität (Daten können nicht manipuliert werden), Authentizität (der Urheber der Daten ist zweifelsfrei nachweisbar), Vertraulichkeit (Daten sind nur für die „richtigen" Adressaten zugänglich) und Verfügbarkeit (Daten sind zugänglich, wenn man sie benötigt). Diese Faktoren sind bei der Konzeption sicherer webbasierter Systeme bzw. Unternehmensportale zu berücksichtigen, wobei dies sowohl für Systeme gilt, auf die über das Internet zugegriffen wird, als auch für Systeme, die ausschließlich im Intranet genutzt werden.

Der vorliegende Beitrag stellt ein Vorgehensmodell für die Implementierung sicherer Unternehmensportale vor, mit dem Ziel, die oben genannten Sicherheitsfaktoren zu gewährleisten. Besonders hervorzuheben ist dabei die Durchführung von Sicherheitsmaßnahmen auf der Ebene der Applikationen, die oftmals nicht ausreichend berücksichtigt wird. Die Applikationen innerhalb eines Unternehmensportals werden zum einen durch eine möglichst sichere Benutzerauthentifizierung geschützt und zum anderen durch die Implementierung eines effektiven Benutzer-, Rollen- und Berechtigungskonzeptes.

Im Anschluss an das Vorgehensmodell werden die heute zur Verfügung stehenden Alternativen der Benutzerauthentifizierung analysiert und in Bezug auf ihre Vor- und

Nachteile bewertet. Da ein Unternehmensportal Zugriff auf verschiedene vertrauliche Geschäftsinformationen gewährt, stellt die Identifizierung der Benutzer den ersten und wichtigsten Schritt für den Datenschutz dar. Die sehr stark verbreitete Methode mittels Benutzername und Passwort ist keineswegs als sicher einzustufen – im Gegenteil, diese Methode ist mit hohen Risiken verbunden. Mehr Sicherheit bei der Benutzerauthentifizierung bieten so genannte Zwei-Faktor-Authentifizierungen, z. B. Digitale Benutzerzertifikate, die mit Hilfe von Smartcards oder USB-Token zum Einsatz kommen.

2. Vorgehensmodell für die Implementierung sicherer Unternehmensportale

Sicherheitsanforderungen bestimmen

Ausgangspunkt für die Implementierung sicherer Unternehmensportale bildet eine Risikoanalyse, in der der Wert der zu schützenden Daten, die Wahrscheinlichkeit eines Schadens sowie die Auswirkungen bei Auftreten eines Schadens ermittelt werden.

Aus der Risikoanalyse ergeben sich grundsätzliche Sicherheitsanforderungen, die unmittelbar Auswirkungen auf die resultierende Sicherheitsarchitektur haben. So werden z. B. die Art der Authentifizierung – schwache Authentifizierung über Benutzerkennung und Kennwort oder starke Authentifizierung über X.509 Benutzerzertifikate – und die Aufteilung des Netzwerks in verschiedene Sicherheitszonen durch die Sicherheitsanforderungen vorgegeben.

Sicherheitsarchitektur festlegen

Die Festlegung der in Frage kommenden Schutzmechanismen erfolgt anhand der Ergebnisse der Risikoanalyse, die damit den Rahmen für die Konzeption der Sicherheitsarchitektur festlegt – auf dieser Grundlage werden die zum Einsatz kommenden Komponenten und deren gegebenenfalls redundante Auslegung zur Gewährleistung einer hohen Verfügbarkeit bestimmt.

Aufbauend auf der Auswahl der benötigten Komponenten wird festgelegt, wie diese Komponenten im Netzwerk anzuordnen sind. Das Netzwerk sollte über verschiedene Sicherheitszonen und wenige, durch Firewalls geschützte Übergänge zwischen diesen Zonen verfügen. Insbesondere für die externen Zugänge zum Unternehmensnetz werden so genannte demilitarisierte Zonen (DMZ) durch Kombination einer externen und einer internen Firewall geschaffen. Dies stellt sicher, dass nur aus bestimmten Zonen Zugriff auf die Informationssysteme besteht.

Für die Übergänge zwischen den Sicherheitszonen werden die Kommunikationsbeziehungen zwischen den Komponenten bestimmt. Dabei werden die zulässigen Dienste und Protokolle auf den Server-Komponenten festgelegt und damit die Konfiguration der Firewalls vorgeben.

Nach Ausarbeitung eines Vorschlags für eine entsprechende Sicherheitsarchitektur empfiehlt es sich, die Geschäftsführung in die Entscheidung mit einzubeziehen, damit auch auf oberster Ebene die Auswirkungen und gegebenenfalls zusätzlichen Investitionskosten mitgetragen werden.

Systeme sichern

Bei der Installation des Betriebssystems auf den Server-Komponenten wird in der Regel nur ein rudimentärer Grundschutz gewährleistet, der im Hinblick auf die Nutzung der Server für webbasierte Geschäftsprozesse oftmals nicht ausreichend ist. Um eine Verwundbarkeit gegenüber Angriffen zu verhindern, die auf allgemein bekannten Schwächen der Betriebssysteme basieren, müssen Betriebssystem-spezifische Konfigurationsmaßnahmen durchgeführt werden. Hierzu zählt beispielsweise die Deaktivierung nicht-genutzter Netzwerkdienste und -protokolle, sowie die Anpassung von Zugriffsrechten (Access Control Lists).

Kommunikation sichern

Ist eine Grundabsicherung der Server gewährleistet wird im nächsten Schritt die Kommunikation zwischen den Komponenten geschützt. Im Vordergrund steht dabei die Verschlüsselung der übertragenen Daten, verbunden mit einer Authentifizierung von Servern.

Für die Kommunikation der Clients mit dem Web Server wird der grundsätzliche Einsatz von HTTP über das Standard-Internetprotokoll Secure Sockets Layer (HTTPS = HTTP über SSL) empfohlen. HTTPS wird inzwischen von allen gängigen Web-Servern und Web-Browsern auch mit starker Verschlüsselung weltweit unterstützt. Darüber hinaus werden die Firewalls der Sicherheitsarchitektur durch Spezifikation eines entsprechenden Regelwerks so konfiguriert, dass nur die notwendigen Kommunikationsvorgänge entsprechend der zuvor definierten Datenströme zugelassen werden.

Anwendungen sichern

Auf den einzelnen Servern müssen die jeweiligen Anwendungen mit den zur Verfügung stehenden anwendungsspezifischen Mechanismen geschützt werden. Im Einzelnen sind dabei folgende Ebenen zu berücksichtigen:

- Web Server
- Middleware, Applikationsserver
- Datenbankserver, Backendsysteme

Die Schutzmaßnahmen für den Web Server hängen vom eingesetzten Produkt ab. Hier sind allgemeine Empfehlungen des jeweiligen Herstellers zu berücksichtigen und gegebenenfalls entsprechende IT-Security Experten für die jeweilige Applikation mit einzubinden.

Authentifizierung und Single Sign-On konfigurieren

In einer komplexen Systemlandschaft werden die verschiedenen Authentifikationsmechanismen immer unübersichtlicher. Bei der Vielzahl von Systemen kann sich der normale Anwender nicht alle Passwörter merken. Ein Unternehmensportal ermöglicht daher in der Regel die Einbindung von Applikationen über ein vom Portal bereitgestelltes Single Sign-On-Verfahren. SAP beispielsweise arbeitet mit einem eigenen, auf digitaler Signatur basierenden Logon-Ticket. Zudem kann sich das Portal auch selbst in andere Single Sign-On-Bereiche, etwa NT Logon, einbringen.

Da die Systeme sowohl von innen, d. h. von den eigenen Mitarbeitern, wie auch von außen, also von Kunden und Partnern, genutzt werden sollen, muss der Mechanismus, über den sich die Anwender anmelden und zweifelsfrei identifizieren, ebenso sicher wie einfach verwendbar sein. Falls eine starke Authentifizierung verlangt wird, kommen digitale Zertifikate zum Einsatz, die von einem kommerziellen betriebenen Trust Center oder einem kundeneigenen Trust Center ausgestellt werden.

Benutzerverwaltung und Rollenkonzept implementieren

Vor dem Hintergrund einer zunehmenden Komplexität der IT-Systemlandschaft ändern sich die Anforderungen an die Benutzer- und Berechtigungsverwaltung. Benutzerinformationen liegen typischerweise in unterschiedlichen Systemen wie z. B. E-Mail, Telefon- und Anwendungssystemen vor, die die Daten in eigenen Verzeichnissen (Directories) speichern. Viele Systeme bieten daher die Möglichkeit, Benutzerinformationen mittels des LDAP Protokolls mit einem zentralen Verzeichnis auszutauschen, in dem die Benutzerdaten aus verschiedenen Verzeichnissen zusammengeführt und zentral administriert werden können. Mit dem Einsatz eines Verzeichnisdienstes erhält die Benutzerverwaltung einen „Single Point of Administration", der durch die Minimierung redundanter Datensätze und eine Zentralisierung der Administrationsprozesse ein Höchstmaß an Effizienz und Sicherheit bietet.

Sicherheitsmonitoring implementieren

Neben den präventiven Maßnahmen, die bei der Konzeption der Sicherheitsarchitektur einfließen und der Verhinderung von Angriffen dienen, muss durch eine geeignete Monitoring-Infrastruktur eine frühzeitige Erkennung von Sicherheitsverletzungen ermöglicht werden. Ein Sicherheitsmonitoring ist dabei nur dann effektiv, wenn es über das gesamte System und auf allen Ebenen implementiert wird. Neben den Monitoring-Werkzeugen der jeweiligen Anwendungssysteme (Security Audit Log, Zugriffsprotokolle etc.) sollten sogenannte Intrusion Detection Systeme (IDS) einge-setzt werden, mit denen Sicherheitsverletzungen auf Betriebssystem und Netzwerk-ebene frühzeitig erkannt und entsprechende Gegenmaßnahmen eingeleitet werden können.

Sicherheitsverfahren definieren

In der Sicherheitsarchitektur wurden bisher ausschließlich die technischen Maßnah-men für die Implementierung sicherer, webbasierter Systeme beschrieben. Daneben müssen die für einen sicheren Betrieb relevanten Verfahren in einer separaten Sicher-heitsrichtlinie dokumentiert werden. Neben den Prozessen zum Sicherheitsmanage-ment muss die Sicherheitsrichtlinie auch Vorgehensweise und Zuständigkeiten beim Auftreten von Sicherheitsverletzungen (Incident Management) enthalten.

Security Review durchführen

Die Implementierung eines sicheren Unternehmensportals stellt einen komplexen Vorgang dar. Um Sicherheitsrisiken auszuschließen, die auf Konzeptions- oder Kon-figurationsfehler basieren, empfiehlt sich die Durchführung eines Reviews durch eine neutrale Instanz vor der Produktivsetzung des Systems.

3.   Alternativen der Benutzerauthentifizierung

Da ein Unternehmensportal Zugriff auf verschiedene vertrauliche Geschäftsinforma-tionen gewährt, stellt die Identifizierung der Benutzer den ersten und wichtigsten Schritt für den Datenschutz dar. Wird diese Aufgabe nicht ernst genommen, können erfolgsentscheidende Daten leicht in falsche Hände geraten. Grundsätzlich wird ein Authentifizierungsprozess immer einen oder mehrere Faktoren umfassen. Die drei gängigsten Faktoren sind:

- Wissen – Passwort oder PIN-Code
- Besitz – Token
- Etwas, was man ist – Biometrische Verfahren, die wir hier nicht weiter betrachten

Zwei-Faktor-Authentifizierungsverfahren kombinieren zwei der Faktoren und er-höhen so die Verlässlichkeit der Authentifizierung. Sie sind bei sensitiven Anwen-dungen/Daten einfachen Methoden vorzuziehen. In den folgenden Abschnitten wer-den die wichtigsten Alternativen der Benutzerauthentifizierung vorgestellt:

Authentifizierung mittels Benutzername und Passwort

Die am weitesten verbreiteten Authentifizierungsmittel sind Benutzername und Passwort. Dabei fordert das Unternehmensportal den Portalserver auf, den eingege-benen Benutzernamen sowie das genannte Passwort mit den in einem Unternehmensverzeichnis gespeicherten Daten zu vergleichen. Das Verfahren basiert auf der Authentifizierungsfunktion des HTTP-Protokolls und verschlüsselt die Daten (Benutzername und Passwörter) mit SSL (Secure Socket Layer). Stimmen die Daten nicht überein, wird der Zugriff verweigert. Die Verschlüsselung des Dialogs zwischen Client und Portal (serverseitiges SSL) ist unbedingt notwendig, um eine Kompromittierung des Passwortes auf dem Übertragungsweg zu unterbinden.

Sicherheits-Risiken:

- Schlechte Passwörter
- Passwörter können durch social engineering herausgefunden werden
- Passwörter können durch einen Brute-Force-Angriff herausgefunden werden
- Ein Virus, eingeschleust in den Client oder den Portalserver, kann das Passwort abgreifen bevor es ver- bzw. nachdem es entschlüsselt wurde
- Die Authentifizierungsdatenbank (CDS) enthält alle Kennungen und Passwörter und ist ein attraktives Ziel für Angriffe

Andere Nachteile:

- Verwaltung der Passwörter. Passwörter werden vergessen (besonders, wenn sie regelmäßig geändert werden, um die Risiken oben zu minimieren). Das Zurücksetzen kostet Geld.

Vorteile:

- Einfach und kostengünstig zu implementieren.
- Anwendbar in heterogener Client-Landschaft.

In einem Szenario, bei dem keine vollständige Kontrolle über die Clients gegeben ist, bleiben nicht-behebbare Risiken, dass ein Angreifer Passwörter herausfindet und sich so Zugang zu sensitiven Informationen verschafft oder Daten manipuliert.

Authentifizierung mittels Einmalpasswörter

Authentifizierungstoken, die Einmal-Passwörter generieren (Beispiel RSA Secur ID-Karte), sind eine Möglichkeit der Zwei-Faktor-Authentifizierung. Es gibt verschiedene Umsetzungen dieser Technologie, Challenge/Response-Token und zeitbasierte Token. Beide Technologien verwenden einen PIN-Code, Token und PIN-Code stellen zusammen die zweistufige Authentifizierung dar.

Die Einmal-Passwörter werden mit Hilfe eines speziellen Eingabegerätes (z. B. RSA SecurID Card) generiert und über über eine entsprechende Server-Komponente validiert. Es gibt zwei Möglichkeiten, eine Schnittstelle zwischen Portal und dieser Server-Komponente herzustellen:

1. Die Einbindung dieser Komponente kann über eine entsprechende Schnittstelle erfolgen. Dazu muss ein Security-Filter entwickelt werden, der die Anmeldung gegen die Server-Komponente (z. B. RSA ACE/Server) prüft.

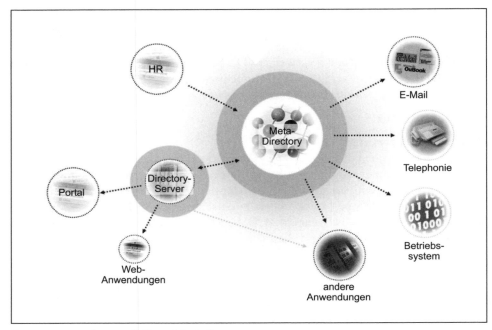

Benutzerverwaltung mit Verzeichnisdienst

2. Alternativ können manche Verzeichnisdienste (etwa iPlanet/Sun ONE) aktiv Anfragen an einen solchen Server weiterleiten. Hier würde das Portal für User-ID/Passwort-Authentifizierung gegen diesen Verzeichnisdienst konfiguriert werden und das Passwort vom Verzeichnisdienst für das Portal transparent gegen die Server-Komponente (z. B. RSA ACE/Server) validiert.

Sicherheits-Risiko:

■ Das Sicherheits-Risiko ist im Vergleich zu normalen Passwörtern sehr klein. Lediglich Brute-Force-Attacken würden es einem Angreifer erlauben, *einmalig* in ein System einzudringen. Schwachstelle ist hier die nur n-stellige Passphrase, die bei den heute verfügbaren Systemen meist nur aus Zahlen besteht.

■ Einmal-Passwörter können weitergegeben werden (Gefahr durch Social Engineering).

■ Die Sperrung des Benutzerzugangs nach Falscheingaben ermöglicht eine „Denial-of-Service-Attacke" (der Angreifer sendet wahllos Falscheingaben für User-IDs).

Nachteile:

■ Kosten: Jeder Benutzer benötigt ein Token. Die Lebensdauer der Token ist begrenzt (herstellerabhängig auf ca. drei bis fünf Jahre). Zum Beschaffungspreis für das Token kommen Kosten für die Verteilung. Weiterhin wird eine hochverfügbare Server-Komponente zur Validierung der Passwörter benötigt.

- Benutzer, die ihr Token verloren haben, können nicht arbeiten.

- Proprietäre Lösung. Es gibt keinen Industrie-Standard für die Erzeugung und Validierung von Einmal-Passwörtern. Ein Wechsel des Herstellers ist nicht möglich.

Vorteile:

- Sichere Zwei-Faktor-Authentifizierung.
- Anwendbar in einer heterogenen Client-Landschaft.
- Für den Zugriff auf das Portal mit dieser Methode sind keine clientseitigen Installationen notwendig.
- Wiederverwendbarkeit der bereitgestellten Infrastruktur für RAS-Einwahl in das LAN (VPN).

Authentifizierungstoken, die Einmal-Passwörter erzeugen, stellen eine vergleichsweise einfache Methode für die sichere 2-Faktor-Authentifizierung am Portal dar, die unabhängig von den verwendeten Clients funktioniert.

Authentifizierung mittels Digitaler Zertifikate

In Umgebungen mit höheren Sicherheitsanforderungen sollte die Authentifizierung anhand von Zertifikaten erfolgen. In Unternehmensportalen, die als Frontend-Software einen einfachen Web-Browser nutzen, kommt das SSL-Protokoll mit den gängigen digitalen X.509-Zertifikaten zum Einsatz. Der Vorteil dieser Methode liegt darin, dass keine Passwörter benötigt werden; außerdem bietet sie ein weit höheres Maß an Sicherheit.

Das Verfahren läuft folgendermaßen ab:

1. Der Web-Browser präsentiert dem Web-Server ein Zertifikat mit einer digitalen Signatur beliebiger Daten.

2. Der Web-Server stellt fest, ob das Zertifikat von einem vertrauenswürdigen Server ausgestellt worden ist.

3. Wenn das der Fall ist, verifiziert der Web-Server die digitale Signatur durch Extraktion des öffentlichen Schlüssels aus dem Zertifikat des Benutzers.

Durch die erfolgreiche Verifizierung der digitalen Signatur wird sichergestellt, dass der Client tatsächlich über den richtigen privaten Schlüssel verfügt, der zu dem öffentlichen Schlüssel im Zertifikat passt. Auf diese Weise erfolgt die Authentifizierung. Benutzerinformationen können dann aus dem Zertifikat extrahiert und mit den Benutzerdaten verglichen werden, die im LDAP-Verzeichnis des Unternehmens gespeichert sind – erst nach dem erfolgreichen Abgleich wird der Zugriff auf das Unternehmensportal gewährt.

Die Authentifizierung mit Zertifikaten gewinnt in der sicherheitsbewussten Geschäftswelt immer mehr an Popularität, erfordert jedoch die Implementierung einer so genannten Public-Key-Infrastruktur (PKI) im Portal. Diese PKI schafft und pflegt

Vertrauensbeziehungen über eine Zertifizierungsstelle (ZS), die von einem Trust Center betrieben wird. Über ein digitales Zertifikat wird so eine Verbindung zwischen Mensch und digitaler Identität hergestellt.

Bevor ein Anwender ein Zertifikat von einer Zertifizierungsstelle beantragen kann, muss er sich bei einer vertrauenswürdigen Registrierungsstelle registrieren. Im Idealfall ist diese Registrierung direkt in die Benutzerverwaltung des Unternehmensportals eingebunden und ermöglicht die unmittelbare Weiterleitung der Benutzerdaten an ein Trust Center.

Sicherheitsrisiko:

- Sehr klein.

- In letzter Zeit wurden einige Sicherheitslücken des Microsoft Internet Explorers und des Mailprogramms Outlook im Umgang mit Zertifikaten bekannt, die im Betriebssystem (Windows) verankert sind. Diese sollten aber durch Patches gefixt werden.

Nachteile:

- Hoher Aufwand (Kosten) für die Implementierung und den Betrieb einer PKI. Schon für die „Basisfunktionalität" zertifikatsbasierter Authentifizierung sind der Aufwand und die Kosten vergleichbar mit dem Einsatz der Einmalpassworttoken. Die PKI kann dann aber schrittweise ausgebaut werden und weitere Dienste zur Verfügung stellen.

Vorteile:

- Hohe Sicherheit bei der Authentifizierung (sowohl bei den Benutzern als auch bei den Servern).

- Konzernweit einheitliches Single Sign-On: Authentifizierung gegenüber dem Unternehmensportal und anderen Applikationen.

- Lösung gemäß Industriestandard, weitestgehend herstellerunabhängig.

- Offene Lösung mit der Möglichkeit, weitere Dienste (digitale Signatur, Verschlüsselung und Zeitstempel, diese sind Voraussetzung für sichere und vertrauenswürdige elektronische Geschäftsprozesse) nach und nach bereitzustellen und zu nutzen („Lösung kann wachsen"). Anmerkung: Eine Migration von einer Einmalpasswortlösung (SecurID) zu einer PKI ist nicht möglich.

- Neben der zertifikatsbasierten Anmeldung kann eine zweite Authentifizierungsmethode gewählt werden (etwa Benutzer/Passwort für „Besucher", die auf weniger sensitive Daten zugreifen oder für eine Übergangszeit, bis die PKI vollständig aufgebaut und ausgerollt wurde oder die Übernahme der Windows-Anmeldung für User aus dem Intranet; allerdings sollten Sicherheitsrisiken, die mit einer zweiten Authentifizierungsmethode einhergehen bedacht werden, besonders bei der Anmeldung mit Benutzer/Passwort).

Die zertifikatsbasierte Anmeldung, *ein* Dienst einer PKI, ist sehr sicher. Dem steht der hohe Aufwand für die Implementierung und den Betrieb gegenüber, vergleichbar oder höher als die Einführung von Einmalpassworttoken.

Für die Authentifizierung alleine lassen sich die mit diesen (Einmalpasswort-Token und PKI) Methoden verbundenen Aufwände rechtfertigen, wenn sehr hohe Sicherheitsanforderungen bestehen. Die PKI sollte aber auch aus anderen Blickwinkeln betrachtet werden: sie ermöglicht sichere und vertrauensvolle elektronische Geschäftsprozesse und sichere Kommunikation und ist damit Bestandteil einer Strategie, wie Geschäftsprozesse abgewickelt werden.

Single Sign-On

Nach der initialen, erfolgreichen Authentifizierung an ein Unternehmensportal (z. B. auf Basis einer der oben beschriebenen Verfahren), erfolgt für jede Anwendung, die in das Portal integriert ist, eine Authentifizierung auf Applikationsebene. Idealerweise geschieht diese Anmeldung automatisch, ohne dass sich die Anwender jedes Mal neu anmelden müssen – man spricht hier von Single Sign-On (SSO).

In einem Unternehmensportal ordnet ein entsprechender SSO-Mechanismus die Authentifizierungsinformationen jeder Anwendung zu, für die der Anwender die Zugriffsberechtigung besitzt. Dadurch wird die Benutzerakzeptanz des Unternehmensportals gesteigert und die Nutzung verbessert. Typischerweise werden von einem Unternehmensportal je nach Sicherheitsanforderung und unterstützter Geschäftsanwendung zwei verschiedene SSO-Verfahren angeboten: Das Verfahren der so genannten Anmeldetickets und das Verfahren der Account Aggregation. Diese beiden Mechanismen werden in den folgenden Abschnitten beschrieben.

Single Sign-On mit Anmeldetickets am Beispiel von SAP

Benutzer können sich mit Hilfe so genannter Anmeldetickets authentifizieren, ein solches Anmeldeverfahren ist z. B. bei (fast) allen Softwareprodukten der SAP standardmäßig als Alternative zur Benutzer- und Passworteingabe einsetzbar. Der Anwender meldet sich dabei nur noch initial mit dem Portalbenutzernamen und Passwort im Unternehmensportal an oder verwendet ein digitales Zertifikat, um die Anmeldung am Unternehmensportal durchzuführen. Nach der Authentifizierung wird der Benutzername den entsprechenden Benutzerdaten in den SAP-Systemen zugeordnet und es wird ein zeitlich begrenztes Anmeldeticket vom Portalserver erzeugt. Das Ticket wird als nicht-persistentes Cookie im Web-Browser gespeichert und authentifiziert den Portalbenutzer für den späteren Zugriff auf das Unternehmensportal sowie auf die SAP-Systeme und auch Non-SAP Systeme, sofern diese den Ticket-Mechanismus unterstützen. Eine weitere Anmeldung ist nicht notwendig.

SAP-Anmeldetickets enthalten die folgenden Informationen:

- Portalbenutzername.
- Gültigkeitszeitraum – Der Portaladministrator definiert Parameter zur Gültigkeitsdauer der Session, durch die die Sicherheit noch einmal erhöht wird.
- Ausstellendes System – gibt die Quelle an.
- Digitale Signatur – gewährleistet den Schutz der Datenintegrität und ermöglicht es Anwendungen, den Vertrauensstatus des ausstellenden Portalservers zu prüfen.

SAP-Anmeldetickets enthalten allerdings *keine* Passwortinformationen, ein Passwort ist für die Anmeldung bei diesem Verfahren nicht erforderlich. Alle Tickets werden pro Session im Speicher des Browsers statt auf der Festplatte des Client gespeichert, da sonst die Authentifizierungsinformationen ungeschützt wären. Ferner werden alle Anmeldetickets beim Transport über das SSL-Protokoll verschlüsselt, um sie so vor unberechtigtem Zugriff zu schützen. Um ein Höchstmaß an Sicherheit zu gewährleisten, stellt jede Geschäftsanwendung beim Aufruf sicher, ob der Inhalt eines Tickets gültig ist. Dabei wird das digitale Zertifikat des ausstellenden Portalservers benötigt. Die Anwendung prüft, ob das Anmeldeticket von einem vertrauenswürdigen Portalserver ausgestellt wurde, verifiziert die digitale Signatur und extrahiert den entsprechenden Benutzernamen. Portaladministratoren können ein ähnliches Anmeldeticketverfahren für Systeme anderer Anbieter implementieren.

Single Sign-On mit Account Aggregation

Eine gute Alternative für Geschäftsanwendungen, die keine Anmeldetickets nutzen können, ist die so genannte Account Aggregation. Hierbei wird der Portalbenutzer (oder eine Benutzergruppe) mit einem Benutzernamen und Passwort in einer Geschäftsanwendung verknüpft. Sobald der Benutzer das Unternehmensportal „betreten" hat und ihm Anwendungen zugeordnet worden sind, muss er sich nicht mehr in externen Systemen anmelden. Stattdessen verbinden sich die Unternehmensportal-Komponenten über die zugeordneten Benutzerinformationen direkt mit den externen Systemen. Die Informationen zur Benutzerzuordnung werden entweder vom Portaladministrator oder direkt vom Portalbenutzer über eine entsprechende Benutzungsoberfläche eingegeben. Das Unternehmensportal selbst speichert diese Daten im LDAP-Verzeichnis. Aus Sicherheitsgründen werden alle Passwortinformationen mit Triple DES verschlüsselt.

Bernhard Wasmayr

Finanzierung von Geschäftsmodellen

1. Einführung

Belastbare Aussagen zur (künftigen) Finanzierung von Geschäftsmodellen im Bereich E-Commerce können aus heutiger Sicht nur mit gewissen Vorbehalten getroffen werden. Zum einen handelt es sich unverändert um eine sehr junge Branche. Welche Geschäftsmodelle sich am Markt durchsetzen und welche Finanzierungsstrukturen sich dabei als geeignet erweisen werden, bleibt abzuwarten. Zum anderen wurden insbesondere in den Boomjahren 1999 – 2001 gerade im Portalbereich eine Reihe von Geschäftsmodellen aufgesetzt, die derzeit und zukünftig keinerlei Aussicht hätten, eine Finanzierung zu erhalten. Bei diesen Unternehmen findet derzeit eine scharfe Marktbereinigung statt. Eine Studie der European Business Scholl hat beispielsweise ergeben, dass seit Mitte 2000 rund 40 Prozent der E-Commerce-Gründungen gescheitert sind.[1] – Dieser Prozess wird sich in den nächsten Jahren weiter fortsetzen. Schließlich unterscheiden sich Geschäftsmodelle im Bereich E-Commerce trotz gewisser Gemeinsamkeiten bezüglich ihrer Ertragsmechanik und ihres Kapitalbedarfs erheblich. Eine „optimale" Finanzierungsstruktur kann daher immer nur nach Kenntnis der Spezifika des Einzelfalls aufgebaut werden.

Geschäftsmodelle im Bereich E-Commerce werden weit überwiegend im Rahmen von Neugründungen umgesetzt (originäre Unternehmensgründungen). Weiterhin zeichnen sie sich üblicherweise durch einen hohen Innovationsgrad in Verbindung mit einer ausgeprägten Technologieorientierung aus. Ihre Finanzierung kann daher in den größeren Kontext der Gründungs- und Wachstumsfinanzierung innovativer Unternehmen eingeordnet werden. Daneben existieren allerdings auch Einkaufs- bzw. Anbieterportale, die oftmals gemeinsam von international agierenden Unternehmen gegründet wurden.[2] Deren (Anschub-)Finanzierung erfolgt in der Regel ausschließlich über Eigenmittel der involvierten Konzerne; in den nachfolgenden Ausführungen wird auf die Finanzierung dieser Kategorie von Geschäftsmodellen nicht weiter eingegangen.

Der Beitrag geht zunächst in Abschnitt 2 auf die verschiedenen Finanzierungsphasen im Unternehmensaufbau ein. Anschließend werden in Abschnitt 3 die zur Verfügung stehenden Finanzierungsquellen und -alternativen dargestellt und in Bezug auf Ihre Eignung zur Finanzierung von E-Commerce-Geschäftsmodellen kritisch bewertet. Eine Darstellung der potenziellen Kapitalgeber und ihrer jeweiligen Interessenslage schließt sich in Abschnitt 4 an. Abschließend werden typische Finanzierungsstrukturen von Portalmodellen aufgezeigt (Abschnitt 5). Die Praxis zeigt, dass es in den seltensten Fällen gelingt, ein Geschäftsmodell im Rahmen einer einzigen Finanzierung erfolgreich aufzusetzen.

---

1 Vgl. Krafft (2002), S. 9.
2 Beispiele sind die gemeinsame Einkaufsplattform Covisint von General Motors, Ford Motor und DaimlerChrysler oder die unter anderem von Johnson & Johnson, GE Medical Systems, Baxter und Abbot gegründete Plattform GHX Global Healthcare Exchange.

Es wird daher insbesondere auf den Finanzierungsmix beim Aufbau mehrstufiger Finanzierungsrunden eingegangen. Einige Empfehlungen zur zukünftigen Gestaltung von Finanzierungen im Bereich E-Commerce schließen die Ausführungen ab.

2. Finanzierungsphasen

2.1 Frühphasenfinanzierung

Die Unterscheidung verschiedener Finanzierungsphasen leitet sich aus einer prozessorientierten Sichtweise einer Unternehmensgründung ab. Dabei werden einer Gründung sowohl die vor dem juristischen Gründungsakt stehenden Vorarbeiten als auch die späteren Unternehmenssicherungs- und Entwicklungsaufgaben sowie die jeweils abgeleiteten Finanzierungsbedarfe zugeordnet. Üblicherweise werden bei jungen Unternehmen folgende Finanzierungsphasen unterschieden:[3]

Seed-Finanzierung

Bei der Seed-Finanzierung handelt es sich um die Abdeckung von Liquiditätsbedarfen, die vor dem juristischen Gründungsakt anfallen. Im Kern handelt es sich um die Ausreifung und Umsetzung einer innovativen Idee in verwertbare Resultate bis hin zu einem Funktionsmuster oder Prototyp, einschließlich einer gegebenenfalls möglichen schutzrechtlichen Absicherung. Auf dieser Basis wird ein Geschäftskonzept für das noch zu gründende Unternehmen erstellt. In dieser Vorgründungsphase geht es vorrangig um die Abklärung des Geschäftsmodells vor dem Hintergrund einer umfassenden Analyse des unternehmerischen Umfelds, des Marktes sowie der Fähigkeiten und Zielvorstellungen des Unternehmens. An dieser Stelle sind auch Vorstellungen im Hinblick auf Kapitalbedarf sowie Finanzierungskonzept des Unternehmens zu entwickeln. Je nach Lage des Einzelfalls kann die Seed-Phase bis zu einem Jahr andauern und einen Finanzierungsbedarf von 100 bis 300 TEuro aufweisen.

Start-up-Finanzierung

In der Start-up-Phase erfolgen die Umsetzung des Gründungsvorhabens sowie die Aufnahme der Geschäftätigkeit. In diese Phase fallen die juristische Gründung der Gesellschaft sowie die Beschaffung der für das Projekt erforderlichen Produktionsfaktoren. Im Einzelnen müssen Entscheidungen zu Gründungsteam, Personal, Rechtsform sowie zur materiellen und finanziellen Grundausstattung des Unternehmens getroffen werden. Die Produktentwicklung wird forciert und die technologische Basis für die Vermarktung von Produkten und Dienstleistungen gelegt. Wesent-

---

3 In der Literatur existieren verschiedene Definitionen der einzelnen Finanzierungsphasen. Hier wird im Wesentlichen die Definition des BVK Bundesverband Deutscher Kapitalbeteiligungsgesellschaften – German Venture Capital Association e. V. – zugrunde gelegt. Vgl. BVK (1997), S. 8.

licher Bestandteil der Start-up-Phase ist der Aufbau der Gründungsfinanzierung, wobei üblicherweise auf einen Mix aus verschiedenen Finanzierungsbausteinen zurückgegriffen wird. Gerade bei technologieorientierten Gründungen schließt sich der Aufnahme der Geschäftstätigkeit in der Regel eine (mehrjährige) Entwicklungsphase ohne Rückflüsse aus dem Umsatzprozess an, d. h., die Start-up-Finanzierung stellt im Wesentlichen eine Finanzierung von Anlaufverlusten dar.

Erste Expansionsfinanzierung

Im Rahmen der ersten Expansionsphase („first-stage-financing") muss die Produktionsaufnahme und die systematische Markteinführung finanziert werden. Gleichzeitig werden erste Rückflüsse aus Umsätzen erzielt, der Cashflow weist aber unverändert negative Werte aus (Mittelabfluss, Verlustfinanzierung).

2.2 Later-Stage-Finanzierung

Unter dem Oberbegriff Later-Stage-Finanzierung werden betriebliche Finanzierungsanlässe bei Bestandsunternehmen zusammengefasst. Das Gros der im Bereich E-Commerce tätigen Unternehmen befindet sich allerdings noch in der Existenzsicherungs- und -festigungsphase und kann noch nicht der Kategorie der Bestandsunternehmen zugeordnet werden. Mit einer wachsenden Reife des Marktsegments werden sich auch in dieser jungen Branche eine Reihe von Unternehmen und Geschäftsmodellen dauerhaft etablieren; demzufolge werden auch im Bereich E-Commerce Later-Stage-Finanzierungen an Relevanz gewinnen. Im Einzelnen werden folgende Finanzierungsanlässe unterschieden:

Spätere Wachstumsfinanzierungen

Die Finanzierung der zweiten Wachstumsphase („second-stage-financing") zeichnet sich durch einen stark steigenden Kapitalbedarf zur Marktdurchdringung aus. Die Renditeschwelle wird erreicht, der jetzt positive Cashflow des Unternehmens ist aber nicht ausreichend, den zusätzlichen Kapitalbedarf aus dem Wachstumsprozess (Investitionen, Working Capital) abzudecken. Das Unternehmen ist daher unverändert auf externe Finanzierungsquellen angewiesen.

In der dritten Expansionsphase („third-stage-financing") ergibt sich weiterer Kapitalbedarf durch die Erweiterung der Produktionskapazitäten und des (weltweiten) Vertriebssystems zur Abschöpfung des Marktpotenzials. Das Unternehmen arbeitet in dieser Phase in der Regel rentabel.

Bridge-Finanzierung

Unter einer Brückenfinanzierung versteht man den Zufluss von Finanzmitteln, die einem Unternehmen im Vorfeld eines Börsengangs mit dem Ziel der Verbesserung der Eigenkapitalquote sowie im Zusammenhang mit den Kosten eines „going public" zur Verfügung gestellt werden. Wesentliches Risiko einer solchen Finanzierung ist der Umstand, dass der projektierte Börsengang – beispielsweise in einem verschlechterten Börsenumfeld – nicht umgesetzt werden kann. Derzeit ist nicht abzusehen, zu welchem Zeitpunkt ein Börsengang wieder eine ernsthafte Finanzierungsalternative für Geschäftsmodelle im Bereich E-Commerce darstellen wird. Falls sich der Markt für Börsengänge erholt, werden auch Bridge-Finanzierungen wieder deutlich an Bedeutung gewinnen.

Sonstige Finanzierungsanlässe

Unter Later-Stage-Finanzierungen fallen auch die Finanzierung von Management-Buy Outs oder Finanzierungen im Zusammenhang mit Sanierungen/Turn-Arounds. Sie spielen allerdings in der E-Commerce-Finanzierung noch keine größere Rolle und werden daher nicht gesondert behandelt.

3.   Finanzierungsbausteine

3.1   Problematik

Die Deckung des hohen Kapitalbedarfs kann als einer der entscheidenden Engpassfaktoren bei der erfolgreichen Umsetzung von innovativen Geschäftsmodellen im Bereich E-Commerce angesehen werden. Für die technologische Umsetzung eines Portalmodells sowie die Markteinführung bis zum Erreichen eines profitablen Umsatzprozesses werden durchschnittlich deutlich mehr als 5.000 TEuro benötigt.[4]

In Bezug auf die Mittelherkunft muss die Finanzierung dieser Liquiditätsbedarfe ausschließlich über externe Finanzierungsquellen erfolgen (Außenfinanzierung). Die Finanzierung von Innovationen durch Rückflüsse aus dem Umsatzprozess (Innenfinanzierung) ist der Regelfall in etablierten Unternehmen, stellt aber bei jungen Unternehmen angesichts der in der Regel zeitlich erst versetzt generierten Erlösströme keine Finanzierungsvariante dar.[5] Die Selbstfinanzierung über einbehaltene Gewinne scheidet mangels Profitabilität ebenfalls als Finanzierungsquelle aus. Ebenso wenig liegen nennenswerte Mittelzuflüsse aus Abschreibungs- und Rückstellungsgegenwerten vor.

---

4   Vgl. hierzu im Einzelnen Kapitel 5.2.
5   Vgl. Hölscher (2003), S. 208.

Neben einem hohen Kapital-/Liquiditätsbedarf und der (noch) nicht vorhandenen Innenfinanzierungskraft zeichnen sich innovative Geschäftsmodelle durch ein spezifisches Chancen- und Risikoprofil aus: einem hohen Wachstums- und Wertsteigerungspotenzial aus einer technologischen Alleinstellung stehen eine Reihe von Risiken gegenüber, die wie folgt systematisiert werden können:

Technische Risiken

Hierzu zählt insbesondere das Risiko, dass für die Funktionsfähigkeit des Geschäftsmodells wesentliche technische Entwicklungsschritte nicht planmäßig umgesetzt werden können. Das Aufsetzen von Portalmodellen ist mittlerweile in technologischer Hinsicht mit keinen sonderlich hohen Risiken mehr verbunden. Wesentliches Risiko sind Zeitverzögerungen und die damit einhergehenden oftmals erheblichen Kostenüberschreitungen bis zur technischen Funktionsfähigkeit des Portals. Die Erfahrung hat gezeigt, dass hierfür insbesondere Geschäftskonzepte anfällig sind, bei denen die technologische Kernkompetenz nicht im eigenen Unternehmen aufgebaut wird, sondern entsprechende Softwaremodule zugekauft werden bzw. eine Fremdentwicklung durch spezialisierte Dienstleister erfolgt.

Marktseitige Risiken

Die Marktakzeptanz stellt das wesentliche Risiko eines jeden innovativen Geschäftsmodells dar, zumal die Unternehmensentwicklung in der Regel vom Markterfolg eines einzigen Innovationsprojekts abhängt. Bei Portalmodellen bedeutet dies insbesondere, dass kein für die wirtschaftliche Tragfähigkeit des Geschäftskonzepts ausreichendes Transaktions-/Umsatzvolumen in hinreichend kurzer Zeit erreicht werden kann.

Erhebliche Unsicherheiten bei der Ermittlung des Kapitalbedarfs

Innovative Geschäftsmodelle zeichnen sich – im Gegensatz beispielsweise zu einer Investitionsfinanzierung bei einem etablierten Bestandsunternehmen – vielfach dadurch aus, dass der Kapitalbedarf bis zum Erreichen eines positiven Cashflows nicht zuverlässig vorhergesagt werden kann. Während sich die Aufwandsplanung für ein neu aufgesetztes Geschäftskonzept im Regelfall vergleichsweise unproblematisch darstellt, ist die Planung der Erträge vielfach mehr oder weniger spekulativ. Steigen die Umsätze dann gegenüber der Planung verzögert an, ergibt sich ein entsprechender zusätzlicher Kapitalbedarf. Zusätzliche Liquiditätsbedarfe ergeben sich aber auch dann, wenn das Geschäftsmodell überaus erfolgreich ist, und das Unternehmen einen steileren Wachstumspfad einschlägt, als angenommen (Investitionsfinanzierung, zusätzlicher Bedarf an Working Capital). Die Finanzierung innovativer Geschäftsmodelle ist daher im Regelfall auf mehrere Finanzierungsrunden ausgelegt; das Engagement der jeweiligen Finanzinvestoren kann damit vorab vielfach nicht präzise eingeschätzt werden.

Mangelndes Sicherheitenprofil

Dem in der Regel hohen Kapitalbedarf von Geschäftsmodellen im Bereich E-Commerce steht ein vergleichbar rudimentäres Sicherheitenprofil gegenüber. Grundsätzlich können Sicherheiten sowohl auf der Ebene der Gesellschafter als auch auf der Ebene der Gesellschaft gestellt werden. Die Gründer verfügen allerdings im Regelfall über keine entsprechenden Vermögenswerte und sind auch vielfach nicht bereit, persönliche Mitverpflichtungen für großvolumige Finanzierungen zu übernehmen. Auf der Ebene der Gesellschaft stellt sich das vergleichbar dar: Die für den Unternehmensaufbau verfügbaren Kapitalien werden für „weiche" Kosten, insbesondere Personalkosten, verausgabt und nicht für beleihbare Aktiva (beispielsweise eine Betriebsimmobilie), die als Sicherheiten für eine Finanzierung dienen könnten.

Überschuldungsproblematik

Innovative Geschäftsmodelle zeichnen sich in der Regel dadurch aus, dass einer oftmals mehrjährigen Entwicklungs- bzw. Markteinführungsphase zeitlich versetzte Erlösströme gegenüberstehen und Kostendeckung sowie Unabhängigkeit von externen Finanzierungsquellen erst nach Jahren erreicht wird. Dies bedeutet, dass in den ersten Jahren kumulierte Anlaufverluste auflaufen, die durch Haftungssubstanz ausgeglichen werden müssen, um eine frühzeitige Insolvenz des Unternehmens durch Überschuldung zu vermeiden.[6]

Im Folgenden werden die einzelnen gründungsrelevanten Finanzierungsformen dargestellt und in Bezug auf ihre Relevanz für die Finanzierung innovativer Geschäftsmodelle im Bereich E-Commerce kritisch bewertet. Dabei ist grundsätzlich anzumerken, dass angesichts des geschilderten Risikoprofils ausgesprochen ungünstige Finanzierungsbedingungen vorliegen und jungen Unternehmen viele Bereiche der traditionellen Unternehmensfinanzierung – insbesondere die Kreditfinanzierung über den Hausbankensektor – nur sehr eingeschränkt zur Verfügung stehen.

3.2 Bereitstellung von Eigenkapital

Bei der externen Eigenfinanzierung wird dem Unternehmen mittels Einlagen- oder Beteiligungsfinanzierung Eigenkapital zur Verfügung gestellt. Mit der Bereitstellung von Eigenkapital sind die typischen Gesellschafterrechte und -pflichten (insbesondere Gewinn- und Verlustbeteiligung sowie Haftungsübernahme) sowie der unternehmerische Leitungsanspruch verbunden. Eigenkapital hat über die Finanzierungsfunktion hinaus eine Reihe weiterer Funktionen: Wesentlich ist dabei zum einen die Gründungs- und Ingangsetzungsfunktion, d. h., die Aufbringung eines Mindestquantums Eigenkapital ist Voraussetzung für die Gründung eines Unternehmens ei-

---

6   Vgl. Deutsche Ausgleichsbank (1996), S. 3 f.

ner bestimmten Rechtsform. Zum anderen stellt Eigenkapital einen Risikopuffer dar, da Anlaufverluste mit Eigenkapital verrechnet werden (Garantiefunktion für Gläubiger). Ferner sind Fremdkapitalgeber vielfach erst bei einem maßgeblichen Eigenkapitalanteil bereit, komplementäre Fremdfinanzierungsbausteine zur Verfügung zu stellen (Fremdkapitalakquisefunktion). Schließlich steht „echtes" Eigenkapital (Nominalkapital der Gesellschaft, Dotierung der Kapitalrücklage) dem Unternehmen in der Regel zeitlich unbegrenzt zur Verfügung und hat keinen Vergütungsanspruch in Form einer laufenden Verzinsung.

Eigenkapital kann zum einen vom Gründer bzw. dem Gründerteam zur Verfügung gestellt werden. Angesichts des hohen Kapitalbedarfs einer Unternehmensgründung im Bereich E-Commerce spielt Eigenkapital aus dem Gründerkreis als Finanzierungsquelle nur eine vergleichsweise untergeordnete Rolle.[7] Allerdings ist Eigenkapital der Gründungsgesellschafter in der Regel die wichtigste Finanzierungsquelle in der Seed-Phase, d. h. Aufwendungen vor der juristischen Unternehmensgründung werden vielfach ausschließlich über Eigenmittel finanziert.

In der Start-up-Phase sowie den späteren Expansionsphasen finden Eigenkapitalinvestments in innovative Geschäftsmodelle schwerpunktmäßig über externes Beteiligungskapital statt (Venture Capital, Private Equity). Die verwendete Terminologie ist dabei nicht einheitlich. Mehr oder weniger synonym werden die Begriffe Venture Capital, Risikokapital, Beteiligungskapital, Wagniskapital und Private Equity verwendet. Gemeinsamer Nenner der Definitionen ist die langfristige Bereitstellung von Risiko tragendem Eigenkapital für unternehmerische Engagements in innovativen, in der Regel technologieorientierten Wachstumsunternehmen[8], verbunden mit Unterstützung der Unternehmen über die reine Finanzierungsfunktion hinaus (insbesondere Managementunterstützung). In neuerer Zeit setzt sich zunehmend die amerikanische Begriffsverwendung durch, nach der Venture Capital nur die Gründungs- und Wachstumsfinanzierung umfasst, während sich Private Equity auf Finanzierungsanlässe in späteren Unternehmensphasen bezieht (Later-Stage-Finanzierungen). Der Oberbegriff Beteiligungskapital deckt schließlich die gesamte Bandbreite unternehmerischer Finanzierungsanlässe ab.

Eine Finanzierung mit Beteiligungskapital weist im Kontext der in Abschnitt 3.1. skizzierten Finanzierungsbedingungen eine Reihe von Vorteilen auf: Beteiligungsgeber sind zum einen mit dem Risikoprofil innovativer Geschäftsmodelle vertraut und verfügen auch in der Regel über die Ressourcen für mehrstufige Finanzierungsrunden. Zum anderen entschärft die Zuführung von Beteiligungskapital (= Eigenkapital) durch die verbreiterte Haftungssubstanz des Unternehmens die Überschuldungsproblematik erheblich. Weiterhin sind Beteiligungsgeber an der Realisierung von Wertsteigerungen interessiert und nicht an persönlichen oder dinglichen Sicherheiten. Ferner schont eine Finanzierung über Eigenkapital die Liquidität, da keine peri-

---

7   Vgl. hierzu im Einzelnen Kapitel 5.2.
8   Vgl. beispielsweise Betsch et al. (2000), S. 14 ff.; Weitnauer (2001), S. 5 f.

odischen Mittelabflüsse für Zins und Tilgung in einer Unternehmensphase anfallen, in der ohnehin kein positiver Cashflow erwirtschaftet wird. Schließlich steigt in Kombination mit einem maßgeblichen Eigenfinanzierungsanteil die Aussicht auf eine komplementäre Fremdfinanzierung erheblich (Fremdkapitalakquisefunktion).

3.3 Fremdkapital

Im Gegensatz zu den verschiedenen Funktionen der Eigenkapitalfinanzierung ist die Ausstattung eines Unternehmens mit Finanzmitteln die einzige Funktion der Fremdfinanzierung (Finanzierungsfunktion). Wesentliche Eckpunkte einer Fremdfinanzierung sind der Nominal-/Rückzahlungsanspruch, die feste Verzinsung, die Befristung der Mittel sowie der Haftungsausschluss für Verluste der Gesellschaft.

Eine (reine) Fremdfinanzierung (= Kreditfinanzierung) über den Hausbankensektor stellt im Regelfall keine adäquate Finanzierungsstruktur für innovative Geschäftsmodelle im Bereich E-Commerce dar. Weder können Kredite ausreichend bankmäßig besichert werden, noch erlauben die einschlägigen kreditrechtlichen Bestimmungen eine Vergabe von Krediten an Unternehmen, wenn bereits abzusehen ist, dass sich eine rechnerische Überschuldung des Unternehmens ergeben wird.

Relevante Fremdfinanzierungsbausteine über den Hausbankensektor sind daher in erster Linie Kontokorrentkredite sowie gegebenenfalls die Bereitstellung von Avalen. Bei Kontokorrentkrediten handelt es sich um einen individuell mit der Hausbank ausgehandelten Betriebsmittelkredit, der durch Verfügung über das Geschäftskonto bis zu einem vereinbarten Kreditlimit in Anspruch genommen werden kann (Überbrückung der Zahlungsdifferenzen zwischen Einzahlungen aus dem Umsatzprozess und Auszahlungen für die benötigten Produktionsfaktoren). Bei einem Avalkredit übernimmt ein Kreditinstitut eine Bürgschaft/Garantie dafür, dass der Kreditnehmer einer Verpflichtung gegenüber einem Dritten nachkommt. Das Kreditinstitut stellt keine liquiden Mittel zur Verfügung, sondern nur die eigene Kreditwürdigkeit (Kreditleihe). In der Gründungs- und Wachstumsfinanzierung sind dabei insbesondere Anzahlungsbürgschaften von Bedeutung. Der Kunde wird, gerade bei jungen Unternehmen, eine Anzahlung nur gegen eine Sicherheit (= Bankbürgschaft) leisten. Die Hausbank wiederum wird nur bereit sein, dieses Aval zu stellen, wenn ausreichende Sicherheiten vorliegen. In der Praxis wird dann vielfach dahingehend vorgegangen, dass die Anzahlung auf ein Festgeldkonto gestellt wird, damit die Hausbank bereit ist, die Bürgschaft zu übernehmen. Im Ergebnis hat das Unternehmen zwar die Anzahlung erhalten, kann aber nicht über die dringend benötigte Liquidität verfügen.

In Zusammenhang mit den Fremdfinanzierungsbausteinen muss abschließend auf Kreditsubstitute eingegangen werden: Zum einen besteht die Möglichkeit, eine Unternehmensanleihe (Corporate Bonds) zu begeben. Dies ist allerdings allenfalls eine Finanzierungsalternative für größere Unternehmen. Das Gros des Mittelstands – dies gilt erst recht für Unternehmen in der Gründungs- und ersten Wachstumsphase – ist nicht kapitalmarktfähig. Zum anderen besteht die Möglichkeit über Leasing- und Factoringmodelle betriebliche Liquiditätsbedarfe auf spezialisierte Finanzdienstleister zu verlagern. Beide Finanzierungssurrogate spielen allerdings bei Geschäftsmodellen im Bereich E-Commerce keine allzu große Rolle. Nennenswerte Investitionen in Sachanlagen, für die sich Leasingmodelle anbieten würden, fallen bei E-Commerce-Gründungen üblicherweise nicht an. Der Forderungsankauf über spezialisierte Finanzierungsgesellschaften (Factoring) setzt einerseits einen entsprechenden Forderungsbestand voraus, der vielfach erst bei (profitablen) Bestandsunternehmen vorliegt. Zum anderen handelt es sich beim Factoring eher um ein Instrument der kurzfristigen Liquiditätsverbesserung und nicht eine geeignete Maßnahme zur Finanzierung größerer Kapitalbedarfe.

3.4 Mezzanine Finanzierungsformen

Unter Mezzanine versteht man hybride Finanzierungsformen, die weder dem Eigenkapital noch dem Fremdkapital eindeutig zugeordnet werden können. Es handelt sich zumeist um langfristiges nachrangiges Kapital, das unter Überschuldungsgesichtspunkten dem wirtschaftlichen Eigenkapital des Unternehmens zugerechnet wird und die Haftungsbasis des Unternehmens verbreitert. Kernelemente mezzaniner Finanzierungsbausteine sind ihr Darlehenscharakter (Kapitalgeber stellen einen Nominalbetrag mit festen Laufzeiten zur Verfügung, der in der Regel unter langfristigem Fremdkapital ausgewiesen wird) sowie eine Vergütungsstruktur, die sich durch fixe und variable Komponenten auszeichnet und in der Regel deutlich über langfristigem Fremdkapital liegt. Mezzanine Finanzierungen können sehr flexibel ausgestaltet werden. Wesentlicher Unterschied zu einer Eigenkapitalfinanzierung ist die Tatsache, dass keine Unternehmensbewertung bei Einstieg und Beendigung eines nachrangigen Finanzierungsverhältnisses durchgeführt werden muss – die jeweilige Finanzierung wird planmäßig nach Ablauf ihrer Laufzeit getilgt. Im Bereich der Gründungs- und Wachstumsfinanzierung sind insbesondere folgende Instrumente von Bedeutung:[9]

Nachrangdarlehen

Bei Nachrangdarlehen handelt es sich um die schwächste Form der mezzaninen Finanzierung, sie ist der klassischen Fremdfinanzierung am ähnlichsten. Nachrangdarlehen werden vielfach aus dem Gesellschafterkreis zur Verfügung gestellt („Gesellschafterdarlehen mit Rangrücktritt"). Bei Nachrangdarlehen liegt eine eindeutige Gläubigerposition vor, eine Verlusthaftung ist nicht vorgesehen. Ihr eigenkapitalähnlicher Charakter und ihre Bewertung als wirtschaftliches Eigenkapital beispielsweise

---

9   Vgl. Nelles/Klusemann (2003), S. 6 ff.; Schühle (1998), S. 18.

im Rahmen einer Bonitätsprüfung erklären sich durch eine Nachrangerklärung gegenüber den sonstigen Gläubigern. Der Bilanzausweis von Nachrangdarlehen erfolgt – in der Regel mit einem Nachrangvermerk – unter langfristigem Fremdkapital. Bezüglich der Vergütungsstruktur liegt eine feste Verzinsung vor, wobei die Renditeerwartungen der Kapitalgeber sich zwischen 10 Prozent und 15 Prozent p. a. bewegen.

Typisch stille Beteiligungen

Bei einer typischen stillen Beteiligung handelt es sich um eine deutlich engere Partnerschaft als bei einem Nachrangdarlehen. Sie zeichnet sich insbesondere durch einen gewissen gesellschaftsrechtlichen Einfluss aus (insbesondere Kontrollrechte). Die stille Beteiligung sieht zwingend eine Gewinnbeteiligung voraus, eine Verlustbeteiligung ist fakultativ. Sofern eine solche vorliegt, handelt es sich um eine echte Eigenkapitalposition, ansonsten ergibt sich der eigenkapitalähnliche Charakter durch eine Nachrangerklärung gegenüber den sonstigen Gläubigern. Der Bilanzausweis erfolgt unter langfristigem Fremdkapital oder einer gesonderten Position zwischen Eigen- und Fremdkapital. Bezüglich der Vergütungsstruktur liegt eine Kombination aus festen und variablen (gewinnabhängigen) Elementen vor. Vielfach werden zusätzlich Sonderregelungen am Ende der Beteiligungslaufzeit vereinbart, insbesondere Wandlungsrechte in Anteile der Gesellschaft zu Sonderkonditionen (so genannte „equity kicker"). Die Renditeerwartungen der Kapitalgeber bewegen sich zwischen 12 Prozent und 18 Prozent p. a.

Atypisch stille Beteiligung

Die atypisch stille Beteiligung ist die eigenkapitalähnlichste Form von Mezzanine-Capital (so genanntes Equity Mezzanine Capital). Der atypisch stille Gesellschafter ist als Mitunternehmer am Gewinn und Verlust des Unternehmens sowie den stillen Reserven der Gesellschaft beteiligt. Damit ist die atypisch stille Beteiligung eine echte Eigenkapitalposition, die als Sonderposition direkt nach dem bilanziellen Eigenkapital ausgewiesen wird. Bezüglich der Vergütungsstruktur und den Renditeerwartungen der Kapitalgeber ergeben sich keine Unterschiede zur typisch stillen Beteiligung.

Sonstige mezzanine Finanzierungsformen

Weitere hybride Finanzierungsbausteine sind Wandelschuldverschreibungen (Anleihe, die neben einer Nominalverzinsung eine Option auf Wandlung in Anteile des Unternehmens enthält) sowie Genussscheine (flexible Mischform aus Gläubiger- und Teilhaberpapieren). Beide Formen spielen allerdings in der Gründungs- und Wachstumsfinanzierung junger Unternehmen nur eine geringe Rolle und sind eher im Bereich größerer mittelständischer Bestandsunternehmen anzutreffen.

Die Finanzierung über Mezzanine-Capital weist im Kontext der spezifischen Finanzierungsbedingungen für Geschäftsmodelle im Bereich E-Commerce grundsätzlich eine Reihe von Vorteilen auf: Eigenkapitalbasis und Bilanzstruktur werden verbessert und es wird ein zusätzlicher Verlustpuffer geschaffen. Umgekehrt ist dies mit keiner (unmittelbaren) Veränderung der Anteilsverhältnisse verbunden (in der Regel keine Mitsprache-, sondern nur Kontrollrechte). Weitere Vorteile sind die Schonung von Kreditlinien, die positive Hebelwirkung auf weitere Fremdkapitalien sowie die Bereitstellung von Liquidität, ohne dass Sicherheiten auf Gesellschafterebene gebunden werden. Schließlich handelt es sich um ein überaus flexibles Instrument, das je nach Lage des Einzelfalls ausgestaltet werden kann.

Wesentlicher Nachteil von nachrangigen Finanzierungsbausteinen ist die Tatsache, dass es sich um eine teure Finanzierungsart handelt. Dies gilt sowohl für die Grundvergütung, die sich durch einen deutlichen Zinsaufschlag gegenüber einer langfristigen Fremdfinanzierung auszeichnet (so genannte „interest kicker"), als auch für die variablen Vergütungskomponenten. Im Gegensatz zu einer „echten" Eigenkapitalfinanzierung ist weiterhin die zumeist endfällige Rückzahlungsverpflichtung zu berücksichtigen. Das wesentliche Manko ist jedoch die Tatsache, dass in Deutschland (noch) kein ausgebauter Markt für reine Mezzanine-Finanzierungen existiert. Derzeit setzt die Akquise von Mezzanine-Capital ein belastbares Geschäftsmodell mit einem stabilen positiven Cashflow voraus. Dies ist gerade bei E-Commerce-Modellen in der Entwicklungs- und Wachstumsphase regelmäßig noch nicht der Fall.

Dennoch spielen nachrangige Komponenten in der Praxis gerade bei der Finanzierung von innovativen Geschäftsmodellen eine maßgebliche Rolle. Beteiligungsfinanzierungen von Finanzinvestoren werden vielfach in einer Mischform aus einer offenen Beteiligung – hier ist der Wertzuwachs der Gesellschaftsanteile die Motivation des Engagements – sowie nachrangigen Bausteinen dargestellt. Eine typische Beteiligungsstruktur ist der Erwerb von anteiligem Nominalkapital, die Dotierung der Kapitalrücklage (Zahlung von Aufgeldern) sowie die Bereitstellung von Mezzanine. Die Logik dieser Strukturierung liegt auf zwei Ebenen: Zum einen wird für den nachrangigen Part im Gegensatz zu einer offenen Beteiligung eine laufende Vergütung erwirtschaftet. Zum anderen können Nachrangkomponenten im Gegensatz zu offenen Beteiligungen unschwer mit Meilensteinkonzepten unterlegt werden, d. h. die Valutierung von Finanzierungtranchen wird an das Erreichen bestimmter Ziele geknüpft.

3.5   Fördermittel

Öffentliche Förderinstrumente setzen an verschiedenen der in Abschnitt 3.1. genannten Finanzierungsprobleme an. Ihre Ziele sind die Reduktion von Projekt- bzw. Investitionskosten, die Reduktion der Hausbankrisiken sowie die Verstärkung der vielfach zu knappen Eigenkapitalbasis kleiner und mittelständischer Unternehmen. Im Folgenden werden die Instrumente der finanziellen Förderung kurz vorgestellt und in Bezug auf ihre Relevanz für die Finanzierung von Geschäftsmodellen im Bereich E-Commerce bewertet. Dabei beschränken sich die Ausführungen auf Aussagen von grundsätzlicher Natur. Auf die Ausgestaltung der Programme im Detail, die jeweiligen Träger sowie das Antragsprocedere wird nicht weiter eingegangen.[10] Im Einzelnen können folgende Grundformen von Fördermaßnahmen unterschieden werden:

Zinsgünstige Darlehen

Förderdarlehen werden insbesondere im Bereich der Existenzgründungsförderung eingesetzt („Existenzgründungsdarlehen"). Sie werden personenbezogen über die jeweilige Hausbank bei den Förderinstitutionen[11] beantragt (so genanntes Hausbankverfahren) und decken den Investitions- bzw. Betriebsmittelbedarf einer Existenzgründung ab. Daneben existieren auch Darlehensprogramme, die unabhängig von einer Gründung Investitionen bzw. Entwicklungs- oder Markteinführungsaufwendungen abdecken. In der Regel erfolgt die Vergabe der Darlehen im Primärrisiko der Hausbank, sie müssen daher von Gründer(n) und/oder Unternehmen banküblich besichert werden. Einzelne Programme sehen allerdings eine anteilige oder vollständige Haftungsfreistellung der Hausbank vor, insoweit wird das Risiko von der Förderinstitution mitgetragen.

Die Bedeutung der Förderdarlehen für die Finanzierung von Portalmodellen ist eher gering: Zum einen ist eine reine Darlehensfinanzierung grundsätzlich wenig adäquat, wenn Anlaufverluste finanziert werden müssen (Überschuldung). Zum anderen kann die bankmäßige Besicherung der Darlehen in der Regel nicht dargestellt werden. Ferner wurden die öffentlichen Förderdarlehen zwar in den letzten Jahren vielfach mit Haftungsfreistellungen für die finanzierende Hausbank ausgestattet um die Sicherheitenproblematik zu entschärfen. Sie sehen aber im Regelfall eine persönliche Mithaftung der Gründer vor – ein erheblicher Engpassfaktor für die Gründungsdynamik in Deutschland. Schließlich belasten bei einer Fremdfinanzierung die periodisch zu entrichtenden Abgaben für Zins und Tilgung die Liquidität der Unternehmen in der Anlaufphase, eine Problematik, die auch durch tilgungsfreie Jahre bei Existenzgründungsdarlehen nur unzureichend aufgefangen wird. Insgesamt kommt der Darlehensfinanzierung bei Geschäftsmodellen im Bereich E-Commerce nur eine komplementäre, untergeordnete Rolle zu, beispielsweise wenn seitens der Finanzinvestoren ein Eigenfinanzierungsanteil der Gründer eingefordert wird. Dieser wird dann vielfach über Existenzgründungsdarlehen dargestellt.

Öffentliche Zuschussprogramme

Zuschüsse müssen vom geförderten Unternehmen nicht zurückgezahlt werden (so genannte „verlorene" Zuschüsse). Sie werden projektbezogen vergeben und beziehen sich in ihrer Bemessungsgrundlage auf bestimmte Kostenarten (Investitions-

---

10 Vgl. hierzu den Überblicksartikel von Link (2002).
11 Auf Bundesebene wurden die Förderprogramme ab 1. Juli 2003 in der aus der Fusion von Deutscher Ausgleichsbank (DtA) und Kreditanstalt für Wiederaufbau (KfW) hervorgegangenen KfW-Mittelstandsbank gebündelt. Auf der Ebene der Bundesländer existieren weitere Förderinstitutionen, üblicherweise in der Form landeseigener Förderbanken.

oder Personalkostenzuschüsse). Zuschüsse können daher den Finanzierungsbedarf eines Unternehmensaufbaus nur anteilig abdecken. Ferner sehen die einschlägigen Programme vor, dass die Vollfinanzierung des jeweiligen Projektes gesichert ist, beispielsweise durch Hausbankdarlehen oder sonstige Finanzierungsmittel.

Öffentliche Zuschüsse stellen grundsätzlich ein adäquates Instrument zur Finanzierung eines innovativen Geschäftsmodells dar: Sie decken den Finanzierungsbedarf teilweise ab, müssen in der Regel nicht mit Sicherheiten unterlegt werden und stellen für das geförderte Unternehmen außerordentliche Erträge dar, die mit sonstigen Anlaufverlusten verrechnet werden können. Für die Finanzierung von Portalmodellen muss diese positive Bewertung allerdings insofern relativiert werden, als auf die attraktivste Förderung im Rahmen von Forschungs- und Entwicklungszuschüssen vielfach nicht zurückgegriffen werden kann, da diese Programme Softwareentwicklungen oftmals explizit von der Förderung ausschließen. Damit verbleiben in erster Linie Zuschussprogramme, die sich auf die Förderung strukturschwacher Regionen beziehen.

Bürgschaften

Öffentliche Bürgschaften werden in der Regel auf Länderebene angeboten. Sie reduzieren Hausbankrisiken, wenn für ein tragfähiges Geschäftsmodell keine ausreichenden bankmäßigen Sicherheiten geboten werden können. Insofern sind Bürgschaften grundsätzlich ein geeignetes Instrument im Bereich der E-Commerce-Finanzierung, da sich die Projekte durchgehend durch ein unzureichendes Sicherheitenprofil auszeichnen. In der Praxis kommen Bürgschaften in diesem Segment allerdings eher selten zum Einsatz: Zum einen sind Bürgschaftsprogramme auf die Probleme und Bedürfnisse mittelständischer Bestandsunternehmen ausgerichtet. Zum anderen werden mit einer öffentlichen Bürgschaft Fremdfinanzierungen über den Hausbankensektor ermöglicht. Insofern ein Geschäftsmodell (planmäßig) eine Phase hoher kumulierter Anlaufverluste durchläuft, ist eine Bürgschaft angesichts einer drohenden Überschuldung kein sinnvolles Instrument. Schließlich ist eine Bürgschaft ausschließlich ein Instrument zur Risikoentlastung auf der Ebene der Hausbanken, d. h., der Gesellschafterkreis wird über persönliche Rückbürgschaften in die Haftung mit eingebunden.

Öffentliche Kapitalbeteiligungen

Kapitalbeteiligungen aus dem Umfeld der öffentlichen Hand werden von spezialisierten Beteiligungsgesellschaften vergeben, die vielfach bei den jeweiligen Landesförderinstituten angesiedelt sind. Die von diesen Gesellschaften zur Verfügung gestellten Finanzierungsbausteine – üblicherweise Mischformen aus offenen und stillen Beteiligungen – können als geeignet im Sinne des spezifischen Finanzierungs- und Risikoprofils von E-Commerce-Gründungen angesehen werden. Weiterhin werden über die öffentlichen Beteiligungsgeber vielfach weitere Finanzierungsbausteine

(Zuschüsse, zinsverbilligte Darlehen, gegebenenfalls Bürgschaften) in die Finanzierung eingebracht. Allerdings kann die Finanzierung gerade bei größeren Liquiditätsbedarfen in der Regel nicht allein über öffentliche Mittel erfolgen, und es muss eine komplementäre Finanzierung mit privaten Mitteln aufgebaut werden.

Förderung von Kapitalbeteiligungen

Der Markt für Kapitalbeteiligungen ist ebenfalls ein Ansatzpunkt für Fördermaßnahmen der öffentlichen Hand. Hintergrund ist der Befund, dass Beteiligungskapital in erster Linie für Wachstumsfinanzierungen profitabler Unternehmen verfügbar ist[12] und gerade die besonders Risiko behafteten und betreuungsintensiven Technologiegründungen kaum Zugang zum Risikokapitalmarkt haben. Bis Mitte/Ende des Jahres 2000 hat sich allerdings auch das Frühphasensegment zunehmend dynamisch entwickelt. Dies wurde maßgeblich durch eine intensive öffentliche Förderung von Risikokapitalengagements erreicht, insbesondere durch das Anfang 1995 aufgelegte Programm „Beteiligungskapital für junge Technologieunternehmen (BTU)" des Bundesministeriums für Wirtschaft.

Das Programm ist breit angelegt: Für Beteiligungsgesellschaften, Unternehmen, Banken sowie Privatinvestoren sollen Anreize geschaffen werden, innovativen Unternehmensgründungen Eigenkapital zur Verfügung zu stellen, wobei es sich um offenes oder stilles Beteiligungskapital oder sonstige nachrangige Finanzierungsformen handeln kann. Zielgruppe sind Unternehmen, die weniger als fünf Jahre alt sind und in Bezug auf ihre Größe den EU-Kriterien für kleine Unternehmen entsprechen (< 50 Beschäftigte, < sieben Millionen Euro Jahresumsatz, < fünf Millionen Euro Bilanzsumme). Die Förderung erfolgt Projekt bezogen und dient der Finanzierung der Entwicklungs- und Markteinführungsphase. Voraussetzung ist ein maßgeblicher Innovationsgrad des Vorhabens, weiterhin muss das Know-how („innovativer Kern") im Beteiligungsunternehmen liegen. Die Förderung wird über zwei Varianten dargestellt:[13]

a) *Kofinanzierungsvariante* der tbg Technologie-Beteiligungs-Gesellschaft mbH. Die tbg stellt als Koinvestor maximal 1,5 Millionen Euro als (in der Regel stilles) Beteiligungskapital zur Verfügung, falls ein Lead-Investor (gegebenenfalls auch ein Investorenpool) Beteiligungskapital in gleicher Höhe zur Verfügung stellt.

b) *Refinanzierungsvariante* der KfW-Mittelstandsbank. Die KfW stellt für Risiko tragende offene/stille Kapitalbeteiligungen bzw. nachrangige Gesellschafterdarlehen langfristige Refinanzierungsmittel in Höhe von maximal 1,4 Millionen Euro zur Verfügung. Die Mittel sind für den Investor in vollem Umfang von der Haftung freigestellt.

---

12 Vgl. Zemke (1998), S. 20.
13 Die jeweils aktuellen Programmbedingungen sowie Informationen zu weiteren Programmvarianten von tbg und KfW-Mittelstandsbank können unter www.KfW-Mittelstandsbank abgerufen werden.

4. Kapitalgeber

4.1 Bankensektor

Der *Geschäftsbankensektor* hat bei der Finanzierung von Geschäftsmodellen im Bereich E-Commerce in der Vergangenheit keine nennenswerte Rolle gespielt. Dies ist angesichts der in Abschnitt 3.3. beschriebenen eher negativen Rahmenbedingungen für die Kreditfinanzierung einer E-Commerce-Gründung auch durchaus sachgerecht. De facto beschränken sich die Hausbanken auf die Rolle der Kontoführung für das jeweilige Unternehmen, stellen (kleinere) Kontokorrentlinien zur Verfügung und leiten allenfalls Förder- bzw. Existenzgründungsdarlehen mit Haftungsfreistellung an das Unternehmen durch. Hier ist keine Trendwende zu erwarten – die Kreditvergabepolitik der Banken dürfte zukünftig eher noch restriktiver ausfallen. Hintergründe sind der laufende Restrukturierungsprozess in der Geschäftsbankenlandschaft sowie die verschärften Rahmenbedingungen im Kreditgeschäft durch die Bestimmungen von Basel II.[14] Eine größere Rolle wird die Kreditfinanzierung in diesem Segment voraussichtlich erst dann spielen, wenn Umsatz- und Investitionsfinanzierungen profitabler Bestandsunternehmen mit bewährten Geschäftsmodellen anstehen. Hiervon ist die junge Branche allerdings noch ein gutes Stück entfernt.

Die *Förderbanken* sind in der Finanzierung von E-Commerce-Modellen deutlich stärker involviert als der Geschäftsbankensektor, allerdings in erster Linie über Eigenkapitalbausteine ihrer Beteiligungsgesellschaften. Im Bereich der Refinanzierungsdarlehen sind die Förderinstitute über das Hausbankenverfahren in vollem Umfang von der Bereitschaft der Hausbanken abhängig, die entsprechenden Anträge zu stellen und die Mittel an die Unternehmen durchzuleiten. Insofern ist auch nicht davon auszugehen, dass sich die Branche zukünftig verstärkt über Förderdarlehen refinanzieren wird. Auch die weiteren Produkte der Förderbanken – Zuschüsse und Bürgschaften – spielen bei der Finanzierung von E-Commerce keine größere Rolle. Eine öffentliche Bürgschaft setzt die Bereitschaft einer Hausbank zu einer Kreditvergabe zwingend voraus, insofern gelten die Ausführungen bezüglich der Förderdarlehen entsprechend. Im Bereich der Forschungsförderung über verlorene Zuschüsse schließlich erfüllen Softwareentwicklungen für Portalmodelle die Anforderungsprofile der eher auf Hardwareentwicklungen im Hochtechnologiebereich ausgerichteten Programme vielfach nicht.

---

14 Eine Zusammenfassung der Basler Eigenkapitalverordnung findet sich beispielsweise in Nelles/Klusemann (2003), S. 1 ff.

4.2 Eigenkapitalgeber

Beteiligungskapital (Venture Capital, Private Equity) wird von verschiedenen Akteuren zur Verfügung gestellt, die sich bezüglich ihrer Beteiligungsmotivation und Art der Mittelbereitstellung teilweise deutlich unterscheiden.[15] Ein Unterschied ist zwischen renditeorientierten und förderorientierten Kapitalgebern zu ziehen. Alternativ kann zwischen dem formellen Beteiligungskapitalmarkt (Beteiligungsgesellschaften) und informellen Kapitalgebern (Business Angels, Privatinvestoren) unterschieden werden.[16] Vor dem Hintergrund dieser Grundsystematik lassen sich Beteiligungsgeber wie folgt klassifizieren:[17]

Seed-Capital-Gesellschaften

Seed-Capital-Gesellschaften sind ausschließlich auf reine Frühphasenfinanzierungen ausgerichtet. Neben der Kapitalbereitstellung erfolgt eine intensive Managementunterstützung. Sie investieren überwiegend in direkter Form, sind also an Wertzuwächsen ihrer Unternehmensanteile interessiert und damit den renditeorientierten Beteiligungsgesellschaften zuzuordnen. Quantitativ ist ihr Anteil eher unbedeutend, nicht zuletzt wegen der teilweise regionalen Begrenzung.[18]

Venture-Capital-Gesellschaften

Venture-Capital-Gesellschaften (VC) sind überregional tätig und verfolgen ausschließlich renditeorientierte Ziele. Sie bewirtschaften Fonds, in die verschiedene Geldgeber (Versicherungen, Banken, Industrieunternehmen u. a.) investieren. Um deren hohen Renditeanforderungen zu genügen wird ausschließlich in Unternehmen mit hohen Wachstums- und Renditepotenzialen investiert. Nach möglichst kurzer Beteiligungsdauer (vier bis acht Jahre) sollen die Wertsteigerungen des Beteiligungsunternehmens durch Veräußerung der Anteile (Exit) realisiert werden.

VC-Geber hoffen darauf, dass sich unter ihren Portfoliounternehmen zwei bis drei „Stars" befinden, bei deren Verkauf ein Vielfaches des investierten Kapitals an Gewinn anfällt und die dafür sorgen, dass die Gesamtrendite des Fonds auch dann den Erwartungen der Investoren entspricht, wenn sich die weiteren Engagements nur moderat entwickeln oder gar ausfallen. Um diesen Anforderungen zu genügen, legen VC-Gesellschaften hohe Maßstäbe bei der Akquise attraktiver Engagements an.

---

15 Zu verschiedenen Systematisierungsansätzen vgl. Schefczyk (2000), S. 7 ff.
16 Vgl. ZEW (1998), S. 119 f.
17 Weiterhin existieren Beteiligungs-/Private-Equity-Gesellschaften, die ausschließlich auf spätere Finanzierungsphasen (späte Wachstumsphasen, Buy Outs) spezialisiert sind. In der Gründungs- und Wachstumsfinanzierung von Geschäftsmodellen im Bereich E-Commerce spielen diese Gesellschaften keine bedeutende Rolle.
18 Vgl. die Aufschlüsselung in tbg (1999), S. 15.

Dabei stehen Alleinstellungsmerkmale des Geschäftsmodells, Marktvolumen und -wachstum sowie die Qualität des Managements im Vordergrund. Im Gegenzug werden die Beteiligungen intensiv betreut, können von der Erfahrung, Professionalität und dem Branchen-Know-how der VC-Gesellschaft profitieren (Zugang zu Schlüsselkunden, Wahl strategischer Partner, Anwerben von Führungskräften) und deren Netzwerke nutzen.

Förderorientierte Beteiligungsgesellschaften

Diese Gruppe von Beteiligungsgesellschaften weist in der Regel eine regionale Begrenzung auf das jeweilige Bundesland auf. Förderorientierte Kapitalgeber beteiligen sich primär in nachrangiger Form an Neugründungen oder Bestandsunternehmen. Innerhalb dieser Gruppe bietet sich eine Unterscheidung zwischen den traditionellen Mittelständischen Beteiligungsgesellschaften (MBG) und den seit Mitte der 90er Jahre im Umfeld der Landesförderinstitute neu aufgelegten Innovationsbeteiligungsgesellschaften an. Die erstgenannte Gruppe stellt kleinen und mittelständischen Unternehmen (KMU) stilles Beteiligungskapital zur Verfügung, wobei sich die (geringe) Managementunterstützung auf Finanzierungsfragen beschränkt. Dagegen liegt der Fokus der Innovationsbeteiligungsgesellschaften auf der Frühphasenfinanzierung technologieorientierter Unternehmen, die im Beteiligungsbestand der MBG nur eine untergeordnete Rolle spielen. Die Beteiligungen werden in der Regel in einer Kombination aus einer (kleineren) offenen Beteiligung und nachrangigen Komponenten dargestellt. Die Kapitalvergabe ist mit einer Managementunterstützung verbunden, die neben Finanzierungsfragen auch andere betriebswirtschaftliche Bereiche umfasst. Die Betreuungsintensität wird allerdings oftmals von den knappen personellen Ressourcen dieser Gesellschaften begrenzt.

Beteiligungsgesellschafen des Geschäftsbankensektors

In diesem Segment muss zwischen den Beteiligungsgesellschaften des Sparkassen- und Volksbankensektors sowie deren Dachorganisationen und den entsprechenden Aktivitäten der Privatbanken unterschieden werden. Die erste Gruppe ist in der Regel auf das jeweilige regionale Einzugsgebiet begrenzt. Eindeutige Aussagen bezüglich der Rendite- bzw. Förderorientierung können nicht getroffen werden. Die Art der Kapitalbereitstellung ist ebenfalls heterogen, allerdings tendenziell mit einem Schwerpunkt auf stille Beteiligungen und einer Renditeerzielung über laufende Beteiligungsentgelte. Die Beteiligungsgesellschaften des Privatbankensektors konzentrieren sich dagegen auf Later-Stage-Finanzierungen und sind eindeutig auf Renditeerzielung ausgerichtet. Schwerpunktmäßig wird in profitable Bestandsunternehmen investiert, dabei kommen vielfach mezzanine Finanzierungsbausteine zum Einsatz.

Corporate Venture Capital (CVC)

Bei Corporate Venture Capital wird Beteiligungskapital von etablierten Unternehmen vergeben.[19] Dabei kann zwischen einer unmittelbaren Beteiligung des CVC-Gebers sowie einer indirekten Variante unterschieden werden, bei der Beteiligungskapital über eine eigene Gesellschaft vergeben wird (beispielsweise DaimlerChryslerVenture GmbH oder BASF Innovationsfonds GmbH). CVC-Gebern geht es neben der Renditeorientierung um strategische Ziele wie die Besetzung von Technologiefeldern oder den Zugang zu Innovationen. In Bezug auf die Art der Beteiligung sowie die bevorzugten Beteiligungsschwerpunkte ist dieses Marktsegment ausgesprochen heterogen. Es gibt zum einen Gesellschaften, die nur Engagements eingehen, bei denen ein gewisser Bezug zum eigenen Kerngeschäft vorliegt, während andere CVC-Geber allein auf Innovationshöhe und Renditeaussichten abstellen.

Informelle Beteiligungsgeber (Business Angels)

Business Angels sind wohlhabende Privatpersonen, die vielfach selbst bereits Unternehmen erfolgreich aufgebaut haben oder innerhalb einer Branche eine Schlüsselrolle spielen. Sie beteiligen sich an jungen Unternehmen im Rahmen der Frühphasenfinanzierung mit Beträgen zwischen 50 und 250 TEuro. Business Angels können darüber hinaus Kontakte zu potenziellen Partnern, Kunden oder weiteren Kapitalgebern herstellen und junge Unternehmen mit ihrer eigenen Erfahrung unterstützen.[20] Über die Anzahl aktiver Business Angels können keine belastbaren Aussagen getroffen werden, nicht zuletzt, weil sie an Publizität meist nicht interessiert sind. Schätzungen gehen in Deutschland von einer Zahl von rund 27.000 Business Angels aus, wobei die Anzahl potenzieller Business Angels („virgin angels", „latent angels") wesentlich höher liegen dürfte.[21]

5. Finanzierungsmodelle

5.1 Grundlagen

Ein optimaler Finanzierungsmix für ein Portalmodell kann naturgemäß nur nach Kenntnis der Lage des jeweiligen Einzelfalls abgeleitet werden. Nachfolgend werden auf der Basis der bisherigen theoretischen Überlegungen Vorstellungen bezüglich einer adäquaten Finanzierungsstruktur für Portalmodelle entwickelt. Den Ausführungen liegen zum einen die persönlichen Erfahrungen des Autors im Bereich der Finanzierung innovativer Geschäftsmodelle zugrunde. Zum anderen wurden seitens der tbg Technologie-Beteiligungs-Gesellschaft mbH anonymisierte Datensätze zur Fi-

---

19 Vgl. ZEW (1998), S. 146 ff.
20 Vgl. Finger/Samwer (1998), S. 50.
21 Vgl. Band (1999), S. 4.

nanzierungsstruktur von 16 Portalmodellen zur Verfügung gestellt, wobei es sich ausschließlich um operativ tätige Gesellschaften handelt und keine Daten gescheiterter Geschäftsmodelle enthalten sind.[22]

Die Stichprobe beansprucht zwar keinerlei statistische Evidenz, lässt aber wertvolle Rückschlüsse auf die Finanzierungsbedingungen von Portalen zu. Dennoch muss darauf hingewiesen werden, dass aus den Finanzierungsstrukturen bestehender Portale naturgemäß keine Normstrategie zur Finanzierung dieser Geschäftsmodelle abgeleitet werden kann. Viele Gründungen in diesem Segment wurden in einem von Euphorie geprägten Marktumfeld aufgesetzt und finanziert. Welche Geschäfts- und Finanzierungsmodelle sich in Zukunft durchsetzen werden, wird abzuwarten sein.

5.2 Typischer Finanzierungsmix

Aus dem Datenmaterial können im Wesentlichen zwei Kernaussagen abgeleitet werden: Zum einen ging der Unternehmensaufbau durchweg mit mehrstufigen Finanzierungsrunden einher. Hierin spiegelt sich die Tatsache wider, dass die Ertragsmechanik vieler Portalmodelle wenig berechenbar ist und in der Regel nicht zuverlässig antizipiert werden kann, wann und in welchem Umfang die Transaktionen und damit die über das Portal generierten Erträge ansteigen. Generell zeigen die mehrstufigen Finanzierungen aber auch, dass Dynamik und Ertragspotenzial der Modelle vielfach deutlich hinter den zu Zeiten des Internet-Booms geschätzten Werten zurückbleiben. Im Ergebnis bedeutet dies, dass wesentlich höhere Kapitalbedarfe extern finanziert werden müssen, bis positive Cashflows erwirtschaftet werden. Dies bedeutet aber auch, dass eine Reihe von Geschäftsmodellen sich nicht durchsetzen wird und die laufende Marktbereinigung nicht tragfähiger Konzepte sich weiter fortsetzen wird.

Die zweite Kernaussage bezieht sich auf die Finanzierungsbausteine und ihre Proportionen zueinander: Die Portalfinanzierung ist eine Domäne der (externen) Eigenkapital- bzw. Beteiligungsfinanzierung. Hausbankdarlehen, Förderzuschüsse aber auch Eigenmittel aus dem Gründerkreis werden zwar vielfach in die Finanzierungen eingebunden, spielen aber quantitativ eine unbedeutende Rolle. Die theoretischen Überlegungen zur Eignung der einzelnen Finanzierungsbausteine können damit uneingeschränkt bestätigt werden.

Im Einzelnen lassen sich aus der Auswertung der Finanzierungsdaten der in die Untersuchung einbezogenen 16 Portale folgende Tendenzaussagen ableiten:

---

22 Der Autor bedankt sich bei der tbg für die konstruktive und angenehme Zusammenarbeit.

Hoher Kapitalbedarf

Portalmodelle zeichnen sich durch einen hohen Kapitalbedarf aus. Durchschnittlich wurden für den Unternehmensaufbau bislang jeweils rund 6.600 TEuro zur Verfügung gestellt. Damit zeigt sich einmal mehr, dass sich Geschäftsmodelle im Bereich E-Commerce vielfach durch deutlich höhere Kapitalbedarfe auszeichnen als andere Technologiegründungen.[23]

Mehrstufige Finanzierungsrunden

Bei dem Gros der Unternehmen waren bislang mehrere Finanzierungsrunden notwendig. Nur drei Portale haben sich bislang ausschließlich im Rahmen der ersten Kapitalrunde finanziert. Bei fünf Fällen wurde eine zweite Finanzierungsrunde durchgeführt, bei weiteren acht Unternehmen war eine dritte Finanzierungsrunde notwendig. Eine vorgelagerte Seed-Finanzierung mit Beträgen in Höhe von jeweils rund 125 TEuro wurde in immerhin drei Fällen durchgeführt.

Bezüglich der Finanzierungsvolumina ist eine klare Tendenz zu höheren Beträgen im zweiten und dritten Finanzierungsabschnitt zu beobachten. So hat sich das durchschnittliche Finanzierungsvolumen in den Fällen, in denen bislang eine Folgefinanzierung aufgelegt wurde, gegenüber der ersten Runde in etwa verdoppelt. Bei Unternehmen, die bereits zwei zusätzliche Finanzierungsrunden durchlaufen haben, beläuft sich der kumulierte Betrag aus Zweit- und Drittrundenfinanzierung in etwa auf das Dreifache des Ausgangsinvestments. Bezüglich des Volumens der dritten Finanzierungsrunde ergibt sich kein einheitliches Bild: Fällen, bei denen der Kapitalbedarf von Runde zu Runde stark ansteigt, stehen Beispiele gegenüber, bei denen die Liquiditätszufuhr deutlich gegenüber der Zweitrundenfinanzierung reduziert werden konnte. Es liegt die Vermutung nahe, dass die letztgenannte Kategorie von Unternehmen zwischenzeitlich eine gewisse Innenfinanzierungskraft aufbauen konnte und sich auf dem Weg in Richtung Profitabilität befindet, während die Unternehmen der ersten Kategorie sich noch im Bereich struktureller Mittelabflüsse befinden und sich unverändert durch eine hohe „burn rate" auszeichnen.

Finanzierungsrelationen: zentrale Bedeutung der Beteiligungsfinanzierung

Die in die Betrachtung einbezogenen Unternehmen haben sich weit überwiegend über externe Eigenkapitalgeber finanziert. Die Finanzierungsquelle Hausbankdarlehen steuert nur rund 1,2 Prozent der insgesamt investierten Mittel bei, öffentliche Zuschüsse und Eigenkapital der Gründer decken durchschnittlich jeweils rund 3,6 Prozent des Finanzierungsbedarfes ab. Damit entfallen über 90 Prozent der Finanzierungsanteile auf den Bereich Beteiligungsfinanzierung. Die Relationen zeigen, dass – zumindest in der Vergangenheit – für Gründer oder Gründerteams im Bereich

---

23 Für F&E, Produktionsaufbau und Markteinführung werden bei Technologiegründungen über alle Branchen im Durchschnitt rund 1.500 TEuro veranschlagt. Vgl. tbg (1999), S. 8.

E-Commerce über den Aufbau einer Beteiligungsfinanzierung mit eher moderaten eigenen Risikoanteilen erhebliche Hebel auf großvolumige Finanzierungen ausgeübt werden konnten. Ein kontinuierlicher Eigenfinanzierungsanteil der Gründer über alle Finanzierungsrunden liegt im übrigen nur bei etwa der Hälfte der Fälle vor. Es steht zu vermuten, dass hier die Beteiligungsgeber die Weiterfinanzierung von einem gewissen Eigenfinanzierungsanteil der Gründer abhängig gemacht haben und/oder die Gründer die Verwässerung ihrer Gesellschaftsanteile in Grenzen halten wollten.

In Bezug auf die Struktur der Beteiligungsgeber umfasst die Stichprobe ausschließlich Mischfinanzierungen zwischen Finanzierungsbausteinen förderorientierter Beteiligungsgeber (tbg, Landesfördergesellschaften) einerseits und Kapitalbeteiligungen renditeorientierter Akteure (insbesondere VC-Gesellschaften) andererseits.[24] Während in der ersten Finanzierungsrunde in der Regel paritätische Finanzierungsanteile beider Gruppen festzustellen sind, verschieben sich in den späteren Finanzierungsrunden die Gewichte hin zu den renditeorientierten Beteiligungsgebern. Hierin spiegelt sich insbesondere die Tatsache wider, dass die öffentlichen Beteiligungsgeber durch ihre Richtlinien vielfach auf die Frühphasenfinanzierung beschränkt sind und überdies betragsmäßige Begrenzungen je Einzelengagement bestehen. Auffällig ist schließlich, dass Privatinvestoren durchweg erst in der zweiten oder dritten Finanzierungsrunde, nicht aber an den Erstrunden- oder gar Seed-Finanzierungen beteiligt sind.

Bei den Finanzierungsformen ist schließlich eine gewisse Konvergenz zwischen den förder- und renditeorientierten Beteiligungsgebern festzustellen. Beide Gruppen investieren im Regelfall in einer Kombination aus offener Beteiligung und nachrangigen Komponenten. Dabei wird bei renditeorientierten Beteiligungsgebern vielfach das Gros der Beteiligung in offener Form dargestellt, während sich das Verhältnis bei den förderorientierten Beteiligungsgesellschaften genau umgekehrt darstellt und hier mezzanine Finanzierungsformen (insbesondere stille Beteiligungen) dominieren.

5.3 Empfehlungen

Für die zukünftige Strukturierung von Finanzierungen im Bereich E-Commerce können folgende Empfehlungen ausgesprochen werden:

Zum einen werden Geschäftsmodelle im Bereich E-Commerce vielfach auch in Zukunft auf externe Eigenkapitalfinanzierungen über Beteiligungsgeber angewiesen sein. Insofern ist es dringend anzuraten, sich intensiv mit der Funktionsweise von VC-Märkten und der Denkstruktur der handelnden Akteure (insbesondere deren

---

24 Diese Struktur ergibt sich zwangsläufig aus der Tatsache, dass das Datenmaterial über die tbg zur Verfügung gestellt wurde. Auf das BTU-Modell (Kofinanzierungsmodell der tbg, Refinanzierungsmodell der KfW) sowie komplementäre Landesmittel wurde bei der Frühphasenfinanzierung von Geschäftsmodellen im Bereich E-Commerce intensiv zurückgegriffen. Insofern zeichnen die Daten der Stichprobe typische Finanzierungsstrukturen nach.

Exitvorstellungen) zu beschäftigen. Angesichts der überaus hohen Quote gescheiterter VC-finanzierter Gründungen im Bereich E-Commerce ist ein sensibler, realistischer und differenzierter Umgang mit dieser Finanzierungsart unbedingt zu empfehlen.[25]

Zum anderen muss die Frage nach der zutreffenden Positionierung des jeweiligen Geschäftsmodells gestellt werden. Das Durchlaufen mehrstufiger Finanzierungsrunden ist vielfach ein Indiz dafür, dass die Ertragsmechanik des Geschäftsmodells nicht planmäßig funktioniert und das Unternehmen die Verlustzone nicht oder erst verspätet verlässt. Es muss daher dringend empfohlen werden, dass die Geschäftsmodelle so ausgerichtet werden, dass möglichst frühzeitig eine ausreichende Innenfinanzierungskraft (positiver Cashflow) erzielt wird. Diese Empfehlung gilt auch dann, wenn diese Vorgehensweise gegebenenfalls zu Lasten einer späteren Wachstumsdynamik gehen sollte. Andernfalls trägt das Unternehmen – oftmals über mehrere Jahre – das Risiko, dass die jeweilige Anschlussfinanzierung nicht zustande kommt und das Unternehmen scheitert. Ferner bindet der im Zuge einer solchen Transaktion jeweils notwendige Prozess der Unternehmensbewertung (due diligence) erhebliche (Management-)Kapazitäten, die besser im Kerngeschäft des Unternehmens eingesetzt werden sollten. Schließlich sind mehrstufige Finanzierungsrunden regelmäßig damit verbunden, dass sich die Gesellschaftsanteile erheblich zugunsten der Finanzinvestoren verschieben.

Bezüglich der Proportionen der einzelnen Finanzierungsbausteine können nur einige allgemeine Hinweise erfolgen: Unstrittig dürfte sein, dass – sofern die Formalvoraussetzungen erfüllt werden können – öffentliche Zuschussprogramme in Anspruch genommen werden sollten. Weiterhin sollte eine belastbare Hausbankbeziehung und eine vernünftig dimensionierte Kontokorrentlinie bereits in einer Phase aufgebaut werden, in der noch keine nennenswerte Kreditfinanzierung vorliegt. Bei der Strukturierung der externen Eigenkapitalfinanzierung ist neben der Auswahl des „passenden" Beteiligungsgebers vor allem die Aufteilung in „echtes" Eigenkapital und nachrangige Komponenten von Bedeutung. Ein hoher Anteil an Nachrangkapital hat dabei insbesondere aus Gründersicht den Charme, dass die Anteilsverhältnisse weniger stark verwässert werden und „Reserven" für gegebenenfalls notwendige weitere Finanzierungsrunden verbleiben. Umgekehrt ist ein reiner Unternehmensaufbau über Mezzanine wenig realistisch – Beteiligungsgeber sind primär an Gesellschaftsanteilen und deren Wertsteigerungen interessiert – und darüber hinaus auch nicht sachgerecht, da eine erhebliche Verschuldung in einer (zu) frühen Unternehmensphase aufgebaut wird. Im Ergebnis wird das Unternehmen in seinem weiteren Wachstum durch den hohen Kapitaldienst aus der Nachrangfinanzierung gehemmt.

Vielfach erweist sich daher eine Struktur als geeignet, in der über eine Mischfinanzierung in der ersten Finanzierungsrunde unter Einbindung förderorientierter Beteiligungsgeber bereits ein gewisser Unternehmenswert generiert wird. Diese Strategie ist

---

25 Siehe hierzu insbesondere den Beitrag von Jugel in diesem Band.

insbesondere dann sinnvoll, wenn in einem negativen Marktumfeld keine adäquate Unternehmensbewertung durchgesetzt werden kann, und sehr hohe Gesellschaftsanteile an Finanzinvestoren abgegeben werden müssten, um überhaupt einen nennenswerten Kapitalzufluss aus der Transaktion zu generieren.

In den späteren Finanzierungsrunden kann dann das Unternehmen auf einer höheren Bewertungsbasis durch (offene) Beteiligungen renditeorientierter Beteiligungsgeber aufkapitalisiert werden. Mit diesen Mitteln kann dann ohne laufende Zins- und Tilgungsbelastung der weitere Wachstumsprozess finanziert werden.

Literatur

Betsch, O., Groh, A.P., Schmidt, K. (2000): Gründungs- und Wachstumsfinanzierung innovativer Unternehmen. München/Wien

BVK Bundesverband Deutscher Kapitalbeteiligungsgesellschaften – German Venture Capital Association e. V. (1997): Directory 1997

Business Angels Netzwerk Deutschland (BAND) e. V. (1999): BAND-info Ausgabe Nr. 1

Deutsche Ausgleichsbank (1996): Engpass Eigenkapital, DtA-Studie zur Bilanzstruktur ostdeutscher Existenzgründungen

Finger, M., Samwer, O. (1998): America's Most Successful Startups. Wiesbaden

Hölscher, R. (2002): Finanzierung von und in Gründungsunternehmen, in: Corsten (Hrsg.), Dimensionen in der Unternehmensgründung. Berlin, S. 201–230

Krafft, L. (2002): Aktuelle Ausfall-Raten bei Internet/E-Commerce Gründungen in Deutschland (4. Review), Status per 1. Juli 2002, Stiftungslehrstuhl für Gründungsmanagement und Entrepreneurship European Business School, Oestrich-Winkel, Juli 2002

Link, U. (2002): Förderprogramme für Existenzgründer, in: Corsten (Hrsg.), Dimensionen in der Unternehmensgründung. Berlin, S. 231–253

Nelles, M., Klusemann, M. (2003): Die Bedeutung der Finanzierungsalternative Mezzanine-Capital im Kontext von Basel II für den Mittelstand, in: Finanz Betrieb 1/2003, S. 1–10

Schefczyk, M. (2000): Finanzierung mit Venture Capital. Stuttgart

Schüle, R. (1998), Erwartungen an regionale Beteiligungsfonds, in: Zeitschrift für das gesamte Kreditwesen 18/98, S. 33–36

tbg Technologie-Beteiligungs-Gesellschaft mbH (1999): Geschäftsbericht 1998

Weitnauer, W. (2001): Handbuch Venture Capital. München

Zemke, I. (1998): Strategische Erfolgsfaktoren von Venture-Capital- bzw. Private-Equity-Gesellschaften, in: Zeitschrift für das gesamte Kreditwesen 5/98, S. 18–21

ZEW Zentrum für Europäische Wirtschaftsforschung GmbH/Fraunhofer Institut Systemtechnik und Innovationsforschung (1998): Beteiligungskapital und Technologieorientierte Existenzgründungen (Langfassung)

Stefan Jugel

Erfahrungen aus der Finanzierung mit Beteiligungskapital

1. Die Entwicklung des Markts für Beteiligungskapital

Finanzierungen mit Beteiligungskapital[1] sind seit dem zweiten Halbjahr 2000 deutlichen Marktkorrekturen unterworfen, die den richtigen Umgang mit dieser Finanzierungsform stärker ins Bewusstsein rufen. Viele Geschäftsmodelle ließen sich mit Beteiligungskapital finanzieren, obwohl ihnen elementare Grundvoraussetzungen hierfür fehlten. Es gab auch viele Kapitalgeber, die keinerlei einschlägige Erfahrungen im Umgang mit Beteiligungskapital mitbrachten. Geschäftsmodelle im Internet stellen die Spitze einer dramatischen Entwicklung dar: Seit Mitte 2000 sind einer Untersuchung der European Business School zufolge rund 40 Prozent der Venture(VC)-finanzierten Internet- und E-Commerce-Gründungen gescheitert.[2] Insgesamt hat über die Hälfte ihre Selbstständigkeit verloren, über die Insolvenzen hinaus im Wesentlichen durch Übernahme.

Im folgenden Abschnitt 2 werden vor diesem Hintergrund deshalb zunächst einige grundlegende Aspekte im Umgang mit Beteiligungskapital beleuchtet. Dabei geht es darum, vorliegende Erfahrungen aus dem Markt aufzugreifen, anhand derer exemplarisch Lehren zu ziehen sind. Ungeachtet dessen ist darauf hinzuweisen, dass jede Unternehmenssituation so spezifisch ist, dass sich der „richtige" Umgang mit Beteiligungskapital schwerlich aus allgemeingültigen Erfahrungen ableiten läßt. Der Unternehmer ist somit nicht der Aufgabe entbunden, eine individuelle Lösung für sich zu suchen. Für diese Suche soll der Beitrag aber umsetzbare Hinweise im Hinblick auf die Vorgehensweise geben.

Den Aspekt des Umgangs mit Beteiligungskapital kann man dabei als „Pflichtteil" ansehen. Denn er ist stark geprägt von der Erarbeitung der sinnvollsten Lösung. Einem Pflichtteil schließt sich immer auch eine Kür an. Diese wird in diesem Beitrag in der Kommunikation der Geschäftsidee gesehen, die in Abschnitt 3 ausgeführt wird. Die eigene Erfahrung aus der Begutachtung von über 50 Technologie- bzw. Wachstumsunternehmen zeigt, dass in der Praxis gerade hier große Defizite festzustellen sind. Man kann fast sagen, in der Regel haben Unternehmen Schwierigkeiten darzustellen, was das Einzigartige ihrer Tätigkeit in Abgrenzung zum Wettbewerb ist. Wie will man aber einen potenziellen Investor überzeugen, wenn man ihn nicht zu informieren und zu begeistern versteht? Als Hilfestellung hierzu zeigt der Beitrag ein strukturiertes Vorgehen auf, wie Unternehmen die Argumentation ihrer Einzigartigkeit, ihrer Unique Selling Proposition, erarbeiten können.

---

1 Beteiligungskapital wird hier synonym zum englischen Begriff Private Equity verwendet als Oberbegriff für die Beteiligungsfinanzierung aller vorbörslichen Phasen der Eigenkapitalfinanzierung, insbesondere also auch für Venture Capital (VC) und Buy Out.
2 Krafft (2002), S. 9.

2.   Aspekte im Umgang mit Beteiligungskapital

2.1 Die Beteiligungspartner

Anforderungen an den Beteiligungsnehmer

Vorrangiges Ziel einer Beteiligungskapitalfinanzierung muss die Beschleunigung, nicht die Ermöglichung unternehmerischer Tätigkeit sein. Dieses so zentrale Grundverständnis scheint in der Vergangenheit nicht in ausreichendem Maße aufgebracht worden zu sein. Gründer bzw. junge Unternehmen sind gut beraten, sich an generellen Anforderungen von Beteiligungskapitalgebern zu orientieren, wie sie beispielsweise in einer empirischen Untersuchung von 315 Business-Plänen aufgezeigt wurden.[3] Dort wurden Gründe ermittelt, die zur Ablehnung oder zur Weiterverfolgung von Vorhaben bei VC-Gebern geführt haben. Daraus wurde ein Anforderungskatalog abgeleitet (siehe Abbildung 1), der die Kennzeichen weiter verfolgter Vorhaben in acht Punkten zusammenfasst:

Team mit hoher Fach- und Managementkompetenz
Kundennutzen ist klar nachvollziehbar
Produkt- bzw. Dienstleistungsinnovation mit deutlichem Alleinstellungsmerkmal
Team hat bereits strategische Allianzen geschlossen
Team verfügt über exzellentes Netzwerk
Produkt bzw. Dienstleistung mit hoher Verteidigungsfähigkeit
„Proof of Concept" vorhanden
Realistischer Break Even mittelfristig möglich

Abb. 1: Kennzeichen VC-finanzierter Vorhaben[4]

In den letzten Jahren konnte verschiedentlich verfolgt werden, dass Unternehmen eine VC-Finanzierung erhielten, obwohl wichtige Voraussetzungen, wie hier exemplarisch genannt, nicht erfüllt wurden. Selbst wenn sich solche Investoren vielleicht auch heute noch für eine erste Finanzierungsrunde finden ließen, ist letztendlich dem Unternehmen damit nicht gedient. Die Erfahrung zeigt, dass sich Mängel in späteren Finanzierungsrunden rächen, wenn keine Folgefinanzierung mehr zustande kommt oder das Unternehmen bereits zu einem früheren Zeitpunkt einen Insolvenzantrag stellen muss. Zu dem materiellen Verlust kommen dann, noch schmerzhafter, verlorene Zeit, Energie und Idealismus. Die Empfehlung, die sich aus diesen Erfahrungen

---

3   Vgl. Jugel (2001b).
4   Jugel (2001b), S. 14–15.

ableiten lässt, legt Folgendes nahe, so schwierig sich diese Forderung auch anhören mag: Es gilt kritische Distanz zum eigenen Vorhaben zu wahren, die Meinung mehrerer, erfahrener Investoren hierzu einzuholen und idealer Weise ein Syndikat mit zumindest einem erstklassigen Investor, sozusagen als Qualitätssiegel, an Bord zu holen.

Anforderungen an den Beteiligungsgeber

Die Qualität von Investoren auf den Prüfstand zu stellen konnte in den letzten Jahren so gut wie gar nicht beobachtet werden. Dies verwundert, denn es wird zwischen Unternehmer und Investor immerhin eine Zusammenarbeit auf Jahre eingegangen, die für beide einen wünschenswerten Umstand darstellen sollte, der durch Leistung erworben werden muss. Dennoch wurde von Unternehmen Kapital dankbar und unkritisch in Empfang genommen. Ursachen liegen mit in der sich erst entwickelnden Venture-Capital-Kultur in Deutschland sowie im geringen Wissen von den Marktmechanismen und vor allem auch um Qualitätskriterien von Venture-Capital-Gesellschaften.[5]

Hierfür ein Bewusstsein zu schaffen und die öffentliche Diskussion zum Leistungsstand deutscher Beteiligungsgesellschaften anzuregen war Gegenstand einer explorativen Studie, die im Herbst 2001 in Deutschland durchgeführt wurde.[6] Aus den Ergebnissen wurden Kriterien zur Auswahl von Beteiligungsgesellschaften abgeleitet (siehe Abbildung 2):

Managementqualität entscheidet! Informieren Sie sich über die einschlägige Berufserfahrung des Beteiligungsanbieters.
Die Beteiligungsstrategie muss stimmen. Gehen Sie zu Spezialisten!
Verschaffen Sie sich eine Empfehlung bei der Ansprache eines Beteiligungsgebers.
Beteiligungsentscheidungen und Beteiligungsprüfung („Due Diligence") sind Chefsache. Auf dieser Ebene sollten Sie verhandeln.
Suchens Sie sich eine erfahrene Beteiligungsgesellschaft und prüfen Sie deren Exit-Erfahrung.
Hinterfragen Sie bei bestehenden Beteiligungen die Qualität der ausgelobten Betreuungsleistung.
Achten Sie darauf, dass Ihr Lead Investor weitere Co-Investoren einbinden kann und einbindet.
Fragen Sie nach Referenzen des Beteiligungsgebers und achten Sie auf Kontinuität in dessen Verhalten.

Abb. 2: Kriterien zur Wahl der Beteiligungsgesellschaft [7]

---

5   Der aktuelle Stand der Leistungsmessung von Beteiligungsgesellschaften, Problembereiche und Ansätze zu deren Überwindung finden sich aufgearbeitet in Jugel (2003).
6   Jugel et al. (2001).
7   Jugel et al. (2001), S. 44–46.

Grundvoraussetzungen einer erfolgreichen Beteiligungsführung waren der Studie zufolge langjährige, einschlägige Managementerfahrung, besser noch erfolgreiche Gründungserfahrung des Beteiligungsgebers. Diese Gesellschaften erzielten die besten Ergebnisse im Hinblick auf die Wertsteigerung der Beteiligungen. Qualifizierte Private Equity-Erfahrung ist in Deutschland noch Mangelware. Auch die Qualität der operativen Erfahrung aus Industrie- oder eigener Gründertätigkeit ist sehr unterschiedlich. Dementsprechend differiert der Zusammenhang mit erfolgreicher Beteiligungsführung. Geringe einschlägige Erfahrung und insbesondere wenig Kontinuität und Erfolg aufweisende Lebensläufe stehen auch für wenig Fortüne in der Beteiligungsführung. Nur eine sorgfältige Prüfung des Beteiligungsgebers kann offenbaren, ob sich hinter den Lebensläufen der Beteiligungsmanager echte Substanz verbirgt.

Gesellschaften, die sich auf bestimmte Branchen oder Finanzierungsphasen spezialisiert haben, waren unter den Erfolgreichsten. Diese Fokussierung macht aber nur Sinn, wenn sie richtig verstanden wird. Gesellschaften, deren Management für die Fokussierung keine einschlägige Erfahrung nachweisen konnte, wiesen die meisten Totalverluste auf. Dieses Ergebnis der Studie macht deutlich, dass die Beteiligungsgesellschaft nicht nur Kapital-, sondern auch Know-how-Geber zu sein hat. Beteiligungsführung in bestimmten Branchen und Finanzierungsphasen setzt gänzlich unterschiedliche Erfahrungen und Netzwerke voraus. Diese entstehen nur aus jahrelangen erfolgreichen Geschäftskontakten und schlagen sich dann auch im Ergebnis der Beteiligungsführung nieder. Breit aufgestellte Häuser sind vielleicht aus Investorensicht unter Risikostreuungsgesichtspunkten interessant, der Unternehmer sollte aber das ihm Mehrwert bietende Spezialwissen suchen.

Erfolgreiche Beteiligungsgeber entscheiden auf Grundlage von Netzwerkkontakten über das Eingehen einer Beteiligung und kümmern sich persönlich und intensiv um das von ihnen investierte Kapital. Weniger erfolgreiche Gesellschaften delegierten wesentliche Teile der Entscheidungsfindung wie die Beteiligungsprüfung (Due Diligence) an Dritte oder arbeiteten mit zu unerfahrenen Investment Managern. Man kann anhand der Studienergebnisse sehr schön in so genannte „kopflastige" und „bauchlastige" Beteiligungsgesellschaften unterscheiden. Der kopflastige Typ ist der hier als erfolgreich Genannte. Typischer Weise drei bis vier Partner mit komplementären Erfahrungen leiten die Gesellschaft, führen die Erstkontakte mit kapitalsuchenden Unternehmen, treffen alle wesentlichen Entscheidungen und lassen sich hierbei von einem schlanken Unterbau unterstützen. Der bauchlastige Typ ist durch eine schmalere Führungsspitze und einen viel breiteren Unterbau gekennzeichnet. In der Regel wird auch von verschiedenen Standorten aus gearbeitet. Die jüngsten Meldungen über Entlassungen und Standortkonsolidierungen dieses Typs von Gesellschaft sind der beste Beweis für die mangelnde Funktionsfähigkeit des Geschäftsmodells. Die Betreuung durch erfahrene Personen ist einfach unverzichtbar und lässt sich nicht delegieren.

Nur wenige Gesellschaften können schließlich auf einen vollen Zyklus der Beteiligungsführung mit Fondsaufnahme, Beteiligung und Exit zurückblicken. Fast die Hälfte der befragten Unternehmen (48,4 Prozent) hatte noch keine Exit-Erfahrung. Nur 7,7 Prozent des Fondskapitals ist nach Ablauf der Haltefrist an die Investoren zurückgeflossen. Exit-Erfahrung ist aber eine ganz entscheidende Fähigkeit und wichtige Grundlage für eine realistische Beteiligungsführung. Gerade die Erfahrung der letzten Jahre hat gezeigt, dass Unternehmen sich als nicht börsenfähig und nicht veräußerbar erweisen und eine Anschlussfinanzierung in der schwierigen Marktverfassung nicht gefunden werden kann. Dabei ist der Umgang mit so genannten „down periods", also dem Durchhalten und gegebenenfalls Nachfinanzieren bei sprichwörtlicher „schwerer See" ebenso eine Fähigkeit, die erfahrene Beteiligungsgesellschaften von Schönwetterkapitänen unterscheiden, wie das anschließende Erschließen eines Exits.

2.2   Die Gestaltung der gemeinsamen Partnerschaft

Die gegenseitige Prüfung, die Due Diligence von Beteiligungsnehmer und -geber ist Voraussetzung für eine erfolgreiche Partnerschaft. Wesentliche Aspekte hierfür wurden in den beiden vorangegangenen Abschnitten aufgezeigt und diskutiert. Darüber hinaus ist aber auch ein gleichgerichtetes Verständnis von Zielen und Motiven innerhalb der angestrebten Zeit der Zusammenarbeit wichtige Erfolgsvoraussetzung.[8]

Insbesondere private VC-Gesellschaften investieren mit dem Ziel einer maximalen Wertsteigerung des Unternehmens, die mittelfristig über dessen Veräußerung realisiert werden sollen. Dagegen ist der Gründer an einer langfristigen Sicherung seiner unternehmerischen Existenz interessiert.[9] Hier verbirgt sich ein latenter Zielkonflikt mit der Gefahr der Benachteiligung der Gründer, da VC-Gesellschaften gerade in Fragen der Finanzierung und Verhandlungsführung über eine größere Erfahrung sowie einen systematischen Informationsvorsprung verfügen.

Ein potenzielles Problemfeld liegt beispielsweise dann vor, wenn anspruchsvolle Forschungs- & Entwicklungs- und/oder Markteinführungsprojekte zu Nachfinanzierungen führen, die nicht mit Bedacht verhandelt waren. In der Regel sind Kapitalgeber nur dann bereit, diese mitzutragen, wenn im Gegenzug seitens der Gründer weitere Gesellschaftsanteile abgegeben werden. Die Erfahrung zeigt, dass der Gewinner am Ende vieler über Venture Capital finanzierter Unternehmen eben nicht der Gründer war. Dieser verabschiedet sich nicht selten vorzeitig aus dem Unternehmen oder wird mit einem marginalen Anteil am von ihm gegründeten Unternehmen abgespeist.

---

8   Vgl. Finger/Samwer (1998), S. 52–53.; Taga/Forstner (2003), S. 157–165.
9   Vgl. Klandt (1994); Becker (2001), S. 27.

Die Qualität der Partnerschaft und mögliche Konfliktstellen zwischen Beteiligungs-nehmern- und -gebern wurden in einer empirischen Erhebung im Herbst 2000 bei 81 Investoren und 120 Gründern untersucht. Hieraus wurden Empfehlungen für die Gestaltung des gemeinsamen Verhältnisses gegeben, die in Abbildung 3 zusammen-gefasst wurden:

Offene und umsichtig geführte Verhandlungen von Anfang an sind Grundvoraussetzungen einer erfolgreichen Partnerschaft. Investoren sollten ihren größeren Erfahrungsschatz dazu nutzen, Beteiligungsnehmer über alle Eventualitäten der künftigen Partnerschaft aufzuklären
Gründer planen viel zu optimistisch. Partnerschaften scheitern in der Folge hauptsächlich wegen strategischer Differenzen und wegen Liquiditätsproblemen. Deshalb sollte von Anfang an über den Umgang mit Problemen bei der Planumsetzung Klarheit geschaffen werden.
Rasant wachsende Organisationen sind schwer zu managen. Jedes Unternehmen landet einmal auf der Intensivstation. Die Inanspruchnahme professioneller Berater muss dann für beide Seiten eine Selbstverständlichkeit sein.
Verträge können nicht alles regeln. „Weiche" Kriterien wie Vertrauen, Fairness und Unterstützung sind Schlüsselfaktoren einer erfolgreichen Partnerschaft.

Abb. 3: Empfehlungen an die Partnerschaft von Beteiligungsnehmer und -geber[10]

Diese Empfehlungen können nur erste Anregungen einer umsichtigen und realisti-schen Vorgehensweise im Hinblick auf die gemeinsame Zusammenarbeit sein. Diese wird von guten Beteiligungsgebern im Regelfall auch konstruktiv gestaltet werden und Unternehmen eine Entwicklung ermöglichen, die diese aus eigener Kraft so nie darstellen könnten.

2.3 Die Exit-Planung

Deutschland kann man bis heute noch nicht als Exit-erfahrenen Markt bezeichnen, die aktuelle Marktsituation für Exits ist sogar völlig zusammengebrochen.[11] Das Strohfeuer des Neuen Marktes ist erloschen, die Perspektive eines IPOs für ein mit Venture Capital finanziertes Unternehmen stellt sich heute nicht.

Die Ursachen für das Scheitern vieler Beteiligungen und damit erhoffter Exits sind, wie es auch die Ausführungen dieses Beitrags bis hierher deutlich zu machen versucht haben, in mangelnden Erfahrungen zu suchen. Die hieraus gezogenen Lehren finden sich sehr gut zusammengefasst in einer qualitativen Studie von Leschke bei zwölf Venture-Capital-Unternehmen. Sie zeichnet folgendes Bild kritischer Erfolgsfakto-ren für den Exit:

---

10 Jugel et al. (2000), S. 24–25, 42–43, 64–65; Jugel (2001a), S. 22–23.
11 Vgl. vertiefend Leschke, 2003.

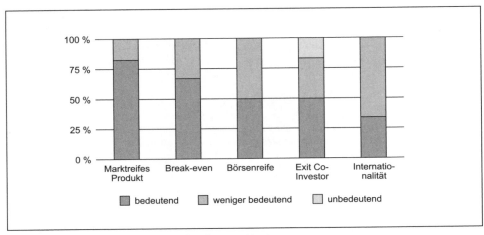

Abb. 4: Kritische Erfolgsfaktoren für den Exit[12]

An dieser Stelle soll nun weiterführend der bislang weniger beachtete Aspekt beleuchtet werden, welche Voraussetzungen die Planung eines erfolgreichen Exits zu beachten haben. In Bezug auf die Gestaltung des Exits formuliert Lenoir die offene Frage „... ob die Mehrheit der Beteiligungsgesellschaften den Exit mit gleicher Entschlossenheit und Professionalität betreibt wie die Neuakquisitionen ...".[13] Hieraus leitet er die Forderung ab, dass Beteiligungsgesellschaften bereits bei der Beteiligungsnahme ein Exit-Konzept planen sollten, das sich an folgenden Eckpunkten zu orientieren hat:[14]

- zeitliche Vorgaben für den Exit
- das Abwägen verschiedener Exit-Alternativen
- deren Attraktivität und Eintrittswahrscheinlichkeit
- notwendige strategische Voraussetzungen für die einzelnen Exit-Alternativen

Im Hinblick auf den letzten Punkt, die Frage der strategischen Voraussetzungen für die einzelnen Exit-Alternativen, herscht noch am meisten Aufklärungsbedarf. Dieser hängt zwar vordergründig von der zu wählenden Exit-Alternative ab. Hierzu gibt es auch Vorstellungen von standardisierten Vorgehensweisen.[15] Die tiefer gehende Frage, wie sich Wertsteigerungsmaßnahmen durch die Beteiligungsgesellschaft nach Beteiligungsphasen strukturieren lassen, wurde bislang aber kaum beleuchtet. Helmstädter und van Halem zeigen an dieser Stelle einen ersten allgemeinen Ansatz auf (siehe Abbildung 5).[16]

---

12 Leschke, 2003, S. 257
13 Lenoir, 2003, S. 243.
14 Lenoir, 2003, S. 244.
15 Vgl. etwa Relander et al., 1994.
16 Vgl. Helmstädter/van Halem, 2003.

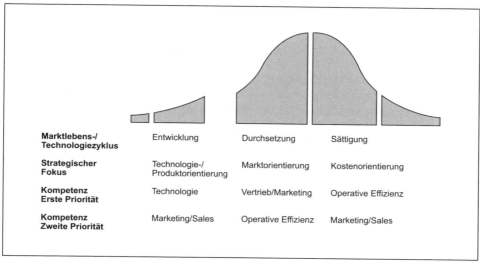

Marktlebens-/ Technologiezyklus	Entwicklung	Durchsetzung	Sättigung
Strategischer Fokus	Technologie-/ Produktorientierung	Marktorientierung	Kostenorientierung
Kompetenz Erste Priorität	Technologie	Vertrieb/Marketing	Operative Effizienz
Kompetenz Zweite Priorität	Marketing/Sales	Operative Effizienz	Marketing/Sales

Abb. 5: Kompetenzanforderungen nach Lebenszyklusphase[17]

Dieser unterteilt drei Beteiligungsphasen und ordnet jeder Phase den für den Erfolg wichstigsten strategischen Fokus sowie die dafür notwendigen Kompetenzen zu. Dies ist natürlich ein noch sehr vereinfachender Ansatz, den die Autoren in Bezug auf das Wertsteigerungsmanagement von Technologieunternehmen in der Marktdurchsetzungsphase sehr fundiert weiter ausarbeiten. Er weist aber den notwendiger Weise einzuschlagenden Weg. Für Beteiligungsnehmer und -geber heißt das, Klarheit über das Profil zu schaffen, das für die Beteiligung zur Wertsteigerung in Richtung Exit benötigt wird und das der Beteiligungsgeber zu erbringen hat. Derzeit ist das Wissen um notwendige Wertsteigerungskompetenzen von Private Equity-Managern empirisch noch nicht fundiert. Arbeiten hierzu sind aber in Vorbereitung.[18] Die Strukturierung und empirische Absicherung wird sicherlich zur Versachlichung des Themas beitragen.

Nachfolgend wird auf den zweiten Teil dieses Beitrags eingegangen, die Erarbeitung von Argumenten zur Kommunikation der Geschäftsidee eines Unternehmens. Sie spielen, wie oben angesprochen, eine wichtige Rolle in der „Kür" der Vorstellung des Unternehmens gegenüber Investoren und Kunden.

---

17 Helmstädter/van Halem, 2003, S. 140.
18 Vgl. Jugel et al., 2003.

3.   Die Kommunikation der Geschäftsidee

3.1 Das Zielsystem des Unternehmens

Einem potenziellen Investor ist an erster Stelle darzulegen, warum sich Investment in ein Unternehmen lohnt. Hierfür muss er zunächst einmal verstehen, um was für ein Investitionsangebot es sich handelt und was das Unternehmen leistet bzw. darstellt. Das erfordert von dem Unternehmen selbst eine Verdeutlichung des eigenen Zielsystems. Dieses lässt sich aus folgendem Aufbau ableiten (siehe Abbildung 6).

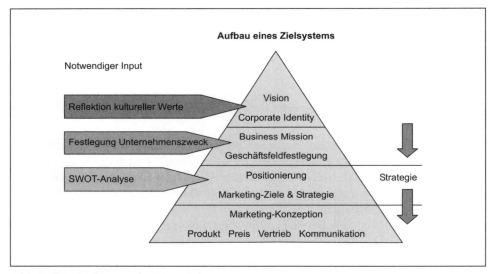

Abb. 6: Das Zielsystem des Unternehmens

Diese Abb. enthält eine Reihe von Begrifflichkeiten, die einer kurzen Erläuterung bedürfen. Mit der Vision des Unternehmens ist eine langfristig gültige Festlegung dessen gemeint, was das Unternehmen leisten und darstellen möchte. Hier gilt es, Antworten zu geben auf Fragen wie z. B.:

- Warum existieren wir?
- Woran glauben wir?
- Wofür stehen wir?

Derartige Fragen zwingen zur Reflexion grundlegender Werte und Normen. Sie tragen dazu bei, der Identität des Unternehmens Konturen zu verleihen. Der einer solchen Festlegung inne wohnende hohe Abstraktionsgrad muss sich im Weiteren zunehmend konkretisieren. Die Festlegung der Business Mission leitet aus der Vision des Unternehmens das eigentliche Tätigkeitsfeld ab und sollte dieses verbal beschreiben. Folgende Forderungen können hierbei als Orientierung dienen. Die Business Mission sollte

- die spezifische Kompetenz des Unternehmens zum Ausdruck bringen
- einen Beitrag zur Lösung gegenwärtiger und zukünftiger Probleme versprechen
- über grundlegende Ziele und die Wege zu ihrer Erfüllung informieren
- das Verhältnis zu relevanten Zielgruppen bestimmen
- Erfolgskriterien festlegen, anhand derer Leistungen des Unternehmens bewertet und Alternativen ausgewählt werden können

Eine wesentliche Hilfestellung zur Konkretisierung der Business Mission liegt in der exakten Geschäftsfeldfestlegung, also der Bestimmung des relevanten Marktes des Unternehmens.

3.2 Die Definition des relevanten Marktes

Die Bestimmung des relevanten Marktes eines Unternehmens stellt sich in der Praxis als eine der größten Hürden, aber auch als entscheidende Erfolgsvoraussetzung dar. Simon hat in seinem Forschungsprojekt zu den Hidden Champions diesen Sachverhalt sehr eindrücklich belegt.[19] Dabei verwendet Simon in seiner Untersuchung ein Definitionsmuster des relevanten Marktes, das auf Abell zurück geht,[20] und führt dies im Rahmen seiner empirischen Untersuchung erfolgreicher deutscher Mittelständler aus. Die nachfolgende Abbildung 7 zeigt eine Übertragung des Abellschen Schemas auf ein Informationsportal im Business-Bereich:

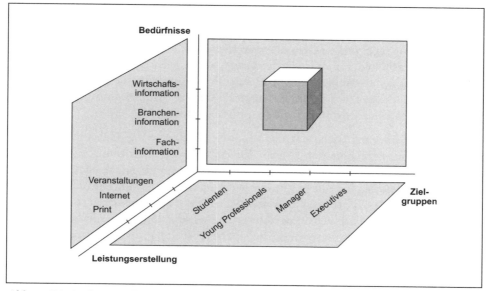

Abb. 7: Die Definition des relevanten Marktes

---

19 Vgl. Simon, 1997.
20 Vgl. Abell, 1980, S. 17–18 und 169–173.

Anhand der drei Achsen „Zielgruppen", „Bedürfnisse" und „Leistungserstellung" wird ein dreidimensionaler Raum aufgespannt. In diesem Raum kann ein Informationsportal seinen relevanten Markt an beliebiger Stelle ansetzen. Hier wurde das Beispiel gewählt, dass ein Informationsportal mit seiner Leistung die Zielgruppen Young Professionals und Manager in ihrem Bedarf nach Wirtschafts- und Brancheninformation anspricht. Diese Leistung wird ausschließlich über Internet mit begleitendem Newsletter erbracht. Es ist anzumerken, dass die grafische Darstellung der dritten Dimension an ihre Grenze stößt. Die eigentliche Leistung des Abellschen Schemas sollte auch nicht in der visuellen Darstellung gesucht werden. Sie liegt vielmehr in der gedanklichen Auseinandersetzung, wo das Tätigkeitsfeld eines Unternehmens innerhalb der genannten drei Dimensionen anzusiedeln ist.

Große praktische Bedeutung erhält dieses Beispiel bzw. diese Vorgehensweise insbesondere auch durch das, was durch die Geschäftsfeldfestlegung abgegrenzt wird, d. h. also die Wettbewerbsabgrenzung. Dies sind erstens bestimmte Zielgruppen, Studenten und Executives. Weiterhin wurde bei den angesprochenen Bedürfnissen beispielhaft die Fachinformatin ausgegrenzt. Schließlich beschränkt sich das Beispielunternehmen auf das Internet. In Bezug auf alle drei Achsen ist in der Praxis mit Sicherheit eine wesentliche feinere Differenzierung vorzunehmen. Dennoch sollte deutlich geworden sein, dass es hier um eine klare Definition geht, was das Unternehmen kann bzw. nicht kann und wen dieses Angebot in welcher Hinsicht anspricht.

3.3 Die Positionierung des Unternehmens

Nach dieser konzeptionellen Grundlagenarbeit gilt es, die Positionierung des Unternehmens zu erarbeiten. Hierbei wird festgelegt, wie sich das Unternehmen gegenüber seinen Zielgruppen darstellen möchte. Ziel der Positionierung ist es, das Leistungsangebot so zu definieren, dass es im Bewusstsein der Zielgruppen und gegenüber den Wettbewerbern einen unverwechselbaren Platz einnimmt.

Aus der Positionierung lassen sich dann logisch alle Marketing-Ziele und -Maßnahmen (Marketing-Mix) ableiten. Es gäbe für ein Unternehmen wenig Sinn, einzelne Maßnahmenpakete losgelöst von diesem Gesamtkonzept zu entscheiden. Was nutzt z. B. die Entscheidung für eine bestimmte Werbemaßnahme, wenn sie nicht zum Unternehmen passt? Sie hinterlässt im Markt Störungsgefühle, die selten trügen. Schon eine falsch gewählte Farbwelt in der Unternehmensdarstellung kann dies auslösen. Meist sind derartige Störungsgefühle die Übermittler von größeren konzeptionellen Unklarheiten, die beim Management zu finden sind. Die Erfahrung zeigt, dass der Markt ein sehr feines Gespür für ein in sich stimmiges Auftreten eines Unternehmens entwickelt.

Die Positionierung des Unternehmens sollte Antworten auf folgende Fragen geben können:

■ Welche Bedarfe im Informationsmarkt will das Unternehmen ansprechen?

- Was ist das konkrete Angebot des Unternehmens zur Befriedigung dieser Bedarfe?
- Welcher Nutzen wird durch dieses Angebot gestiftet?
- Was macht dieses Angebot einzigartig?

So einfach diese Fragen auf den ersten Blick anmuten, so schwierig ist es, substanzielle Antworten hierauf zu finden. Dennoch lohnt sich die investierte Zeit, denn sie leitet einen Prozess der Bewusstmachung beim Management der Gesellschaft ein, der die Grundlage für allen weiteren Argumentationsaufbau in der Außendarstellung darstellt. Professionell arbeitende Werbe- oder PR-Agenturen werden diese Form der internen Klärung auch einfordern, um sie zur Basis ihrer eigenen Arbeit machen zu können.

Abbildung 8 versucht, dieses Vorgehen sehr vereinfachend an dem gewählten Beispiel aufzuzeigen:

Bedarf	Angebot	Nutzen	USP
■ Wirtschafts-information ■ Branchen-information	■ Internetportal ■ Newsletter	■ HoheAktualität und breite Verfügbarkeit der Information ■ Personalisierung des Angebots ■ Interaktion im Chatroom	■ Zielgruppenaffinität und Personalisierung erklären hohe Kundenbindung ■ Kein Portal mit gleicher Informationstiefe ■ Höchste Transaktionszahl der Branche

Abb. 8: Die Ableitung der Positionierung

Eine saubere Umsetzung des Abellschen Schemas hilft, Antworten für die Rubriken „Bedarf" und „Angebot" finden. An dieser Stelle ist in den meisten Unternehmensdarstellungen auch noch kein Defizit festzustellen. Jedoch in der Artikulation des spezifischen Nutzens, den ein Unternehmen mit seinem Angebot bietet, sind in der Praxis die ersten Lücken festzustellen. Auf den ersten Blick begründet sich dies in vielleicht falsch verstandener Zurückhaltung, eigene Vorteile nicht zu stark nach außen zu kehren. Oder es wird gemeint, mit der vorangegangenen Sachargumentation wäre alles schon gesagt. Hier geht es aber gerade darum, Implizites nochmals in aller Deutlichkeit zu sagen, d. h. explizit zu machen.

Abschließend kommt der wichtigste Punkt: Aus der Darstellung des Nutzens ist nun auf den eigenen USP einzugehen. In dem Maße, wie es einem Unternehmen gelingt, Einmaligkeit im Bewusstsein seiner Zielgruppen einzunehmen, kann die Positionierung als gelungen angesehen werden. Die Funktion der Positionierung kann dabei nicht hoch genug eingeschätzt werden: Sie bietet neben klassischen Markierungsfunktionen wie Wiedererkennung, Informationsentlastung oder Qualitätssicherung auch emotionale Ankerpunkte wie Glaubwürdigkeit, Sympathie, Image oder Vertrauen. Was spricht dagegen, hierauf zu setzen, wenn es die Chance bietet, sich aus einem grauen Informationsallerlei durch wohltuende Durchdachtheit und überlegene Konzeption abzuheben?

4.   Resümee

Liest man die Ergebnisse der Untersuchung der European Business School positiv, so sind entgegen aller Bedenken und Unkenrufe noch die Hälfte der Internet- und E-Commerce-Gründungen am Leben. Bei Betrachtung der Insolvenzen nach Geschäftsmodellen kommt Krafft zu folgendem Schluss: „In 2001 betrafen Insolvenzen vor allem innovative B2C/B2B-Anbieter und Softwareunternehmen. Ihre Zahl ist durch Ausfälle und Übernahmen deutlich zurückgegangen. In 2002 traten die Dienstleister (ISPs, Multimedia, Integratoren) in den Vordergrund. Sie waren meist flexibler und Cashflow-finanziert – und daher zunächst weniger anfällig."[21] Bei sehr vorsichtiger Interpretation dieses Ergebnisses liegt der Schluss nahe, dass Venture Capital bei den Insolvenzen insofern eine tragende Rolle einnimmt, als es Geschäftsmodellen das Leben ermöglicht, die für sich genommen gar nicht lebensfähig wären. Je nach Finanzbedarf des Geschäftsmodells zeigt sich die Lebensunfähigkeit dann früher oder später.

Natürlich ist die mögliche Insolvenz auch elementarer Kern des VC-Ansatzes, wie dies Zider treffend beschreibt. Von zehn Investments wird mit dem Erfolg von zwei gerechnet, der Ausfall der anderen ist Bestandteil des Kalküls.[22] In den Ergebnissen der European Business School spiegelt sich aber das eingangs angesprochene elementare Missverständnis wieder, dass eine VC-Finanzierung nicht das Leben eines Geschäftsmodells zu ermöglichen, sondern dessen Wachstum zu beschleunigen hat. Diesen feinen Unterschied zu ziehen vermögen letztendlich nur jene, die eine Beteiligung im Idealfall vor dem Hintergrund eigener unternehmerischer Erfahrung führen. Dass diese Erfahrung und ein bis hin zum Exit strukturiertes Vorgehen in die Beteiligungsführung einfließt, das sollten die Ausführungen dieses Beitrags deutlich machen, ist aber letzten Endes Aufgabe aller Betroffenen.

Unternehmer sollten ihr Unternehmen immer auch als Marke sehen, die einen eigenen immateriellen Vermögenswert darstellt. Die Schaffung dieses Markenwerts, der im Zusammenhang mit der Beteiligungsfinanzierung eine zentrale Stellung einnimmt, folgt aber eigenen Gesetzen. Gerade Internet- und E-Commerce-Unternehmen haben über diesen immateriellen Markenwert hinaus für eine Bewertung keine Substanzwerte zu bieten. Umso wichtiger ist es, dass Unternehmer die Kommunikation ihrer Geschäftsidee und die Positionierung ihres Unternehmens als Grundvoraussetzung für die Schaffung eines Markenwerts beherrschen. Je klarer und unverwechselbarer das Markenbild ist, je überzeugender das Identifikationsangebot mit der Marke, umso stärker kann das Unternehmen in die Meinungsbildung eingreifen. Nimmt die Marke eine dominante Stellung im Bewusstsein ihrer Zielgruppe ein, spricht ihr Bild für sich selbst unabhängig von einer reinen Betrachtung der Unternehmensleistung.

---

21   Kraft, 2002, S. 4.
22   Zider, 1999, S. 45.

Das heißt die Marke zieht Kunden oder Investoren an, weil sie quasi zur Muss-Marke im Markt geworden ist. Vorbilder auf Seiten der Beteiligungsgesellschaften sind Apax oder Atlas, starke Marken im Internet sind etwa Yahoo, Amazon oder ebay.

Literatur

Abell, D.F. (1980): Defining the Business: The Starting Point of Strategic Planning. New Jersey

Becker, J. (2001): Marketing-Konzeption: Grundlagen des strategischen Marketing-Managements. München

Finger, M., Samwer, O. (1998): America's Most Successful Startups. Wiesbaden

Helmstädter, S., van Halem, P. (2003): Ansätze zur Wertsteigerung von Technologieunternehmen in „Break-through" Märkten durch ein lebenszyklusbasiertes Portfoliomanagement, in: Jugel, S. 135–148

Jugel, S. (2003a): Benchmarking von Beteiligungsgesellschaften, in: Jugel, S. 3–17

Jugel, S. (Hrsg.) (2003): Private Equity-Investments. Die Praxis des Beteiligungsmanagements. Wiesbaden

Jugel, S. (2001a): Umgang mit Venture-Capital-Unternehmen, in: ConVent (Hrsg.), Venture Capital 2001. Frankfurt, S. 22–23

Jugel, S. (2001b): Was man bei der Erstellung eines Businessplans richtig und falsch machen kann. Ludwigshafen, http://www.competence-site.de

Jugel, S., Güdel, H., Krauss, M., Schwarz, P. (2001): Der Leistungsstand deutscher Beteiligungsgesellschaften. Ludwigshafen, http://www.competence-site.de

Jugel, S./van Halem, P./Helmstädter, S. (2003): Erfolgsfaktoren für den Verkauf von Unternehmensbeteiligungen (in Vorbereitung)

Jugel, S., Krauss, M., Schwarz, P. (2000): Venture-Capital-Partnerschaft. Düsseldorf

Klandt, H. (1994): Aktivität und Erfolg des Unternehmensgründers. Bergisch-Gladbach

Krafft, L. (2002): Aktuelle Ausfall-Raten bei Internet/E-Commerce Gründungen in Deutschland (4. Review), Status per 1. Juli 2002, Stiftungslehrstuhl für Gründungsmanagement und Entrepreneurship European Business School. Oestrich-Winkel

Lenoir, W. (2003): Die Gestaltung des Exits als begleitender Prozess in der Investitionsphase und der Beteiligungsverwaltung, in: Jugel, S. 239–247

Relander, K.E., Syrjänen, A.-P., Miettinen, A. (1994): Analysis of the Trade Sale as a Venture Capital Exit Route, in: Bygrave, W. D., Hay, M., Peeters, J. B. (Hrsg.), Realizing Investment Value. London

Leschke, J. (2003): Exiterfahrungen im deutschen Beteiligungsmarkt, in: Jugel, S. 249–259

Simon, H. (1997): Die heimlichen Gewinner, 4. Aufl., Frankfurt/New York

Taga, K., Forstner, A.K. (2003): Erfolgreiche Unternehmensgründung mit Venture Capital. Weinheim

Zider, B. (1999): Wie Wagnisfinanziers denken und handeln, in: Harvard Business Manager, Nr. 3, S. 38–48

Gerald Wieder

Prozessportal-Management: Unterstützung und Optimierung von Kerngeschäftsprozessen durch Portale

1. Ein Portal für Ihr Unternehmen – vom Intranet zum Prozessportal

Unter WebServices versteht man webbasierte Funktionalitäten, die je nach Anwendungsbereich innerhalb eines Unternehmens (Intranet) oder auch zwischen Unternehmen und/oder bestimmten Nutzergruppen (Extranet) bzw. für alle Internetuser frei zugänglich eingesetzt werden. Beispiele für WebServices sind die Online-Bestellung in einem elektronischen Shop, Online-Auftragsstatus-Abfragen, beispielsweise bei Produktions- oder Transport-Unternehmen oder Zugriffe zu Web-Seiten mit aktuellen Informationen oder auf Wissensdatenbanken. Um dem Benutzer einen vereinfachten Zugang zu ermöglichen und eine bessere Übersichtlichkeit zu verschaffen, werden diese WebServices zunehmend in Portalen gebündelt. Viele Unternehmen verfügen heute bereits über ein Intranet, das mitunter auch bereits unter dem Begriff Unternehmensportal „firmiert". Oftmals sind die Informationen und elektronischen Dienste im unternehmenseigenen Internet jedoch relativ wahllos und wenig zielgerichtet angesiedelt.

Wenn man in der Vergangenheit über den potenziellen Nutzen eines Unternehmensportals diskutierte, war vor allem von den üblichen Features, mit denen die Kommunikation und der Informationsfluss im Unternehmen im Allgemeinen unterstützt werden kann, die Rede. Im Folgenden werden diese Basisfunktionen jedoch – insbesondere bei der Nutzenermittlung für das Prozessportal im vorliegenden Fallbeispiel – eher vernachlässigt. Denn heute widerspricht zwar kein Unternehmenslenker, dass all diese Features Sinn machen – aber der zu erreichende Nutzen durch diese Basisfeatures rechtfertigen mit Sicherheit kein Investment von mehreren Millionen Euro – dies aber ist die Summe, die ein Portal benötigt, wenn man beispielsweise ein Unternehmen mit knapp 10.000 Mitarbeitern mit einem funktionierenden Portal versorgen will. Erschwerend kommt dabei noch hinzu, dass sich diese eher „weichen" Nutzenkomponenten nur sehr schwer in quantifizierbare Größen umwandeln lassen, aber solche entscheiden nun einmal in der Regel über den Einsatz der für ein Portal notwendigen Mittel. Trotzdem sollen die Basis-Features im Folgenden noch einmal aufgeführt werden:

Zu den Basisfeatures eines Portals zählen

- die Verbreitung von unternehmensweiten Neuigkeiten der Unternehmenskommunikation
- die Veröffentlichung von elektronischen Kunden- und Firmenzeitschriften
- ein elektronisches Telefonbuch (White/Yellow Pages) mit Aufgaben und Verantwortlichkeiten im Unternehmen
- ein Nachschlagewerk für Kunden-Zuständigkeit von Standorten (Postleitzahl oder Ähnliches)
- ein Verzeichnis der Standorte mit allen zugehörigen Informationen (z. B. Anfahrtsskizzen)

- eine Publikation von unternehmensweit geltenden Standards und Richtlinien
- ein aktueller Veranstaltungskalender
- Informationen zum Produktprogramm
- Informationen rund um die Organisation (Organigramme, Ansprechpartner etc.)
- ein Infoshop mit integrierter Druckfunktion, z. B. für Preislisten.

All diese Features sind hilfreich, sinnvoll und von nicht zu leugnendem Wert für ein Unternehmen. Der wirklich quantitativ zu bewertende Nutzen mit der entsprechenden Hebelwirkung im Unternehmen lässt sich jedoch nur identifizieren und realisieren, wenn man bei den Kerngeschäftsprozessen des Unternehmens ansetzt und mittels geeigneter Erhebungstechniken in diesen identifiziert, wie und in welchem Umfang die WebServices eines Portals für den jeweiligen Geschäftsprozess und damit für das Unternehmen Nutzen bringen können. Ein Prozessportal unterscheidet sich vom allgemeinen Unternehmensportal oder Intranet vor allem dadurch, dass es sich an eine klar definierte Nutzergruppe im Unternehmen richtet – beispielsweise an alle Vertriebsmitarbeiter – und diese Nutzergruppe bei der Verrichtung ihrer täglichen Aufgaben aktiv unterstützt. Hierzu ist es natürlich wichtig, die Leistungsmöglichkeiten eines Prozessportals zu kennen, um den Einsatz innerhalb der jeweiligen Geschäftsprozesse bewerten zu können.

Das Prozessportal integriert Kommunikationsmittel, Prozesse und Informationen aus unterschiedlichen Quellen so, dass Zielpersonen, z. B. Mitarbeiter des Unternehmens auf der Ebene der operativen Prozesse oder das Unternehmens-Management, die Kunden oder Lieferanten, mit einer bestimmten Funktion (Rolle) bei ihren Geschäftsprozessen optimal unterstützt werden. Jede Rolle kann als Zielgruppe für ein individuelles (personalisiertes) Informationsangebot definiert werden. Die Präsentation, d. h. das Angebot von Prozessen und Informationen wird bei Bedarf für jede Zielgruppe spezifisch aufgebaut. Darüber hinaus besteht die Möglichkeit, das Informationsangebot z. B. nach dem Kundenzyklus (Phase des Geschäftsprozesses) weiter zu differenzieren. Um das Portal attraktiver zu gestalten, können auch externe Informationsquellen oder vorhandene Informationen des Unternehmens sowie elektronische Services in die spezifische Benutzeroberfläche eingebunden werden. Das Prozessportal stellt den Zusammenhang zwischen Geschäftsprozess, Rolle und elektronischen Services her und erlaubt so eine klare Zuordnung des ausgewiesenen Nutzens mit dem „Ort" der Entstehung und den erforderlichen IT-Investitionen.

Generell wird durch die Internet-Technologie die Nutzenrealisierung von der reinen Verkettung von Transaktionen, wie sie klassischerweise in ERP-Systemen stattfindet, hin zu Information, Wissen und Collaboration verschoben. Gerade in den Management-, Verkaufs- und Vertriebsprozessen bestehen hier aufgrund der oftmals anzutreffenden Fragmentierung und der beschränkten Funktionalität und Verfügbarkeit von Informationssystemen substantielle Nutzenpotenziale.

Ein weiterer wichtiger Gesichtspunkt bei der Realisierung eines Prozessportals ist die Integration von internen und externen Prozessen und Informationen, am besten über eine neutrale Schnittstelle. Gerade bei heterogenen Systemlandschaften mit erhöhtem Integrationsbedarf erweisen sich dabei Anwendungen aus dem Bereich Enterprise Application Integration (EAI), die einerseits auf modernster und äußerst flexibler Technologie beruhen und andererseits die seither üblichen Punkt-zu-Punkt-Schnittstellen durch Bus-Strukturen ersetzen, als sehr nützlich.

2. Welche Geschäftsprozesse eignen sich für eine Portalunterstützung?

Wie in Abbildung 1 zu erkennen ist und auch schon beschrieben wurde, liegt der Schwerpunkt eines Prozessportals generell in den Unternehmensaufgaben Information & Kommunikation sowie Koordination. Aber auch im Bereich Transaktion kann es entscheidende Hilfe und Unterstützung bieten. Um den Scope für das eigene Unternehmen entsprechend festlegen zu können, werden die Kerngeschäftsprozesse des Unternehmens untereinander aufgelistet und in Bezug auf die drei Unternehmensaufgaben bewertet. Ziel des Scopings ist es, die Ressourcen im Prozessportal-Projekt auf die lohnenden Bereiche zu konzentrieren und nicht jedem noch so kleinen Benefit aus den unterschiedlichen Unternehmensbereichen zu ermitteln.

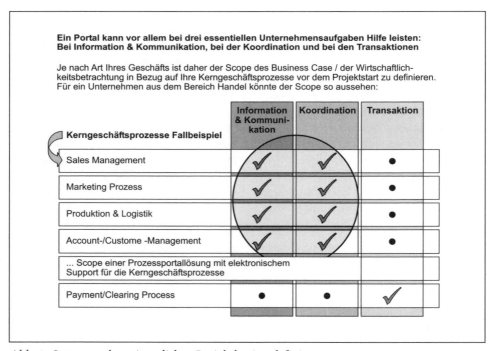

Abb. 1: Scope vor dem eigentlichen Projektbeginn definieren

Ein Prozessportal ...

- geht von der Zielgruppe bzw. vom Anwender und seinen Prozessen bzw. Bedürfnissen aus. Durch einen einheitlichen Zugang und eine simple Benutzerführung werden auch „Randgruppen" angesprochen (Benutzergruppen mit sporadischer Nutzung);

- ermöglicht externen und internen Benutzern den geschützten Zugang (Benutzerverwaltung) zu Informationen (strukturierte und unstrukturierte Inhalte) und Transaktionen und bietet Plattformen für die Zusammenarbeit von Gruppenmitgliedern (Collaboration, Community);

- stellt relevante Strukturen, Vorlagen, Logik und Funktionalität zentral zur Verfügung und trägt so zur Harmonisierung von Prozessen und zur flächendeckenden Anwendung von Standards bei;

- erlaubt die interaktive Nutzung der elektronischen Portalservices durch zentral und dezentral agierende Abteilungen und Bereiche bei voller Konzentration auf die jeweiligen Geschäftsanforderungen;

- erlaubt es, durch ein geordnetes Verfahren lokale bzw. punktuelle Best Practices zu identifizieren und bei Bedarf „lokal" zu integrieren. Nach Durchlauf eines Standardisierungsprozesses können diese auch flächendeckend zur Verfügung gestellt werden;

- umfasst die Analyse der Besucher- und Benutzerzugriffe als Grundlage für das Prozessmanagement (Optimierung von Inhalt und Navigation, kontinuierlicher Verbesserungsprozess);

- bildet in Verbindung mit Portalapplikationen und weiteren (neuen bzw. bestehenden) Applikationen die einheitliche Basis für elektronisch unterstützte durchgängige Unternehmensprozesse, die Organisations- und Funktionsgrenzen überschreiten;

- bildet bei Bedarf die Dimensionen Geschäftsprozess, Funktion/Aufbauorganisation, Vertriebsgebiet, Standort etc. ab;

- kombiniert Push- und Pull-Konzepte so, dass der Anwender je nach Thema über Neuigkeiten automatisch (sofort oder über regelmäßig erscheinende Newsletter) informiert wird (Push) oder sich die Information bei Bedarf selbst beschafft (Pull);

- enthält eine übergreifende Suchfunktion zum effizienten Benutzerzugriff auf die Portal-Inhalte und -Services und als Grundlage für das unternehmensweite Wissensmanagement;

- trennt Inhalt und Form/Design. Die Anwender können Inhalte ohne Web- bzw. Programmierkenntnisse „im Klartext" verfassen und externe Inhalte nahtlos einfügen (Content Syndication);

- baut auf einheitlichen Datenbanken und Inhalten (Content Repository) auf und setzt durch die Versionierung, Konsistenz und Wiederverwendbarkeit von Inhalten und Funktionalitäten erhebliche Synergien im Unternehmen frei;

- basiert technisch auf einer modularen J2EE-kompatiblen Architektur, die die flexible Integration von weiteren kompatiblen IT-Komponenten und Services sicherstellt (J2EE = Java2 Enterprise Edition).

Abbildung 2 verdeutlicht die Features, die ein Prozessportal bietet. Auf Basis des festgelegten Benutzerprofils erhält der Nutzer die für ihn, in seinen Geschäftsprozessen und seiner täglichen Arbeit relevanten Inhalte zugesteuert. Der Anwender bzw. eine spezifische Zielgruppe steht somit im Mittelpunkt des Prozessportals.

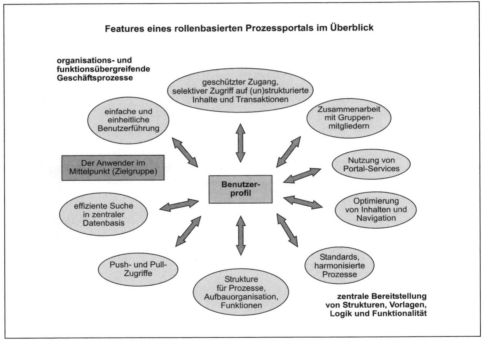

Abb. 2: Rollenbasierte Zusteuerung der relevanten Informationen

Vor der Einführung eines Prozessportals ist der Mitarbeiter gezwungen, sich seine Informationen aus den unterschiedlichen, im Unternehmen vorhandenen Informationsquellen zu „ziehen". Hierzu muss er in der Regel zahlreiche, unterschiedliche EDV-Anwendungen und Systeme benutzen und dabei deren Bedienung, Navigation und Aufbau kennen. Außerdem müssen die Nutzer natürlich schon relativ genau wissen, wo welche Information zu welchem Zeitpunkt zu finden sind. Nicht selten kommen so bei informationssensitiven Arbeitsbereichen schon einmal 10 bis 15 Systeme zusammen, aus denen die Mitarbeiter dann versuchen, die für sie in ihren jeweiligen Geschäftsprozessen relevanten Informationen zu erhalten.

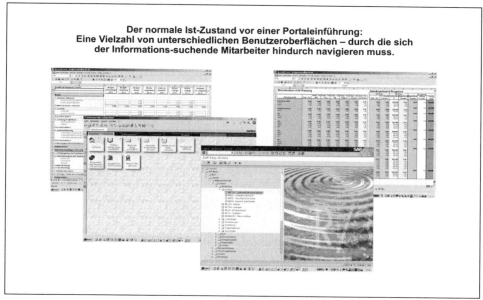

Abb. 3: Anwendungschaos und Informationsüberflutung bei der täglichen Arbeit im Unternehmen

Nach einigen weniger erfolgreichen Versuchen entstehen dann in der Regel sehr rasch unternehmensweite Netzwerke und Selbsthilfegruppen – frei nach dem Motto: „Wenn ich das wissen will, schau ich in das System XY, rufe den Bildschirm A1003 auf und suche dann nach der Kundennummer – ohne die läuft gar nichts oder ich rufe mal Herrn Meier an – der sagt mir die Info sofort." Gut, wer in einem solchen Unternehmen einen kennt, der einen kennt. Schnell ist dann im gesamten Unternehmen das „Hey-Joe-Prinzip" eingeführt: Jeder hat dann irgendwann seine ganz persönliche Informationsstrategie und arbeitet am Ende in seinem ganz persönlichen Prozess. Wehe dem Fall, er erkrankt schwer, fällt ganz aus oder verlässt das Unternehmen. Sein Nachfolger findet dann nur noch Bruchstücke der selbstentwickelten Geschäftsprozesse seines Vorgängers vor, die er – aufgrund fehlender Dokumentation – in der Regel nicht mehr erfolgreich zusammensetzen kann. Also versucht er – so gut es eben geht – sich selbst zu helfen. Solch ein Vorgehen zieht dann weitere Kreise nach sich – bis hin zur Entwicklung von komplett neuen Anwendungen, obwohl bereits alte und generell funktionsfähige Lösungen bzw. Lösungswege im Unternehmen existieren – aber die kennt eben keiner mehr. Anfangs werden solche Lösungen zumeist in EXCEL oder Access entwickelt. Aber teilweise geht es bei entsprechend hohem Druck auch bis hin zu extern eingekaufter Software.

Solche Entwicklungen kann ein Prozessportal deutlich verlangsamen bzw. auch stoppen, wenn der Pflege des Contents (also der Inhalte) und der permanenten Weiterentwicklung des Portals genügend Aufmerksamkeit geschenkt wird.

3.   Ist das Prozessportal ein Ersatz zum Business-Prozess-Reengineering?

Eine elektronische Unterstützung von Geschäftsprozessen durch ein Prozessportal kann ein komplettes Business-Process-Reengineering (BPR) mit Sicherheit nicht ersetzen. Während ein BPR-Projekt jedoch in der Regel erst nach mindestens zwölf Monaten die ersten Erfolge zeigt, oftmals sogar eher nach einem Zeitraum von 18 Monaten, kann ein fokussiertes Prozessportal relativ rasch für spürbare Verbesserungen in den unterstützten Geschäftsprozessen sorgen. Dies insbesondere dort, wo Informationsflüsse dezentral bzw. zwischen vielen Partnern verlaufen. Wie später noch deutlich werden wird, lassen sich Portalthemen deutlich schneller als ein BPR-Projekt realisieren. Auch der Aufwand in den einzelnen Fachabteilungen ist deutlich geringer.

Bei den Informationsflüssen unterscheidet man generell zwischen Push und Pull-Services. Beim Push-Vorgang werden die Informationen in der Regel von zentraler Stelle an die dezentralen Stellen versandt. Bei einem Push sendet also das Prozessportal die für den jeweiligen Nutzer relevanten Informationen an diesen. Der klassische Fall ist hier die Zentrale, die Informationen an die Niederlassungen oder Vertriebsgebiete oder auch an aller Vertriebsmitarbeiter versendet. Im Pull-Fall holt sich der einzelne Nutzer die Informationen, die er benötigt, also beispielsweise die Produktinformation zu einem spezifischen Produkt oder bestimmte Kundeninformationen. Abbildung 4 zeigt die unterschiedlichen Informationsflüsse und verdeutlicht die durch ein Prozessportal zu erreichenden generellen Verbesserungspotenziale.

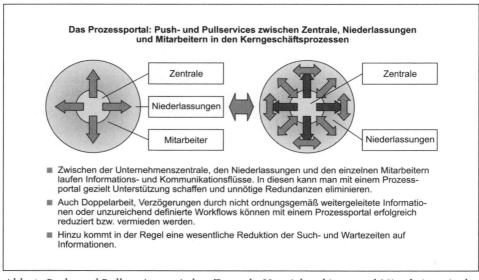

Abb. 4: Push- und Pullservices zwischen Zentrale, Vertriebsgebieten und Mitarbeitern in den jeweiligen Geschäftsprozessen

Aus diesen generellen Funktionsbeschreibungen kann man bereits die Wirkung eines Prozessportals auf die Informationen und deren Verbreitung im Unternehmen erahnen. Diese Auswirkungen haben natürlich auch einen entsprechend positiven Effekt auf die Geschäftsprozesse im Unternehmen – und das ganz ohne BPR. Warum und wie Prozesse durch webbasierte Dienste und webgestützte Informationsverteilung besser funktionieren, wird im Folgenden kurz vorgestellt.

4. Warum Prozesse durch webbasierte Dienste besser funktionieren

Warum nun ein Prozessportal trotz fehlendem BPR innerhalb Ihrer Geschäftsprozesse für deutliche Beschleunigung und Prozessqualität sorgen kann, lässt sich mit dem Informationsfluss im Unternehmen gut beschreiben. Obwohl die zumeist suboptimalen Geschäftsprozesse im Unternehmen bei der Einführung eines Prozessportals in der Regel nicht direkt verändert werden, ermöglicht das Prozessportal eine deutliche Erleichterung – durch die zentrale Bereitstellung von relevanten Informationen für unterschiedliche Teilnehmer im jeweiligen Geschäftsprozess werden die Prozesse zwar nicht umgestaltet, wohl aber die Informationsflüsse im Unternehmen. Auf diese Weise kann ein Prozessportal in den Prozessen nachhaltigen Benefit liefern. Abbildung 5 verdeutlicht diesen Effekt.

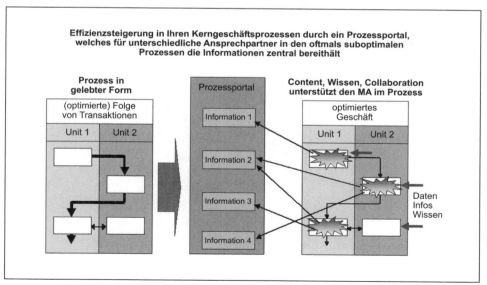

Abb. 5: Rasche Effizienzsteigerung in den Geschäftsprozessen durch ein Prozessportal

Oftmals anzutreffende Prozesse, die über ein solches Verbesserungspotenzial verfügen sind beispielsweise Prozesse im Vertrieb oder im Kundendienst. Hier muss eine in der Regel große Anzahl von Mitarbeitern auf eine Vielzahl an generellen Information (z. B. Produktinformationen) aber auch auf spezifische Information (z. B. Informationen zum jeweils gerade zu betreuenden/besuchenden Kunden) zugreifen.

Ein Prozessportal kann hier spürbare Unterstützung leisten. Wie die folgende Abb. 6 verdeutlicht, laufen in dem vorliegenden Fallbeispiel im Vertriebsbereich zwischen den unterschiedlichen Abteilungen und Funktionen eine Vielzahl an redundanten, manuellen und zeitintensiven Abstimmungsaktivitäten, die den einzelnen Vertriebsmitarbeiter nicht nur nicht unterstützen, sondern ihn sogar von seiner eigentlichen Aufgabe, der Betreuung des Kunden abhalten. Allein durch vier Planungsstufen läuft die Planung der eigentlichen Kundenbetreuung und jeder muss jedem Rapport erstatten – die Telefonrechnung in einem solchen Unternehmen ist in der Regel astronomisch, aber noch entscheidender als die Telefonkosten ist der Faktor Zeit, den dieser wird in einem solchen System verschwendet. Abbildung 7 verdeutlicht die Wirkung eines Prozessportals in einem solchen System. Um hierbei die volle Wirkung entfalten zu können, empfiehlt sich jedoch unbedingt, auch die hinter den Kommunikationsprozessen liegenden Prozesse einer kritischen Prüfung zu unterziehen. Generell lässt sich durch die Menge an Personen, die im Vertriebsprozess oder auch im Serviceprozess tätig sind, eine entsprechend große Hebelwirkung durch prozessverbessernde Maßnahmen sehr rasch erreichen.

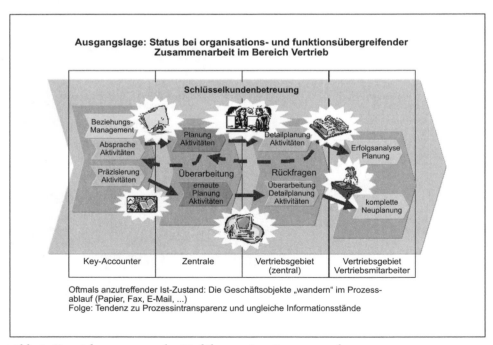

Abb. 6: Vertriebsprozess vor der Einführung eines Prozessportals

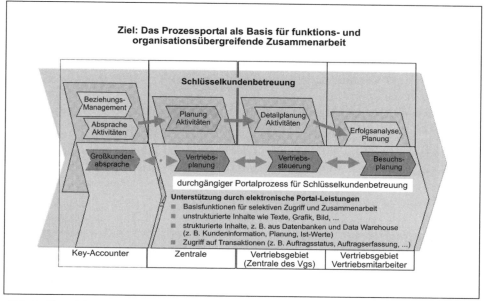

Abb. 7: Vertriebsprozess unterstützt durch ein Prozessportal

Doch wie sieht nun ein Prozessportal für eine spezifische Mitarbeitergruppe wirklich aus und was kann es tatsächlich im jeweiligen Prozess leisten? Hierzu werden im Folgenden die möglichen Leistungen eines Prozessportals für die Gruppe der Vertriebsmitarbeiter aufgelistet. Mögliche Leistungen eines Prozessportals für den Arbeitsplatz eines Vertriebsmitarbeiters sind:

■ kundenzentrierte Informationen wie aktuelle Absatzzahlen (z. B. aus dem Data Warehouse), Problemfälle und Lösungen zu den „eigenen" Kunden

■ Produktinformationen (z. B. für Neuprodukte, Argumentationsketten etc.) und Aktionen, die für die „eigenen" Kunden umzusetzen sind (inkl. Zeitpläne, Unterlagen und Hilfsmittel)

■ aktueller Plan/Ist-Vergleich bezüglich der „eigenen" Kunden, ebenso Plan/Ist-Vergleich für die übergeordneten Organisationseinheit/en (als Sicht für Management bzw. Gruppenleitung)

■ allgemeine Unterlagen, Verkaufshilfen und Hilfsmittel (z. B. Formularwesen mit Workflow)

■ Planungswerkzeuge zum effizienten Beplanen der „eigenen" Kunden

■ Aktivitätenplanung und Besuchsmatrix für die „eigenen" Kunden

■ elektronische Kundenmappe

Tagesinformationen (Zusammenzug aus vertriebsrelevanten Inhalten verschiedener Organisationseinheiten. Dimensionen: Unternehmen, Niedererlassung, Standort, ...) wie

- zukünftige oder aktuelle Aktionen (Werbung, Preise etc.)
- Kunden- und Konkurrenzinformation aus der Presse
- interne Mitteilungen
- andere wichtige, vertriebsrelevante Mitteilungen, Success Stories, von jedermann pflegbar

All diese Informationen und Tools erhält der Vertriebsmitarbeiter auf einer eigens für seine Bedürfnisse angefertigten Arbeitsplatzmaske, die er sich zusätzlich mit weiteren Informationen aus dem Unternehmen, entsprechend seiner persönlichen Informationsbedürfnissen, konfigurieren kann.

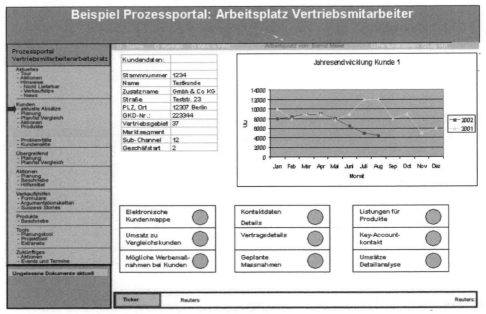

Abb. 8: Beispiel für die Oberfläche des Prozessportals für einen Vertriebsmitarbeiter

5. Contentsharing: Wie die Prozessportal-Inhalte als Grundlage für ein Kundenportal genutzt werden können

Selbstverständlich können mehrere Prozessportalbereiche nebeneinander entwickelt und gepflegt werden. So brauchen die Vertriebsmitarbeiter mit Sicherheit eine andere Portalsicht als beispielsweise die Mitarbeiter des Bereichs Finanzen und Controlling. In einigen Bereichen jedoch greifen beide Nutzergruppen auf die gleichen Informationen, teilweise sogar auf dieselben Sichten zu (z. B. kundenspezifische Kennzahlen, Kundenumsätze, Vertragsdaten etc.)

Bei methodisch sauberer Konzeption und sorgfältiger Realisierung ist es daher möglich, aus dem Nukleus des Intranet-Portals und eines Prozessportals nachfolgend zu vergleichsweise geringen Kosten und bei geringer Projektdurchlaufzeit weitere Prozessportale, etwa im Extranet oder Internet für Kunden und/oder Lieferanten sowie insbesondere für weitere interne Nutzergruppen zu entwickeln und den Nutzen so spürbar zu vergrößern. Abbildung 9 zeigt die Möglichkeiten auf, die sich durch den gezielten Einsatz von Content-Management-Systemen und somit mehrfach genutztem Content sowie dem durchdachten Aufbau der Intranet-Infrastruktur anbieten.

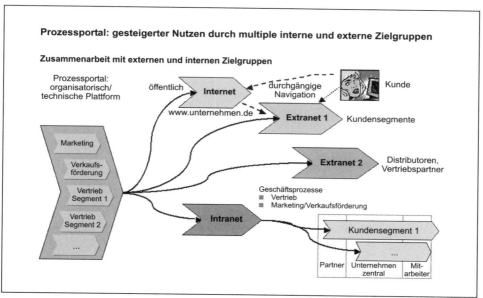

Abb. 9: Nutzensteigerung durch mehrfach genutzten Content

Wichtig für eine solche Konzeption ist die Entwicklung einer Portalstrategie sowie ein sorgfältig durchgeführter Business Case vor dem eigentlichen Portalprojekt, der die Mehrfachnutzung und strategische Entwicklung des Portals von Anfang an vorsieht und entsprechend vorbereitet.

Dritter Teil

Kundenmanagement und Marketing

Christian Bachem
Die Rolle von Portalen im Multichannel-Marketing

Christoph Hammer und Marco Schmoecker
Navigation als Instrument der Kundenführung und -bindung

Abdi Scheybani
Recommender-Systeme in Kundenportalen – von der Revolution
zur Evolution

Rainer Bamberger
Service-Portale im Maschinenbau

Detlef Müller-Solger
E-Government und Bürgerportale

Christian Bachem

Die Rolle von Portalen im Multichannel-Marketing

1. Einleitung

Im zehnten Jahr seiner kommerziellen Nutzung hat sich das Internet weiträumig durchgesetzt. Seine Alltagsrelevanz ist so hoch und die *„kritische Masse"* sinnvoller Anwendungen und regelmäßiger Anwender so groß, dass es aus dem privaten, gesellschaftlichen und wirtschaftlichen Leben nicht mehr wegzudenken ist. Diese rasante Entwicklung von der *Trendsetter-Technologie* zum *Mainstream-Medium* lässt sich besonders gut an der Evolution des World Wide Web nachvollziehen. Herrschte Mitte der 90er Jahre noch so genannte Brochureware (also uninspirierte und wenig interaktive Produktinformation) im Web vor, so entwickelten sich die Websites schnell zu leistungsfähigen Gebilden komplexer Informationsarchitektur. Es entstanden Portale, die vielfältige Funktionalitäten bündelten und in Internet-Angeboten bis dato ungekannter *Informationstiefe und -breite* zusammenführten. Dies stellte ganz neue Anforderungen an das *Management von Komplexität* bei den Unternehmen. Denn Portale boten nicht mehr individuell und interaktiv erschließbare Information in nahezu beliebiger Tiefe und Breite. Sie erstreckten sich bald über den kompletten *Funktions-Vierklang* des Internets: *Information, Kommunikation* (z. B. per E-Mail oder Web-Formular), *Transaktion* (durch das Auslösen von Bestellungen) und *Kooperation* (z. B. durch das Verfassen einer Produktbewertung oder das Bewerten eines Transaktionspartners). Zu der Bewältigung der dem Internet innewohnenden Komplexität und Multifunktionalität als *Kernaufgabe des Portalmanagement* hat sich inzwischen eine weitere, nicht minder vielschichtige Aufgabe gesellt: die konsequente und vollständige Einbindung eben jener Portale in die Kunden- und Geschäftsprozesse der Unternehmen. Denn den Portalen liegen – von prominenten Ausnahmen wie eBay und amazon abgesehen – *keine eigenständige Geschäftsmodelle* (mehr) zugrunde. Sie müssen im Zuge des Multichannel-Management in das bestehende Geschäft integriert werden. Eine wesentliche Aufgabe ist dabei die Orchestrierung der klassischen und digitalen Kundenprozesse im Rahmen des Multichannel-Marketing.

2. Definition Multichannel-Marketing

Multichannel-Marketing beschreibt den *gleichzeitigen* und *aufeinander abgestimmten Einsatz mehrerer Marketing-Kanäle* mit den Zielen der *Leistungserbringung* sowie des *Aufbaus* und der *Pflege* von *Kundenbeziehungen*. Als Leistungserbringung kann dabei die Information zu, Kommunikation über und der Vertrieb von Produkten oder Dienstleistungen verstanden werden.

Mit Kanal ist die *strukturierte Verbindungsmöglichkeit zwischen Anbieter und Kunden* gemeint. Hierbei lassen sich zwei Formen von Kanälen unterscheiden: *mediale Kanäle* (z. B. Brief, Fernsehen oder World Wide Web) einerseits und *institutionelle Kanäle* (z. B. Filiale, Call Center oder Außendienst) andererseits. Je nach medialer Ausstattung kann ein Kanal sowohl klassisch monologisch als auch interaktiv-dialogisch geprägt sein und auf dreierlei Weise fungieren. Als *Ansprachekanal, Vertriebskanal* und *Servicekanal*.

Die drei Kanalfunktionen Ansprache, Vertrieb und Service lassen sich entlang des *Kundenlebenszyklus* bzw. – aus Sicht des Unternehmens – gemäß der Unterteilung in *Presales, Sales* und *Aftersales* arrangieren. So können *Anprachekanäle* der werblichen Ansprache potenzieller Kunden dienen. Gleichzeitig bieten sie Interessenten die Möglichkeit, ihrerseits aktiv Informationen des Anbieters abzurufen (etwa durch den Besuch der entsprechenden Unternehmens-Website) oder ihn zu kontaktieren (z. B. in Form einer E-Mail an das Unternehmen).

Vertriebskanäle dienen dem Erwerb von Gütern. Dabei kann der Kauf (bzw. die Bestellung) und die Aushändigung (oder Lieferung) des Produkts im selben medialen oder institutionellen Kanal erfolgen oder aber – aufeinander aufbauend – in zwei Kanälen. Beispiele für den ersten Fall sind der Kauf eines Fernsehers im Elektrofachhandel oder der kostenpflichtige Download von Software aus dem Internet. Beide Male fallen der Ort der Bestellung und der Lieferung des Produkts in einem Kanal zusammen. Als Beispiele für den zweiten Fall seien die telefonische Bestellung bei einem Versandhändler oder die Buchbestellung per World Wide Web genannt. Hier werden für die Abwicklung des Geschäfts jeweils zwei Kanäle aktiviert.

In dem Kaufakt manifestiert sich die *Qualität der Geschäftsbeziehung*; aus dem Interessenten ist ein Kunde geworden (falls er nicht schon Kunde war). Mit dieser Phase des *Kundenlebenszyklus* eröffnet sich eine neue Kanalfunktion: der Service. *Servicekanäle* dienen dazu, die Kundenbeziehung durch regelmäßige, situative oder individuelle Zusatzleistungen zu vertiefen. Typische Beispiele sind Online-Banking-Angebote, Service- und Notfall-Hotlines oder personalisierte E-Mail-Newsletter.

Bereits bei dieser noch oberflächlichen Betrachtung wird deutlich, dass sich *Multichannel-Systeme* durch einen *hohen Grad an Dynamik* auszeichnen. Sie ergibt sich aus der Vielzahl einsetzbarer medialer und institutioneller Kanäle sowie den drei möglichen Kanalfunktionen.

Kanalform	Kanal	TV	Filiale	Katalog	Brief/ Fax	Internet	Call Center	Mobil- telefon	PDA
Ansprache		●	◐	◕	◑	◕	◔	◐	○
Transaktion		○	●	◕	◑	◕	◑	◑	○
Service		○	◔	○	◔	◕	◑	◑	◑

Abb. 1: Stärken-Schwächen-Raster ausgewählter Kanäle

Dabei ist selbstverständlich nicht jeder *mediale* und *institutionelle Kanal* für jede der drei Funktionen gleichwertig gut ausgestattet und geeignet. Die Übersicht in Abbildung 1 skizziert anhand einer beispielhaften und keineswegs vollständigen Auswahl von Kanälen, wo die jeweiligen Stärken und Schwächen liegen.

In der Abbildung wird die Sonderstellung der Filiale einerseits sowie der neuen, digitalen Kanäle andererseits deutlich. Im stationären wie im digitalen Geschäft verwischen die Grenzen zwischen den Kanalfunktionen. Es gibt keinen *„Medienbruch"*. So können beispielsweise das World Wide Web oder moderne Mobiltelefone sowohl als Ansprache-, als auch Vertriebs- und Servicekanal genutzt werden. Und das – im Gegensatz zur Filiale – ortsunabhängig und rund um die Uhr.

Die digitalen Kanäle bieten dem Kunden jedoch nicht nur weit gehende *Freiheitsgrade* bei der Wahl des Ortes und des Zeitpunktes der Nutzung. Auch bezüglich der Art und Tiefe der Nutzung gibt es mangels *Medienbrüchen* kaum Beschränkungen. Da die neuen Kanäle auf *digitaler Vernetzung* basieren, sind sie zudem *interaktiv* und *dialogisch*. Dies führt zu einer *größeren Intensität* sowie *höheren Geschwindigkeit* und „Schlagzahl" in der Interaktion zwischen Kunde und Anbieter. Ein Phänomen, das sich beispielsweise im hohen täglichen E-Mail-Aufkommen bei Unternehmen deutlich zeigt. Einer aktuellen Studie zufolge sind im Jahr 2003 erstmals mehr Kundenanfragen per E-Mail als per Telefon bei amerikanischen Unternehmen eingegangen (vgl. Dieringer Research Group 2003).

3. Einordnung und Abgrenzung

Um die Besonderheiten des Multichannel-Marketing besser greifen und einordnen zu können ist es hilfreich, Multichannel von anderen *zeitgenössischen Marketing-Konzepten* abzugrenzen. Durch die Beschreibung der drei Kanalfunktionen Ansprache, Vertrieb und Service wurde bereits deutlich, dass Multichannel-Marketing nicht nur einem integrativen, sondern auch einem übergreifenden Konzept folgt, das mehrere Marketingdisziplinen vereint. Darin unterscheidet sich Multichannel von *Crossmedia* und *integrierter Kommunikation*.

Crossmedia bezeichnet die aufeinander abgestimmte, medienadäquate Umsetzung von primär kampagnenorientierten Kommunikationsmaßnahmen über unterschiedliche Mediengattungen hinweg. Das Ziel ist die Erhöhung der Effektivität (durch den medienübergreifenden Einsatz gestalterischer Anker, z. B. Key Visuals) bei gleichzeitiger Verbesserung der Effizienz (durch Media-Mix-Optimierung). Da sich Crossmedia auf den Einsatz von Ansprachekanälen medialer Prägung konzentriert, kann es als Teilmenge von Multichannel-Marketing betrachtet werden.

Integrierte Kommunikation geht einen Schritt weiter als Crossmedia, indem sie versucht, sämtliche Formen und Maßnahmen zielgruppenorientierter Unternehmens-, Produkt- oder Markenkommunikation über die Planung einzelner Kampagnen hinaus aufeinander abzustimmen (vgl. Bruhn 1995). Hierzu zählen beispielsweise neben

Public Relations auch Investor Relations und interne Kommunikation. Integrierte Kommunikation agiert einerseits in einem engeren Betätigungsfeld als Multichannel-Marketing, da sie auf Kommunikation fokussiert und sich somit maßgeblich auf Ansprache- und Servicekanäle konzentriert. Andererseits wählt integrierte Kommunikation einen deutlich breiteren Zielgruppenfokus als es Multichannel tut, das sich ausschließlich und unmittelbar an externe „Markt-Zielgruppen" richtet. Die kurze Gegenüberstellung von Multichannel-Marketing, Crossmedia und integrierter Kommunikation macht deutlich, dass es sich bei Multichannel um einen eigenständigen und neuen Ansatz handelt.

4. Bedeutung des Multichannel-Marketing

Für die wachsende Bedeutung des Multichannel-Marketing lassen sich vielfältige Erklärungen finden. Die wesentlichen Treiber des Multichannel dürften in der *technologischen Entwicklung* und vor allen im *veränderten Kundenverhalten* liegen.

4.1 Technologie als Treiber

Angesichts des *technologischen Schubes* im Marketing ist Multichannel für viele Branchen und Unternehmen inzwischen eine Notwendigkeit. Insbesondere die rasanten Fortschritte in der *Telekommunikation* und der *Informationstechnologie* haben binnen weniger Jahre zu einer Verdopplung, wenn nicht gar *Vervielfachung der Kanäle* geführt. Zu den bestehenden klassischen Kanälen gesellten sich nacheinander neue Kanäle wie Telefax, Call Center, World Wide Web, E-Mail, Mobiltelefon und Personal Digital Assistants (PDAs). Parallel zu diesem Innovationsschub am *Frontend*, konnten im *Backend* die Datenverarbeitungskapazitäten rasant ausgeweitet und die Verarbeitungsgeschwindigkeiten um ein vielfaches erhöht werden. Dies erlaubt es, das „*Tante-Emma-Prinzip*" der kundenindividuellen Marktbearbeitung millionenfach zu skalieren, wie beispielsweise Amazon mit seinen personalisierten Webangeboten belegt. Daher kann man feststellen, dass insbesondere Unternehmen, die umfangreiche Internet-Portale aufgebaut haben, die Einbeziehung dieser Portale in ihren *Multichannel-Mix* von vornherein bedacht und umgesetzt haben oder aber inzwischen vor genau jener Aufgabe stehen.

4.2 Veränderungen im Kundenverhalten als Treiber

Die gestiegenen *Erwartungen und Ansprüche der Kunden* sind der vielleicht bedeutsamste Treiber des Multichannel-Marketing. Dies äußert sich im gewachsenen Bedürfnis nach *Individualisierung, Mobilität, Convenience* und *Selbstbestimmung* sowie dem größeren Stellenwert von Erlebnis und Freizeit. Gepaart mit einer durch den Einsatz neuer Informations- und Kommunikationstechnologien gestiegenen Markttransparenz ergibt sich ein erhöhtes Anspruchsdenken an Produkte und Dienstleistungen, bei dem der Kunde in Abhängigkeit von seinem individuellen Lebensstil und seinen situativen Bedingungen spezifische Konsum- und Interaktionsmöglichkeiten erwartet. Preis-, convenience-, erlebnis- oder zweckorientierte Einkaufswege und -gelegenheiten werden dabei parallel genutzt.

Zusammenfassend kann festgehalten werden: *Kunden erwarten* heutzutage, *dass sie frei wählen können,* über welchen Kanal sie sich über ein Produkt informieren können, über welchen Kanal sie mit einem Unternehmen in Kontakt treten wollen und über welchen Kanal sie ein Produkt erwerben oder auch umtauschen möchten. So kam eine Umfrage zu dem Schluss, dass 59 Prozent der Online-Nutzer zwar online bestellen möchten, aber das Produkt beim nächsten Geschäft selbst abholen wollen. 85 Prozent der Online-Käufer möchten die Ware im Laden umtauschen können (Jupiter Media Metrix 2001).

Marktforschungsergebnisse belegen, dass Kunden gemäß ihrer eigenen Erwartungshaltung bezüglich Multichannel-Marketing handeln. Eine Untersuchung von Cambridge Technology Partners hat aufgezeigt, dass 85 Prozent der deutschen Konsumenten binnen eines Jahres drei oder mehr Kanäle für Käufe und Kaufvorbereitungen nutzen. 50 Prozent machen sogar von mehr als vier Kanälen Gebrauch (Silberberger 2001, S. 25). Fachleute sprechen bereits von *hybriden Kunden,* die sich ihren individuellen Kanal-Mix für jede Kaufentscheidung und -ausführung neu zusammenstellen. Ihr Anteil wird zwischen 35 und 70 Prozent beziffert – Tendenz steigend (Eierhoff 2002, S. 347). Dies tritt besonders bei jenen Kunden zutage, die aktive Online-Nutzer sind. Laut einer Erhebung aus den USA, kaufen 51 Prozent der Online-Nutzer ein Produkt offline, nachdem sie sich online darüber informiert haben. 40 Prozent bestellen das Produkt online, nachdem sie online die entsprechenden Informationen eingeholt haben. Neun Prozent kaufen das Produkt online, nachdem sie sich offline informiert haben (ebenda). Die Kunden betätigen sich also während des Kaufprozesses als *„Channel Hopper".* Kunden sind demnach keineswegs nur aufgrund ihrer Erwartungen und Ansprüche, sondern auch wegen ihres hohen geschäftlichen Potenzials ein entscheidender Treiber von Multichannel.

5.   Potenziale des Multichannel-Marketing

Wie eingangs erwähnt, liegen die Ziele des Multichannel-Marketing in der Leistungserbringung sowie im Aufbau und der Pflege von Kundenbeziehungen. Aus diesem Mix an quantitativen und qualitativen Zielsetzungen lassen sich verschiedene Potenziale des Multichannel-Marketing ableiten.

Bei der *Leistungserbringung* stehen als quantitative Aspekte Umsatz- und Profitabilitätssteigerungen einerseits und Kostenreduktion andererseits im Vordergrund. Gleichzeitig kann die *Qualität der Bedürfnisbefriedigung* verbessert werden, indem sie den Ansprüchen des Kunden an Convenience und Schnelligkeit dank Multichannel-Angeboten besser gerecht wird. Diese Angebote bieten darüber hinaus Chancen für eine horizontale Diversifikation der Leistungserbringung, indem beispielsweise für bestimmte Kanäle adäquate Produkt/Service-Bündel geschnürt werden.

Bei der *Pflege der Kundenbeziehung* liegt der Aufbau individueller Beziehungen sowie die Erhöhung der Kundenbindung im Fokus. Wie oben skizziert, können Multichannel-Systeme den Umfang und die Intensität der Kundenbeziehung deutlich erhöhen, da dem Kunden mehr und flexibel nutzbare Kanäle zur Bedürfnisbefriedigung angeboten werden. Zugleich können Kunden, die aufgrund ausgeprägter *Kanalpräferenzen* mit dem Gedanken spielen, den Anbieter zu wechseln, besser gebunden werden.

Da Multichannel noch ein vergleichsweise junges Konzept ist, ließen sich bislang noch nicht alle Potenziale empirisch belegen. Doch zu den quantitativen Aspekten liegen inzwischen vielfältige Erkenntnisse vor, von denen einige im Folgenden vorgestellt werden.

5.1 Umsatzsteigerungen durch Multichannel-Marketing

Laut einer Untersuchung des Marktforschungsunternehmens Forrester geben europäische Multichannel-Kunden (hier definiert als Kunden, die sowohl online als auch im stationären Handel kaufen) monatlich durchschnittlich 30 Prozent mehr aus als Konsumenten, die im Laden oder in der Filiale kaufen (Forrester 2002, S. 1). Dieser Mehrumsatz ist jedoch unterschiedlich über die verschiedenen Produktkategorien verteilt, wie Abbildung 2 zeigt.

Im Rahmen einer Untersuchung in den USA wurde der Fokus durch die zusätzliche Betrachtung eines dritten Kanals erweitert. Der Online-Werbevermarkter Doubleclick ließ auswerten, wie die Kanäle *Filiale, Katalog und World Wide Web* im Weihnachtsgeschäft 2001 von jenen Kunden genutzt wurden, die in der Lage waren, zwischen allen drei Kanälen zu wählen. Dabei entfielen 64 Prozent aller Ausgaben auf den stationären Handel. 26 Prozent konnte der E-Commerce verbuchen. Dem Versandhandel verblieben zehn Prozent der Ausgaben für Weihnachtseinkäufe (Cyberatlas 2002).

54 Prozent der Konsumenten hatten *zwei Kanäle* für die Bestellung bzw. den Kauf genutzt, *22 Prozent* bestellten und kauften in allen *drei Kanälen* und *24 Prozent* beschränkten sich auf *einen Kanal*. Dabei verteilten sich die Ausgaben folgendermaßen: die Käufer, die alle drei Kanäle zur Transaktion nutzten, gaben durchschnittlich 995 Dollar aus. Jene, die zwei Kanäle wählten, brachten 894 Dollar auf. Die Mono-Kanal-Käufer „investierten" nur 591 Dollar (Cyberatlas 2002). Ähnliche Erfahrungen machen insbesondere die *Versandhändler* hierzulande. So hat *Quelle* jüngst festgestellt, dass Kunden, die drei Kanäle nutzen beinahe das Dreifache an Umsatz auslösen als Kunden, die nur über einen Kanal an das Unternehmen gebunden sind (Groenen 2003).

Gerade die Online-Käufer besitzen ein überdurchschnittliches Umsatzpotenzial. Und zwar keineswegs nur im E-Commerce, wie zwei weitere Studien belegen. So trat bei der Untersuchung „Multichannel Retail Report 2001" zu Tage, dass sogar 34 Prozent der Online-Käufer regelmäßig das World Wide Web, die Filiale oder den

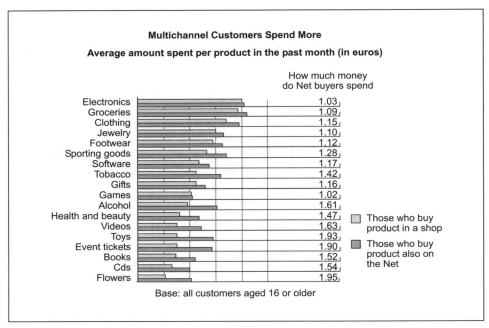

Multichannel Customers Spend More

Average amount spent per product in the past month (in euros)

How much money
do Net buyers spend

Electronics	1.03
Groceries	1.09
Clothing	1.15
Jewelry	1.10
Footwear	1.12
Sporting goods	1.28
Software	1.17
Tobacco	1.42
Gifts	1.16
Games	1.02
Alcohol	1.61
Health and beauty	1.47
Videos	1.63
Toys	1.93
Event tickets	1.90
Books	1.52
Cds	1.54
Flowers	1.95

Those who buy product in a shop

Those who buy product also on the Net

Base: all customers aged 16 or older

*Abb. 2: Monatliche Ausgaben europäischer Multichannel-Kunden im Vergleich
zu Filialkunden (Forrester 2002, S. 1)[1]*

Katalog für Transaktionen nutzen. Diese „*Super Shopper*" informieren sich bei 75 Prozent ihres Konsums im Internet, bevor sie eine Kaufentscheidung treffen. Sie kaufen online viermal häufiger als durchschnittliche Online-Käufer. Per Katalog bestellen sie 110 Prozent häufiger als gewöhnliche Versandhandelskäufer. Und im Laden sind sie zu 70 Prozent öfter an der Kasse anzutreffen als durchschnittliche Ladenkäufer (Cyberatlas 2001).

Auch aus Deutschland liegen weitere Zahlen vor, die die *Sonderstellung der Online-Kunden* belegen. Laut einer Untersuchung von Cambridge Technology Partners von 2001, kaufen 59 Prozent der Online-Kunden auch in der Filiale und 43 Prozent aus dem Katalog eines Multichannel E-Commerce-Anbieters. Katalog-Kunden hingegen kaufen zu 68 Prozent im Laden des Multichannel-Versandhändlers. Allerdings bestellen nur vier Prozent im Online-Shop des Versenders. Ladenkunden schließlich kaufen beim selben Multichannel-Händler auch zu 21 Prozent per Katalog sowie zu 4 Prozent online (Silberberger 2001, S. 25).

---

1 Lesebeispiel: Europäische Multichannel-Kunden geben monatlich 95 Prozent mehr für Blumen und 93 Prozent mehr für Spielzeug aus als jene Kunden, die nur im Laden kaufen. Bei Lebensmitteln beträgt die Differenz nur 9 Prozent und bei elektronischen Geräten lediglich 3 Prozent.

Die Untersuchung zeigt zudem, dass bereits die Nutzung der *Händlerwebsite* als Ansprachekanal einen *positiven Umsatzeinfluss* hat. Denn Ladenkunden, die die Website des Anbieters nutzen, geben 33 Prozent mehr im Jahr aus als reine Ladenkunden. Bei Katalogkunden beläuft sich der Umsatzeffekt der Website-Nutzung auf 20 Prozent (Silberberger 2001, S. 25).

Auch wenn die Ergebnisse der dargestellten Untersuchungen zum Teil variieren, so zeichnen sich zwei deutliche Tendenzen ab. Erstens helfen Multichannel-Angebote, die konsumfreudigen und damit umsatzträchtigen Kundensegmente zu erreichen. Und zweitens kommt insbesondere den Online-Kunden (und damit den Online-Angeboten und insbesondere den Portalen innerhalb des Multichannel-Mixes) eine *umsatztreibende Rolle* zu.

5.2 Profitabilität und Kostenreduktion durch Portale

Doch Multichannel-Angebote beeinflussen nicht nur die Umsatzhöhe und -verteilung. Sie können auch helfen, die Profitabilität zu steigern. Dies lässt sich bei Finanzdienstleistungen deutlich belegen. Während zum jeweiligen Zeitpunkt der Betrachtung durchschnittlich etwa die Hälfte aller Kunden einer Retail Bank unprofitabel ist, verhält sich dies bei Multichannel-Banken anders. *Multichannel-Bankkunden* sind zu 25 bis 50 Prozent *profitabler als reine Filialkunden* (McKinsey 2000a, S. 3). Auch hier ist der Grund in der besseren Ausschöpfung attraktiver Kundensegmente zu suchen.

McKinsey konnte vor drei Jahren belegen, dass es einigen Unternehmen gelang, die Kosten pro umgesetztem Dollar um 10 bis 15 Prozent durch den Einsatz von Multichannel-Angeboten zu reduzieren (McKinsey 2000b, S. 1). Ein vordergründig erstaunlicher Effekt, wenn man bedenkt, dass zum einen die Etablierung eines neuen Kanals zunächst mehr Kosten verursacht, als der Kanal an zusätzlichen Erlösen erbringen kann, und zum anderen zugleich attraktivere und damit auch anspruchsvollere Kunden durch Multichannel-Marketing angesprochen werden. Bei näherer Betrachtung zeigt sich, dass gerade die *Prozesskostenreduktion* durch den Einsatz von Online-Angeboten enorme Einsparpotenziale birgt. Stellvertretend sei hier nur das *Online-Banking* erwähnt, das den kostenintensiven Bearbeitungsprozess der Eingabe von Transaktionsdaten komplett auf den Kunden überträgt – und diesem gleichzeitig einen deutlich besseren Service bietet. Darüber hinaus sind – je nach Zielsetzung und Konzeption eines Multichannel-Angebots – weitere Kostenersparnisse in den Bereichen Sortiment und Lagerhaltung, Kommunikation und Werbung sowie Distribution erzielbar (vgl. Steinfeld 2002).

6. Multichannel-Strategien

Wie bereits festgestellt, beschreibt Multichannel-Marketing den gleichzeitigen Einsatz mehrerer Marketing-Kanäle. Dies sagt jedoch noch nichts darüber aus, in welcher *Beziehung* die Kanäle *zueinander* stehen. Tatsächlich sind hier zwischen völliger *Autarkie* und enger *Vernetzung* mannigfaltige Abstufungen denkbar. Dabei kann eine Vernetzung der Kanäle auf zwei Ebenen erfolgen: kundenseitig (am Frontend) und anbieterseitig (im Backend).

Vorrangige Ziele der Integration am Frontend sind es, die *Einheit der Markenwahrnehmung* über die Kanäle hinweg zu gewährleisten und die *Effektivität der Kundenbearbeitung* zu steigern. Ziel der Integration interner Abläufe der Kundenbearbeitung im Backend ist es, *Synergie- und Effizienzpotenziale* zu erschließen. Je nach Grad der Kanalintegration lassen sich vier prototypische Vernetzungsstrategien im Multichannel-Marketing unterscheiden.

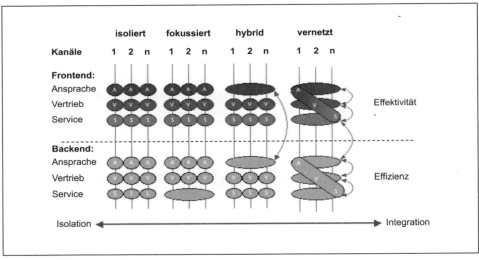

Abb. 3: Die vier Stufen der Kanalintegration

■ Bei der *Strategie der isolierten Kanäle* existieren mehrere Kanäle, die jeweils vollkommen autark voneinander agieren. Dieses Konzept ist in der Praxis kaum anzutreffen, da die Vorteile (z. B. keine Beschränkungen bei der Gestaltung und Steuerung der Kanäle) durch die Nachteile (z. B. unabgestimmte Mehrfachkontakte zum Kunden aufgrund einer fehlenden gemeinsame Datenbasis) mehr als wettgemacht werden.

■ Durchaus häufiger werden fokussierte Multichannel-Strategien angewendet. Hierbei treten die Kanäle gegenüber dem Kunden weit gehend unabhängig voneinander auf (z. B. durch ein vom Kerngeschäft abweichendes Geschäftsmodell oder durch eine separate Markenführung). Im Backend jedoch laufen die Stränge zusammen, sodass die Vorteile einer kanalübergreifenden internen Kundenbearbeitung zur Geltung kommen.

■ Hybride Strategien setzen auf eine parallele Vernetzung am Frontend und im Backend sowie auf eine entsprechende Verbindung zwischen Front- und Backend. Allerdings werden hierbei nicht alle Kanalfunktionen einbezogen. In der Praxis werden zumeist die Ansprachekanäle miteinander verknüpft, da diese Form der Integration die geringste Prozesstiefe hat und mit dem geringsten Koordinationsaufwand verbunden ist.

■ Die größtmögliche Integration liegt bei der vernetzten Strategie vor. Hierbei werden alle Kanäle sowohl im Frontend und im Backend synergetisch orchestriert. Eine derart vollständige Vernetzung dürfte in der Praxis bislang noch nicht realisiert sein.

Die Entscheidung, welche *Stufe der Kanalintegration* ein Unternehmen verfolgt, bildet das Fundament jeder Multichannel-Strategie. Wesentliche Determinanten hierbei sind das zugrunde liegende *Geschäftsmodell,* Anzahl und Positionierung der *Marken* sowie *IT-Infrastruktur* und *Organisationsstruktur.*

So ist bei Mehrmarken-Unternehmen häufig eine differenzierte Bearbeitung unterschiedlicher Zielgruppen erforderlich. Dort bietet sich eine fokussierte Vernetzungsstrategie an. Während die Kanäle im Backend integriert sind, bleiben sie im Frontend isoliert.

Hybride Strategien empfehlen sich dann, wenn ein Unternehmen seine Marketing-Kanäle sowohl im Backend, als auch im Frontend integrieren, dabei aber nicht alle Funktionen nutzen kann. So tun sich Unternehmen aus der *Versicherungsbranche* schwer, das Internet als gleich berechtigten Absatzkanal zu etablieren, da sich ihr traditionell provisionsorientiertes Geschäftsmodell und die entsprechend gewachsene Organisationsstruktur nur schwer mit dem mediengestützten Direktvertrieb vereinbaren lassen. Sofern einem Einstieg in das Multichannel-Marketing keine grundsätzlichen Restriktionen entgegenstehen, können die vier Stufen der Kanalintegration auch als Migrationspfad zur schrittweisen Vernetzung der Kanäle verstanden werden.

6.1 Digital vernetztes Multichannel-Management

Will ein Unternehmen eine Multichannel-Strategie umsetzen, so sieht es sich mit vielfältigen organisatorischen und konzeptionellen Herausforderungen konfrontiert. Um diese zu bewältigen, muss die Integration der Kanäle detailliert geplant und aktiv gesteuert werden. Ein dediziertes Multichannel-Management ist vonnöten. Im Folgenden soll daher das innovative Konzept eines *Multichannel-Steuerungssystems* vorgestellt werden, das der besonderen Bedeutung digitaler Kanäle und deren Vernetzung Rechnung trägt: das von der Strategieberatung .companion entwickelte digital vernetzte Multichannel-Management (dvMM).

7. Grundriss des dvMM

7.1 Definition und Ziele

Digital vernetztes Multichannel-Management umfasst die strategisch zu planende Entwicklung, Gestaltung und Steuerung der Integration und Vernetzung von Ansprache-, Vertriebs- und Servicekanälen bei Berücksichtigung der situationsspezifischen Kunden- und Nutzerbedürfnisse und unter Einbeziehung aller kundengerichteten Funktionsbereiche des Unternehmens.

Digital vernetztes Multichannel-Management hat zum Ziel, kanalübergreifende Synergiepotenziale im externen und internen Marketing auszuschöpfen. Dabei sollen einerseits *Interkanal-Redundanzen, Prozesskosten* und -aufwände minimiert werden. Andererseits gilt es, die Nutzer und Kunden über ihre gesamte Beziehungshistorie hinweg an allen *Berührungspunkten* zum Unternehmen mit dem *optimalen Kanal- und Angebots-Mix* so *effektiv* wie nötig und *effizient* wie möglich zufrieden zu stellen.

In einem Multichannel-System entscheidet der Kunde, welchen Kanal er, an welchem Ort, zu welchem Zeitpunkt, in welcher inhaltlichen und funktionalen Tiefe nutzt. Daher kann man Multichannel-Management auch als die koordinierte *Gestaltung von Kundenfreiheitsgraden* begreifen. Die Freiheitsgrade des Kunden nehmen mit der Anzahl der für ihn verfügbaren Kanäle potenziell zu. Die Anforderungen an die Gestaltung dieser Freiheitsgrade wachsen dabei überproportional. Denn in einem vernetzten System (wie Multichannel eines ist), steigt die Komplexität mit jedem neu zu integrierenden Kanal nicht linear, sondern positiv exponentiell.

7.2 Fundamente des dvMM: Buying Cycle und Kundenwert

Aufgrund der großen qualitativen Unterschiede der Kanäle und der damit verbundenen Implikationen für die Architektur von Multichannel-Systemen, ist es zunächst erforderlich, die *Rollen der Marketing-Kanäle* im Frontend festzulegen, um anschließend zu prüfen, wie sich *Synergien im Backend* realisieren lassen. Entscheidungskriterium für die Rollenfestlegung im Frontend ist die *größtmögliche Kundeneffektivität*. Sie lässt sich anhand des *Customer Buying Cycle* modellieren. Die Fragen, die hierbei gestellt werden müssen, sind:

- Welche Marketingfunktionen werden von den Konsumenten erwartet?
- In welchen Phasen des Kaufprozesses?
- Welche Marketingfunktionen leisten den größten Erfolgsbeitrag?
- Wie sollten sie medial umgesetzt sein?

Vier Kernaufgaben der Multichannel-Kundenbearbeitung sind hierbei erfolgsentscheidend:

- durchgängige *Markenerfahrung*
- zielgruppenadäquate *Kaufprozessdramaturgie* und Freiheitsgrade innerhalb der Kanäle
- bruchlose und redundanzfreie *Konsumentenführung* entlang des Buying Cycle
- integriertes, kanalübergreifendes Controlling

Beispielhaft gesprochen: wenn ein Kunde innerhalb des Kaufprozesses die Kanäle wechselt, erwartet er, dass er nicht erneut sein Anliegen erklären und seine Personendaten kundtun muss. Eine bruchlose und *redundanzfreie Konsumentenführung* trägt somit erheblich zur Convenience und Zufriedenheit der Kunden bei und ist ein bedeutender Erfolgsfaktor des Multichannel-Marketing.

Nachdem – der oben skizzierten Vorgehensweise folgend – sicher gestellt ist, dass die Kanäle derart ausgewählt und koordiniert werden, dass sie *kundenseitig effektiv* arbeiten, ist zu klären, wie man gewährleisten kann, dass dieses *zugleich effizient* geschieht. Denn trotz eines erkennbar hohen Maßes an Kundenorientierung bedeutet digital vernetztes Multichannel-Management keineswegs, dass alle Macht vom Kunden ausgeht. Das Unternehmen muss seinerseits entscheiden, *welchen Kanal-Mix*, es *welchen Kundensegmenten,* zu *welchen Konditionen* anbietet, um die Kundenbeziehung profitabel gestalten zu können. Der Leitgedanke ist hier der *Kundenwert* – und die Frage, welche Investitionen in Ansprache-, Vertriebs- und Servicekanäle durch den Kundenwert gerechtfertigt sind bzw. der *Kundenprofitabilität* dienen.

Die konzeptionelle Frage hierzu lautet: Wie müssen die Kanäle für welchen Kunden in welcher Kaufprozessphase ausgestattet sein? Ziel ist es, den Kunden gerade so aufwändig wie nötig zu bearbeiten, so dass er in die nächste Buying Cycle-Stufe „aufsteigt". Dabei sollten wertvolle Kunden entsprechend umfangreich bedient werden. Für derzeit wenig rentable Kunden lassen sich auf Basis von Kundenwertbetrachtungen und Buying Cycle-Status kostengünstigere Bearbeitungsstrategien entwickeln.

7.3 Bausteine des dvMM: Dramaturgien, Touchpoints und Switchpoints

Wie gesehen bilden der Customer Buying Cycle sowie die Kundenwertbetrachtung das Fundament in der Architektur digital vernetzter Multichannel-Systeme. Sie stellen die effektive und effiziente Ausrichtung des Multichannel-Konzeptes sicher. Zur konkreten Ausgestaltung des Multichannel-Marketing werden drei Bausteine benötigt: *Touchpoints, Switchpoints* und *Dramaturgien.*

Multichannel-Architekturen bestehen aus einer *dramaturgischen Verkettung von Interaktionspunkten* im Frontend – den Touchpoints – die dem Kunden entlang des Customer Buying Cycle zur Verfügung gestellt werden. Das Multichannel-Unternehmen hat die Aufgabe, eine möglichst aktive, vorwärts treibende Kundenführung

über die Kanäle hinweg zu installieren mit – dem Ziel eine Transaktion abzuschließen
bzw. die Kundenbindung zu erhöhen. Die von den Kunden erwarteten bzw. genutzten Freiheitsgrade in dieser Dramaturgie erfordern in der Regel eine kanalübergreifende Netzwerk-Architektur statt einer linearen „Perlen-auf-der-Schnur-Struktur".
Im Rahmen der Multichannel-Konzeption müssen daher nicht nur die einzelnen Kanalausstattungen im Sinne singulärer Touchpoints gestaltet werden, sondern auch die
Übergänge – also die Switchpoints – zwischen den Marketingkanälen.

Touchpoints lassen sich anhand der in Abbildung 4 dargestellten Systematik analysieren, modellieren und steuern.

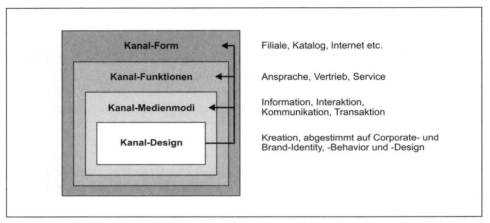

Abb. 4: Gestaltungsdimensionen von Touchpoints

Die *Kanalform* beschreibt dabei die institutionelle oder medienvermittelte Umset-
zung eines Kanals inklusive der Zugangsmöglichkeit zum Kanal sowie der kanalspe-
zifischen Interaktions-Bedingungen. Die *Kanalfunktionen* umfassen Ansprache,
Vertrieb und Service als Kategorien der Leistungserbringung vom Unternehmen zum
Kunden. Dabei können den Kunden abhängig vom gewählten Kanal verschiedene
Medienmodi bzw. medienabhängige Interaktionsangebote mit einem bestimmten
Kanaldesign unterbreitet werden. Das *Kanaldesign* schließlich leitet sich aus der
Markenführung ab und bestimmt die sinnlich wahrnehmbare Gestaltung der Touch-
points.

Bei der Gestaltung von Switchpoints sollten folgende Kernfragen beantwortet werden:

- Lassen sich beim Kontakt mit dem Kunden am Touchpoint die *Leistungserwar-
  tungen* durch das gewählte Medium optimal erfüllen?
- Wie hoch ist die *Kanalwechselwahrscheinlichkeit*? Stehen bequemere oder leis-
  tungsstärkere Alternativkanäle zur Verfügung?
- Kann der Kunde den Kaufprozess nach dem Kanalwechsel reibungslos fortsetzen?

- Werden die gesammelten Kundeninformationen beim Kanalwechsel synchronisiert?
- Wird die Markenerfahrung konsistent vermittelt?
- Sollten wegen hoher Auslastung eines Kanals Alternativkanäle (z. B. Terminals in der Filiale) angeboten werden?
- Sollten Cross Information, Cross Selling und Cross Services (z. B. Follow-Up-Angebote) in ergänzenden Kanälen angeboten werden?

7.4   Bauplan des dvMM: Szenario-Modellierung

Multichannel-Dramaturgien, Touchpoints und Switchpoints müssen möglichst gut an die *Bedürfnisse und Wünsche der Kunden* angepasst werden und dabei zugleich den Marketingzielen folgen. Wie lässt sich diese schwierige Gestaltungsaufgabe lösen? Wie kann man eine flexible Architektur entwickeln, die zudem der dem digital vernetzten Multichannel innewohnenden Dynamik Rechnung trägt?

Den Bauplan hierzu liefern zielgruppen- und anbieteradäquate Nutzungs- bzw. Angebotsszenarien entlang des Customer Buying Cycle. Diese *Multichannel-Szenarien* können in fünf Stufen entwickelt werden:

1. Ausgangspunkt für die Szenario-Entwicklung ist ein umfassendes *Kundenprofil,* das Aufschlüsse über das Kauf-, Kanal- und Mediennutzungsverhalten relevanter Kundensegmente gibt. Als Leitmodell können *soziale Milieus* dienen, da sie die Disposition unterschiedlicher Kundengruppen in Bezug auf Konsum und Medien sowie die Aufgeschlossenheit gegenüber neuen Technologien gut abbilden.

2. Anschließend gilt es den *Dramaturgie-Fit* zwischen Pre Sales, Sales, After Sales (Marketingperspektive) einerseits sowie den kunden- und produkttypischen Handlungsfolgen (Konsumentenperspektive) andererseits herzustellen. Hierzu empfiehlt es sich, die Phasen des Kaufprozesses aus Sicht des Kunden mittels Teilzielen und Teilaufgaben in feinere Stufen zu zerlegen.

3. Ist die Multichannel-Dramaturgie gewählt, muss als nächstes der *Situations-Fit* innerhalb der Dramaturgie folgen. Entscheidend hierbei ist es, *optimale Situationen* im Kaufprozess zu modellieren, die Marketingziele, Kundenverhalten und die Leistungsfähigkeit der eingesetzten Kanäle bestmöglich miteinander in Einklang bringen (siehe Abbildung 5).

4. Das so entstandene Multichannel-Szenario kann nun mithilfe der in Abbildung 4 skizzierten Touchpoint-Systematik in *konkrete Handlungsempfehlungen* überführt werden. Dies hilft, eine Entscheidung zu treffen, ob und wie Marketingkanäle bzw. Komponenten dieser Kanäle gestaltet, aufgegeben oder neu etabliert werden sollen.

5. Neben der marketing- und zielgruppenadäquaten Ausgestaltung der Dramaturgien und Kanalausstattungen ist ein entsprechendes *Multichannel-Controlling*

erforderlich. Das hierfür zu entwickelnde *Kennzahlensystem* sollte die Dimensionen der Touchpoints berücksichtigen. Denn nur so lassen sich unterschiedliche Kanäle mit unterschiedlichen Kanalausstattungen hinsichtlich Effektivität und Effizienz *vergleichen, optimieren und steuern.*

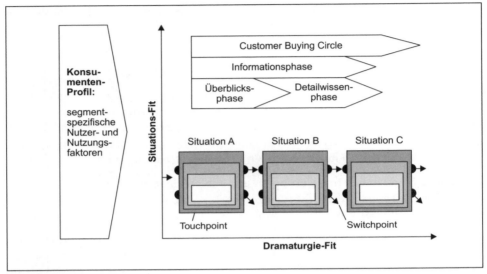

Abb. 5: Multichannel-Szenario-Modellierung

7.5 Praxis des dvMM: Anwendungsbeispiel

Es dürfte deutlich geworden sein, dass eine Szenario-Modellierung zu komplex ist, um sie im Rahmen dieses Fachbeitrages en detail zu konkretisieren. Am Beispiel des „Banking" sollen einige wesentliche Aspekte illustriert werden. So ist im Rahmen der Szenario-Modellierung zu klären, welche Ziele die Kunden mit der Nutzung eines bestimmten Kanals verfolgen – denn diese können vielfältig und individuell unterschiedlich sein. Die Nutzung eines *Online-Banking-Portals* mag für den einen die bevorzugte Form der Kontoführung sein, weil sie ihn von den Öffnungszeiten seiner Bank befreit. Für den anderen kann die direkte Weiterverarbeitung der digitalen Buchungsdaten im Vordergrund stehen. Für den nächsten liegt der entscheidende Vorteil darin, dass er seine Bankgeschäfte völlig autonom abwickeln kann.

Daher muss die Bank prüfen, welche der in dem Kanal befriedigten Kundenbedürfnisse zugleich den eigenen Unternehmenszielen dienen. Jener Kunde, der die elektronische Kontoführung als *Erweiterung der Öffnungszeiten* begreift, unterstützt die strategischen Ziele der Bank. Derjenige, der die *völlige Autonomie* schätzt, entzieht sich auf mittlere Sicht dem persönlichen Kontakt und wird für eine individuelle Beratung schwer erreichbar – ein Verhalten, das den Unternehmenszielen seiner Bank zuwiderläuft.

Bei der Entwicklung der Szenarien sollte mit der *Betrachtung der profitabelsten Kunden* begonnen werden. Zum einen, weil die renditestarken Hauptzielkundensegmente das größte Potenzial für die Befriedigung wesentlicher Unternehmensziele bieten. Zum anderen, weil diese Kunden erfahrungsgemäß die meisten Kanäle nutzen und daher in der Regel die höchsten Ansprüche haben. In Anlehnung an das *Pareto-Prinzip* gilt: Die Fokussierung auf 20 Prozent der Kunden hilft, 80 Prozent aller Bedürfnisse zu befriedigen. Entscheidend ist die Auswahl der richtigen 20 Prozent.

Damit die Szenarien sauber formuliert werden können, sollte man die *Kundenwünsche* zunächst kanalneutral untersuchen. Um im oben gewählten Beispiel zu bleiben: ist es das Ziel des Kunden, jederzeit seinen Kontostand abfragen zu können, so sollte man nicht präjudizieren, dass der Kunde hierzu zwangsläufig das Banking-Portal bevorzugt. Die Frage, welcher Kanal der geeignete für die Zielerreichung ist, kann erst bei der Modellierung beantwortet werden.

Dabei ist auch zu prüfen, ob *Anreizmechanismen* ein richtiger Weg sein können, um Kunden die Nutzung bestimmter Kanäle für *adäquate Formen der Leistungserbringung* schmackhaft zu machen. Denn bisweilen neigen Unternehmen dazu, ihr Heil im Aufbau zusätzlicher Kanäle zu suchen, bevor die Potenziale aus der Integration bestehender Kanäle ausgeschöpft wurden. Sinnvoll könnte beispielsweise die vorübergehende Incentivierung *prozesskostengünstiger Portale* sein, in denen Kunden wenig erklärungsbedürftige, margenschwache Produkte und standardisierte Dienstleistungen angeboten werden, während die erklärungsbedürftigeren und komplexeren Leistungen über die „teuren" stationären Wege angeboten werden (vgl. Wirtz 2002). Im Falle von Bankdienstleistungen kann dies geschehen, indem Online-Transaktionen mit niedrigeren Gebühren honoriert werden, wie dies von vielen Finanzdienstleistern auch praktiziert wird.

Abschließend ist es wichtig zu versuchen, Ausnahmen und Brüche in der Kanalwahl zu ermitteln, da diese das größte *Frustrationspotenzial* in sich tragen. Für die Bank lautet die Preisfrage: Unter welchen Umständen, mit welchen Zielen und welcher Erwartungshaltung betritt der *notorische Online-Banker* die Filiale?

8. Entwicklungsperspektiven des Multichannel-Management

Das Beispiel des Multichannel-Banking macht deutlich, dass das *Erkennen, Einschätzen und Steuern von Kundenerwartungen* zu den Kernaufgaben des Multichannel-Management gehört. Die Erwartungshaltung des Kunden ist jedoch nicht an einen Kanal gebunden. Vielmehr ist sie vom Markenbild und seinen konkreten Erfahrungen geprägt. Und somit kanalübergreifend. Die Erfahrungswerte, die ein Kunde aufgrund der Nutzung eines Kanals gesammelt hat oder, werden auf einen anderen Kanal projiziert – oftmals ungeachtet dessen spezifischer technischen und organisatorischen Limitationen.

Jede wahrgenommene Verbesserung der Kundenbeziehung steigert demnach die Erwartungshaltung des Kunden und erhöht die Anforderungen an das Unternehmen ihr zu entsprechen. Eine *Anspruchsspirale* entsteht. Die Beherrschung von Kommunikations- und Serviceprozessen in den angebotenen Ansprache-, Vertriebs- und Servicekanälen wird in den Augen des Kunden immer wichtiger. Das Management von Kundenprozessen wird zum Benchmark. Es entsteht ein neuartiger *Prozesswettbewerb*. Überspitzt formuliert: nach der *„Aldisierung"* folgt die *„Amazonisierung"*.

Denn modernes Marketing heißt, den Kunden mithilfe digitaler Interaktionskanäle und Portalangebote in Unternehmensabläufe einzubeziehen. Der Kunde wird sich jenen Unternehmen zuwenden, die seine Abläufe kundenorientiert gestalten und ihm dadurch *Mehrwert* schaffen. Dieser kann sich materiell und in Kosten-Nutzen-Dimensionen manifestieren (z. B. durch Zeitersparnis) oder er kann immaterieller Natur sein (etwa in Form von Markenerlebnissen oder -identifikation). Unabhängig von der Form des Mehrwertes, ist der vom Kunden *wahrgenommene Prozessnutzen* der erfolgsentscheidende Faktor.

Bei aller in diesem Beitrag beschriebener Komplexität darf nicht vergessen werden, dass Multichannel-Marketing beträchtliche Potenziale eröffnen kann. Dabei sind durchaus schnell umsetzbare *„Quick Wins"* möglich. Sie liegen in der

- Fokussierung auf die *Erwartungen der wertvollsten Kunden*
- Beschränkung auf *wenige und wesentliche Features*
- *Gewährleistung* der allzeitigen Verfügbarkeit, Funktionalität und Einfachheit der Mehrwert schaffenden Kernprozesse

Denn weniger ist mehr. Statt immer neuer Features benötigen Kanäle *Fokussierung*. Fokussierung auf die *Kernbedürfnisse* der Kunden. Jede Erweiterung des Angebots jenseits dieser Bedürfnisse muss wohlüberlegt sein. Zum einen verursacht sie zusätzliche Kosten. Zum anderen erhöht sie das Risiko, entweder die Kundenerwartungen zu verfehlen oder falsche Erwartungen zu wecken. Viel wichtiger ist es, sicher zu stellen, dass die relevanten Kernangebote und Kernprozesse ständig, einfach und einwandfrei funktionieren. Und nirgends ist dies so leicht vom Kunden überprüfbar wie im Internet.

Literatur

Bachem, C. (2003): Vom E-Commerce zum Multichannel-Marketing. In: Das innovative Unternehmen. Düsseldorf: Symposion, Juni 2003 (CD-ROM)

Bachem, C. (2002a): Anforderungen an ein erfolgreiches Multichannel-Management. In: Schögel, M./Schmidt, I. (Hrsg.): eCRM, Düsseldorf 2002, S. 491–510; http://www.companion.de/files/bachem_multichannel.pdf (30.5.2002)

Bachem, C. (2002b): Multichannel Marketing. In: Manschwetus, U.; Rumler, A. (Hrsg.): Strategisches Internetmarketing. Wiesbaden, S. 259–277

Bachem, C. (2002c): Multichannel steht erst am Anfang. In: Horizont 27/02 (04.07.02), 36

Bachem, C.; Weischer, J. (2002): Multichannel Values für Content Provider. In: VDZ-Newmedia Faxletter. Berlin, (17.04.2002) S. 4–5

Bruhn, M. (1995): Integrierte Unternehmenskommunikation. Ansatzpunkte für eine strategische und operative Umsetzung integrierter Kommunikationsarbeit, 2. Aufl. Stuttgart

Cyberatlas (2001): Multichannel Shoppers Key to Retail Success. http://cyberatlas.internet.com/markets/retailing/article/0,,6061_901171,00.html (10.10.2001)

Cyberatlas (2002): Consumers Make Use of Multiple Retail Channels. http://cyberatlas.internet.com/markets/retailing/article/0,,6061_963051,00.html (28.01.2002)

Dieringer Research Group (2003): Outlook for Online Customer Service. http://www.emarketer.com/news/article.php?1001966&c=newsltr&n=lead&t=ad (10.1.2003)

Eierhoff, K. (2002): Medienprodukte über alle Kanäle für mehr Kunden – die Click-and-Mortar-Strategie der Bertelsmann AG. In: Schögel, M. et al. (Hrsg.): Roadmap to E-Business. St. Gallen, S. 344–360

Forrester (2001): Cross-Channel Scenario Design. Cambridge

Forrester (2002): Retailers: Treasure Multichannel Consumer. Cambridge

Friedman, L. G.; Furey T. R. (1999): The Channel Advantage: Going to Market with Multiple Sales Channels to Reach More Customers, Sell More Products, Make More Profit. Boston

Groenen, Thomas (2003): E-Business at Quelle. Unveröffentlichtes Vortragsmanuskript, St. Gallen (19.08.2003)

Jupiter Media Metrix (2001): Poor Online Service Drives Away Brick & Mortar Customers. http://www.jmm.com/xp/jmm/press/2001/pr_032101.xml (21.03.2001)

KPMG (2002): Zukunftstechnologien in der Reisebranche, Berlin 2002 http://www.touristikreport.de/archiv/tba/archiv/crsedv/929672941195296768.html (30.5.2002)

McKinsey (2000a): Multichannel-Marketing – Making „Bricks and Clicks" Stick. In: McKinsey's Marketing Practice 08/2000; http://marketing.mckinsey.com/solutions/McK-Multichannel.pdf (30.5.2002)

McKinsey (2000b): E-Sales: The Web Is Not Enough. In: McKinsey's Marketing Practice, 10/2000 http://marketing.mckinsey.com/solutions/McK-E-Sales.pdf (30.5.2002)

Schögel, M. (2001): Multichannel-Marketing. Zürich

Schögel, M.; Tomczak, T.; Belz, C. (Hrsg.) (2002): Roadmap to E-Business, St. Gallen 2002

Silberberger, H.(2001): Der Multichannel Kunde. In: 2. Handelsblatt Jahrestagung Marketingmanagement im E-Commerce: Multichannel-Strategie im Marketing, (19./20.11.2001); unveröffentlichte Dokumentation

Steinfeld, C. (2002): Understanding Click and Mortar E-Commerce Approaches: A Conceptual Framework and Research Agenda. In: Journal of Interactive Advertising, 2 (2, Spring 2002); http://jiad.org/vol2/no2/steinfield/ (30.5.2002)

Weischer (2002): Systematisches Multi Channel Marketing. In: Direkt Marketing 10/02, 52–55

Wirtz, B.W. (2002): Multi Channel-Management – Struktur und Gestaltung multipler Distribution. In: wisu, 5/02, 676–682

Christoph Hammer und Marco Schmoecker

Navigation als Instrument der Kundenführung und -bindung

1. Das Internet im Kommunikationsmix

In den wenigsten Fällen darf man heute die Aktivitäten im Internet noch alleinstehend betrachten. Das World Wide Web ist nur eine weitere, wenn auch potente Plattform im unternehmerischen Kommunikationsmix. Nur wenn man es versteht, alle Kommunikations- und Dialogkanäle derart zu orchestrieren, dass ein einheitliches, prägnantes Bild entsteht, kann man den Kunden optimal informieren, bedienen, eine langfristige Beziehung aufbauen, den Kunden und seine Präferenzen kennen lernen.

So spielen die klassischen Kommunikationskanäle weiterhin eine entscheidende Rolle. Ihnen kommt, wenn es sich um Direct Mailing, Print, Radio oder TV handelt, vor allem die Rolle eines Push-Kanals zu. Sie erreichen den Kunden ohne sein willentliches Zutun als Anzeige, in der Hauspost und beim Fernsehen. Mit einer geschalteten Anzeige oder einem Spot werden breite Konsumenten-Gruppenerreicht, gleichgültig, ob der Konsument für diese Botschaft gerade empfänglich ist oder nicht. Das Internet hingegen ist ein Pull-Kanal. Hier muss sich der Nutzer gezielt seine Information abholen. Informationsbeschaffung ist aber ein intellektueller Prozess, also Arbeit. Daher bedarf es neben der Bekanntmachung, dass es überhaupt eine interessante und relevante Internetpräsenz gibt, auch einer entsprechenden Motivation, den nötigen Arbeitsaufwand zu investieren, um diese zu besuchen – und dies geschieht noch immer am Besten über die klassischen Kommunikationskanäle.

Internet ist entsprechend seiner dialogischen Funktion ein Medium, über das der Betreiber wesentlich schneller, besser und detaillierter Auskunft über Akzeptanz und Response der Nutzer erhält, als über klassische Werbeformen. Jede der Stufen zur Kundengewinnung, von der Kundenansprache bis zum Kauf, können genau nachvollzogen werden. Über intelligente Mechanismen, wie z. B. Prämien, Incentives, Kundenbindungsprogramme kann die Informationsdichte über den einzelnen Nutzer noch weiter ausgebaut werden. Die gewonnenen Rückschlüsse fließen dann in neue Kampagnen ein.

Was jedoch für jede Werbeform gilt, trifft auf das Internet erst recht zu: ist die Akzeptanz nicht gewährleistet, wird die Botschaft nicht verstanden, dann scheitert der Dialog. Erschwerend kommt für das Internet noch die Hürde der technischen Handhabung hinzu. Von Barrieren wie erforderlichen Plugins einmal abgesehen, muss der Kunde sich mit der Site und ihrer Bedienung intuitiv zurechtfinden. Ist dies nicht gewährleistet, wird er seine Aufmerksamkeit schnell auf interessantere und befriedigendere Dinge richten und ist für den Betreiber verloren.

2. Ökonomie der Aufmerksamkeit

Auch wenn sich jedes Portal anders darstellt, seine eigenen Ziele und Schwerpunkte verfolgt, so ist ihnen allen doch eines gemeinsam: sie verlangen die aktive Aufmerksamkeit des Besuchers. Aufmerksamkeit ist jedoch ein bewusster Prozess, also Arbeit. Da nun keine adäquate Masse an Nutzern Arbeit als Selbstzweck verrichtet, muss dieser eine Entlohnung gegenüber stehen. Je nach Bestimmungszweck des Portals kann dies die Bereitstellung von wertiger, also für den Nutzer wertvoller Information, die für den Nutzer zeit- und kostensparende Interaktion mit dem Portalbetreiber (oder dessen Partnern) oder eine abschließende, vorteilhafte Transaktion eines Geschäftes sein. Um den Nutzer besser zu verstehen ist es ratsam, sich die psychologischen Mechaniken von (Kauf-) Entscheidungsprozessen zu betrachten.

Grundsätzlich kann man vier unterschiedliche Entscheidungsprozesse feststellen:

1. Extensive Entscheidungen
2. Limitierte Entscheidungen
3. Habitualisierte Entscheidungen
4. Impulsive Entscheidungen

2.1 Extensive Entscheidung

Beim *extensiven Entscheidungsprozess* durchläuft der Kunde alle Phasen eines Entscheidungsprozesses: Nach der Wahrnehmung des Produkts erkennt er sein Bedürfnis, sodann folgt eine ausgedehnte Alternativensuche, eine Sammlung unterschiedlichster Informationen aus verschiedenen Quellen zum Produkt und eine abschließende Bewertung und Abwägung. Erst dann folgt der entgültige Entscheid für das Produkt.

Für Portale bedeutet dies, dass der Nutzer sich extensiv bemüht, das für seine Bedürfnisse geeignete Portal zu finden, indem er mehrere Alternativen scannt. Zu den Alternativen gehören natürlich auch immer die Offline-Varianten, sei es das Fachmagazin, das Lexikon, der Gang zum Amt oder in die Einkaufspassage. Da diese Form des Entscheidungsprozesses mit einem hohen Involvement des Nutzers verbunden ist, ist sie eher rar anzutreffen. Auch scheuen ältere Nutzer und solche mit geringer Bildung diesen mühevollen Weg.

2.2 Limitierte Entscheidung

Limitierte Entscheidungsprozesse sind Wahlentscheidungen mit weniger hohem Aufwand. Der Kunde hat bereits Wissen oder Erfahrungen mit der Produktgruppe, aber sein Bedarf an Information ist noch so groß, dass er eine Bestärkung durch zusätzliche Informationen benötigt. Diese können eigenes Wissen über die Marke, Zufriedenheit mit Käufen aus dieser Produktgruppe, aber auch Empfehlungen von Dritten sein. Daher greift er in einem solchen Entscheidungsprozess auch gern auf Testergebnisse zurück oder lässt sich von dominanten Eigenschaften, wie dem Preis oder dem Produktimage beeinflussen.

Die Entscheidung für ein Portal fällt wesentlich öfter über eine limitierte Entscheidung. Aussagen der Werbung oder von Bekannten leiten den Nutzer zu diesem und findet er dort einen Großteil seiner Interessensbedürfnisse abgedeckt, wird er auch dort verweilen. Jedoch ist dieser Nutzer wesentlich stärker durch äußere Faktoren beeinflussbar und neigt dazu, seine Entscheidungen schneller wieder zu revidieren.

2.3 Habitualisierte Entscheidung

Habitualisierte Entscheidungsprozesse beruhen auf gewohnheitsmäßigen Entscheidungen. Eine Alternativsuche ist bei diesem Prozess nicht vorgesehen. Produkte werden aufgrund guter Erfahrungen in der Vergangenheit immer wieder gekauft. Dabei werden Zusatzinformationen praktisch nicht herangezogen. Dies betrifft viel Produkte für Bedürfnisse des täglichen oder regelmäßigen Bedarfs. Diese Form des Entscheidungsprozesses tritt im Alter zunehmend auf und steht in direkter Verbindung mit Marken- oder Produkttreue. Der treue Kunde und Nutzer ist Ziel jedes Geschäfts und auch jedes Portals. Ist der Nutzer von der Qualität des Portals durch Erfahrung überzeugt, hat er die Bedienung erlernt und findet „seine" Informationen daher zielgerichtet und schnell, so möchte er sich gar nicht mehr mit Alternativen „herumplagen", sondern vertraut auf „sein" Portal.

2.4 Impulsive Entscheidung

Der *impulsive Entscheid* entsteht im Augenblick. Er ist reizgesteuert und von der Situation abhängig und kann daher vom normalen Kaufverhalten stark abweichen. Er ist ungeplant, ein Bedürfnis war vorher nicht erkennbar. Ein solcher Entscheid für einen Portalbesuch kann durch ein Banner, eine Suchabfrage, eine Linkliste oder ähnliches erfolgen. Ein interessanter Inhalt oder ein spannend präsentiertes Angebot kann diesen Entscheid auslösen.

Während ein geschulter Verkäufer oder Berater sehr schnell erkennt, welche Motive und Entscheidungsprozesse, welche Einflüsse und Erfahrungen sein Kunde mit sich bringt, und darauf im Gespräch eingehen kann, präsentiert sich das Angebot im Internet meist in immer gleicher Weise. Fernes Ziel wäre es, die Website je nach Lage des Nutzer-Bedürfnisses und des Entscheidungsprozesses in Anmutung, Navigation und Inhalten optimal anzupassen. Um möglichst jedem Kunden, egal mit welcher Präferenz, gerecht werden zu können, empfiehlt es sich, parallel verschiedene Navigationsmöglichkeiten auf der Plattform zu etablieren, die der unterschiedlichen Prädisposition der Nutzer entgegenkommen. Dies beleuchten wir unter dem Begriff der Orientierung.

Um die Entscheidung für das Portal zu habitualisieren, muss jedoch noch ein Schritt weiter gegangen werden: die Informationen müssen auf den Nutzer zugeschnitten werden, so dass dieser schneller und effektiver mit dem Portal arbeiten kann. Dazu bedarf es eines gegenseitigen Kennenlernens von Nutzer und Portal, wir sprechen hier von Qualifizierung. Da die meisten Portale ein ökonomisches Ziel verfolgen, ist der logische Schritt aus der Qualifizierung des Nutzerkontaktes dessen Kapitalisierung. Betrachten wir Portale also unter den entscheidenden Gesichtspunkten Orientierung, Qualifizierung und Kapitalisierung.

3. Orientierung

3.1 Navigation zur Website

Die erste bewusste Aktion für den Nutzer ist die gezielte Navigation zur Website. Dazu muss vom Nutzer die so genannte URL (Uniform Resource Locator) eingegeben werden. Ein großer Prozentsatz von Internetadressen wird durch reines Ausprobieren eingegeben, da der Nutzer die eigentliche URL nicht kennt oder erinnert. Jeder Portalbetreiber ist daher gut beraten, eine möglichst eingängige und gut erinnerbare Adresse zu wählen und sodann möglichst viele Adressen zu besetzen, die sich in Rechtschreibung und Kennung der eigentlichen URL ähneln.

So sollte eine Website www.wissen-ist-macht.de auch über www.wissenistmacht.de, www.wisenistmacht.de, www.wissenistnacht.de und ähnliche Varianten erreicht werden. Wenn möglich wären hier auch die Kennungen .com, .info oder .biz zu besetzen. Nicht zuletzt besteht die Möglichkeit, die Seite direkt über die Eingabe „wissen ist macht" zu erreichen, wie es beispielsweise der AOL Keyword Service ermöglicht.

Ein weiterer großer Prozentsatz an Usern recherchiert nach der Website über Suchmaschinen. Es ist Aufgabe der Entwickler, die Site so zu optimieren, dass sie von den gängigen Suchmaschinen optimal verarbeitet werden kann und ein entsprechend hohes Ranking erhält, also möglichst vorn unter den Suchergebnissen zu finden ist. Natürlich kann hier durch kostenpflichtige Links nachgeholfen werden. Es ist nicht notwendig, an dieser Stelle auf die Möglichkeiten von Suchmaschinenmarketing und -optimierung einzugehen. Hierzu gibt es genügend Fachbeiträge und Literatur. Jedoch sollte jedem Portalbetreiber klar sein, dass der erste Schritt auf seine Site immer die Anwahl der richtigen URL ist. Kann diese nicht erinnert oder erreicht werden, ist der Interessent verloren und informiert sich an anderer Stelle.

Ein weiterer wichtiger Weg zu einer Website führt über die Einstiegsseiten der Internetprovider, über die sich der Nutzer in das Internet einwählt. Von diesen Seiten aus gelangt der Nutzer dann über einen bezahlten oder unbezahlten Link oder hinweisende, redaktionelle Beitrag auf die gesuchte Website.

Viele unerfahrene Internet-Nutzer landen oft nur auf den Portalen ihres ISPs und „betreten" zum Teil die Welt des restlichen Internets gar nicht. Ein wichtiger Punkt also, wenn die Nutzer für das eigene Portal interessiert und gewonnen werden sollen. Für diese Nutzer muss demnach ein Weg gefunden werden, z. B. über klassische oder Online-Werbung, den Nutzer auf das Portal zu führen.

Als weiterer Einstiegspunkt zum eigenen Portal bieten sich die Verzeichnis-Dienste großer Suchmaschinen-Betreiber und auch das Open-Directory-Project (URL: www.dmoz.org) an. Die Verzeichnis-Dienste sind die „Gelben Seiten" des Internets. Der Nutzer findet das gesuchte Ziel durch Verfolgung einer fein untergliederten Hierarchie. Diese Verzeichnisse werden redaktionell gepflegt und enthalten auch eine genauere Beschreibung der Website. Der Nutzer muss also nicht erst beim Absurfen herausfinden, ob die Website seinem aktuellen Bedürfnis entspricht oder z. B. nur „zufällig" zu seiner Suchanfrage passte.

3.2 Navigation auf der Website

Klassische Werbung muss versuchen, mit möglichst wenig Worten die entsprechenden Inhalte zu kommunizieren. Nur so werden diese unter Berücksichtigung der Aufmerksamkeitsökonomie wahrgenommen, gemerkt und erkennbar zugeordnet (Beisp.: „Geiz ist geil"). Ganz anders im Internet. Hier erwartet der Besucher und Kunde geradezu eine Fülle von Information und Interaktion. Schließlich möchte er seine Mühe, das Ansurfen der URL, auch entsprechend honoriert und belohnt wissen. Nun kommt jedoch nicht jeder Besucher eines Portals mit der gleichen Intention. Möchte der eine sich über das Unternehmen und die Leistungen allgemein informieren, sucht der andere eine Lösung für sein bestimmtes Problem. Wieder ein anderer sucht einen Job oder Partner und ein Vierter ist vielleicht Investor oder Redakteur. Und schließlich gelangt auch ein nicht unerheblicher Anteil der Besucher durch Zufall auf die Website, weil er sich vertippt hat oder eine Suchmaschine unter einem ganz anderen Thema bemühte. All diesen Besuchern sollte das Portal gerecht werden. Dabei sind am einfachsten diejenigen zufrieden zustellen, die gar nicht die Absicht hatten, hier zu landen. Ein kurzer Text über Art und Inhalt der Website zeigt ihnen sofort auf, ob sie hier richtig oder falsch sind.

Weitaus komplizierter verhält es sich mit den anderen. Diese verlangen nach Führung, um in sinnvoller Zeit zu den für sie relevanten Inhalten und Resultaten zu kommen. Hier reicht eine hierarchische Navigationsleiste meistens nicht mehr als einzige Navigationshilfe aus. Zwar sind die einzelnen Inhalte (hoffentlich) logisch, jedoch nach der Logik des Autors geordnet, also nicht unbedingt für jedermann nachvollziehbar: Finde ich die Nummer der Service Hotline unter „Company Profile", unter „Service und Leistungen" oder direkt bei dem entsprechenden „Produkt"? Und wo kann sich das aktuelle PR Bild des Chefs verstecken?

3.3 Nutzerorientierte Navigationselemente

Um den Nutzer bei seinem aktuellen Bedürfnis abzuholen, empfehlen sich so genannte motiv- oder zielgruppenorientierte Einstiege. Simple Fragen wie „Sie suchen einen neuen Arbeitgeber?", „Sie suchen aktuelle Serviceinformationen und Treiber" etc. filtern die Information und verlinken direkt in entsprechende Bereiche. Ebenso sind zielgruppenorientierte Einstiege zu sehen: „Lösungen für *Automotive, Finance, Government*" kann direkt zu entsprechenden Bereichen verlinken, unabhängig davon ob sich der Kunde für eine Information, eine Serviceleistung oder ein Produkt interessiert. Kommen Ihnen solche Fragen bekannt vor? Sie werden im persönlichen Gespräch von jedem Berater oder Verkäufer gestellt. Nur so kann er sich vorab ein Bild von der Bedürfnislage seines Kunden machen und dann gezielt auf ihn eingehen. Warum sollte er sich im Web also durch komplizierte, hierarchische und zum Teil auch nichtssagende Navigationsbäume hangeln müssen? Natürlich kann auch eine Kombination dieser beiden Einstiegsmethoden Anwendung finden. Dadurch können die Besucher sehr zielgerichtet zu den gesuchten Informationen oder Bereiche geführt werden. Selbstverständlich kann man die Einstiegsseite nicht mit Hunderten von Fragen überhäufen, da diese wohl auch kein Mensch ernsthaft alle lesen würde. Hier ist die Fokussierung auf die wesentlichen Zielgruppen und ihre Motive zwingend. Aber selbst ein solcher Filter ist für den Nutzer schon sehr hilfreich. Es versteht sich von selbst, dass die kanalisierten Informationszugriffe, wie sie über motiv- und zielgruppenorientierte Einstiege erreicht werden, nicht nur dem Besucher von Nutzen sind, sondern dem Betreiber der Plattform die Möglichkeit bieten, zielgruppenspezifisch die Nutzer in Bereiche zu leiten, die sich in Informationsdichte und Soziolekt auf jene einstellen, um sie adäquater bedienen zu können.

3.4 Dialogische Navigationshilfen

Wer seinen Besuchern noch mehr Freiheitsgrade einräumen möchte, der verwendet die moderne Technologie eines Chat-Bots. Das ist eine Softwareapplikation, die aus natürlichsprachig eingegebenem Text Thema und Intention erkennt und mit dem Fragesteller in einen Dialog tritt. Dabei kann der Chatbot nicht nur auf Inhalte aus Datenbanken zugreifen, sondern auch direkt auf einsprechende Seiten verlinken. So reicht hier schon die Eingabe „PT450" um auf die entsprechende Produktseite zu verlinken. Allerdings erkennt der Chatbot auch Eingaben wie „Hast du auch Druckerpapier für Tintendrucker?" problemlos.

Zusätzlich stellt der Chatbot ein quasi „human interface" dar, macht die Ansprache individueller und die gesamte Webpräsenz menschlicher. Moderne Chatbots leisten erhebliches. Sie können, wenn sie selbst nicht mehr weiter wissen (noch kann man nicht gerade von KI sprechen) den Chat an ein Call Center übergeben. Auch die Definition von so genannten kritischen Situationen im Dialog des Bots mit dem Besucher ist möglich. Wenn der Bot meint, in einer solchen Situation zu sein, dann kann er den Besucher ebenfalls mit einem Mitarbeiter des Call Centers verbinden. Der Mitarbeiter steigt dann in den Dialog ein und übernimmt unbemerkt die Beantwortung der Fragen des Website-Besuchers. Wenn es erforderlich ist, dann kann sich der Call-Center-Mitarbeiter natürlich auch zu erkennen geben, damit dem Besucher deutlich wird, dass er nun mit dem Call Center verbunden ist. Derart kann nicht nur der Kunde bestens beraten werden, auch der Betreiber spart erhebliche Call-Center-Kosten, da „Banalfragen" erst gar nicht zu seinen Agents durchdringen, sondern vom System mit Bravour automatisiert abgefertigt werden.

3.5   Kontextsensitive Navigationselemente

Eine weitere Hilfe im Dschungel der Information bietet eine kontextsensitive Navigation. Diese bietet zu jedem Thema stets weiterführende oder verwandte Informationen an. So könnten auf der Seite mit dem Druckerpapier die Links zu einem Tintendrucker, zu Druckpatronen, zu Tipps für Photodruck oder zu anderen Papiererzeugnissen präsentiert werden. Ebenso kann als Beispiel aus dem Consultingbereich

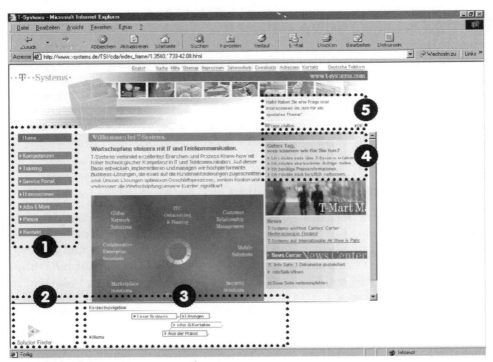

Beispiel paralleler Navigationsangebote
Neben der klassischen Navigationsleiste (1) findet der Nutzer mit dem Solution Finder (2) eine Hilfe durch den Content. Zu jeder aufgerufenen Webpage werden dem Nutzer kontextbezogene, weiterführende Inhalte angeboten (3). Über wenige Fragen (4) werden die Besuchsmotive der unterschiedlichen User abgefragt und diese gezielt zu den relevanten Inhalten geleitet. Ein Chatbot-System (5) reagiert auf natürlich sprachliche Eingaben und gleichzeitig mit der Beantwortung der Frage auch die relevanten Seiten automatisch auf.

beim Thema Automotive auf Supply Chain Management, Case Studies, Projektmanagement und Referenzen verlinkt werden. Durch Analyse der Wege von den Besuchern über die Website können auch weniger Bereichsverwandte Linkangebote gemacht werden. Zusammenhänge, die sich also erst bei vordauernder Betrachtung der Nutzung einer Website ergeben können. Diese regelmäßige Auswertung ist jedem Betreiber einer Website zu empfehlen und dadurch die Navigation durch die Website regelmäßig zu überprüfen und gegebenenfalls zu optimieren oder zu erweitern.

Ein Beispiel, wie die beschriebenen Navigationselemente zusammenspielen, findendet sich auf der Website www.t-systems.de. Das von der I-D Media AG entwickelte Unternehmensportal bietet für verschiedene Nutzergruppen umfangreiche Navigationshilfen, um schnell und ohne viele Zwischenschritte zur jeweils relevanten Information zu gelangen. Dieses Beispiel zeigt ein weiteres Feature auf. Jede Information kann in einem Info-Safe, einer Art Warenkorb, abgelegt werden. Der Besuch der Website wird also nicht durch das Herunterladen von einzelnen Dateien unterbrochen und es finden sich zahlreiche, heruntergeladene Dateien auf dem Desktop des Besuchers. Dieser erhält dann zum Schluss alle Informationen gebündelt als ZIP-Datei mit den ausgewählten Informationen, in Form von PDF-Dokumenten. Das er-

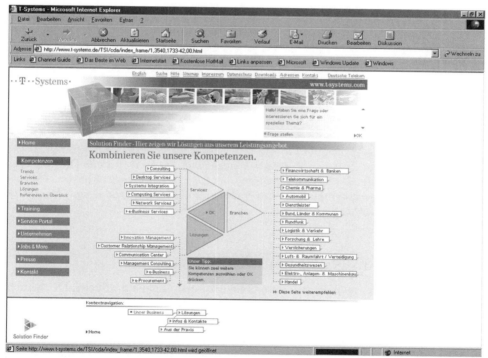

Wer auf die Website eines Beratungshauses kommt, sucht mit großer Wahrscheinlichkeit eine Lösung für sein Problem. Daher wurde hier besonders darauf geachtet, die vielfältigen Leistungen der T-Systems über einen Solution Finder transparent und schnell auffindbar zu gestalten.

spart lästiges Ausdrucken einzelner Seiten, der Website, und zudem liegt die Information im Companygerechten Design vor. Die gesammelten Daten können dadurch auch auf einfache Weise an einen Kollegen weiterversandt werden, liegen dauerhaft vor und können auch offline jederzeit wieder aufgerufen werden.

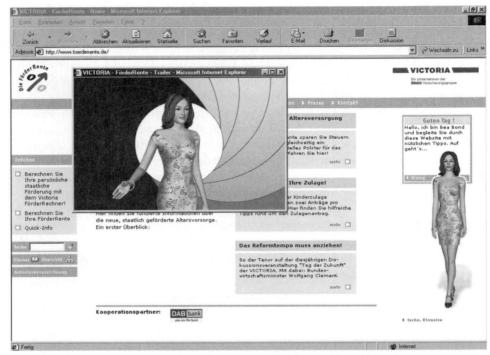

Bei der Website zur Förderrente der Victoria Versicherung wurde ein besonderer Schwerpunkt auf den Chatbot gesetzt. Dieser wird in einem kleinen Flash-Trailer vorgestellt. Die Aufmerksamkeit auf dieses Tool zu lenken, hat seinen Sinn: der Chatbot ist in Wirklichkeit ein „leibhaftiger" Call Center Agent, der mit dem Nutzer chattet und darauf spezialisiert ist, Nutzer bis zum Versicherungsabschluss zu führen.

3.6 Die Suche als Navigationselement

Noch immer eine der meistverwendeten Navigationshilfen ist die Suche. Doch auch hier lassen sich beträchtliche qualitative Unterschiede ausmachen. Es ist schon eher selten, eine Suche zu finden, die Schreibfehler vergibt oder sinnvolle Näherungsergebnisse liefert, wenn zum direkten Suchwort kein Eintrag vorliegt. Doch gibt es mittlerweile auch sehr „intelligente" Suchsysteme auf dem Markt. So kann z. B. die Suche XXX der Firma YYY, die auf einer sprachübergreifenden Semantik beruht und in vielen Jahren von Linguistikern entwickelt wurde, unter dem Begriff „Fahrzeug" nicht nur selbiges Wort, sonder auch „Auto, Traktor, Bus, Taxi, Car, Lorry, Van,

Truck" finden. Kaum etwas ist für den User frustrierender, als eine Suchabfrage mit keinem oder hunderten von Ergebnissen. In beiden Fällen kann er mit dem Ergebnis nichts anfangen und ist verärgert, da die Applikation ihm indirekt zu verstehen gibt, dass er keine vernünftige oder angemessene Frage stellen kann oder in der Form stellt, wie sie genau von dieser speziellen Such-Applikation verstanden wird.

Wie würden Sie sich beispielsweise fühlen, wenn Sie im Kaffeehaus nach Milch fragen und die Bedienung entweder antwortet „Milch haben wir nicht, präzisieren Sie die Frage", weil Sie nicht nach Kaffeesahne verlangt haben, oder mit „Wir haben Vollmilch, fettarme Milch, Ziegenmilch, Kuhmilch, Stutenmilch, Sonnenmilch, Milchkaffee, Milchriegel, Milchtiegel, Milchstraße, Milchzucker, ..." antwortet? Sehen Sie, im Internet werden einem solche Ergebnisse allerorten zugemutet. Kein Wunder, dass der Besucher die Website frustriert schleunigst wieder verlässt und es mit einer alternativen URL mit einer kundenfreundlicheren Suche und einem besseren Navigationsangebot probiert.

3.7 Gestaltung von Navigationselementen

Von besonderer Bedeutung ist auch die Gestaltung von Navigationselementen. Zwar ist das Web noch gar nicht so alt, aber es hat sich schon eine gewisse Gewöhnung z. B. an die Position von Elementen als eine Art Standard etabliert. So wird die Hauptnavigation meist am linken Fensterrand oder im Kopfbereich einer Seite erwartet. Mittlerweile gibt es auch einige Studien hierzu. So gern Sie ihre Besucher auch mit einem ausgefallenen Design überraschen mögen – bedenken Sie, dass die meisten Besucher nicht darauf erpicht sind, die Mysterien von hieroglyphischen Symbolen und extraordinären Navigationselementen erlernen zu müssen. Gestalten Sie wichtige Navigationselemente daher klar und mit einem deutlichen Hinweis, wohin diese auch führen. Lassen Sie den Nutzer nie im Unklaren über das Ziel eines Links. Jeder Klick bedeutet für ihn Überlegung, Energie und Zeit – alles Dinge, die niemand gerne unnütz verschwendet.

Es sollte mittlerweile selbstverständlich sein, auf behindertenfreundliche Gestaltung ebenso zu achten, wie auch denjenigen Alternativen an die Hand zu geben, die nicht die neuesten Plugins besitzen. Auf eine feste Größe des Navigations-Fensters kann sich auch nicht gestützt werden, deswegen empfiehlt sich eine Positionierung der wichtigen Navigations-Elemente im linken und oberen Bereich einer Internet-Seite. Eine weitere Unterstützung bietet dem Besucher das permanente Anzeigen der zweiten Navigationsebene, dadurch geben Sie dem Besucher auf einfache Weise Aufschluss, was sich unter den verschiedenen Navigationsbereichen verbirgt.

4. Qualifizierung

Dialog ist per definitionem nicht zweckfrei. Es geht um Austausch von Informationen. Dieser Austausch ermöglicht es, dass die Kommunizierenden sich im Verlauf des Dialogs besser kennen lernen, die Dialog-Intention sich besser einschätzen lässt und der Dialog dadurch zielgerichteter und effizienter erfolgt. Was im Mensch-zu-Mensch-Dialog meist vortrefflich funktioniert, sollte zu beiderseitigem Nutzen im Internet-Dialog nachempfunden werden. Bis heute ist es nicht möglich, dass sich Computer und Mensch in gleicher Qualität wie zwei Menschen unterhalten können. Das heißt aber nicht, dass es bei einer reinen Informationsabfrage des Nutzers und stupider Beantwortung des Systems bleiben muss. Lassen Sie uns in diesem Zusammenhang von Qualifizierung sprechen.

Jeder Klick und jedes „Innehalten" eines Nutzers im Bereich der Website sind trackable, können also vom System mitgeschnitten werden. Aus diesen Klickstreams, also dem Verhalten des Nutzers gemessen in Seitenabfolgen, lassen sich – die notwendige Technik und Systematik vorausgesetzt – Erkenntnisse gewinnen. So ist z. B. der Interessensschwerpunkt auf Basis der aufgerufenen Inhalte, der Verweildauer und der angeforderten Informationstiefe feststellbar. Darauf kann vom System reagiert werden und nach einer Auswertung die Navigationsangebote verbessert werden. In diesem Zusammenhang sollen die Prinzipien der personalisierten Navigation tiefergehend beleuchtet werden.

Abdi Scheybani

Recommender-Systeme in Kundenportalen – von der Revolution zur Evolution

Der vorliegende Artikel zeigt die Praxisrelevanz von Recommender-Systemen im Kontext von Kundenportalen auf, vermittelt einen Überblick zu deren unterschiedlichen funktionalen und technischen Ausprägungen und erörtert die Fallstricke bei der Implementierung von Recommender-Systemen. Darüber hinaus werden branchenspezifische Anwendungsbedingungen bei der Einführung von Recommender-Systemen exemplarisch betrachtet.

1. Ausgangssituation: Recommender-Systeme – Alter Wein in neuen Schläuchen?

Bereits in der zweiten Hälfte der 90er Jahre wurden Recommender-Systeme im Kontext der Themenfelder E-Commerce und Personalisierung insbesondere von Softwareanbietern als heilsbringende Segnungen des Internetzeitalters gefeiert.[1] Recommender-Systeme bezeichneten dabei zunächst recht allgemein die Möglichkeit, Webseitenbesuchern online, zeitnah und zumindest teilweise automatisiert Empfehlungen bezüglich Waren und Dienstleistungen sowie Inhalten und Kommunikationspartnern (die drei Cs: Commerce, Content, Communication) zu geben.[2] Unternehmen wie z. B. Broadvision, epiphany oder Netperception, um nur drei namhafte internationale Softwareanbieter zu nennen, boten recht früh entsprechende Software-Produkte als Stand-Alone-Lösungen und als Teil umfassender Portallösungen an. Dabei lag der Schwerpunkt zunächst auf Kundenportalen, verlagerte sich dann aber angesichts der spärlichen E-Commerce-Erfolge immer stärker in Richtung Mitarbeiter (Intranet) und Geschäftspartnerportale (Extranet).

Heute – mehr als fünf Jahre nach Beginn dieser Entwicklung – muss festgestellt werden, dass diese erste Welle zur Einführung von (teil-)automatisierten Online-Empfehlungen in Bezug auf ihre Verbreitung weit hinter den Erwartungen zurückgeblieben ist. Dieser Befund gilt für alle drei Portalsegmente (Kunden-, Mitarbeiter-, Geschäftspartnerportale), soll aber im Folgenden vor allem für Kundenportale näher erläutert werden.

Zwar haben E-Commerce-Pioniere, wie z. B. Amazon oder Otto, heute bereits erfolgreich Recommender-Systeme in ihre Kundenportale integriert, ein Großteil der Unternehmen, die über ihre Webseite Waren- und Dienstleistungen verkaufen oder

---

1 Siehe hierzu den fachlich grundlegenden und im Ton euphorischen Artikel aus dem Jahr 1999 von J. Ben Schafer/Joseph Konstan/John Riedl: Recommender Systems in E-Commerce, in: ACM,Conference on Electronic Commerce (1999), S. 158–166.

2 Siehe auch die Definition von J. Ben Schafer, Joseph A. Konstan, John Riedl: E-Commerce Recommendations Applications, in: Journal of Data Mining and Knowledge Discovery, Vol. 5 (2000), S. 115–152, hier S. 115: „Recommender systems are used by E-Commerce sites to suggest products to their customers and to provide consumers with information to help them decide which product to purchase." E-Commerce ist im Kontext dieses Aufsatzes allgemeiner, nämlich auch in Hinblick auf die Vermittlung von Inhalten zu sehen.

bewerben, verfügt jedoch nicht über derartige Empfehlungsmechanismen. Häufig werden Produktkataloge lediglich digitalisiert und online gestellt. Falls überhaupt Empfehlungen erteilt werden, erfolgen diese meist in Form von Hinweisen auf Sonderangebote, so wie man es von Zeitungsbeilagen kennt. Neben den mit der On-line-Präsenz verknüpften allgemeinen Vorteilen (Erreichbarkeit, Transaktion per Mouse-Klick etc.) stellt die Suchfunktion für den Kunden den einzigen wesentlichen Zusatznutzen gegenüber dem Katalog dar. Diese Diagnose gilt im Kern nicht nur für den Transaktionsbereich von Portalen, sondern auch für den Informations- und Kommunikationsbereich.

Aus der bisherigen mangelnden Durchsetzungsfähigkeit von Recommender-Syste-men auf deren Irrelevanz zu schließen, wäre jedoch verfehlt. Es gibt eine Reihe von Gründen, warum sich die Einführung dieser Funktionalität bisher lediglich verzögert hat:

- *Faktor Verunsicherung der Entscheider:* Die Enttäuschung ihrer übersteigerten E-Commerce-Erwartungen hat viele Entscheider dazu veranlasst, die funktionale Weiterentwicklung ihrer Online-Präsenzen mit geringer Priorität zu versehen.

- *Faktor Kompetenz:* Den Marketing-Fachabteilungen, in der Regel sehr stark von der klassischen Werbung kommend, fehlt häufig das entsprechende Online-Mar-keting-Know-how, um Investitionen in Recommender-Systeme intern zu recht-fertigen und kompetent umzusetzen. Darüber hinaus kann die operative Abstim-mung mit den IT-Verantwortlichen zum Stolperstein geraten. Auch externe Rat-geber tun sich schwer im „Bermuda-Dreieck" zwischen Marketing, Informa-tionstechnologie und Wirtschaftlichkeitsbetrachtung. Haben Webagenturen ihren Glaubwürdigkeitskredit spätestens seit Anfang 2001 angesichts offensicht-licher werdender Fehleinschätzungen in den Jahren zuvor zunehmend verspielt, fehlt klassischen Unternehmensberatungen oft die operative IT-Kompetenz. IT-Dienstleister wiederum sind nur selten in der Lage, die marketingspezifische Anpassung von Recommender-Systemen beratend zu begleiten.

- *Faktor Infrastruktur:* Vielen Unternehmen mangelte es zudem an den notwendi-gen infrastrukturellen Voraussetzungen, um Recommender-Systeme zu installie-ren. In den vergangenen Jahren ging es auch bei vielen Großunternehmen zu-nächst darum, überhaupt erst einmal das Produktangebot online abzubilden und die Content-Management-Systeme ins Laufen zu bringen.

- *Faktor Geschäftsprozess-Integration/-Implementierung:* Die Integration von Re-commender-Systemen in bestehende Geschäftsprozesse kann sich als sehr kom-plex erweisen (siehe hierzu nachfolgend die Branchenbeispiele sowie die Ausführungen zur Implementierung).

- *Faktor Software:* Die verfügbaren Softwareprodukte zeichneten sich lange Zeit durch eine zu hohe technisch-funktionale Komplexität aus – das klassische Pro-blem des Overengineerings. Gleichzeitig wurde die Integration des Webkanals mit den operativen Backend-Systemen des Unternehmens unterschätzt. Der zweite Kardinalfehler vieler Softwareanbieter war, dass sie suggerierten, Empfehlungen seien zunächst und vor allem ein technisches Thema. De facto geht es jedoch hierbei konzeptionell primär um Marketing-Methodik und erst in der Umsetzung um Informationstechnologie.

Einige der genannten Blockaden haben sich mittlerweile deutlich abgeschwächt. Zu nennen sind hier insbesondere die steigende Akzeptanz und wirtschaftliche Bedeutung des Online-Kanals im Allgemeinen und von E-Commerce im besonderen (zumindest im Macro-Payment-Segment) sowie die Beseitigung vieler infrastruktureller Baustellen. Auch die Erwartungshaltungen der Entscheider pendeln sich allmählich auf Normalmaß ein. Daher scheint jetzt der Zeitpunkt für eine zweite Welle der Einführung von Recommender-Systemen gekommen. Diese zweite Welle muss allerdings sowohl produktseitig als auch im Hinblick auf die Implementierung aus den Erfahrungen der Vergangenheit lernen.

2. Die Marketing-Logik von Recommender-Systemen und ihre funktionale Ausgestaltung

Es gibt eine Vielzahl von Recommender-Systemen mit unterschiedlicher methodischer und funktionaler Ausrichtung. Der überwiegende Teil dieser Systeme lässt sich entlang dreier grundlegender Dimensionen klassifizieren: Input/Profilierung, Empfehlungs-Methode sowie Personalisierungsgrad.

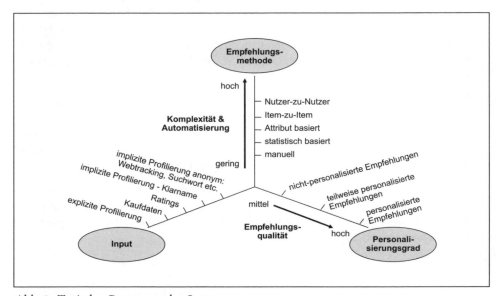

Abb. 1: Typisches Recommender-System

2.1 Daten-Input/Profilierung

Das Internet ist ein interaktives Medium – im Unterschied zu den klassischen Kommunikationsmitteln des Massen- und Direktmarketings – sieht man einmal von Call Centern ab. Unternehmen, die sich darauf beschränken, Katalogdaten online zu veröffentlichen und mit einer Bestellfunktion zu versehen, müssen sich die Frage gefallen lassen, ob sie die spezifischen interaktiven Potenziale des Online-Kanals hinreichend ausschöpfen.

Auch im Jahr 2003 sollte die E-Commerce-Vision darin bestehen, erfolgreiche Mechanismen des traditionellen Handels online abzubilden – einschließlich der spezifischen Mehrwerte des Online-Kanals. Ein wesentlicher Baustein hierfür ist die Profilierung des Kunden.[3] Die Erhebung von Daten zum Verhalten oder zu Eigenschaften und Präferenzen von Nutzern sind unabdingbare Voraussetzung für werthaltige Empfehlungen und Beratung.

Im traditionellen Einzelhandel vollzieht sich Profilierung sowohl durch non-verbale Eindrücke (Kleidung, Gestik etc.) als auch im Wege des Verkaufsgesprächs. Erst wenn der Verkäufer diese Basisinformationen gesammelt hat, kann er den Kunden werthaltig beraten. Im Online-Kanal gibt es ebenfalls zwei Ebenen der Profilierung: die explizite Profilierung, bei der der Kunde/Interessent freiwillig Informationen über sich preisgibt, sowie die implizite Profilierung, bei der der Kunde/Interessent Spuren hinterlässt, z. B. in Logfiles.

Die explizite Profilierung gehört wahrscheinlich zu den am häufigsten missverstandenen Mechanismen des Online-Marketings. Profilierung bedeutet nicht, den Webseitenbesucher zu bitten, möglichst viele persönliche Daten preiszugeben, bevor er die Webseite nutzt. Derartige Profilierungsansätze sind von vornherein zum Scheitern verurteilt, da das zugrunde liegende Nutzenversprechen nicht hinreichend ist. Auch in der realen Welt würde kein Kunde seine persönlichen Daten und Vorlieben offen legen, bevor er den Laden betritt. Der Kunde gibt freiwillig genau soviel von sich preis, wie notwendig ist, um vom Verkäufer gut beraten zu werden. Je werthaltiger ihm die Beratung erscheint, desto mehr öffnet er sich. Methodisch kommt es also bei der expliziten Profilierung darauf an, diesen dialogischen Prozess abzubilden, um auf diese Weise mehr über den Interessenten/Kunden zu erfahren.

Eine Form der expliziten Profilierung ist der Kaufakt an sich. An der Kaufhistorie ist abzulesen, für welche Produkte oder Dienstleistungen sich der Kunde interessiert bzw. interessiert hat. Dieses Kaufprofil geht insofern über reine Interessenbekundungen hinaus, als es tatsächliches Verhalten abbildet. Die Motive und die Anwendungshintergründe für einen Kauf werden nicht sichtbar. Diese Information wäre jedoch unter Marketing-Gesichtspunkten von zentraler Bedeutung: Kauft jemand einen Kombi, weil er Familie hat, oder weil er sein Mountainbike transportieren möch-

---

3 Abdi Scheybani: Online-Marketing. Zurück in die Zukunft, in: Technologie und Management, 7/8, 2002, S. 12–15.

te? Zwei unterschiedliche Kundengruppen können sich für das gleiche Produkt interessieren, müssen aber sowohl argumentativ als auch emotional unterschiedlich angesprochen werden.

Die implizite Profilierung in Form von Beobachtung des Kundenverhaltens auf der Webseite kann ebenfalls als Basis für Content- oder Produktempfehlungen dienen. Über Webtracking-Verfahren lassen sich Nutzungspfade ermitteln und über Web-Mining-Verfahren auswerten. Diese Daten wiederum bilden die Eingangsgröße für Empfehlungen. In der Praxis mangelt es selbst Unternehmen, bei denen der Online-Kanal mittlerweile strategischen Charakter für die Kundenkommunikation hat, häufig noch an elementarsten Webtracking-Verfahren. Erfasst werden oft nur aggregierte Größen wie die Besuchshäufigkeit auf verschiedenen URLs oder die durchschnittliche Verweildauer. Fortschrittlichere Unternehmen erfassen bereits heute über die Vergabe von Session-IDs URL-übergreifende Nutzungspfade einzelner Individuen und werten diese systematisch aus, um ihre Webseite zu optimieren, aber auch, um ihren Webseitenbesuchern noch während ihres Aufenthaltes Empfehlungen zu geben oder den Content dynamisch auf den spezifischen Webseitenbesucher anzupassen.

Unter methodischen Gesichtspunkten liegt die kritische Frage nahe, wie viel psychografische Evidenz einem Klick tatsächlich beizumessen ist. Drückt sich die Ernsthaftigkeit eines Interesses tatsächlich darin aus, wie oft jemand eine Webseite oder Informationen aufruft? Auch wenn man dazu geneigt sein mag, diese Frage grundsätzlich zu bejahen, so lässt sie sich im Einzelfall nur durch begleitende Befragungen der gemessenen Testpersonen und kanalübergreifende Beobachtungen z. B. des Kaufverhaltens beantworten.

Implizite Profilierung wirft insbesondere dann datenschutzrechtliche Fragen auf, wenn der Nutzer nicht anonym ist, z. B. weil er sich mit seinem Klarnamen eingeloggt hat und kein Re-Anonymisierungsverfahren besteht. Ob durch die Einholung einer Erlaubnis beim Endkunden (Permission) die datenschutzrechtlichen Bedenken ausgeräumt werden können, hängt von einer Reihe von Randbedingungen ab und ist daher nicht pauschal zu beantworten, sondern im Rahmen einer Einzelfallprüfung zu klären.

Ratings sind eine besondere Form der produktseitigen Profilierung. Nutzen bewerten Content oder Produkte. Dieses Verfahren ist besonders auf Community-Seiten sehr häufig zu finden und dient anderen Nutzern zur Orientierung über die Qualität eines Beitrages oder des besprochenen Produkts.

2.2 Funktionale Typen von Recommender-Systemen

Kunden frühzeitig auf relevante Produkte und Inhalte hinzuweisen, gehört seit jeher zu den Kernaufgaben von Marketing und Vertrieb. Herkömmlicherweise dient dabei als Ausgangspunkt die Kundenkenntnis bzw. die Marktforschung, auf deren Basis Kundensegmente unterschieden und entsprechende Inhalte oder Produkte ausgerichtet werden. Diese Segmente werden dann über unterschiedliche Kanäle angesprochen. Je nach Erfolg der Kundenansprache wird die Segmentierung verfeinert, ergänzt oder verworfen.

Bisher erfolgten diese Produkt-Markt-Zuordnungen weitgehend „manuell", d. h., es werden segmentspezifische Angebote, z. B. Promotions, auf der Webseite „veröffentlicht". Empfehlungen dieser Art sind verbreitet, kommen aber bezogen auf die Zielgruppendifferenzierung nicht über das Niveau von Zeitungsbeilagen hinaus.

Suchbasierte Recommender-Systeme stellen demgegenüber einen deutlichen Fortschritt da. Sie setzen allerdings voraus, dass das Objekt der Empfehlung profiliert und damit zuzuordnen ist. Darüber hinaus muss die Profilierungsstruktur des Suchenden mit der des Gesuchten übereinstimmen. Ein Verbraucher, der auf der Webseite sein „Traumauto" konfiguriert, gibt damit auch sein Suchprofil ein, so dass Händler/Hersteller entsprechende Vorschläge unterbreiten können. Grundsätzlich problematisch an diesem Ansatz ist dreierlei: Je breiter das Sortiment und je schneller der Sortimentwandel, desto aufwändiger und unökonomischer ist eine Profilierung, das gilt z. B. für diversifizierte Versandhändler mit Tausenden von Artikeln.[4]

Produkteigenschaften sind nur bedingt aussagekräftig im Hinblick auf den Kundenbedarf, der sich häufig weniger aus den technischen Produktdaten als aus den konkreten Anwendungsbedingungen ergibt. Deren komplette Profilierung wäre jedoch unrealistisch. Emotionale Aspekte des Kundenverhaltens spiegeln sich in der Regel genauso wenig in Produkteigenschaften wie die Kraft der Marke. Die Relevanz der ersten beiden Punkte können zumindest teilweise durch automatisierte Profilierungsverfahren, wie z. B. Pattern Matching, abgeschwächt werden. Hier kommen Text-Retrieval und -Mining-Verfahren zum Einsatz, die Texte nach vorgegebenen Taxonomien verschlagworten, so dass Ähnlichkeiten ermittelt werden können. Dieses Verfahren kann insbesondere im Hinblick auf Contentempfehlungen gute Ergebnisse zeitigen. Für Produktempfehlungen ist es weniger geeignet.

Auch die Generierung der Empfehlungen selbst lässt sich automatisieren. Häufig werden hierzu regelbasierte Verfahren genutzt.[5] Durch diese Verfahren werden Zusammenhänge zwischen Nutzerattributen und Produkten bzw. Inhalten im Sinne einer Wenn-Dann-Beziehung „fest verdrahtet": Wenn ein Nutzerprofil das Attribut A aufweist, dann erfolgt Empfehlung X, aber wenn Attribut B, dann Empfehlung Y. Attribute können sich dabei auf Nutzer oder aber auf Produkte beziehen. Der Einsatz von regelbasierten Verfahren ist vor allem dann sinnvoll, wenn das Produktspektrum begrenzt und die Anwendungsszenarien überschaubar sind. Ist eine dieser beiden Bedingungen nicht gegeben, ist die Administration regelbasierte Systeme unweigerlich

---

4   Claudia Frielitz/Dr. Hajo Hippner/Stephan Martin/Prof. Dr. Klaus Wilde: eCRM – Kundenbindung im Internet, in: eCRM – Innovative Kundenbindung im Internet, 2001, S. 9–36, hier S. 23.

5   Peter Gentsch: Personalisierung der Kundenbeziehungen im Internet – Methoden und Technologien, S. 266–307, hier 291 f.

mit hohem manuellen Aufwand verbunden. Die Regeln selbst werden entweder aus der Marktforschung abgeleitet oder sind das Resultat von Offline-Data-Mining-Analysen.

Nutzer-zu-Nutzer-basierte Recommender-Systeme stellen die fortschrittlichsten, aber gleichzeitig auch die komplexesten Lösungen dar. Hier werden Nutzer mit ähnlichem Kauf- oder Merkmalsprofil identifiziert und zu virtuellen Kundengruppen zusammengefasst. Methodisch am interessantesten sind hier Collaborative-Filtering-Verfahren, bei denen – vereinfacht dargestellt – zunächst für ein gegebenes Profil das jeweils Ähnlichste ermittelt wird ("Nearest Neighbour" oder auch Geschmacknachbar). Die Produkte des Geschmacksnachbarn, die sich noch nicht auf der Profilkarte des betrachteten Kunden befinden, werden diesem dann vorgeschlagen.

Nutzer-zu-Nutzer-basierte Recommender-Systeme stellen die traditionelle Marketing-Logik gewissermaßen vom Kopf auf die Füße. Hier sind es plötzlich die Kunden selbst, die sich – in Bezug auf Eigenschaften oder Verhalten – quasi automatisch segmentieren. Diese Form der hypothesenfreien Segmentierung ist nicht onlinespezifisch, sondern ein Grundmerkmal von Data Mining-Verfahren. Im Online-Bereich erhalten diese Verfahren bzw. deren onlinespezifischen Varianten in zweierlei Hinsicht eine neue Qualität: zum einen werden sie als Direktmarketing-Instrument genutzt, d. h., einzelnen Kunden werden One-to-One-Angebote unterbreitet, die von ihrer Referenzgruppe selektiert oder gekauft wurden, und zum anderen müssen sie höheren Performance- und Zeitanforderungen (im Extremfall „Real Time") genügen.

Die Stärke der nutzerprofilbasierten Collaborative-Filtering-Verfahren ist zugleich ihre Schwäche. Die tendenzielle Verlagerung der Segmentierungs- und Empfehlungshoheit vom Marketing-Management auf das Recommender-System ist insbesondere dann problematisch, wenn es darum geht, Produkte in den Markt zu pushen (Beispiel „Ladenhüter") – möglicherweise sogar gegen die expliziten Präferenzen der Kunden.

Darüber hinaus ergibt sich die klassische „Kaltstartproblematik" bei Produktneueinführungen.[6] Collaborative-Filtering-Verfahren schlagen nur Produkte vor, die sich andere Nutzer bereits angeschaut bzw. gekauft haben. Außerdem ist noch eine kritische Masse an „tiefen" Kundenprofilen notwendig. Die Ermittlung von Ähnlichkeiten macht kaum Sinn, wenn sie nur auf wenigen Profilmerkmalen beruhen. Darüber hinaus ist auch entscheidend, wie häufig ein Attribut vom Nutzer ausgewählt wurde. Innerhalb des Collaborative-Filtering-Ansatzes lässt sich diese Problematik zumindest entschärfen durch die Einführung von Schwellenwerten bezüglich der Profilbreite und -tiefe sowie der Häufigkeit der Attributauswahl. Erst wenn der definierte Schwellenwert überschritten wird, kommt es zu Empfehlungen.

---

6   Al Manur Rashid/Istvan Albert/Dan Cosley/Shyoung K. Lam/Sean M. McNee/Joseph A. Konstan/John Riedl: Getting to Know You: Learning New User Preferences in Recommender Systems, in: Proceeding of the 2002 International Conference on Intelligent User Interfaces, San Francisco, S. 127–134 ff.

Fortschrittliche Softwareanbieter gehen angesichts der dargestellten methodischen Schwierigkeiten dazu über, nutzerprofilbasierte Collaborative-Filtering-Verfahren um regelbasierte Verfahren zu ergänzen, was allerdings die Komplexität des Gesamtsystems nicht verringert.

So genannte Item-zu-Item-Verfahren sind die bisher bekanntesten und erfolgreichsten Recommender-Systeme. Sie haben den entscheidenden Vorteil, dass sie die Profilierung der Nutzer nicht voraussetzen, sondern als Input-Größen lediglich die Warenkorb- bzw. Kaufdaten benötigen. Theoretisch kann hierbei auch auf Offline-Kaufdaten zurückgegriffen werden, um Online-Interessenten Produkte zu empfehlen, es sei denn online-affine Kunden weisen eine unterschiedliche Präferenzstruktur auf als die Offline-POS-Kunden. In der Tat sind Warenkorbanalysen basierend auf Kassenabrechnungen (Bons) seit längerem ein klassisches Feld von Data-Mining-Software gestützen Assoziations-Analysen. Onlinebasierte Item-zu-Item-Empfehlungen müssen darüber hinaus eine Reihe spezifischer Anforderungen genügen, wie z. B. hohen Real-Time-, Skalierungs- und Qualitätsanforderungen (hierzu ausführlicher im Kapitel zur Implementierung).

Das bekannteste Beispiel für Item-zu-Item-Empfehlungen ist zweifellos Amazon.com. Das von Amazon eingesetzte Verfahren ist eine Eigenentwicklung und nennt sich „Item-to-Item Collaborative Filtering". Die Entwickler dieses Verfahrens betonen, dass im Unterschied zu den meisten Collaborative-Filtering-Verfahren, das Amazon-Recommender-System „focusses on finding similar items, not similar customers".[7] In dieser allgemeinen Hinsicht ähnelt es Verfahren, die auf der Suchfunktionalität beruhen und dem Fragenden z. B. semantisch verknüpfte Items vorschlagen. Diese „Search-Based-Recommendations" sind jedoch typischerweise entweder zu allgemein (z. B. alle taxonomisch mit dem Suchwort verknüpften Themen) oder zu spezifisch (z. B. nur andere Titel des gesuchten Autors). Diesem Ansatz ist das Amazon-Verfahren qualitativ überlegen, da es auf tatsächlich gekauften Produktkombinationen beruht. Der Fokus auf den tatsächlich vorkommenden und nicht auf den theoretisch möglichen Produktkombinationen führt überdies dazu, dass die Amazon-Recommendation-Machine nach den Aussagen ihrer Entwickler extrem gut skaliert und bei mehr als 29 Millionen Kunden und mehreren Millionen Katalogartikeln die notwendige Real-Time-Performance aufweist.

2.3 Personalisierungsgrad

Die namhaften Kundenportale geben ihren Nutzern die Möglichkeit, einzelne inhaltliche Kategorien auszuwählen und sich die entsprechenden Nachrichten in einem eigens dafür reservierten Bereich (z. B. MyYahoo) anzeigen zu lassen. Diese Form der

---

7   Greg Linden/Brent Smith/Jeremy York: Amazon.com Recommendations: Item-to-Item Collaborative Filtering, in: IEEE Internet Computing, January/February 2003, S. 76–80.

Checkbox-Personalisierung weist einen geringen Personalisierungsgrad auf und ist im Hinblick auf den Empfehlungscharakter der ausgelieferten Information rudimentär.

Gleichzeitig klagen viele Kundenportale über mangelnde Kundenbindung angesichts zunehmend ähnlich werdender Produktangebote. Recommender-Systeme können hier einen wesentlichen Beitrag leisten, um Kundenloyalität zu verstärken – insbesondere bei einem hohen Personalisierungsgrad der Empfehlungen.[8]

Dies gilt für das Internet genauso wie für die Offline-Einkaufswelt. Wenn der Kunde zwischen einem Shop wählen kann, wo seine spezifischen Bedürfnisse bekannt sind und ihm daher überwiegend „passende" Produkte angeboten werden, und einem Shop, wo er den gesamten Profilierungsprozess erneut durchlaufen muss, liegt es nahe, dass er sich für den ersten entscheidet. Wie relevant dieser Mechanismus für den Kunden tatsächlich ist, hängt wesentlich von der Art der Produkte und Dienstleistungen ab. Theoretisch betrachtet, nimmt die Empfehlungsqualität mit steigendem Personalisierungsgrad zu. So gesehen, sind Nutzer-zu-Nutzer basierte Recommender-Systeme Item-zu-Item-Systemen überlegen. Aus Implementierungssicht hingegen verhält es sich umgekehrt. Wie bereits dargestellt, benötigen Nutzer-zu-Nutzer-Systeme einen komplexeren Profilierungsinput. Erst wenn ein ausreichend breites und tiefes Kundenprofil vorliegt, ist davon auszugehen, dass Empfehlungen tatsächlich werthaltig sind.

Personalisierung setzt nicht notwendigerweise voraus, dass sich Kunden mit ihrem Klarnamen zu erkennen geben. Webseitenbesucher können beispielsweise auch Profile unter einem Pseudonym angeben. Entscheidend ist nur, dass dieses eindeutig den Profildaten, also expliziten oder impliziten Attributen zuzuordnen ist. Handelt es sich allerdings um Kaufdaten ist der Bezug zum Klarnamen zunächst gegeben und damit im Hinblick auf die datenschutzrechtliche Zulässigkeit zu prüfen. Das Vorliegen einer Permission ist eine notwendige, aber keine hinreichende Bedingung, um die auf diese Weise erzeugten Daten für Marketingzwecke zu nutzen.

2.4 Empfehlungs- und Profilierungskanäle

Online generierte Empfehlungen können über verschiedene Kanäle an ihre Adressaten gelangen:

- personalisierte Informationsbereiche auf der Webseite selbst (My ...)
- E-Mails, elektronische Newsletter oder clientbasierte Delivery hubs (à la Back-Web z. B.)
- mobile Endgeräte (PDA, Mobilfunk)
- klassische Mailings (Flyer, Briefe etc.)

---

8 Kai Riemer/Stefan Klein: Potenziale und Herausforderungen der Personalisierung im Internet-Handel, in: Web Mining. Informationen für das E-Business (2002), S. 49–61.

- Outbound-Call-Center-Kampagnen
- persönliche Ansprache durch den Vertrieb

Die Art und Weise, wie eine Empfehlung zum Nutzer gelangt, ist zwar kein Bestandteil des Recommender-Systems im engeren Sinne, hat aber wesentliche Implikationen für den Nutzwert und die technisches Realisierung eines solchen Systems.[9] Bezogen auf klassische Mailings und Outbound-Call Center stellt sich sicherlich die Frage, weshalb eine online-generierte Empfehlung offline übergeben werden soll. Dennoch kann auch dies im Einzelfall zu Verstärkung der Nachhaltigkeit einer Empfehlung sinnvoll sein. Die Auslieferung der Empfehlung nach „Hause" via E-Mail stellt eine zeitnahe Übermittlung der Empfehlung sicher, was z. B. bei temporär begrenzten Sonderangeboten von erheblicher Bedeutung sein kann. Die Auslieferung der Empfehlung auf der Webseite schneidet in dieser Hinsicht eindeutig schlechter ab. Der entscheidende Vorzug der Webseiten-Auslieferung besteht jedoch darin, dass sie den Nutzer dazu motiviert, regelmäßig die Webseite zu frequentieren, um seine personalisierten Informationen abzurufen. Bei E-Mail-Empfehlungen wird versucht, diesen Effekt durch Links zu erreichen, gleichwohl dürfte bei einem beträchtlichen Teil der Nutzer die Neugier durch das Lesen der Mail befriedigt sein.

Kundenkontakte finden derzeit in der Regel auf mehreren Kanälen statt. Leider liegt selten eine kanalübergreifende Profilierungssystematik vor. Häufig wird z. B. bei der Inbound Call-Center-Kommunikation im Service-Bereich, z. B. bei Reklamationen, die Möglichkeit nicht genutzt, mit einigen gezielten Fragen relevante Kundeninformationen zu erfassen, um diese dann vertrieblich für individualisierte Empfehlungen zu nutzen.

3. Nutzenmechanik von Recommender-Systemen

Recommender-Systeme stiften unterschiedlichen Mehrwert für Unternehmen. Die dargestellte „Nutzenmechanik" (vgl. Abbildung 2) unterscheidet zwischen Nutzenhebeln und ertragswirksamen Bottom-Line-Effekten von Recommender-Systemen.

Grundsätzlich sind zwischen umsatzsteigernden (Neukundengewinnung, Ausweitung Stammkundengeschäft), umsatzstabilisierenden (Minimierung der Kundenabwanderung) und kostensenkenden (Verringerung der Pre-Sales und Werbekosten) Wirkungen zu unterscheiden. Diese Wirkungen folgen aus der Anwendung konkreter Nutzenhebel: Bedarfsgerechte Produktempfehlungen sind sowohl für die Neukundengewinnung als auch für die bessere Kapitalisierung von Stammkunden bzw. Bestandskunden relevant, während Cross- und Upselling-Empfehlungen primär auf

---

9   Zur mobilen Anwendung vgl. Bradley N. Miller/Istvan Albert/Shyong K. Lam/Joseph A. Konstan/John Riedl: MovieLens Unplugged: Experiences with an Occasionally Connected Recommender System, in: Proceeding of the 2002 International Conference on Intelligent User Interfaces, San Francisco, S. 263–266.

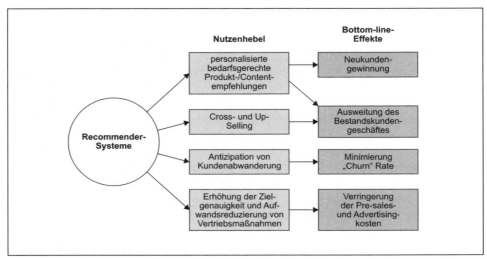

Abb. 2: Die Nutzenmechanik von Recommender-Systemen

die Ausweitung des Bestandkundengeschäftes zielen. Recommender-Systeme können bei geeigneter Datenlage dazu dienen, Kunden auch frühzeitig mit geeigneten Angeboten bzw. Empfehlungen anzusprechen und damit Abwanderungstendenzen entgegenzuwirken.

Die Messung der Wirkungen von Recommender-Systemen ist vergleichsweise einfach, wenn Empfehlungs- und Kaufkanal identisch sind, wie z. B. im Versandhandel oder bei reinen Online-Anbietern. Hier kann z. B. durch einen Vorher-Nachher-Vergleich (z. B. durch das zeitweise Abschalten der Recommender-Maschine) die Wirkung der Online-Empfehlungen auf das Nutzerverhalten gemessen werden. Erfolgt die Empfehlung im Rahmen eines nicht-anonymisierten Nutzer-zu-Nutzer-Empfehlungsverfahrens kann sogar aus den Daten direkt abgelesen werden, welche Empfehlungen zu Käufen führten. Problematisch wird es vor allem dann, wenn die Empfehlung online, der Kaufakt aber offline, also im Geschäft erfolgt. In diesem Fall lässt sich die Relevanz von Online-Befragungen z. B. durch Befragungen von Käuferstichproben messen. Erfragt werden sollten neben dem Beeinflussungsgrad hinsichtlich der Produktwahl auch die Auswirkungen der Online-Empfehlungen auf die POS-Beratungen. Dabei ist festzustellen, inwieweit Online-Empfehlungen dazu eigenen Beratungsbedarf und damit operativen Aufwand am POS zu reduzieren.

Die Abschätzung der empfehlungsbedingten Netto-Umsatzsteigerung ist im Sinne einer ganzheitlichen ROI-Betrachtung dem Einmalaufwand sowie der laufende operative Aufwand zum Betrieb des Recommender-Systems gegenüberzustellen. Entscheidende Investitions- und Aufwandstreiber sind hierbei die Anbindung der Recommender-Maschine an das Produkt- und Content-Management-System sowie die Implementierung und das Customizing für die Recommender-Lösung selbst (Software-Lizenzen machen hiervon in der Regel ca. 15 bis 25 Prozent aus).

Recommender-Systeme zielen zwar letztlich auf den Kaufakt ab, ihre Wirkung auf dem Weg dorthin kann und sollte jedoch auch ergänzend an operativen Kennzahlen im Sinne eines „Balanced-Scorecard"-Ansatzes gemessen werden. So wäre es beispielsweise sinnvoll, festzustellen, inwieweit die Einführung von Online-Empfehlungen dazu führt, dass sich die Wiederkehrrate und -frequenz von Webseitenbesuchern erhöht. Attributbasierte Newsletter zu bestimmten vom Kunden ausgewählten Interessengebieten haben beispielsweise diesen Effekt, wie E-Mail-Versender anhand von Klickraten-Analysen nachweisen können. Die Effekte der gesteigerten Kundenbindung sind im Rahmen eines ganzheitlichen ROI-Ansatzes auch den Kosten gegenüberzustellen. Loyalität sollte nicht auf Kosten der Profitabiltät gehen.[10]

4. Branchenspezifische Eignung von Recommender-Systemen

Die Bedeutung der dargestellten generischen Nutzeneffekte variiert nach Branche und Nutzungskontext. Im Handelssektor z. B. hängt der Bedarf an Online-Recommender-Systemen im Allgmeinen ab von der Kunden- und Sortimentsstruktur, der funktionalen Beziehung der Produkte untereinander (Produktsysteme), der Bedeutung von Impulskäufen sowie von der Höhe der Online-Umsätze und der generellen Bedeutung des Online-Kanals für Offline-Käufe.

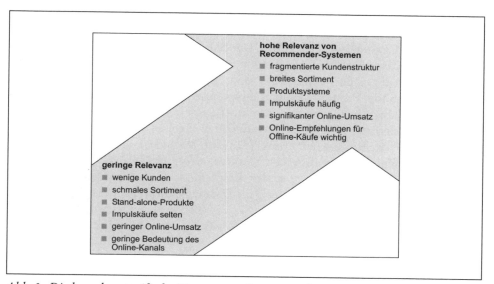

Abb. 3: Die branchenspezifische Eignung von Recommender-Systemen

---

10 Vgl. hierzu Werner Reinartz/V.Kumar: The Mismanagement of Customer Loyalty, in: Harvard Buisness Review, July 2002, Reprint, S. 4–12

Unternehmen mit nur wenigen Kunden, einem überschaubaren Sortiment und noch dazu mit Produkten, die eine persönliche Beratung zwingend erforderlich machen, dürften der Effektivität von Online-Recommender-Systemen zu Recht kritisch gegenüber stehen. Das Geiche gilt für Anbieter von Commodity-Gütern, wo die Homogenität des Produkts wenig Ansatzpunkte für Empfehlungen liefert – es sei denn in Bezug auf die Anwendungsbedingungen.

Klassische Anwendungsfälle von Recommender-Systemen sind demgegenüber große Einzelhändler mit einer heterogenen Kunden- und Sortimentsstruktur sowie B2B-Hersteller- und Handelsunternehmen mit ebenfalls breiter Produktpalette und stark fragmentierter Kundenstruktur. Beispiele für fragmentierte Kundenstrukturen im B2B-Umfeld finden sich z. B. bei Herstellern und Distributoren von Handwerkerbedarf oder bei Seminaranbietern, deren Kundenzahlen in die Hunderttausende gehen.

Bei der Gestaltung von Recommender-Systemen ist ein strategisches Verständnis des Geschäftsmodells und der gängigen Geschäftspraktiken erforderlich. Viele erfolgreiche Einzelhandelsketten wie z. B. im Bereich Consumer Electronics unterliegen einer ausgeprägten Push-Logik. Es geht hier vor allem darum, massenhaft und damit kostengünstig eingekaufte Artikel zeitnah in den Markt zu „drücken". Zur Zeit geschieht dies noch überwiegend durch nicht-individualisierte Massenkommunikation, also über Zeitungsbeilagen, Radio und TV. Die Sonderangebote werden zwar auch im Internet beworben, allerdings ohne auf die Interessen einzelner Nutzer spezifisch einzugehen.

Recommender-Systeme sind an dieser Stelle prinzipiell gut geeignet, gezielte Cross- und Upselling-Empfehlungen zu geben. Der Nutzen ist hier sowohl am Anstieg des E-Commerce-Umsatzes abzulesen als auch an gesteigerten Offline-Umsätzen. Zahlreiche Studien belegen, dass immer mehr Menschen sich online informieren, bevor sie offline, also im Shop, Produkte kaufen. Eine Umsetzung dieser Erkenntnis in Form einer systematischen Integration des Online-Kanals in die vertriebliche Kommunikation steht vielerorts noch aus. Schwierigkeiten ergeben sich insbesondere dann, wenn Offline-Entscheidungsstrukturen (Einkauf, Vertrieb, Lagerhaltung) stark dezentral, also in Filialen oder einzelnen Märkten, erfolgen und somit erhebliche Abstimmungsprobleme zwischen zentralen Empfehlungen und lokalen Sortimenten auftreten können. Nicht nur, dass häufig die IT-Infrastruktur für derartige komplexe Steuerungsprozesse fehlt, oft sind auch die Anreize für die verantwortlichen Filial-Manager nicht groß genug, um derartige „Zentralisierungsbestrebungen" aktiv zu unterstützen.

An den dargestellten Szenarien wird deutlich, dass der funktionale Ausbau des Online-Kanals keinesweg isoliert betrachtet werden kann und dass in der Tat die Umsetzung an sich nahe liegender Maßnahmen strukturelle organisatorische Veränderungen, die Schaffung von IT-Infrastrukturen sowie gegebenenfalls auch neue Incentivierungs- und Controllingkonzepte erfordert.

Ein weiteres Beispiel für die Komplexität der Anwendungsbedingungen von Recommender-Systemen ist die Tourismusindustrie. Die Heterogenität des Angebots, und die fragmentierte Nachfragestruktur sprechen prinzipiell für den Einsatz von Recommender-Systemen. Auch die erheblichen Zuwachsraten bei den Online-Transaktionen – in 2002 wurden bereits 10 Prozent der Buchungen über das Internet vorgenommen – verstärken diesen Eindruck. Automatisierte Empfehlungen sehen sich jedoch im Tourismusbereich mehreren Herausforderungen gegenüber:

Das Reiseverhalten ist stark saison-abhängig. Kundenprofile weisen also ganz unterschiedliche Zielorte und Interessen auf (z. B. Skifahren im Winter und Tauchurlaub im Sommer). Daraus ergibt sich die konkrete Anforderung an Recommender-Systeme, Saisoneffekte zu berücksichtigen. Cross-Selling findet allenfalls in Ansätzen statt, z. B. im Hinblick auf Incoming Services am Zielort, nicht aber in Bezug auf ganze Reisen. Wesentliche Steuerungsmechanismen wie z. B. das Ertragspotenzial von spezifischen Reisen existieren zur Zeit noch nicht (Abrechnung des Veranstalters mit Reisebüros erfolgt pax- und nicht margenbasiert).

Immer mehr Kunden wenden sich von Pauschalreisen ab und stellen sich ihre Reisen selbst zusammen. Damit wird das Push-Prinzip, das im Tourismus ähnlich wie im sonstigen Einzelhandel gilt, durch den Trend zum „Dynamic Packaging" wesentlich komplexer. Dynamic Packaging bezeichnet hier das individuelle Zusammenstellen und die dynamische Preisbildung von Reiseangeboten („Bundling"). Ein Vorreiter ist hier Expedia.com. Die meisten übrigen Buchungssysteme leisten dies noch nicht.

So sehr also der Trend zur individuellen Reisezusammenstellung in Richtung Recommender-Systeme weist, so schwierig ist es angesichts der dargestellten strukturellen Voraussetzungen, derartige Systeme zu konzipieren und kurzfristig einzuführen. Voraussetzung hierfür ist ein tief gehendes Verständnis der strategischen und operativen Strukturen der Branche. Spezifische Anforderungen ergeben sich auch bei Informationsportalen, bei denen Aktualität ein wesentliches Kennzeichen des erbrachten Services ist. Portale von Nachrichtensendern z. B. bearbeiten, veröffentlichen und löschen eine Vielzahl von Inhalten innerhalb weniger Stunden und teilweise sogar Minuten. Gleichzeitig verlangt die Breite und die Unübersichtlichkeit des Informationsangebots („Information Overload") aus Kundensicht nach Personalisierungsverfahren, die über elementare Checkbox-Personalisierung (Ankreuzen von groben Interessengebieten wie Wirtschaft, Politik, Sport etc.) hinausgehen.

Die Realisierung eines Recommender-Systems in einem solchen Umfeld ist jedoch eine anspruchsvolle Herausforderung. Angesichts der immensen Quantität, der vielfältigen inhaltlichen Bezüge und der kurzen Verfallzeit von Nachrichten erscheint die regelbasierte Zuordnung einzelner Informationsinhalte zu Nutzergruppen wenig pragmatisch und unter Kostengesichtspunkten schlicht unwirtschaftlich. Die Komplexität des Informationsangebots legt vielmehr die Implementierung der Collaborative-Filtering-Methode nahe. Allerding ist in diesem Kontext ein Item-zu-Item-basiertes Filterverfahren nicht hinreichend, da die Halbwertzeit von Nachrichtenmeldungen häufig nur wenige Stunden beträgt und somit Assoziationen zwischen einzelnen Nachrichtenabrufen quantitativ nicht die notwendige kritische Masse erreichen.

Ein aussichtsreicher Lösungsansatz besteht nun darin, auf Basis einer übergreifenden Taxonomie Nachrichteninhalte – idealerweise durch textbasierte Pattern -Recognition-Verfahren basierend auf semantischen Ontologien – weitgehend automatisiert zu verschlagworten, so dass das Aufrufen einer spezifischen Nachricht als Interesse an einem übergeordneten Thema bzw. Schlagwort gedeutet wird und als entsprechende Information in sein Profil eingeht.[11] Erst dann greift der dargestellte Collaborative-Filtering-Mechanismus, d. h., das Recommender-System vergleicht die auf den abgerufenen Nachrichten beruhenden Profile der Nutzer, ermittelt Ähnlichkeiten zwischen den Profilen und schlägt auf dieser Basis konkrete Inhalte vor.

Dieses Anwendungsbeispiel zeigt deutlich, dass unter bestimmten Kontextbedingungen unterschiedliche Verfahren und damit auch Technologien kombiniert werden müssen. Dies macht die Implementierung komplexer und treibt in der Praxis sowohl die Investitions- also auch die Betriebskosten in die Höhe. Letzteres insbesondere deswegen, weil von einem 100-prozentigen Automatisierungsgrad in der Praxis nicht auszugehen ist.

5. Implementierung von Recommender-Systemen

Die exemplarische Darstellung der branchenspezifischen Anforderungen an Recommender-Systeme hat bereits gezeigt, dass es bei der Einführung einer zumindest teilweise automatisierten Empfehlungsfunktionalität im Online-Bereich um weit mehr als um eine Softwareinstallation geht. Die verschiedenen Implementierungsschritte lassen sich in Form eines sechsstufigen Filtermodells (vgl. Abbildung 4) darstellen.

Das Modell bezieht sich nicht auf rein regelbasierte Recommender-Systeme, sondern auf Verfahren mit Collaborative-Filtering-Komponente, unabhängig davon, ob diese Nutzer-zu-Nutzer- oder Item-zu-Item-basiert sind. Auffällig ist, dass die Recommender-Algorithmen im engeren Sinne nur in der ersten der sechs Filterstufen residieren. Sobald die mathematisch ermittelten Empfehlungen vorliegen, beginnt ein Filterprozess, in dessen Verlauf betriebswirtschaftlich unerwünschte Empfehlungen sukzessive eliminiert werden.

Typische Filterkriterien aus Marketing-Sicht sind inhaltlich unpassende oder politisch inkorrekte Empfehlungen. Als Beispiel kann hier die deutsche Webseite eines internationalen Telecommerce-Anbieters gelten: Kunden, die einen Verlobungsring

---

11 Zum hybriden Einsatz von Collaborativen und content-basierten Verfahren vgl. auch Stuart E. Middleton: Capturing knowledge of user preferences with recommender systems, University of Southampton 2001.

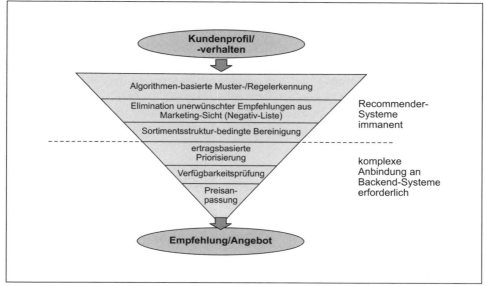

Abb. 4: Die Implementierungsschritte bei Recommender-Systemen

in den Warenkorb legten, erhielten hier zeitweise den Hinweis, dass Kunden mit der selben Präferenz häufig auch Dildos gekauft hätten. Selbst wenn diese Empfehlung durch das angewandte Item-zu-Item-Verfahren korrekt ermittelt wurde, es also tatsächlich eine signifikante Anzahl derartiger Produktassoziationen gab, ist doch aus Marketingsicht zumindest fraglich, ob derartige Empfehlungen zuzulassen sind. Generell gilt, dass eine schlechte oder unplausible Empfehlung das mühsam aufgebaute Vertrauen zerstören kann. Durch die Aufstellung entsprechender Negativ-Listen kann verhindert werden, dass derartige Empfehlungen ausgesprochen werden.

Eine besondere Problematik ergibt sich überall dort, wo Angebote Systemcharakter aufweisen, also die Einzelartikel in einem klaren, nur begrenzt variablen Zusammenhang zueinander stehen. Nimmt man beispielsweise für einen Möbelhersteller oder -händler eine Assoziationsanalyse auf der detailliertesten Artikelnummernebene vor, kommt man zu dem wenig überraschenden Ergebnis, dass der Verkauf einzelner Schubladen einen extrem hohen Zusammenhang (Konfidenz) mit dem Verkauf des dazu passenden Schranks aufweist – eine aus Endkundensicht triviale Erkenntnis und damit überflüssige Empfehlung. Auf der zweiten bzw. dritten Artikelnummerstufe konnten dann relevante Zusammenhänge zwischen Artikelgruppen sowie zwischen Artikel- und Nutzergruppen nachgewiesen werden. Die ertragsbasierte Priorisierung von Empfehlungen ist insbesondere aus Sicht des Anbieters sinnvoll. Grundsätzlich hat der Anbieter ein Interesse, margenstärkere Produkte stärker zu pushen als ertragsschwache. Allerdings ist dabei die zu erzielene Absatzmenge systematisch zu berücksichtigen. Wie das Beispiel der Tourismus-Industrie zeigt, wurde eine konsequente Ertragsausrichtung noch nicht in allen Branchen eingefürt. Dort, wo sie besteht, sind die Empfehlungen der Recommender-Maschine durch entsprechende Priorisierungsregeln zu ordnen.

Kaufempfehlungen zu Produkten, die nicht verfügbar sind, stellen aus Verbrauchersicht zweifellos ein Ärgernis dar. E-Commerce-Systeme, die der Warenbestellung eine Verfügbarkeitsprüfung voranstellen, sollten keinen größeren Aufwand haben, diesen Prüfmechanismus auch auf Empfehlungen anzuwenden. Bei vielen Unternehmen dürfte dies jedoch nach wie vor erhebliche Investitionen in die IT-/Logistik-Infrastruktur voraussetzen.

Recommender-Systeme, deren Empfehlungen mit einer spezifischen, vom Angebotsumfang abhängigen Rabattierung versehen sind, sind bisher kaum implementiert und können daher als Recommender-Systeme der nächsten Generation bezeichnet werden. Der Nutzen einer solchen Funktionalität besteht, dass Rabattierung basierend auf vorgegebenen Regeln quasi-individuell berechnet werden kann – zum Vorteil des Verbrauchers und des Anbieters.

Die Filterstufen „ertragbasierte Priorisierung", „Verfügbarkeitsprüfung" und „dynamische Preisanpassung" sind zweifellos die komplexesten und insbesondere bei fehlenden informationstechnischen und/oder organisatorischen infrastrukturellen Voraussetzungen nur schwer allein mit dem ROI von Recommender-Systemen zu rechtfertigen. Die ersten drei Filterstufen stellen einen wesentlich geringeren Aufwand und führen zwar nicht zu optimalen, aber immerhin zu annehmbaren Ergebnissen.

6. Fazit

Wie dargestellt, können Online-Recommender-Systeme ein signifikantes verkaufsförderndes Potenzial aufweisen – nicht nur im Online-Kanal, sondern auch am POS, sofern Online-Empfehlungen zu Offline-Käufen führen.

Betreiber von Kundenportalen, die ein Online-Recommender-System einführen möchten, sollten zunächst ein Marketing-Fachkonzept erarbeiten lassen. Erst wenn methodisch klar ist, was das jeweilige Recommender-System leisten soll, kann eine sinnvolle Überprüfung der technischen Machbarkeit und des Aufwandes erfolgen.

Die Formulierung der fachlichen Anforderungen wiederum setzt ein Verständnis des Multi-Channel-Verhaltens der Kunden voraus. Die Kernfragen lauten, welche Bedeutung die Gestaltung des Online-Kanals für die Offline-Kapitalisierung am POS zur Zeit hat oder in naher Zukunft haben könnte und wie sich die E-Commerce-Umsätze parallel hierzu entwickeln. Sind beide Aspekte auf absehbare Zeit zu vernachlässigen, ist der betriebswirtschaftliche Nutzen eines Recommender-Systems kritisch zu hinterfragen.

Für alle übrigen Fälle lohnt sich eine ernsthafte Überprüfung der Recommender-Thematik – sofern sie den formulierten branchenspezifischen Relevanzkriterien (Kundenstruktur, Sortimentsstruktur etc.) genügen. Grundsätzlich ist angesichts der dargestellten Geschäftsprozess- und Implementierungsproblematik davon abzuraten, mit einer zu komplexen Lösung zu beginnen. Eine evolutionäre Einführung der Item-zu-Item-Recommender-Systematik wird der durchschnittlichen Lerngeschwindigkeit von Unternehmen und Verbrauchern eher gerecht.

Item-zu-Item-Empfehlungen bieten sich vor allem aus vier Gründen an:

Item-zu-Item-Empfehlungen basieren nicht auf persönlichen Profilen von Nutzern, sondern auf statistischen Zusammenhängen zwischen gekauften Produkten. Damit ist die Profilierungsproblematik gegenüber der an sich sophistizierteren Nutzer-zu-Nutzer-Methodik gleichsam entschärft.

Algorithmen für Item-zu-Item-basierte Recommender-Systeme sind weniger komplex und daher wesentlich kostengünstiger als auf Nutzer-zu-Nutzer-basierte Softwarelösungen, sieht man einmal von den Filterstufen zwei bis sechs ab (siehe Abbildung 4).

Item-zu-Item-Verfahren haben insbesondere gegenüber Nutzer-zu-Nutzer-Ansätzen den Vorteil, im Hinblick auf Real-time-Anforderungen performanter und gleichzeitig skalierbarer zu sein. Da Item-zu-Item-Systeme nicht den Anspruch erheben, auf ein persönliches Profil passende Empfehlungen zu geben, ist die Erwartungshaltung der Nutzer und damit die Gefahr von Enttäuschungen geringer, selbst wenn die Empfehlungen weniger treffgenau sein sollten.

Item-zu-Item-Recommender-Systeme können somit in vielen Branchen einen ersten sinnvollen Schritt hin zu ausgereifteren Recommender-Systemen darstellen. Die bei der Einführung dieser Systematik gemachten Erfahrungen werden dazu beitragen, weitere Optimierungen und branchenspezifische Anpassungen in Richtung personalisierte Empfehlungen durchzuführen. Weiter reichende Profilierung und Personalisierung sollte mit Blick auf die kundenbindenden Wirkungen auf keinen Fall aus den Augen verloren werden. Wie die branchenbezogenen Implementierungsbeispiele zeigen, gibt es jedoch auch Anwendungsszenarien, die den Einsatz von anspruchsvolleren Nutzer-zu-Nutzer-Recommender-Systemen bzw. die Kombination unterschiedlicher Verfahren (z. B. Collaborative Filtering in Verbindung mit semantischen Ontologien) erforderlich machen. In diesen Fällen sind während der Planungsphase um so gründlicher die Fragen der zu erwartenden Empfehlungsqualität sowie die Kosten-Nutzen-Relation zu untersuchen.

Rainer Bamberger

Service-Portale im Maschinenbau

1. Entwicklung einer Servicestrategie

In den letzten Jahren haben führende Unternehmen, wie z. B. die Homag AG als Marktführer in der Holzmaschinenindustrie, Werkzeugmaschinenhersteller wie Heller und Excelle bis zu Unternehmen der Roboterindustrie wie Reiss Robotics und Kuka, Servicestrategien entwickelt und technisch in Service-Portalen abgebildet.

Die Umsetzung der Servicestrategie erfolgt in einem interaktiven, kontinuierlichen Prozess über die Entwicklung von motivierten und kompetenten Mitarbeitern, die das Selbstverständnis als produzierende Dienstleister verinnerlichen und aktiv an der kontinuierliche Weiterentwicklung des Services arbeiten; die Umsetzung einer kundenorientierten, verteilten und international ausgerichteten Serviceorganisation, die – insbesondere für verkettete Anlagen – andere Lieferanten im Service integriert; die Einführung einer IT-Infrastruktur, die mittels Prozessunterstützung und Integration die notwendigen Rahmenbedingungen schafft und weltweit unternehmensübergreifend standardisierte Abläufe ermöglicht sowie die Festlegung kundengerechter Serviceprodukte und deren aktive Vermarktung, ergänzt durch den Aufbau eines kontinuierlichen Service-Engineering-Prozesses zur konsequenten Identifikation und Einführung neuer Serviceprodukte.

Die Abbildung 1 zeigt die vier Bestandteile des neuen Selbstverständnisses im Service in einer Übersicht.

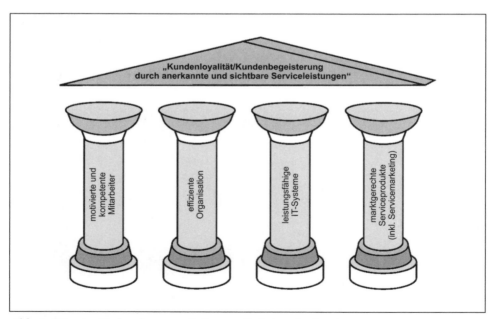

Abb. 1: Die vier Säulen des neuen Selbstverständnisses im Service

2. Organisation des Services: Erfolgsfaktor „identische Prozesse"

Die Abbildung 2 zeigt beispielhaft eine Serviceorganisation und die umgesetzten Serviceprodukte eines Maschinenbauunternehmens, das in den letzten Jahren den Wandel vom Produzenten zum produzierenden Dienstleister vollzogen hat. Als Folge dieses Wandels und des intensiven Einsatzes von IT-Technik konnten in diesem Unternehmen die Bereiche Fernservice wesentlich vergrößert werden, während der Vor-Ort-Service in seinem Umfang zurückging (vgl. ausführlich: Bamberger u. a. 2003, S. 177 ff.). Der Bereich „Servicebezogenes Wissensmanagement" wurde neu aufgebaut.

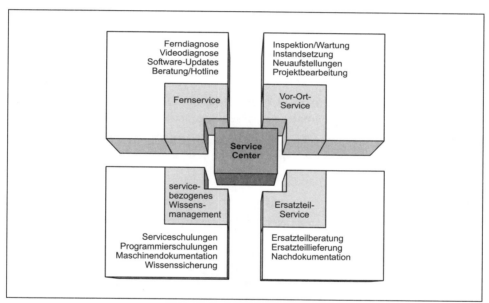

Abb. 2: Organisation des Service am Beispiel der Homag AG, Schopfloch

Mit dieser Serviceorganisation – die in vielen Fällen als Profitcenter bis hin zu eigenständigen Unternehmen geführt werden kann (vgl. dazu unter anderem Steven 2002, S. 9 ff.) – können folgende Kundenanforderungen erfüllt werden:

- weltweiter Service, 24 Stunden, an sieben Tagen die Woche („Follow-the-sun"-Konzept)
- schnelle Problemlösung
- hohe Kundennähe
- hohe Wissenssicherung und Kompetenz

Das Organisationsprinzip ist so zu gestalten, dass, insbesondere bei weltweit agierenden Servicepartnern, identische Einheiten und identische Prozesse in den verteilten

Flächenorganisationen abgebildet werden. Auf diese Weise sind einheitliche Service-prozessabläufe und eine kontrollierbare Servicequalität erzielbar.

Der aktuell im Maschinen- und Anlagenbau sich abzeichnende Trend bei weltweiten Servicestützpunkten ist stark dahin gerichtet, diese internationalen Stützpunkte als eigene, ins Unternehmen integrierte Einheiten zu führen. Die Begründung liegt vor allem in der deutlich gesteigerten wirtschaftlichen Bedeutung, die dem Service beigemessen wird, und in der erzielbaren höheren Kundenbindung und Wissenssicherung, die über die Servicenähe erzielt werden kann.

Bei dieser kundennahen verteilten Organisation brechen aber – hauptsächlich aufgrund der zunehmenden Möglichkeiten und internationalen Vernetzung der IT-Technik – bei der Leistungserbringung von Services Abstimmungsprobleme hinsichtlich der Arbeitsteilung und des Informationsflusses zwischen einem vor Ort agierenden Servicestützpunkt und der Zentrale auf. Unter anderem müssen folgende Fragen geklärt werden:

▪ Von wem werden welche Fernserviceleistungen erbracht – von der Zentrale oder von regionalen Servicestützpunkten?

▪ Wer ist in welcher Weise für die Dokumentation von Servicefällen zuständig – und für wen wird die Dokumentation zugänglich gemacht?

▪ Wo ist dokumentiert, welche Softwareversion auf den Kundenanlagen zuletzt aufgespielt wurde, oder welche Umbauten wann von wem vorgenommen wurden?

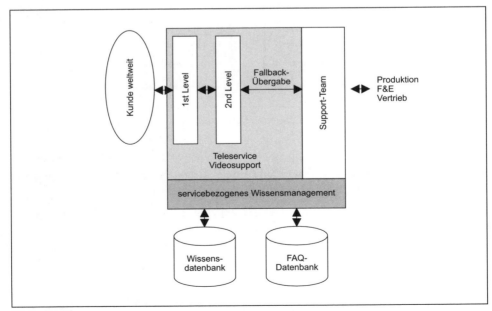

Abb. 3: Organisationskonzept eines weltweiten verteilten Services

■ Wer ist, insbesondere bei weltweit agierenden Kunden, für diesen der erste Ansprechpartner bei Servicefällen?

Eine Möglichkeit, diese Fragestellungen zu lösen, bietet ein Servicekonzept, das ein einheitliches, im weltweiten Servicenetz installiertes First- und Second-level-Konzept abbildet (vgl. Abbildung 3).

Dieses Konzept sieht ein für alle Servicestützpunkte einheitliches Eingangsportal vor, das im 1st Level alle Anfragen der diesem Servicestützpunkt zugeordneten Kunden via Telefon, Fax, E-Mail, Brief oder Web-Formular einheitlich annimmt und an den am besten geeigneten Mitarbeiter im Service-Netzwerk leitet.

Technisch wird dieses in Form eines „Service-Ticket-Managementsystems" (STM) abgebildet. Für jede Anfrage wird, unabhängig von dem Medium, mit dem die Anfrage gestartet wird, ein Ticket als Informationsträger erstellt. Dieses Ticket ermöglicht

■ eine strukturierte Annahme des Servicefalls

■ eine strukturierte, fallbezogene Zuordnung nach dem Prinzip „Problem-Ursache-Lösung" (Case based reasoning, vgl. Abbildung 4)

■ eine Zusammenführung aller zum Servicefall relevanten Informationen, wie Kunden- und Maschinendaten, offene und abgeschlossene Servicefälle, Servicevertragsdaten u. a. m.

■ die Festlegung von Prozessabläufen (Workflows) zur Bearbeitung von Fernservice-, Vor-Ort-Service-, Ersatzteilservice- und Inbetriebnahmeeinsätzen sowie die Sicherstellung, dass jeder Vorgang immer einem „Kümmerer" zugeordnet ist

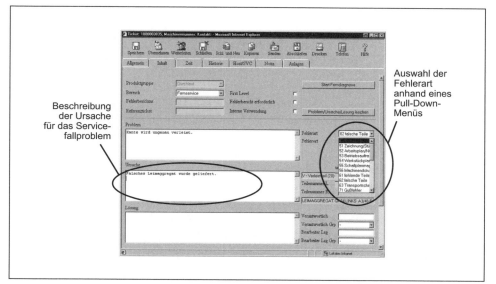

Abb. 4: Service-Ticketmanagementsystem STM. Hier: Zuordnung eines Servicefalls

- ein standortübergreifendes Wiedervorlage- Eskalations- und Kommunikationsmanagement

Der First-Level-Mitarbeiter qualifiziert das Problem und versucht kurzfristig behebbare Problemstellungen zu beseitigen. Hierbei kann er auf Vergangenheitsdaten direkt zugreifen. Bei größeren Problemstellungen wird im Sinne des Kümmererprinzips die Servicefallbearbeitung an den Second Level übergeben, der die Behebung des Problems vollverantwortlich übernimmt und hierbei auch Vor-Ort-Einsätze, Ersatzteillieferungen sowie Umbauten auslösen kann.

Internationale Servicestützpunkte werden mittels der webgestützten IT-Infrastruktur in diese Ablauforganisation identisch eingebunden, wobei im Sinne einer Kompetenzsicherung bzw. eines Kompetenzaufbaus über Conferencing-Verfahren die Problembearbeitung von Servicestützpunkten und Servicezentrale aktiv unterstützt werden kann.

3. Gestaltungsziele für Service-Portale

Die oben angeführte Servicebetrachtung ist stark auf die Problembehebung ausgerichtet und stellt somit ein tendenziell defensives Serviceverständnis dar. Für die zukunftsgerichtete Gestaltung eines Service-Portals muss der Service umfassend und ganzheitlich betrachtet werden. Schrittweise wird das Portal für die verschiedenen Serviceprodukte das führende Informations- und Kommunikationsmedium zwischen den verschiedenen Herstellerunternehmern und den beteiligten Kundenabteilungen sein.

Wesentliche Gestaltungsziele für die Ausgestaltung eines Service-Portals sind:

- *„First-contact-Beziehung":* Eine schnelle, wissensgesicherte Serviceleistung kann langfristig nur erfolgreich sein bei einer auf Dauer angelegten Geschäftsbeziehung zwischen dem Kundenunternehmen und dem Hersteller. Letzterer übernimmt bei verketteten Anlagen auch die Zusammenarbeit mit anderen Partnerbetrieben im Sinne einer Generalunternehmerschaft im Service. Dem Service-Portal kommt dabei eine strategische Bedeutung zu: Nur wenn über dieses Portal ein sehr hoher Mehrwert für das Kundenunternehmen geschaffen werden kann, ist die generalistische Leistungsübernahme durch den Hersteller aus Kundensicht langfristig attraktiver. So kann ein Maschinenbauunternehmen aufgrund seiner Einkaufsmacht die ET-Beschaffung von Zulieferermaschinen in verketteten Anlagen kostengünstiger übernehmen. Er kann hierzu neben der Stücklistendokumentation dieser Zulieferkomponenten auch den gesamten Beschaffungsprozess von Ersatzteilen zu angemessenen Preisen über das Service-Portal abbilden.

- *„Aufbau und Leben einer Partnerschaft":* Das gerade in der Vergangenheit stark ausgeprägte Verständnis der Überteuerung von Serviceleistungen (so werden noch heute bei im Ersatzteilbereich Preisaufschläge von bis zu 300 Prozent durchgesetzt) steht konträr zu einer auf Langfristigkeit und Partnerschaftlichkeit ausgerichteten Service-Portalstrategie. Die Serviceprodukte sind wirtschaftlich attraktiv zu gestalten. Dazu kann das Serviceportal einen wesentlichen Beitrag leisten, indem es die Geschäftsprozesse im Kundenunternehmen durchgängig und effizient abbildet, die Dokumentation (Serviceeinsätze, Wartungen, Inspektionen, Softwareupdates, Maschinentagebuch u. a.) sicherstellt und, verbunden mit entsprechenden Zugriffs- und Rollenkonzepten, sowohl von Hersteller- als auch von Kundenseite eingesetzt wird.

- *„Optimierung der Total-Cost-of-Ownership (TCO) durch kontinuierliche Weiterentwicklung":* Gerade die angespannte wirtschaftliche Situation erfordert eine wesentlich intensivere Betrachtung der gesamten Kosten einer Neumaschinen- bzw. Anlageninvestition. Während bislang die Erstinvestition bei der Beschaffung betrachtet wird, werden verstärkt von Großkunden so genannte TCO-Rahmenverträge bei einer Neubeschaffung ausgehandelt, die die gesamten Serviceleistungen während einer definierten Nutzungsphase einbeziehen. Die TCO-Betrachtung für die Nutzungsphase bezieht alle Kosten ein, wie Bereitstellungskosten (Bereitschaftszeiten, Lagerbevorratung, Werkzeugbevorratung usw.), Bearbeitungskosten (Bearbeitungszeiten, Reisezeiten, Bereitschaftszeiten, ...), Ausfallkosten, Gewährleistungskosten, Koordinations- und Kommunikationskosten u. a. m.

Die Abbildung zeigt schematisch, das Spannungsfeld zwischen Hersteller und Maschinenbetreibern bei der Serviceleistungserbringung. Der Service kann erbracht werden

- vom Kunden (in der Abbildung „Betreiber" genannt)
- von einem Instandhaltungsdienstleister oder
- vom Hersteller selbst, gegebenenfalls in Generalunternehmerschaft (GU)

Je nach Komplexität des Service-Falls ist die Wirtschaftlichkeit der Leistungserbringung unterschiedlich. Bei einfachen Servicefällen (Stufe 0 oder 1st Level) ist eine Fehlerbehebung durch die Instandhaltungsabteilung des Betreibers die optimale Lösung. Hier bietet das Service-Portal dem Betreiber selbst eine Unterstützung. Bei 2nd-Level-Servicefällen und spätestens zur langfristigen Problemlösung im 3rd-Level ist die Serviceerbringung durch den Hersteller/GU die optimale Lösung.

Sicher ist dieser Ansatz sehr schematisiert. Die TCO-Betrachtung ist von weiteren Kriterien wie Maschinentyp (Servicemaschine versus Sondermaschine) oder Servicephase (Inbetriebnahme – versus Nutzungsphase) abhängig. Die intensive Diskussion um TCO führt aber zunehmend zur Etablierung von Service-Portalen, da diese das Zusammenarbeiten zwischen Hersteller und Kunde aktiv unterstützten (Collaborative Services) und somit zur Freisetzung der TCO-Potenziale beitragen.

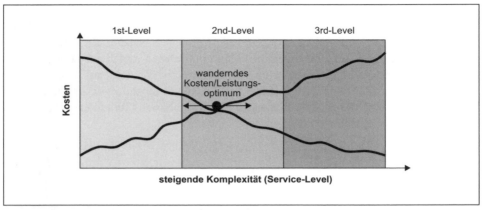

Abb. 5: Kosten-/Leistungsoptimum bei Serviceleistungserbringungen

Für alle Beteiligten entlang der Value Chain muss das Prinzip der Minimierung der TCO gelten, d. h.

- die Prozesse müssen ideal ineinander greifen, um Kommunikations- und Informationsbrüche (und damit verbundene Kosten) zu vermeiden;
- die Dokumentation muss durchgängig für die gesamte Servicekette sein;
- die Kommunikation zwischen den Beteiligten der Kette muss ideal unterstützt werden und
- eine leistungsgerechte Bezahlung der Leistungserbringer muss die konsequente und für alle Beteiligten wirtschaftliche Weiterentwicklung sichern.

4.   Funktionen im Service-Portal für umsatzstarke Kunden

Nachfolgend werden in einem Überblick ausgewählte Funktionen eines Service-Portals vorgestellt. Dabei wird der Fokus bewusst auf die Anbindung von umsatzstarken Key-Account-Kunden gelegt. Die Praxis zeigt, dass der Betrieb eines Service-Portals, der ja nicht nur die Entwicklung, sondern auch die Pflege, Anpassung und Weiterentwicklung umfasst, einen nicht zu unterschätzenden Aufwand mit sich bringt, der die Einbindung von aufwändigen Funktionen im Portal nur für umsatzstarke Kunden wirtschaftlich sinnvoll macht. Sicher kann eine Vielzahl der Funktionen mit geringerem Pflegeaufwand auch an kleinere Kunden wirtschaftlich angeboten werden. Hier sind insbesondere Self-Service-Funktionen zu prüfen.

Wie in den vorigen Abschnitten beschrieben ist das führende Informations- und Kommunikationssystem im Service-Portal das Service-Ticketmanagemet, das die Arbeitsprozesse mittels Workflow aktiv unterstützt und die notwendige Standardisierung der Prozessabläufe zwischen allen in der Service Value Chain beteiligten Partnern – vom Kunden über internationale Servicestützpunkte bis hin zum Herstellerwerk – sichert. Kunden bzw. Key Accounts können über das Service Portal, das in einem Extranet steht, die Services wie Online-Maschinendokumentation, ET-Shop, Lagervorschlagswesen, Maschinentagebuch etc. weltweit und rund um die Uhr nützen.

Die Abbildung 6 zeigt im Überblick mögliche Funktionen des Portals. Die Anwendungen können im Sinne eines Application Service Providing-Konzepts (ASP) vom Hersteller selbst – unter Umständen unter Zuhilfenahme eines externen Dienstleisters – betrieben werden („Collaborative Service Center"). Für weltweit agierende Großkunden könnte es sinnvoll sein, wesentliche Funktionen des Portals auf einem eigenen Server im Haus zu betreiben und nur bei externem Unterstützungs- bzw. Abstimmungsbedarf (z. B. Dokumentationsabgleich) die Kommunikation mit dem Herstellerserver vornehmen. Zukunftsweisende Konzepte gehen davon aus, dass Teile der Service-Portal-Funktionen direkt in der Steuerung der Maschinen und Anlagen abgebildet werden (Maschinendatenerfassung MDE mit Alert-Funktionen und Fehlermeldungen). Gerade Fehlermeldungen, aber auch Wartungsintervallberechnungen oder Maschinentagebuchdaten sind Informationen, die über die Integration von Steuerungsdaten wesentlich zur Effizienzsteigerung beitragen.

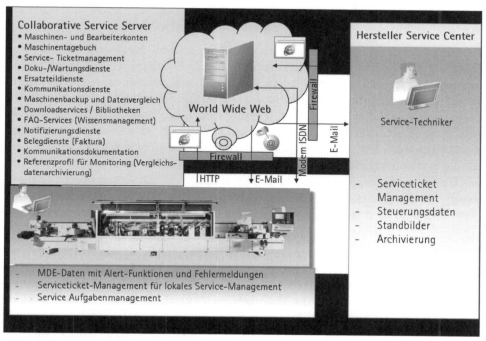

Abb. 6: Funktionen eines Service-Portals

Das Konzept des Service-Portals sieht des Weiteren vor, dass über das gleiche ASP-Portal firmenfremde Servicestützpunkte in die Service Value Chain eingebunden werden. Rollenkonzepte, Zugriffsmechanismen, Sicherheitsstandards sowie erweiterte bzw. angepasste Funktionen sind hierzu abzubilden. Über den gleichen Mechanismus – eventuell mit eingeschränkten Funktionen – können externe Call Center Dienstleister z. B. zur Sicherstellung eines 24-Stunden-Services eingebunden werden. Über die Nutzung der Service-Portal-Technologie wird auch hier sichergestellt, dass die Geschäftsprozesse standardisiert und durchgängig abgebildet werden. Hinter der Firewall stehen die für das Serviceportal auf Seiten der Herstellerorganisation notwendigen Systeme. Sicher ist hier der umfassendste Funktionsumfang verfügbar und die Anbindung an Legacy-Systeme wie ERP-, Abrechnungs-, Dokumentationssysteme etc. vorzunehmen.

Gerade deutsche Maschinen- und Anlagebauer sind häufig durch verteilte produzierende Herstellerwerke mit jeweils eigenständigem Produktportfolio gekennzeichnet. Die Umfänglichkeit der Funktionalität des Service-Portals sowie die Tiefe der Integration in die bestehenden EDV-Systeme legt das Aufsetzen eigenständiger Portalserver je produzierendem Herstellerwerk nahe. Für firmeneigene, international verteilte Servicestützpunkte bietet es sich an, die Anbindung mittels ASP-Dienst vorzunehmen. Zum einen ist der Funktionsumfang für diese Stützpunkte sehr ähnlich dem der Key-Accounts, zum anderem ist der Administrations- und Betriebsaufwand des Service-Portals mit diesem Konzept deutlich reduzierbar.

Beispielhaft werden nachfolgend an einzelnen Screenshots ausgewählte Funktionen eines Service-Portals angeführt, das die Infoman AG, Stuttgart, als Produkt am Markt anbietet. Die Abbildung 7 zeigt beispielhaft eine standortbezogene Maschinenübersicht. Nach Authentifizierung des Nutzens im Service-Portal erhält er den für seinen ausgewählten Standort zugehörigen Überblick über die verfügbaren Maschinen. Da häufig die Maschinenummer kein sprechender Schlüssel ist, kann die Bezeichnung der Maschine frei festgelegt werden. Die Maschinenübersicht stellt das Hauptfenster für die Systemnavigation dar und gibt die für den Key Account gepflegten Funktionen frei. So kann beispielsweise über die Funktion „Teile" auf die onlinegepflegte und somit aktuelle Maschinendokumentation zugegriffen werden. Selbstverständlich werden hierbei auch CAD-Zeichnungen und Schaltpläne zur Verfügung gestellt.

Die Auswahl von Teilen aus der Stückliste ist so nutzerfreundlich gestaltet, dass eine unmittelbare Bestellung dieses ausgewählten Teils über eine Warenkorbfunktion online ermöglicht wird. Erfahrungen zeigen, dass insbesondere Key Accounts über entsprechende Rahmenverträge (TCO-Verträge) verfügen, die eine direkte Bepreisung dieser Ersatzteile möglich macht. Die häufig in Zusammenhang mit Ersatzteilshops kritisch diskutierte Veröffentlichung von Preisen ist somit hinfällig. Der gesamte Bestellprozess wiederum erfolgt über das Serviceticketmanagement, das die Bestellauslösung, Bestellannahme, Liefterterminzusage, Bestellabwicklung im ERP-System bis hin zum Rückliefermanagement dokumentiert und überwacht.

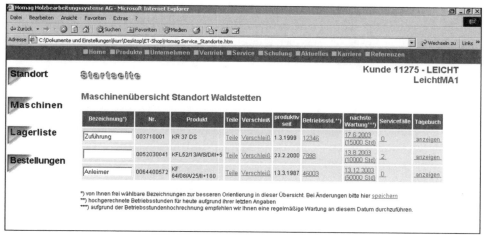

Abb. 7: Standort- und maschinenbezogene Portalübersicht

Die Abbildung 8 zeigt die Vorbereitungsdaten für eine maschinenbezogene Vorschlagsliste für benötigte Verschleißteile, in denen auch erweiterte Informationen hinterlegt worden sind. In Kombination mit einer standortbezogenen Lagerliste ist eine umfassende Basis für die Sicherstellung der Verfügbarkeit der Ersatzteile und somit für die Verfügbarkeit der Maschinen gegeben.

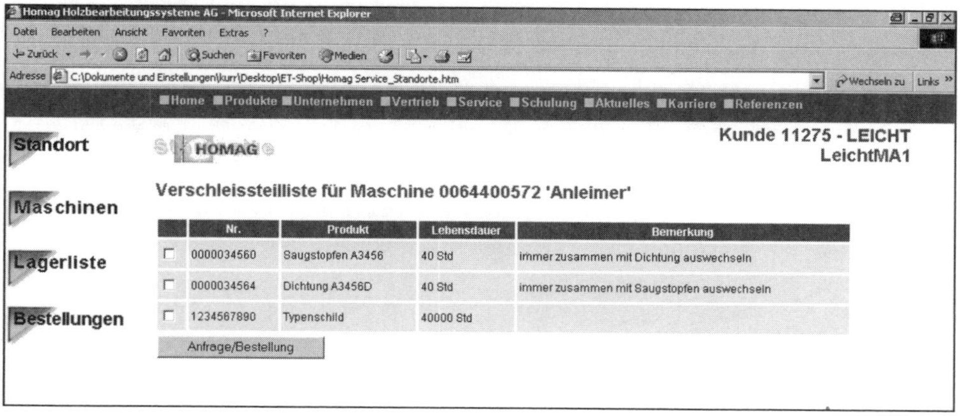

Abb. 8: Vorbereitete Verschleißteilliste

Der Vorschlag der nächsten Wartung wird entweder über einfache Zeitreihenberechnung der Maschinenlaufzeit oder über die oben beschriebene Integration in die Maschinensteuerung direkt ermittelt. Die Servicefall-Funktion erlaubt zum einen die einfache Auslösung eines Servicefalls, wie beispielsweise Bestellung eines Servicetechnikers, eines Fernserviceeinsatzes oder eines qualifizierten Maschinenbedieners.

Zum anderen erlaubt es die konsequente Nachverfolgbarkeit des Status eines Servicefalls. So kann sich der Kunde jederzeit über den Zugriff auf das Serviceticketmanagement informieren, welcher Servicetechniker für die Behebung des Störfalls verantwortlich ist und welcher Zwischenstatus erreicht ist.

Bei einer Anbindung der Maschinen selbst in das Service-Portal kann direkt über die
Maschine ein Servicefall ausgelöst werden. Hierbei werden neben den allgemeinen
Störfallinformationen wie Maschinennummer, Zeitpunkt, Fehlerproblem etc. auch
die letzten Steuerungsdaten in Form einer Logdatei mit übermittelt. Somit kann im
Herstellerwerk oder im Servicestützpunkt die Problembehebung wesentlich qualifi-
zierter angegangen werden.

Die Portalfunktion „Maschinentagebuch" (vgl. Abbildung 9) liefert einen umfassenden Überblick über die Aktivitäten im Lebenslauf der Maschine. Da das Basissystem
des Portals das Serviceticketmanagement ist und über dieses jegliche Kommunikation und Interaktion abläuft, ist das Maschinentagebuch eine nutzbringende Darstellung aller bzw. ausgewählter Servicetickets. Die gesamte Service Value Chain wird somit aufgrund der Durchgängigkeit der Dokumentation wesentlich qualifizierter.
Gleichzeitig stellt das Tagebuch ein geeignetes Hilfsmittel für den Aufbau eines Wissensmanagements dar.

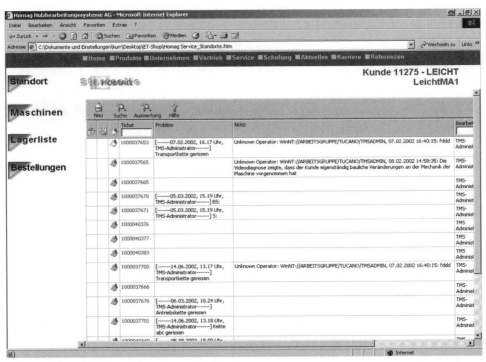

Abb. 9: Portalfunktion „Maschinentagebuch"

Die angeführten Funktionen stellen zum einen Ausschnitte möglicher Portalfunktionen dar. Erfahrungen aus der Praxis zeigen, dass sich erfolgreiche, d. h. wirtschaftliche Serviceportale, durch das von beiden Seiten – Herstellern und Kunden – angestrebte Freisetzen von sich bietenden TCO-Potenzialen kontinuierlich weiterentwickeln.

Selbstverständlich steht auch für Maschinen- und Anlagebauunternehmen, die ihr Selbstverständnis bis zum produzierenden Dienstleister wandeln, der Kundennutzen bei all ihrem unternehmerischen Wirken im Vordergrund. Auch für diese Unternehmen gilt, dass die Grundvoraussetzung für einen Markterfolg ein hervorragendes, wettbewerbsfähiges Produkt ist, das umfassend und individuell die Problemlösung des Kunden bietet. Jedoch ist für diese Unternehmen die Betrachtung des Kundennutzens ganzheitlicher! Sie arbeiten intensiver am synergetischen Mix aus Produkt *und* Dienstleistung und sehen die Potenziale einer weitaus engeren Kooperation mit den Kunden. Daher prägen Collaborative Services das Service Relationship-Management erfolgreicher Unternehmen der Zukunft.

Literatur

Bamberger, R., Stoll, P. (2003): Das Customer Care Center als Teil einer weltweiten Servicestrategie: Beispiel Homag-Gruppe. In: Bullinger, Hans-Jörg; Bamberger, Rainer; König, Anne: Customer Care Center professionell managen. Wiesbaden

Meier, H., Schramm, J., Werding, A. (2002): Aktuelle Entwicklungen von Kunden-Lieferanten-Geschäftsbeziehungen für produktbegleitende Dienstleistungen bis hin zu Betreibermodellen. In: Service Today 09/2002

Steven, M, Ströhle, K., Werding, A. (2002): Service-Organisation. Konzeptionierung eines Profit-Centers für den industriellen Dienstleistungsbereich. In: Service Today 03/2002, S. 9–13

Detlef Müller-Solger

E-Government und Bürgerportale

> *„Wir haben uns (...) dazu verpflichtet, bis zum Jahr 2005 alle Dienstleistungen der Bundesverwaltung, die internetfähig sind, online anzubieten."*

Bundeskanzler Gerhard Schröder, 14. Mai 2001, Berlin

1. Einleitung

Die Bundesregierung hat sich durch diese klare Festlegung von Bundeskanzler Gerhard Schröder viel vorgenommen. Dabei bleibt noch viel zu tun, denn laut der von der Europäischen Kommission beauftragten Studie zum erreichten Prozentsatz bei der Verfügbarkeit öffentlicher Dienste erzielte Deutschland im Oktober 2002 nur eine Quote von 48 Prozent.[1] Im europäischen Vergleich rutschte Deutschland damit innerhalb eines Jahres sogar vom 14. auf den 16. Platz ab. Zusammen mit Belgien und Luxemburg bildet Deutschland nun das Schlusslicht im digitalen Europa, das angeführt wird von Schweden mit einer Quote von 87 Prozent. Bei diesen Zahlen wird deutlich, dass beim Thema E-Government im nächsten Jahr noch vieles zu erreichen ist. In Anbetracht der knappen Zeit, dem großen Umfang der Aufgabe und der Komplexität des Themas muss dies mit „Augenmaß" geschehen. Diese Herausforderung unterstützend, versucht der folgende Aufsatz die Grundstruktur des Themas aufzuzeigen und wichtige „Bausteine" und „Fakten" übersichtlich darzustellen. Eingrenzend steht dabei das Bürgerportal als Angelpunkt bzw. Schnittstelle zwischen Bürgern, Wirtschaft, Verwaltung und Politik im Vordergrund.

Die umfangreiche Diskussion zum Thema E-Government mit ihren vielen Fachtagungen, Beiträgen und Initiativen ist in Deutschland geprägt von zwei Diskussionslinien. Auf der einen Seite steht hier die sicher alte, aber seit 1998 in Folge offizieller Regierungsprogramme und Initiativen betont geführte Debatte eines „schlanken Staates" mit „modernen und leistungsfähigen Verwaltungsstrukturen".[2] Auf der anderen Seite steht die Frage, was der Staat von der „New Economy" bezüglich der Anwendung der neuen Informationstechnologien in seinem Gefüge lernen kann und ler-

---

1 Cap Gemini Ernst & Young (2003), S. 2 ff. Zu beachten ist, dass bei der Ermittlung einer E-Government-Quote erhebliche methodische Probleme bestehen. Dies erklärt, warum andere Studien durchaus zu anderen Ergebnissen kommen. Als Richtwert ist die Aussage aber durchaus aussagekräftig. Vgl. hierzu NFO Infratest (2003), S. 383 ff.

2 Prägende Eckpunkte dieser Diskussion sind die Kabinettsbeschlüsse vom 18.7.1995 zur Einsetzung eines Sachverständigenrates „Schlanker Staat" und vom 7.2.1996 zur Verringerung und Straffung von Bundesbehörden. Sie führten unter anderem zu dem am 10.2.1998 veröffentlichten und viel beachteten ersten Bericht des Lenkungsausschusses „Verwaltungsorganisation" und der gleichzeitigen Fortschreibung des Aktionsprogramms bezüglich einer weiteren Steigerung von Effektivität und Wirtschaftlichkeit der Bundesverwaltung. Auf dieser Linie setzt auch das am 1.12.1999 gestartete Regierungsprogramm „Moderner Staat – moderne Verwaltung" auf. Nach der Konzentration auf Verwaltungsthemen weitet sich hier die Diskussion auf eine umfassende Staatsreform aus. Vgl. BMI (1998); BMI (2000) und www.staat-modern.de.

nen muss.[3] Während die Auseinandersetzung unter dem Vorzeichen „Moderner Staat – moderne Verwaltung" das Thema E-Government immer wieder in Richtung einer schlichten Modernisierung der öffentlichen Verwaltung drängt, folgt aus der Diskussion um die Lehren der „New Economy" oft eine verwirrende Anwendung von „E"-Wörtern und neumodischer (Geschäfts-)Modelle auf das Thema.[4] In Folge vermitteln die Ausführungen immer wieder einen irreführenden Fokus und/oder lassen den Kern des Geschehens nicht erkennen. Der folgende Abschnitt „Grundlagen: Bürger, Staat, E-Government" versucht hier durch eine Begriffsbestimmung und durch eine Definition von Aufgabengebieten Klarheit zu schaffen. Im Abschnitt „Übersicht: Verstehen, Ordnen, Entwickeln" geht es dann um die praktische Umsetzung und damit um Wege zur optimalen Ausnutzung der neuen Informationstechnologien. Unter Berücksichtigung der angestrebten Betonung des Themas Bürgerportale stehen dabei Hinweise zur Entwicklung von Lösungen am Angelpunkt bzw. an der Schnittstelle zwischen den einzelnen Hauptakteuren des Staates im Vordergrund. Die so genannte „interne IT" wird entsprechend nicht thematisiert. Mit Blick auf den Umfang des Artikels ist zugleich eine umfassende Behandlung des Themas Bürgerportale auszuschließen. Im Abschnitt „Aspekte: Sicherheit und Barrierefreiheit" werden deshalb nur zwei zentrale Themen aufgegriffen, die für den Erfolg der angebotenen Dienste entscheidend sind bzw. in naher Zukunft aufgrund erheblichen Nachholbedarfes von zentraler Bedeutung sein werden. Die gebotene Kürze eines Überblickartikels verhindert es zuletzt auch, auf den aktuellen Stand der Entwicklungen und die vorherrschende Praxis einzugehen, denn hier ist mit den Worten von BITKOM-Vizepräsident Willi Berchtold das Folgende festzuhalten als auch einzufordern: *„In Deutschland gibt es zurzeit einen Flickenteppich unterschiedlicher Initiativen. Wir brauchen E-Government aus einem Guss [und] nicht jede Kommune muss das Rad neu erfinden."*[5]

---

3   Gute Antworten auf diese Fragestellungen liefert eine von L. Späth herausgegebene Aufsatzsammlung und mit Überschneidungen eine ältere Publikation von W. Lotter und C. Sommer. Vgl. Späth, L. (Hrsg.) (2002); Lotter, W., Sommer, C. (Hrsg.) (2000).
4   Ein gutes Beispiel dafür ist eine Studie von Accenture. Vgl. Accenture (o. J.), S. 4 ff.
5   BITKOM (2002), o. S.

2. Grundlagen: Bürger, Staat, E-Government

„Die Diskussion ist noch hoch fragmentiert, uneinheitlich, und es mangelt an Übersichtsartikeln und wissenschaftlichen Debatten."

S. A. Jansen, B. P. Priddat

Die bereits 2001 von S. A. Jansen und B. P. Priddat in ihrem Buch „Electronic Government – Neue Potenziale für einen modernen Staat" beklagte Unklarheit über die Sache E-Government hat bei einer kritischen Analyse gängiger Beiträge leider noch heute Gültigkeit, obwohl beide Autoren im Rahmen ihrer komplexen Argumentationen gleichzeitig sehr gute Ansätze zur Klärung anbieten.[6] Ausgangspunkt zur Verarbeitung ihrer Ideen ist eine kurze Reflexion der Wortbestandteile von E-Government:

„E" wie Electronic

Das modische, heute vielen Themengebieten vorangestellte „E" steht für eine Durchdringung des jeweiligen Feldes mit den Möglichkeiten der elektronischen Datenverarbeitung, der Datenübertragung und der neuen Medien. Dieser Zusammenhang ist weithin geläufig. Demgegenüber ist die Identifizierung und zielgerichtete Ausnutzung aller hieraus entstehenden neuen Handlungsmöglichkeiten im jeweiligen Aktionsraum als implizite Handlungsaufforderung zu betonen. Darüber hinaus ist anzumerken, dass in der Diskussion die Wörter „Internet", „Netz", „Neue Medien" und „Informationstechnologien" oft als Synonyme für das „E" benutzt werden. In einem technischen Sinne ist dies zumindest bei den Wörtern „Internet" und „Netz" falsch. Mit Blick auf eine allgemeine Verständlichkeit erscheint diese Diktion aber sinnvoll. Entsprechend folgt auch dieser Aufsatz diesem Sprachgebrauch.

„Government" wie Politik

Unter anderem im Zuge des eingangs erwähnten Einflusses der Diskussion „Moderner Staat – moderne Verwaltung" setzen viele deutsche Darstellungen zum Thema E-Government den zweiten Wortteil mit Verwaltungshandeln gleich. Ein gutes Beispiel dafür ist die Definition von E-Government durch das Bundesamt für Sicherheit in der Informationstechnik (BSI): *„Electronic Government (E-Government) bezeichnet die Nutzung des Internets und anderer elektronischer Medien zur Einbin-*

---

6 Vgl. Jansen, S. A., Briddat, B. P. (2001), S. 9 ff.

dung der Bürger und Unternehmen in das Verwaltungshandeln sowie zur verwaltungsinternen Zusammenarbeit."[7] Demgegenüber definiert die Encyclopædia Britannica „Government" als *„the Political System by which a nation or a community is administered and regulated"* und bezeichnet ein „political system" als *„set of formal legal institutions that constitute a (...) state (,) as well as prescribed forms of political behaviour (, or in a broad definition,) as a set of processes of interactions"*.[8] Hier deutet sich eine inhaltliche Spannweite an, die alle bekannten Diskussionen um Begriffe wie Staatsform, Gewaltenteilung, öffentliches Interesse und Gemeinwohl umfasst. Diese inhaltliche Fülle verbietet eine einengende Definition von Government und legt eine Verknüpfung des Wortes mit dem ebenso schillernden, aber letztlich dazu besser gefassten Begriff der Politik nahe. In diesem Sinne ist Government, wie Politik, als die Entwicklung von Handlungsalternativen und als zielbewusstes, an den Alternativen orientiertes Handeln zur ordnenden Gestaltung des Gemeinwesens zu verstehen.

Auf der Basis dieser Ausführungen zeichnet sich eine erste Definition E-Government ab:

„E-Government steht für die Identifizierung und zielbewusste Ausnutzung aller neuen Handlungsmöglichkeiten auf der Basis der elektronischen Datenverarbeitung, Daten-übertragung und der neuen Medien zur ordnenden Gestaltung des Gemeinwesens."

Diese Definition – die sinngemäß auf alle „E"-Begriffe anzuwenden ist – ist umfassend aber zugleich leer an praktischem Inhalt. Es fällt S. A. Jansen und P. B. Priddat zu, im Rahmen ihrer Überlegungen zum Verhältnis von Politik und Internet (hier verstanden als synonym zum beschriebenen „E") drei relevante Aufgabengebiete zum E-Government zu definieren, die diese Lücke schließen.[9]

1. E-Government als Politik für das „E"

Jede Innovation setzt einen funktionierenden Rahmen voraus, in dem sie sich entfalten kann. Die drei zentralen Elemente dieses Rahmens sind (a) eine der Sache entsprechende Gesetzesregelung, (b) Anbieter, die die Innovation aufgreifen und bei Leistungserstellung und Angebot ausnutzen sowie (c) Nachfrager, die in der Lage sind, die entsprechenden Angebote auszunutzen. Diesen Rahmen für das „E" zu schaffen ist klar eine Aufgabe der Politik. Mit Normen wie dem Signaturgesetz, mit der „Greencard Initiative" und z. B. dem „europäischen Computerführerschein" ist die

---

7 BSI Modul 1 (2002), S. 3.
8 www.britanica.com.
9 Vgl. Jansen, S. A., Briddat, B. P. (2001), S. 84 ff. Beachte, dass die Autoren selber vier Aufgabengebiete aufzählen. Der Übersichtlichkeit halber wurde hier aber ihrer eigenen Erkenntnis Folge geleistet, dass zwei davon durchaus zusammenhängen.

Politik ihren Hausaufgaben hier in vielen Punkten nachgekommen. Die so genannte „Digital Divide", die Aufspaltung der Gesellschaft in „digitale Klassen", bleibt dennoch ein großes Thema. Dies jedoch weniger auf der technischen Ebene der Anwendung, Verfügbarkeit und Rechtssicherheit, sondern mehr als psychologische und sozio-ökonomische Problematik.[10]

2. E-Government als Politik durch das „E"

Die neuen Handlungsmöglichkeiten durch das „E" können auch zur Entwicklung von Politikprogrammen sowie zur Willensbildung und damit zur Gestaltung der Öffentlichkeit genutzt werden. Kern dieses Aufgabengebietes ist die Entwicklung von Politiknetzwerken oder so genannten Communities, die Handlungsmöglichkeiten entdecken, ausformulieren und im Rahmen der staatlichen Organisation zur Entscheidung bringen. Entgegen diesem Umfang wird die Diskussion hier leider oft auf eine Erörterung elektronischer Abstimmungen im Kontext von „direkter Demokratie", „Datensicherheit" und „elektronischer Identität" eingegrenzt. Diese Einschränkung behindert die Entwicklung dieses wichtigen Aufgabengebietes, das nicht zuletzt wegen der Denationalisierung im Zuge des europäischen Einigungsprozesses und der daraus anwachsenden Organisationsgröße unserer Gesellschaft von zunehmender Bedeutung ist. Aufgrund der Natur des „E" zeigt das Internet hier zum Glück aber auch eine gewisse Eigendynamik. Verstärkend sind aber auch Angebote zu schaffen, die als Kristallisationskern zur angestrebten Aktivierung der Bürger beitragen und letztlich zu einer neuen Aufgabenteilung zwischen Bürger und Staat und zur Entwicklung der gewollten Civil Society beitragen.[11]

3. E-Government als Politik mit dem „E"

In diesem Aufgabengebiet wird Politik mit dem Handeln politischer Akteure gleichgesetzt. Gegenstand ist damit die Ausnutzung der neuen Möglichkeiten im Zuge politischer Aktivität durch die einzelnen Akteure und so das zielgerichtete Handeln mit und in Kenntnis aller neuen Handlungsoptionen. Von der Stimmenmaximierung des Politikers durch geschicktes E-Marketing bis hin zur digitalen Leistungserbringung durch die Verwaltung reichen hier die praktischen Beispiele. Gerade beim Thema Stimmenmaximierung wird dabei deutlich, dass die Ausnutzung der Möglichkeiten des „E" abhängig ist vom Zielsystem der einzelnen Akteure. Damit ist dieses Aufgabengebiet zugleich an deren Selbstverständnis gekoppelt und in diesem Sinne sind der homo politicus und die Rolle des Staates der relevante Diskussionshintergrund.

---

10 Ein gängiger Übersichtsartikel zu diesem Aufgabengebiet fehlt. Neben den Ausführungen von S. A. Jansen und B. P. Priddat liefern z. B. B. Zypries und F. R. Habbel gute Hinweise. Vgl. Zypries, B. (2002), S. 43 ff. und Habbel, F. R. (2002), S. 49 ff. Zum Thema der „Digital Divide" siehe aktuell Arnhold, K. (2003).
11 Zur Civil Society siehe aktuell z. B. Meyer, T., Weil, R. (Hrsg.) (2002). Zur Aktivierung der Bürger und zur neuen Aufgabenteilung in der Bundesrepublik Deutschland siehe auch www.staat-modern.de/programm/index.html.

Im Spiegel dieser Ausführungen und unter Bezug auf die oben angeführte Definition bestimmt sich E-Government nun als:

„E-Government steht für die Identifizierung und zielbewusste Ausnutzung aller neuen Handlungsmöglichkeiten auf der Basis der elektronischen Datenverarbeitung, Daten-übertragung und der neuen Medien („E") durch die Schaffung eines funktionierenden Rahmens (Aufgabengebiet 1), zur Durchführung von Prozessen der öffentlichen Willensbildung und der Entscheidung (Aufgabengebiet 2) und als Instrument der politischen Handlung und Leistungserbringung (Aufgabengebiet 3).

Diese Definition spiegelt den Inhalt und den Umfang der in Reden, Beiträgen und Studien umrissenen praktischen Diskussion. Entsprechende Definitionen und Beschreibungen finden sich in den Ausführungen aber nur gelegentlich.[12] Insbesondere das erste von S. A. Jansen und B. P. Briddat thematisierte Aufgabengebiet wird nur selten im Umfang berücksichtigt, obwohl es von grundlegender Bedeutung für den Gesamterfolg von E-Government ist. Der zweite Aufgabenkomplex schlägt sich demgegenüber schon häufiger in den Begriffsbestimmungen und Analysen nieder. Die meisten Darstellungen reduzieren E-Government aber wie angeführt auf das dritte Aufgabengebiet. Im Sinne einer Betonung ist diese Reduktion zulässig. Bezogen auf eine übersichtliche, umfassende und letztlich Politik-beratende Auseinandersetzung ist sie leider wenig zweckdienlich.

3. Übersicht: Verstehen, Ordnen, Entwickeln

„Das Internet bringt Menschen so zusammen, dass sie bleiben können, wo sie wollen."

K. Klages (*1938), deutscher Gebrauchsphilosoph

Die Feststellung von K. Klages drückt aus, dass das Internet grundsätzlich die Notwendigkeit eines persönlichen Treffens vermeidet. Im Feld des E-Governments hat Bundeskanzler G. Schröder durch seinen viel zitierten Leitspruch „Die Daten sollen laufen, nicht die Bürger" diese Möglichkeit als Lösung ausgegeben.[13] Basis beider Aussagen ist die richtige Annahme, dass sich gewisse Interessen, Wünsche und Bedürfnisse unabhängig vom Aufenthaltsort im Austausch zwischen Bürgern, Wirtschaft und Staat über das Netz abwickeln lassen. In der Folge dieser Aussage stellt sich unmittelbar die Frage, in welchen Fällen dies möglich ist und wie diese umzusetzen sind. Die Mehrzahl der Ausführungen zur Verwirklichung von E-Government in den oben angeführten Aufgabengebieten ist von dieser Fragestellung geprägt.

---

12 Vgl. beispielsweise Drüke, H. (2003), S. 7. Auch im Umfeld des Städtewettbewerbes MEDIA@ Komm wird ein vergleichbares Verständnis entwickelt. Siehe www.mediakomm.net.
13 Schröder, G. (2000), o. S.

Ein anderer Zugang setzt bei den grundlegenden Elementen des Internets an. Diese werden deutlich, wenn man die Geschichte des Internets reflektiert.[14] Ohne die Berücksichtigung der grundlegenden Netzwerktechniken wie z. B. TCP/IP stand am Anfang des Internets die elektronische Kommunikation. Auf der einen Seite in der uns heute nur zu geläufigen E-Mail und auf der anderen Seite in einer Form, die wir heute meist Chat nennen. Mit der Entwicklung benutzerfreundlicher Programme zu diesen beiden Lösungen begann das Internet hier seine Karriere als Kommunikationsforum. Mehr oder weniger gleichzeitig entdeckten die Gründer des Internets auch die Möglichkeit der weltweiten Publikation. Unterstützt durch das neuartige Prinzip des Hypertextes, bewährte sich der Computerverbund rasch auch als Informationsplattform. Mit der Weiterentwicklung der Techniken wurden im Anschluss nicht nur diese beiden Elemente verfeinert, sondern es wurden auch immer komplexere Funktionalitäten entwickelt. Diese erlaubten es, immer umfangreichere Prozesse ins Netz zu stellen. Das Internet wurde so im Zusammenspiel mit allen anderen Faktoren des „E" auch zum Interaktionsraum.

Wenngleich das „Netz der Netze" heute wohl immer noch am Anfang seiner Entwicklung steht, erscheint es möglich, dass der Umfang der auf Datenverarbeitung, Datenübermittlung und Darstellung basierenden Lösungen des Internets mit dessen Stellung als Kommunikationsforum, Informationsplattform und Interaktionsraum erschöpfend umrissen ist. Als Eckpunkte einer Fläche bilden diese drei Eigenschaften ein „magisches Dreieck", das als Orientierungsrahmen zur Entwicklung von Internetseiten dienen kann.

Dabei ist es wichtig zu verstehen, dass die Pole nicht in Reihe zu sehen sind, sondern dass eine permanente Vermischung aller drei Möglichkeiten gefordert ist. Gute Beispiele für eine optimale Umsetzung dieser Forderung sind alle hoch entwickelten E-Shops, wie z. B. der des Buchhändlers Amazon. Gerade hier finden sich auf jeder einzelnen HTML-Seite Elemente aller drei Pole wieder. Anders herum gesprochen gilt, dass diese Elemente – wie z. B. das Forum, der Katalog, der Warenkorb oder das Mailformular – gleichzeitig als Bausteine zu verstehen sind, mit denen der Netzwerker seinen Auftritt Seite für Seite realisieren kann.

Vorraussetzung für die richtige Verwendung der Bausteine ist selbstverständlich, dass eine Leitung sowohl die Zielgruppe, als auch die angestrebte Form der Leistungserbringung festlegt. In diesem Zusammenhang ist es üblich, bestehende, geplante und zu überarbeitende Internetauftritte in eine der drei folgenden Unterscheidungen einzuordnen:

---

14 Zur Geschichte des Internets siehe www.isoc.org/internet/history.

1. Nach der Zugangsberechtigung

Diese Unterscheidung führt zur Einordnung in die weithin bekannten Begriffe Internetauftritt (Zugang für alle), Extranet (Zugang für Partner und Mitglieder einer Organisation) und Intranet (Zugang nur für Mitglieder).

2. Nach dem Absender und dem Empfänger

Diese Unterscheidung führt zur Eingliederung von Auftritten in die Relationen Government to Citizen (G to C), Government to Business (G to B) und Government to Government (G to G). Unter Berücksichtigung des oben angeführten Spektrums von E-Government sind ebenso die Relationen Citizen to Citizen (C to C), Business to Citizen (B to C) oder Business to Business (B to B) als Ordnungsmerkmale von E-Government Lösungen vorstellbar. Zusätzliche Bedingung ist dabei, dass Themen des Gemeinwesens Gegenstand des Auftritts sind.

3. Nach dem Grad der Automatisierung und der Individualität der Leistung

Diese vom Bundesamt für Sicherheit in der Informationstechnik (BSI) entwickelte Unterscheidung trägt den Grad der Automatisierung und die Individualität der Leistung auf zwei Achsen mit jeweils drei Ausprägungen ab. Daraus resultiert eine Matrix mit neun Feldern, wobei jedes Feld für eine mögliche Umsetzung einer Leistung auf der Basis des „E" steht. Der Spannungsbogen der Lösungen reicht von der reinen Bürgerinformation mit Medienbruch bis hin zur vollständig automatisierten individuellen Dienstleistung.[15]

Diese drei Unterscheidungen haben im Wesentlichen durchweg einen ordnenden Charakter und sorgen so für einen klaren Hintergrund bei der Entwicklung. Mehr in eine inhaltliche Richtung geht die Unterscheidung von Auftritten nach ihrer Stellung im Netz und ihrem jeweiligen Umfang. Hier lassen sich drei Gruppen bilden:

1. Reine Portale

Dieser – wie auch dieser Sammelband zeigt – strapazierte Begriff steht in seiner reinen Form letztlich nur für Netzauftritte, die lediglich als Durchgangstür zu weiteren Angeboten zu sehen sind.[16] Der inhaltliche Umfang ist entsprechend reduziert auf weiterführende Hyperlinks. Seine Qualität hängt davon ab, wie „slippery" seine Ausgestaltung ist. Mit anderen Worten: wie lange die notwendige Verweildauer hin zum gewünschten Angebot ist. Ein gutes – wenngleich auf den ersten Blick irritierendes Beispiel – für ein solches reines Portal ist die Suchmaschine www.google.de, denn wenngleich sie zunächst nur eine Suchmaske bietet, stellt sie im zweiten Schritt nur

---

15 Ausführlich siehe BSI Modul 2 (2002), S. 3 ff.
16 Diese Definition folgt unter anderem der von H. Bauer in seinem Buch vertretenen Auffassung, dass ein Portal eine Website ist, die einen Einstieg in einen bestimmten Bereich des Internets ermöglicht. Vgl. Bauer, H. (2001), S. 19 ff.

noch Hyperlinks zu den eingegebenen Suchbegriffen zur Verfügung und macht zudem den folgenden Angeboten sofort Platz, indem sie diese im gleichen Browserfenster aufruft. Weitere allgemein bekannte Beispiele sind heute seltener zu finden, da ehedem hier einzuordnende Seiten – wie z. B. www.yahoo.com – ihr Angebot ausgeweitet haben. Mit den unzähligen, weitgehend unbekannten privaten Linksammlungen zu bestimmten Themengebieten gibt es aber noch eine Vielzahl weiterer Beispiele im Netz.

2. Vertikale Portale

Vertikale Portale verstehen sich nicht nur als Durchgangstür, sondern bieten auch selber Informationen an. In der reinsten Form präsentieren sie sich als optimale Umsetzung einer Informationsplattform mit sachgerechter Anwendung von hierarchischen, kaskadierenden, relationalen und freien Informationsmodellen. Im Rahmen von hierarchischen Informationsmodellen werden dabei alle Inhalte kategorisch geordnet, wobei Filter zusätzlich eine n-dimensionale Informationshierarchie erlauben. Beim kaskadierenden Informationsmodell wird durch das Vorschalten von Zusammenfassungen o. Ä. dem gerade bei Internetnutzern weit verbreiteten Wunsch nachgekommen, alle Informationen in Stufen – z. B. Anreißtext, Übersicht, ausführliche Darstellung, Animation – zu erhalten. Das relationale Informationsmodell steht für die wahre Innovation im Internet. Es baut auf dem Hypertext-Prinzip auf und erlaubt es grundsätzlich an jeder Stelle, einer Informationsmenge weitere vertiefende Daten anzubieten. Es ist bedauerlich, dass dieses Prinzip in seiner reinen Form wohl aufgrund der großen redaktionellen Herausforderung nur selten optimal umgesetzt wird. Beim freien Informationsmodell ist der Zugang zu den gewünschten Fakten über eine mehr oder weniger ausgefeilte Suchfunktionalität möglich. Hier wird eine Recherche nach eigenen Parametern möglich. Entsprechend dem Gegenstand und den Zielen einer Seite sind die einzelnen Informationsmodelle in Kombination zu verwirklichen. Die hier erzielte Informationsarchitektur bildet das Rückgrat eines vertikalen Portals. Die dabei erreichte Qualität wirkt sich entscheidend auf den Erfolg einer Seite aus.

3. Communities

Sobald ein Angebot die Ebene der Informationsplattform verlässt und kommunikative wie auch interaktive Elemente berücksichtigt, ist ein Auftritt in die Klasse der Communities einzuordnen.[17] Dieser ehedem sehr populäre, heute eher in den Hintergrund gedrängte Begriff hat mit der impliziten Betonung des Aspektes der Gemeinschaft und der darin enthaltenen Kundenorientierung oder Kundeneinbindung einen besonderen Charme und dürfte gerade im Bereich E-Government der Prototyp für jeden Auftritt sein. Die Spannweite des Begriffs und der Umfang des Konzeptes deuten dabei die Komplexität dieser Auftritte an.

---

17 Viele Aspekte werden angesprochen in Wilke, T., Baur, A., Röhrich, S., Müller, C. (2000), S. 175 ff.

Eine Entscheidung für einen dieser drei Grundtypen gibt bezüglich der Ausgestaltung von Internetlösungen vieles vor. Bei der detaillierten Umsetzung im Einzelfall kann auf eine Vielzahl von Modellen mit neudeutschen Titeln wie „Direct Commerce" oder „Collaborative Workflow" zurückgegriffen werden. Sicher enthalten diese Modelle viele gute und richtige Lösungsansätze. Den meisten offenbaren sie sich aber als Geheimsprache der Unternehmensberater und New-Economy-Manager. In diesem Sinne gilt, dass die bunte Vielfalt eher verwirrend als zielführend ist. Eine freie Suche nach einer idealen Lösung im Spannungsfeld der drei genannten Pole mit einer klaren Liste der verfügbaren Bausteine erscheint deshalb ergiebiger.

Leitmotiv der Suche ist selbstverständlich die jeweilige Zielvorstellung der Akteure. Zur Ermittlung des von ihnen angestrebten Ganzen haben sich in der Diskussion zwei Denkansätze herausgebildet. Zunächst im Zuge der Diskussion „Moderner Staat – moderne Verwaltung" die so genannte Prozessoptimierung. Die Grenzen dieses Ansatzes wurden jedoch bald erkannt. Ein Ausdruck dafür ist die vielfach vorgetragene Forderung, das Leistungsangebot grundsätzlich zu überdenken.[18] Genau hierauf antwortet der so genannte Lebenslagenansatz. Das Prinzip erzwingt, das Leistungsangebot in Relation zu einzelnen Lebenssituationen von Zielgruppen unter ordnungspolitischen Vorzeichen neu zu überdenken. Typische Beispiele auf Seiten der Bürger sind die Geburt und der Umzug. Auf Seiten der Wirtschaft steht die Unternehmensgründung oder die Genehmigung eines Vorhabens. In Folge dieses Denkansatzes werden sich manche Leistungen verändern, andere sich als unnötig erweisen und sicher einige neue entdeckt. Gerade im Fall der neu entdeckten Leistungen ist dabei zu hinterfragen, ob diese Leistungen eine originäre Aufgabe des Staates und seiner Institutionen sind oder ob nicht eher eine privatwirtschaftliche Lösung oder eine Public-Private Partnership angezeigt ist. In einem übertragenen Sinn gilt Letzteres auch für den Umfang der angebotenen Leistungen, denn unabhängig vom verantwortlichen Betrieb des Angebots ist auch ein Nebeneinander öffentlicher und privater Leistungen auf einer Internetseite zu fordern. Seine Begründung findet diese Nachfrage in der exemplarischen Feststellung, dass die Möglichkeit der Online-Gewerbeanmeldung neben einer Liste der örtlichen Steuerberater für jeden Unternehmensgründer ein geldwertes Angebot ist.

Ein dritter in der Diskussion noch nicht gefestigter Denkansatz ergibt sich aus dem oben skizzierten umfassenden Begriffsverständnis, denn hieraus folgt, dass es sowohl im Bereich der Politik für das „E" als auch im Bereich der Politik durch das „E" Internetlösungen in Form von reinen Portalen, vertikalen Portalen oder Communities geben sollte. In diesem Sinne gilt es, Politikbereiche zu identifizieren und dort zu fragen, welche Maßnahmen zu seiner Entwicklung notwendig sind. Unter Bezug auf das oben angeführte magische Dreieck gilt es, im Einzelnen nach der Notwendigkeit von Information (Sachinformation), Kommunikation (Meinungsaustausch) und Interaktion (unter anderem Abstimmung) zu fragen. Da in der Regel Elemente aller drei Pole

---

18 Vgl. beispielsweise Schröder, G. (2001). Zur selbstverständlich weiterhin notwendigen Prozessoptimierung in der öffentlichen Verwaltung siehe unter anderem Blaschke, P. (2002), S. 31 ff.

notwendig sein werden, ist die Community die entscheidende Gussform möglicher Lösungen. Die Communities können dabei von staatlichen Institutionen oder von Profit-, Non-Profit- oder Non-Governmental-Organisationen geführt werden.

Gerade die Ergebnisse dieses letzten Denkansatzes erfüllen die Vorstellungen von dem, was wir als Bürgerportal zu bezeichnen haben, wenn wir den Teil „Bürger" im Wort betonen. Hier tritt das Bürgerportal dann als Angelpunkt auf, in dem sich die Akteure Bürger, Wirtschaft, Verwaltung und Politik treffen, informieren, austauschen und interagieren. Praktische Beispiele für solche Bürgerportale sind die Auftritte von Greenpeace und die Internetpräsenzen der einzelnen Ministerien. Wird demgegenüber das Wortteil „Portal" herausgestellt, dann sind Bürgerportale ausgehend vom oben vorgestellten Begriff des reinen „Portals" als Schnittstelle zwischen den genannten Akteuren zu sehen. In den Abstufungen „vertikales Portal" und „Community" nähert sich das Verständnis dann wieder einer Stellung als Angelpunkt.

Diese Unterscheidung ist ohne Frage feinsinnig, nur bedingt von inhaltlicher Bedeutung und zugleich von dem Ziel überlagert, alle zum E-Government gehörenden Angebote miteinander zu vernetzen. Gelingt den Akteuren eine solche Umsetzung, dann entsteht eine E-Agora, die das Gemeinwesen auf ganz neue Art und Weise organisieren wird. Die letzte Ausbaustufe von E-Government wäre dabei eine zentrale, personalisierte Community, bei der Bürger und Wirtschaft entsprechend ihrer individuellen Bedürfnisse und Präferenzen auf Lösungen zu allen Aufgabenbereichen zugreifen können. Vielleicht wird der Auftritt www.bund.de diese Qualität in Zukunft erreichen.

4.   Aspekte: Barrierefreiheit und Sicherheit

„[Es] vergeht kaum ein Monat, in dem nicht neue Technologien auf den Markt drängen, die Wirtschaft, Wissenschaft, Politik und Gesellschaft entscheidend beeinflussen und vor neue Herausforderungen stellen."

A. W. Scheer, F. Erbach, O. Thomas, Universität Saarbrücken

Die noch immer gültige Aussage von A. W. Scheer, F. Erbach und O. Thomas im Leitartikel zu dem Buch „E-Business – Wer geht? Wer bleibt? Wer kommt?" macht deutlich, dass das Internet sich täglich weiter entwickelt. Eine umfassende Darstellung der vielfältigen Aspekte ist selbst bei einer Beschränkung auf die Vorzeichen E-Government und Bürgerportale nicht möglich. Mit den Aspekten Barrierefreiheit und Sicherheit werden hier zwei Themen aufgegriffen, die wegen erheblichem Nachholbedarf und ihrer zentralen Bedeutung für den Gesamterfolg von großer aktueller Relevanz sind.

4.1   Barrierefreiheit

„Menschen mit Behinderung gehören in die Mitte unserer Gesellschaft."

R. Schmidt, Bundesministerin für Familie, Senioren, Frauen und Jugend.

Entsprechend dem von Bundesministerin R. Schmidt formulierten Grundsatz bemüht sich die Bundesregierung, die Rahmenbedingungen für Menschen mit Behinderung und ihre Integration zu verbessern. Ein entscheidendes Element hierbei ist die behindertengerechte Gestaltung des Internets, denn hier bietet sich gerade diesem Personenkreis eine noch nie da gewesene Möglichkeit, am Leben in der Gemeinschaft teilzunehmen.

Im Sinne einer Politik für das „E" ist die Bundesregierung mit Normen im Behindertengleichstellungsgesetz und im SGB IX sowie mit der „Barrierefreien Informationstechnik-Verordnung" (BITV) seinen Aufgaben in einem ersten Schritt nachgekommen.[19] Nun geht es jedoch um die praktische Umsetzung. Dazu setzt die BITV den Bundesbehörden eine klare Frist bis zum 31.12.2005. Im § 11 des BGG ist die Bundesregierung zugleich dazu verpflichtet, auf gewerbliche Anbieter bezüglich der Realisierung von Barrierefreiheit einzuwirken.[20] Dieser Hintergrund erklärt die Bedeutung des Themas.

Auf technischer Seite steht Barrierefreiheit letztlich für die Verwirklichung alternativer Ein- und Ausgaben. Die Lösungen auf der Basis entsprechender Hard- und Software reichen von der einfachen Vergrößerung der Bildschirmanzeige über die Braillezeile für Blinde bis hin zur kompletten Sprachsteuerung.[21] Vorraussetzung für deren einwandfreies Funktionieren ist, dass alle Internetangebote sich zunächst an die aktuell gültigen technischen Standards halten. Darüber hinaus sind weitere spezifische Grundsätze zu berücksichtigen.

Genau wie bei den allgemeinen technischen Standards ist bei der Entwicklung der spezifischen Standards das W3-Konsortium (World Wide Web Consortium – W3C) mit seiner Web Accessibility Initiative federführend. Im Rahmen dieses Arbeitskreises wurden eine Vielzahl von Regeln, Checklisten und anderen Arbeitsmaterialien erarbeitet. Von größter Bedeutung sind hier die unter dem Titel „Web Content Accessibilitty" in Guidelines und Checklisten zusammengefassten Antworten auf die Frage, wie Internetinhalte behinderten Menschen zur Verfügung gestellt werden können.

---

19 Einen guten Überblick über nationale und internationale Regelungen und Gesetze im Bereich
    Barrierefreiheit findet sich unter www.w3c.org/wai/policy.
20 Einen Überblick zum Thema und zu den beteiligten Institutionen bietet das BMA unter dem
    Stichwort Informationsgesellschaft. Siehe www.bmwa.bund.de.
21 Eine Zusammenstellung aller technischen Lösungen findet sich laufend aktualisiert im Internet
    unter www.barrierefrei-kommunizieren.de.

Inwieweit diese vom W3-Konsortium vorgelegten Regeln bei der Gestaltung von Internetseiten eingehalten werden, lässt sich kostenlos im Internet mit der Software Bobby (http://bobby.watchfire.com) testen. Das Eintragen einiger URLs zeigt, wie viel noch zu tun ist. Erst recht, wenn zusätzlich die Qualität der behindertengerecht eingefügten Beschriftungen etc. getestet wird. Gerade bei diesem Aspekt wird dabei deutlich, dass Barrierefreiheit nicht nur eine zentrale technische Herausforderung ist, sondern eine tägliche Aufgabe, die Detailarbeit von den Netzwerkern über die Redakteure bis hin zu den Mediengestaltern erfordert.

4.2 Sicherheit

„Nur wenn die IT Strukturen sicher sind, nur wenn sowohl die Wirtschaft als auch die Bürgerinnen und Bürger der Informationstechnik und dem Internet vertrauen, können wir das Modernisierungspotenzial der neuen Technik voll ausschöpfen"

F. R. Körper, Parlamentarischer Staatssekretär BMI, 26.11.2002

In seiner Eröffnungsrede zur Kongressmesse „Moderner Staat" am 26.11.2002 in Berlin stellte F. R. Körper heraus, dass der Themenkreis Sicherheit einer der entscheidenden Faktoren für den Gesamterfolg aller Maßnahmen im Zuge des „E" ist. Mit dem Hinweis auf das notwendige Vertrauen in die Technologien durch Bürger und Wirtschaft machte er dabei auch deutlich, dass das Thema nicht nur eine technische Dimension aufweist, sondern in erheblichem Umfang auch von verhaltenspsychologischen Momenten geprägt ist. Der Staat ist hier im Sinne einer Politik für das „E" verpflichtet, über Risiken und Lösungsmöglichkeiten aufzuklären.

Ohne Anspruch auf Vollständigkeit und in Anlehnung an P. Klinger[22] birgt das „E" die folgenden Sicherheitsprobleme, die entsprechend ihrer Eintrittwahrscheinlichkeit als Risiko zu werten sind: (1) Verlust der Vertraulichkeit durch unbefugten Zugriff auf Datenströme oder Datenspeicher; (2) Verlust von Daten und Verlust der Verfügbarkeit von IT-Systemen; (3) Verlust der Integrität von Daten und damit Verlust an Sicherheit bezüglich deren Unversehrtheit, Korrektheit und Vollständigkeit; (4) Verlust an Authentizität von Daten und damit der Verlust an Zurechenbarkeit und Unabstreitbarkeit in Relation zum Urheber und damit auch im Sinne der Echtheit.

Für alle diese Risiken gibt es heute Lösungen, die gerade im Feld von E-Government mit hoher Aufmerksamkeit umzusetzen sind. Ihr Einsatz obliegt in den meisten Fällen den Systemadministratoren. Ihnen ist bezüglich ihres Könnens und ihres Engagements bei der Aufstellung und Konfiguration von Firewalls und demilitarisierten Zonen, der Einrichtung von Backupsystemen und der Realisierung anderer Sicherheitslösungen zu vertrauen, denn diese Leistungen sind für den Nutzer von außen nicht

---

22 Vgl. Klinger, P. (2002), S. 7 f.

bzw. kaum sichtbar.[23] Eine der wenigen Ausnahmen bildet hier die Verschlüsselung von Datenübertragungen im Internet mittels dem von Netscape entwickelten Protokoll SSL. Dieses sollte bei der Übermittlung vertraulicher Daten immer aktiviert sein. Ebenso ist dem Anwender die Nutzung eines Virenschutzprogrammes zu empfehlen.

Im E-Government von besonderer Bedeutung sind die Sicherheitsprobleme im Umfeld von Integrität und Authentizität und damit die Frage nach dem Urheber und der Unversehrtheit einer elektronischen Eintragung oder eines digitalen Dokumentes. Die technische Lösung für diese Problemstellung ist die so genannte digitale Signatur.[24] Sie setzt sich zusammen aus drei Elementen: Erstens der Verschlüsselung einer Datenmenge, zweitens der Bereitstellung von elektronischen Schlüsseln und drittens einer Prüfsumme als Indikator für die Unversehrtheit der Daten. Aus diesen drei Elementen lassen sich unendlich viele Sicherheitsstufen entwickeln, die – teils im Zusammenspiel mit freien Zertifizierungsstellen – sowohl Integrität als auch Authentizität garantieren können.

Wenn die Authentizität garantiert werden kann, dann stellt sich sofort auch die Frage der Gleichstellung von eigenhändiger Unterschrift und elektronischer Signatur. Grundsätzlich wird diese im Zuge einer EU-Richtlinie vom 13.12.1999 gefordert. Die Bundesregierung ist dieser Vorschrift mit verschiedenen Gesetzesnovellierungen und neuen Gesetzen bzw. Verordnungen nachgekommen. An erster Stelle steht hier das Signaturgesetz (SigG) in der Fassung vom 16. Mai 2001 und die dazugehörige Signaturverordnung (SigV).[25] Entgegen landläufiger Meinungen regelt das SigG nicht die Gleichstellung, sondern definiert lediglich die Anforderungen und Einstufungen von Signaturen und Zertifizierungsstellen. Damit liefert das Gesetz aber den entscheidenden Baustein auf dem Weg zur Gleichstellung, denn es ermöglicht so eine einfache Anpassung aller in dem Zusammenhang relevanten Rechtsvorschriften. Inzwischen sind vom BGB über die ZPO und das VwVfG bis hin zum SGB alle wesentlichen Vorschriften bearbeitet. Die vorgeschriebene Gleichstellung ist damit wohl erreicht. Nun fehlt es jedoch noch an einer flächendeckenden Verbreitung der digitalen Signatur. Diesbezüglich ist festzuhalten, dass hier – von einzelnen regionalen Ausnahmen abgesehen[26] – alle potenziellen Anbieter noch abwarten, ob nicht ein anderer Akteur die Aufgabe und die Kosten einer Einführung übernimmt. Ein besonderes Augenmerk liegt hier zur Zeit auf dem Bankensektor, dessen Geschäftsmodelle ebenso deutlich von der digitalen Signatur profitieren würden wie das E-Government.

---

23 Zu den Stichwörtern Firewall etc. siehe kurz, aber gelungen im Gabler Kompakt Lexikon Internet. Ghersi, L., Lee, S., Karadagi, A. (2002).

24 Umfangreiche, aktuelle Informationen zum Thema digitale Signatur finden sich auf der Homepage des Bundesamtes für Sicherheit in der Informationstechnik unter der Rubrik elektronische Signatur. www.bsi.de. Darüber hinaus siehe z. B. www.sicherheit-im-internet.de.

25 Beide Normen finden sich zusammen mit weiteren relevanten Rechtsvorschriften z. B. unter www.online-recht.de.

26 Offensiv an der Verbreitung der digitalen Signatur arbeitet z. B. Bremen mit seiner Bremen Online Services GmbH & Co. KG. Für 5 Euro erhält dort jeder Bürger eine Signaturkarte der Firma TelSec (Stand 7/2003). Siehe www.bremen-online-service.de.

5.   Leitgedanken

„Der Mensch hat dreierlei Wege klug zu handeln: erstens durch Nachdenken, das ist der edelste; zweitens durch Nachahmen, das ist der leichteste; drittens durch Erfahrung, das ist der bitterste."

Konfuzius, chinesischer Philosoph

E-Government in dem in diesem Aufsatz ausgeführten Umfang beachtet und nutzt die Möglichkeiten des „E" zur ordnenden Gestaltung unserer wachsenden und sich verändernden Gesellschaft. Die zielgerichtete Verwirklichung der Idee ist für unser Gemeinwesen von großer Bedeutung. Es erscheint lohnend anhand der oben angeführten Muster über das Thema nachzudenken, denn das Nachahmen des E-Business und sonstiger New-Economy-Modelle ist zwar leicht, wird aber auch unausweichlich zu bitteren Erfahrungen führen, da deren Lösungen der Sache E-Government nicht im vollem Umfang Rechnung tragen. Unter Berücksichtigung der Spannweite des Begriffs ist es selbstverständlich, dass das Thema E-Government nicht erschöpfend behandelt werden konnte. Aus der Menge der unter diesem Vorzeichen getroffenen Aussagen seien hier zuletzt noch einmal fünf zentrale Aspekte hervorgehoben, die ausdrücklich nicht als Zusammenfassung zu verstehen sind:

1. Das Gesamtkonzept E-Government

E-Government ist im Sinne der Ausführungen im Abschnitt 1 als Umsetzung einer Politik für das „E", durch das „E" und mit dem „E" zu sehen. Nur wenn dieser Umfang in seiner Struktur klar gesehen wird, ist ein Gesamterfolg zu erwarten. Die zurecht als Leitmotiv betonte Bürgernähe ist dann im übrigen ein zwingendes Ergebnis.

2. Angebot

Bei der Entwicklung der Angebote erscheint es oft, dass die verwirrende Diskussion geeigneter Modelle den Weg zur optimalen Lösung eher erschweren als erleichtern. Eine einfache Analyse der Ziele, eine Reflexion der Handlungsmöglichkeiten und ein konstruktives „Nachdenken" entsprechend den im zweiten Abschnitt entwickelten Mustern als Entwicklungsleitfaden zu betonen, da andere Ansätze eher zu langen Diskussionen als zu optimalen Ergebnissen führen.

3. Zusammenarbeit

Auf der Ebene einer anzusetzenden gesamtwirtschaftlichen Rationalität ist eine Zusammenarbeit – wie sie in Ansätzen bereits zu beobachten ist – dringend zu fordern, denn Parallelentwicklungen sind jenseits eines vernünftigen Ideenwettbewerbs als unnötige Belastung der öffentlichen Haushalte einzustufen. Nicht zuletzt aus diesem Zusammenhang heraus ist auch der verstärkte Einsatz von so genannten Open-Source-Lösungen gefordert. Darüber hinaus gilt es, eine inhaltliche Zusammenarbeit zu fördern, denn der Nutzer ist meist an Leistungen mehrerer Institutionen interessiert. Ein umfassendes Angebot – durchaus auch in Verknüpfung mit privatwirtschaftlichen Dienstleistungen – stellt eine optimale Lösung dar. Nach dem Denkansatz der Lebenslagen lassen sich entsprechende Auftritte entwickeln.

4. Bürgerportale

Bürgerportale sind Angelpunkt oder Schnittstelle der Relationen G to C, G to B, G to G und C to C. Sie können als Intranet, Extranet oder Internetauftritt einigen, mehreren oder allen Usern Zugang zu bestimmten Leistungen bieten. Diese wiederum können mit Medienbruch oder ohne, voll oder teilautomatisiert und als allgemeiner oder individueller Dienst realisiert werden. Diese Aufzählung macht deutlich, dass ein Bürgerportal vielfältige Erscheinungsformen annehmen kann. Sicher ist jedoch, dass Bürgerportale wohl nur selten als reines Portal zu realisieren sind, dass sie aktuell meist als vertikale Portale auftreten und dass sie in Zukunft hoffentlich als personalisierte Community realisiert werden.

5. Marketing

In Großbritannien wurde das „Sell your Service" als eine Losung zur Umsetzung von E-Government ausgegeben. Überspitzt formuliert konzentriert sich Deutschland ganz im Zeichen seiner Sachorientierung auf eine Digitalisierung seiner öffentlichen Dienstleistungen. Eine Steigerung der Bekanntheit und die Vermittlung des jeweiligen Wertes mit Instrumenten des Marketings hängt bis heute zurück. Es besteht Nachholbedarf. Unabhängig von den in den angeführten Aspekten herausgestellten Herausforderungen, Zielen und Bemühungen wird sich ein grundlegender Erfolg erst einstellen, wenn alle Akteure das Leben in der digitalen Welt derart gelernt haben, dass sie diese als solche gar nicht mehr wahrnehmen. Erst dann ist die Basis für E-Government soweit geschaffen, dass ein Ordnen des Gemeinwesens mit den neuen Handlungsoptionen des „E" möglich wird. Genau hier hat dann auch B. Gates wie bereits zitiert Recht, wenn er sagt, dass das Internet langfristig unterschätzt wird. Doch bis dahin wird und muss noch einige Zeit vergehen. Zur Verdeutlichung sei an eine Mahnung von L. Erhardt erinnert, der 1960 im Zusammenhang mit Industrialisierung und Entwicklungspolitik ausführte:

„Es ist ganz gewiß (...) dass angesichts derart revolutionierender Umwälzungen unser seelisches Gleichgewicht verloren zu gehen droht.
Es sind nicht nur die Geister, sondern mehr noch die Herzen und Seelen überfordert, wenn sozusagen aus dem Nichts gleich der Sprung in die neue Technik vollzogen wird, selbst wenn er vielleicht zu handhaben wäre."[27]

---

27 Erhard, L. (1992) S. 508.

Literatur

Accenture (o. J.): Von eBusiness zu ePolitics, Praxis und Potenzial von E-Business-Modellen für die politische Kommunikation im Internet. o. O.

Arnhold, K. (2003): Digital Divide. Zugangs- oder Wissenskluft? München

Bauer, H. (2001): Unternehmensportale, Geschäftsmodelle, Design, Technologien. Bonn

BITKOM (2002): BITKOM fordert „Masterplan E-Government" für ganz Deutschland, München. www.bitkom.org

Blaschke, P. (2002): Konsequenzen für die öffentliche Verwaltung, in Blaschke P., Karrlein W., Zypries B. (2002), S. 31–42

BMI (1998): Lenkungsauschuss Verwaltungsorganisation – Erster Bericht und Fortschreibung des Aktionsprogramms zur weiteren Steigerung von Effektivität und Wirtschaftlichkeit der Bundesverwaltung. Bonn

BMI (2000): Moderner Staat – Moderne Verwaltung, Zwischenbilanz – Chancen und Veränderungen. Berlin

BSI Modul 1–4 (2002): E-Government Handbuch; Modul 1: Chefsache E-Government – Leitfaden für Behördenleiter, Modul 2: Klassifikationsschema für E-Government-Verfahren, Modul 4: Qualitätskriterien für einen bürgerfreundlichen und sicheren Web-Auftritt. Bonn

Cap Gemini Ernst & Young (2003): Overall Report Oct 2001 – Oct 2002, Online availability of public services. Brüssel

Drüke, H. (2003): E-Government in Deutschland – Profile des virtuellen Rathauses, Berlin

Erhard, L. (1992): Deutsche Wirtschaftspolitik – Der Weg der Sozialen Marktwirtschaft. Düsseldorf

Ghersi, L., Lee, S., Karadagi, A. (2002): Gabler Kompaktlexikon Internet, Wiesbaden

Habbel, F. R. (2002): Die elektronische Demokratie, in: Blaschke, P., Karrlein, W., Zypries, B. (2002), S. 49–58

Jansen, S. A., Briddat, B. P. (2001): Electronic Government – Neue Potenziale für einen modernen Staat. Stuttgart

Klinger, P. (2002): Das virtuelle Rathaus der Stadt Hagen; in: Blaschke, P., Karrlein, W., Zypries, B. (2002) S. 31–42

Lotter, W., Sommer, C. (Hrsg.) (2000): Neue Wirtschaft. Das Kursbuch für die New Economy. München

Meyer, T., Weil, R. (Hrsg.) (2002): Die Bürgergesellschaft. Perspektiven für Bürgerbeteiligung und Bürgerkommunikation. Bonn

NFO (2003): Monitoring Informationswirtschaft – E-Government. München

Blaschke, P., Karrlein, W., Zypries, B. (2002): E-Public. Berlin

Schilly, O. (2001): Rede: Sicherheit in der Informationstechnik, 14. Mai 2001. Hannover

Schröder, G. (2000): Rede „Internet für alle – Schritte auf dem Weg in die Informationsgesellschaft", 18. September 2000. Hannover

Späth, L. (Hrsg.) (2002): Die New Economy Revolution. Neue Werte, neue Unternehmen, neue Politik. München

wegweiser (2002): Monitoring E-Government, Das Jahrbuch für Deutschland 2002/2003. Berlin

Wilke, T., Baur, A., Röhrich, S., Müller, C. (2000): Gruppenkommunikation im Internet – Ein Dauerbrenner wird kommerzialisiert, in: A. W. Scheer (2000), S. 175–191

Zypries, B. (2002): Die Zukunft ist virtuell, in: Blaschke, P., Karrlein, W., Zypries, B. (2002), S. 3–6

Vierter Teil

Wissens- und Kompetenzmanagement mit Portalen

Winfried Felser
Portale für die kompetente Gesellschaft

Bernd-Ulrich Kaiser
Architektur eines Mitarbeiterportals

Martin Grothe
Extranet-Portale: Communitykonzepte und Perspektiven durch Collaboration und Blended Learning

Winfried Felser

Portale für die Kompetente Gesellschaft

1. Zusammenfassung

In diesem Beitrag werden nicht einzelne Architekturkonzepte und Funktionen von Portalen beschrieben. Auch werden nicht Anbieter von Portaltechnologie oder erfolgreich realisierte Portalanwendungen vorgestellt. Für diese Informationen sei unter anderem auf die Beiträge von Gurzki et al. (Gurzki 2002) und Grimm (Grimm 2003) und die Fallstudien der Anbieter verwiesen, auf die man mittlerweile zum großen Teil online zugreifen kann (z. B. über das Kompetenzzentrum Portale der Competence-Site.de).

In diesem Beitrag geht es eher um eine fundamentale Begründung von Portalen und eine wertschöpfungsorientierte Ausrichtung von Portalen, um die Investitionsruinen der Vergangenheit zu vermeiden. Untypisch für ein „technologisches" Thema wie Portale wird dabei in diesem Beitrag in Abschnitt 1 zunächst einmal von der augenblicklichen Kompetenz-Krise ausgegangen und dann als Ausweg aus dieser Krise in Abschnitt 2 das Leitbild der Kompetenten Gesellschaft entworfen. Auf dieser Basis wird dann in Abschnitt 3 gezeigt, dass eine solche Gesellschaft vernetzter, agiler Kompetenz-Akteure als technologische Plattformen Portale braucht. So betrachtet sind Portale nicht nur leistungsfähige, technologische Innovation, sondern Enabler und Katalysator einer sich zunehmend vernetzenden, zunehmend globaleren Kompetenzgesellschaft. Sie sind dann auch nicht wirklich Option, sondern eher Notwendigkeit, um bei diesem Kompetenz-Spiel dabei sein zu können. Aus dem Leitbild der Kompetenten Gesellschaft werden in Abschnitt 3 zugleich auch konkrete Anforderungen an Portaltechnologien abgeleitet und eine gesamtwirtschaftliche Portalarchitektur entworfen, bei der existierende Lösungen, z. B. für Marktplätze, integriert werden.

Die „Kompetenzorientierung" und die Ausrichtung auf Wertschöpfung verhindert dabei die Sünden der Vergangenheit bzw. die oben genannten Investitionsruinen. In einer Kompetenten Gesellschaft stellt sich nicht mehr die Frage, welche Angebote ein Portal (im Internet/Intranet) braucht, um attraktiv zu sein (z. B. Interaktivität als besonderes Highlight), sondern umgekehrt, welche Portale gebraucht werden, damit Kompetenznetzwerke in Zukunft trotz schärferen Wettbewerbs konkurrenzfähig bleiben.

Dabei ist dieser Beitrag (wie andere Beiträge zu diesem Thema zuvor) journalistisch, nicht akademisch und es wird nicht der Anspruch einer abschließenden Betrachtung erhoben. Vielmehr wird der Beginn einer Diskussion und kontinuierlichen Verbesserung angestrebt. Vorhandene Schwächen, insbesondere begriffliche Ungenauigkeiten und kleinere Provokationen seien damit ebenso wie das weitgehende Fehlen von Quellenhinweisen nachgesehen. Keine der hier skizzierten Ideen und Konzepte stammen wirklich originär vom Autor, sondern lassen sich auf viele geistige Väter/Mütter und Diskussionen zurückführen, und das ist gut so, weil typisch für die Kompetente Gesellschaft. Die uns umgebende Dynamik erfordert weniger Popper und mehr Feyerabend.

2. Die Welt im Wandel

2.1 Die Kompetenz-Krise

Die Krise, in der wir uns befinden, ist nicht nur konjunktureller, sondern vor allem struktureller Natur. Sogar bei einer anziehenden Konjunktur wird die globale Kompetenz-Gesellschaft die „komparative" Inkompetenz von Personen, Unternehmen und Nationen weiter mit Insolvenz und Arbeitslosigkeit abstrafen. Die Hoffnung auf eine konjunkturelle Besserung greift daher viel zu kurz. Jetzt müssen darüber hinaus und langfristig orientiert auch die Kompetenz-Probleme gelöst bzw. die Kompetenz-Chancen genutzt werden, um den vorhandenen Wohlstand zu sichern bzw. weiter auszubauen.

Zunächst soll kurz beleuchtet werden, warum vor allem neue Technologien und die zunehmende Bedeutung der Information als Produkt-, Produktions- und Koordinationsfaktor ein wesentlicher Grund für die Kompetenz-Krise sind. Später wird dann auch aufgezeigt, dass neue Technologien, insbesondere Portaltechnologien, zugleich Hoffnungsträger bzw. Enabler für den notwendigen, strukturellen Wandel sind.

Neue Technologien ließen in den vergangenen Jahren die relative Bedeutung von Material und manueller Arbeit, unter anderem durch die Automatisierung, kontinuierlich sinken. Zugleich stieg der Wert des Produkt- und Produktionsfaktors Information. Sowohl Produkte/Dienstleistungen als auch Strukturen/Prozesse sind heute zu einem großen Teil „informations-dominiert". Sogar bei einem sehr „materiellen" Produkt wie einem PKW sinkt kontinuierlich die Bedeutung von Stahl und Gießereien und Montage und steigt die Bedeutung von Informations- und Kommunikationstechnologie sowie von Design, Forschung und Entwicklung. Bei nicht materiellen oder de-materialisierbaren Produkten/Diensten (Zeitschriften/Bücher, CDs, Beratung, Messen) gilt dies noch weitgehender. Die inner- und zwischenbetriebliche Koordination hat zudem durch neue Technologien eine neue Qualität bekommen. Märkte werden immer „idealer" (als Annäherung an ideal) und globaler, insbesondere die Märkte für Informations-/Kommunikations-Produkte/-Dienste, also die Märkte der Zukunft. Soviel zu den Fakten.

Was aber ist daran nun das Problem? Das Herausfordernde an der Informationswelt ist nach Einschätzung des Autors ihr Innovationspotenzial und die hohe Innovationsgeschwindigkeit. Alle müssen immer schneller rennen! Das wirklich Dramatische ist aber, dass in dieser Welt der Wettbewerb von heute auf morgen bedrohlich aus dem Nichts entstehen kann und in diesem Wettbewerb die bisher gültigen, schützenden Barrieren nieder gerissen werden. Markteintrittsbarrieren wie vorhandene Ressourcen oder regionale/nationale Grenzen spielen kaum noch eine Rolle. Die geringen Investitionen, die beliebige Vermehrbarkeit und Skalierung sowie variable Kosten, die gegen Null tendieren, sind der Grund hierfür. Ein Studienabbrecher kann visionär beschließen, für kleine Rechner („Micros") Software zu entwickeln, und dann in überschaubarer Zeit zu einem bewunderten Quasi-Monopolisten werden und

Stahlunternehmen oder Automobiler langweilig aussehen lassen! Neue Wettbewerber, z. B. aus früher unterschätzten Schwellenländern wie Indien, treffen auf die oben skizzierten idealen, insbesondere globalen Märkte. Gerade solche Märkte sind für aufstrebende Länder attraktiv, die durch eine enorme Zahl potenzieller Kompetenzträger mit hohem Ehrgeiz und ohne gesellschaftliche Fesseln und Regulierungen bestens vorbereitet sind, sich langfristig mächtig zu positionieren. Dieser Fortschritt führt also aus west- und mitteleuropäischer Sicht zum GAU: immer schnellere Innovationen, immer geringere Markteintrittsbarrieren, immer bessere Wachstumsmöglichkeiten, immer bessere Marktmechanismen und das global mit immer mehr und immer ehrgeizigeren Wettbewerbern. Dieser Wandel in Richtung einer extrem fordernden, globalen Wettbewerbs-Gesellschaft ohne Markt-Schutz wird den Druck auf die eigenen Wettbewerbs-Fähigkeiten – sprich auf die eigenen Kompetenzen – massiv erhöhen. Jetzt muss daher geklärt werden, wie sichergestellt werden kann, dass das eigene Know-How („Wissen") und die eigenen Netzwerke auch in dieser Zukunft nachgefragt werden und so weiterhin unseren Wohlstand sichern können. Das alleine sichert das langfristige Überleben. Ein unerwartetes Aufblühen der Konjunktur verlängert nur die Schonfrist und verhindert unter Umständen sogar die notwendige Anpassung.

2.2   Die Wissensgesellschaft als unzureichendes Leitbild

Der Weg aus der Krise scheint dabei schon gefunden: Wenn wir nur (hoffentlich schneller als andere) in Richtung Wissensgesellschaft und Wissensmanagement marschieren und die Data Highways ausbauen, wird alles sicherlich gut werden. So verlegen wir eifrig Kabel, kaufen teure Knowledge-Management-Technologien und richten Stäbe ein, die für uns sicherstellen, dass wir die überlebenswichtige Ressource Wissen systematisch „verwalten". Daten, Information, Wissen – die bekannte Dreiheit des Wissensmanagement – greift einen ganz entscheidenden Schritt zu kurz. Wissen allein ist nicht wertschöpfend und ineffizientes, „selbstbezogenes Wissensmanagement", das nur in teure Technologie und Stäbe investiert, ohne die Vernetzung mit der Wertschöpfung sicherzustellen (leider ist dies oft die Wirklichkeit!), schafft nicht nur keine Werte, sondern vernichtet sie sogar. Dass, wie der *Spiegel* feststellte, Wissensmanager in der Krise als Erste gehen mussten, belegt dramatisch die Richtigkeit dieser Aussage. Nur in wenigen Bereichen reicht Wissen allein aus („Wer wird Millionär?"), um auch wirtschaftlichen Erfolg sicherzustellen. In anderen Fällen müssen wir uns vom Wissen zur nachhaltig wertschöpfenden Kompetenz durchringen, die zu Nutzen für den Kunden und Umsätzen/Gewinnen für die Kompetenzträger führt, um so vom Wissen profitieren zu können.

Die Wissensgesellschaft ist also im globalen Kompetenz-Wettbewerb ein unzureichendes Leitbild, da ihr die Marktorientierung fehlt, um in diesem Wettbewerb zu überleben.

3. Die Kompetente Gesellschaft

3.1 Kompetenz versus Wissen

Was aber zeichnet nun Kompetenz so fundamental gegenüber Wissen aus? Knapp formuliert: Wissen ist nur Kompetenz, wenn Wissen zu Leistung für Kunden bzw. Wertschöpfung führt. Oder ausführlicher: Wenn Wissen vernetzte Information oder Information im Kontext ist, dann zeichnet sich Kompetenz zusätzlich (im Sinne z. B. von North et al.) dadurch aus, dass aus Wissen Können wird (Umsetzungsfähigkeit!) und zusätzlich Wollen (Motivation!) und Sollen (Nachfrage!) sicherstellen, dass Wissen/Können.

Kompetenz ist für uns also:

- die durch das Können, Wollen und Sollen eines Akteurs und seiner Umwelt bestimmte ...
- vor allem auf Wissen und Netzwerken basierende Güte einer Fähigkeit ...
- alleine oder im Netzwerk mit Partnern, unmittelbar oder mittelbar ...
- vorhandene Bedürfnisse von Kunden optimal zu befriedigen
- und zwar nachhaltig wettbewerbsfähig bzw. überlegen (Kompetenz im eigentlichen Sinn!).

Kompetenz definiert sich vom Kunden aus, Wissen kann hingegen Selbstzweck sein. Kompetenz muss Wertschöpfung zur Folge haben, davon ist gelebtes Wissensmanagement oft weit entfernt. Kompetenz beachtet nicht nur das Können, sondern auch das Wollen und Sollen. Kompetenz sieht nicht nur den Akteur, sondern auch das umgebende System (Interne Strukturen, Markt). Kompetenz fragt insbesondere nach Wettbewerbsfähigkeit, Wissen kann ohne Sinn und Zweck „kopiert" werden oder bewahrt werden, selbst wenn global und relativ Wissen bereits keine überlegene Kompetenz mehr darstellt, sondern nur noch Wissens-Müll. Diese weitergehenden Anforderungen an Kompetenz verhindern die Fehler der Vergangenheit und die Enttäuschungen, wenn richtungsloses Wissensmanagement nicht zum gewünschten wirtschaftlichen Erfolg, sondern zu Me-Too-Aktionismus führt. Kompetenzmanagement als Management von Kompetenz-Nutzung und -Entwicklung kann zwangsweise nur zum Erfolg führen, weil es sich vom Ende – dem Kunden, seiner Bedürfnisbefriedigung und dem daraus erzielbaren Erfolg – aus definiert und alles vermeidet, was nicht auf dieses Ziel ausgerichtet ist. Nur Unsicherheit in der Vorhersage und Unvermögen bei der Umsetzung sind mögliche Misserfolgsfaktoren. Dementsprechend setzt Kompetenzmanagement statt auf Wissensmanagement-Inseln auf die Einbettung in der Wertschöpfung und statt auf Stäbe eher auf die Verantwortlichen in der Wertschöpfung.

Im optimalen Fall ist Kompetenzmanagement schließlich gar keine eigene Aktivität mehr, sondern „nur" „kompetenzorientiertes" Management, also Paradigma statt Insel.

3.2 Die Kompetente Gesellschaft als neues Leitbild

Die Definition von Kompetenz legt auch im Wesentlichen fest, was wir jeweils im Folgenden unter der Kompetenz-Gesellschaft als Fakt und unter der Kompetenten Gesellschaft als Leitbild verstehen wollen. Die Kompetenz-Gesellschaft als Fakt manifestiert zunächst leidenschaftslos auf gesellschaftlicher, makroökonomischer Ebene den technologie-getriebenen Paradigmenwandel weg vom „alten" Denken in den Produktionsfaktoren Boden, Kapital und Arbeit hin zur ganzheitlichen, kompetenzorientierten Weltsicht.

Im schlimmsten Fall führt diese Kompetenz-Gesellschaft global zur Nivellierung von Lebensstandards mit vielen „Kompetenz-Verlierern", insbesondere in Deutschland. Darwiportunismus statt Partnerschaftlichkeit und Solidarität bestimmt das Miteinander zwischen Mitarbeitern und Unternehmen und der Bessere ist der Feind des Guten. Die Kompetenz-Gesellschaft ist dann, weil eben keinem gesellschaftspolitischen, koordinativem Leitbild verpflichtet, fern von jeder Sozialen Marktwirtschaft eine schrankenlose Kompetenz-Marktwirtschaft, fern unseren noch paradiesischen Zuständen.

Die Kompetente Gesellschaft als gesellschaftspolitisches Leitbild akzeptiert nun die Kompetenz-Gesellschaft als Fakt und setzt es sich allerdings zusätzlich „normativ" zum Ziel, durch Partnerschaftlichkeit („Kompetenz-Partnerschaftlichkeit", siehe unten) für das Ganze und jeden einzelnen Akteur (Subsystem/Individuum) nachhaltig Kompetenzen zu bewahren, zu entwickeln und zu nutzen, um so den Wohlstand der Gesellschaft und ihrer Akteure sicherzustellen. In letzterem Bestreben gleicht sie der Sozialen Marktwirtschaft. Allerdings versucht die Kompetente Gesellschaft Gerechtigkeit und sozialen Frieden nicht vornehmlich durch Umverteilung (Finanzausgleich) zu sichern, sondern durch partnerschaftliche Kompetenz-Chancen und vor allem partnerschaftliche Kompetenz-Gerechtigkeit. Plakativ: Die Kompetente Gesellschaft baut mehr auf Stipendien und Start-Kapital als auf Sozialhilfe und Arbeitslosengeld sowie mehr auf Kompetenz-Plattformen und Gründungs-Coaching als auf behördliches Mangel-Verwalten. Die „katholische" Soziale Marktwirtschaft wird bezahlbarer durch den „calvinistischen" Anspruch der Kompetenten Gesellschaft: dass nämlich alle Mitglieder der Gesellschaft auch zur Wertschöpfung entsprechend der eigenen Möglichkeiten beizutragen haben.

Dabei ist bei der Kompetenten Gesellschaft wie bei der Sozialen Marktwirtschaft der Grundsatz zu beachten, dass der Staat nur dann eingreifen sollte, wenn das Ziel nicht anders zu erreichen ist (Subsidiaritätsgrundsatz). Der Staat verhindert also die Auswüchse der „ziellosen" Kompetenz-Gesellschaft und ist ausgleichender Katalysator.

Dabei ist Kompetenz-Partnerschaftlichkeit allerdings nicht nur eine gesellschaftspolitische Fragestellung, sondern charakterisiert eigentlich stets ein ideales Miteinander in Kompetenz-Netzwerken, also auch das Miteinander entlang einer Kompetenz-Kette (zwischen Kunde, Unternehmen, Lieferanten) oder innerhalb einer Kompetenz-Organisation (zwischen Unternehmen und den Mitarbeitern des Unternehmens).

Die so betrachtete Kompetente Gesellschaft ist

- eine Netzwerk-Gesellschaft,
- eine kunden- und dienstleistungsorientierte Gesellschaft,
- eine wert- und wertschöpfungsorientierte Gesellschaft (nicht nur Gewinn, Glück!),
- eine partnerschaftliche und auf Vertrauen basierende Gesellschaft,
- eine neue, zeitgemäßere Form der sozial-marktwirtschaftlichen Gesellschaft.

Letzteres wird deutlich, wenn man sich die Anforderungen und die Möglichkeiten der Kompetenten Gesellschaft bewusst macht. Zum einen braucht die Kompetente Gesellschaft den gerechten Ausgleich, da die Vielfalt der Kompetenzen vom chancengleichen Zugang zur Kompetenz und vom partnerschaftlichen Miteinander profitiert. Zum anderen fördert die Kompetente Gesellschaft den sozialen Frieden nachhaltiger als die „klassische" Soziale Marktwirtschaft, da sie auf Eigenverantwortung setzt und den Missbrauch eines „Finanzausgleichs" verringert. Eine solche Kompetenzgesellschaft ist keine auf den kurzfristigen Shareholder-Value fixierte Gesellschaft („Enronitis"), aber auch keine Gesellschaft planwirtschaftlicher Umverteilung, Bürokratisierung oder anderer Formen von Inkompetenz. Solche Investmentbanker, Analysten und Journalisten, die kurzfristige Hypes erzeugen und volkswirtschaftliches Vermögen fahrlässig vernichten, indem sie Unternehmen in die Irre steuern, aber auch solche Gewerkschaftsvertreter, deren Denken fern der globalen Netzwerk-Gesellschaft im Klassenkampf und Besitzstand-Denken gefangen ist, sind nicht Vertreter der wirklich Kompetenten Gesellschaft, sondern eher ihre Verhinderer.

3.3   Gestaltungsprinzipien der Kompetenten Gesellschaft

Die Kompetente Gesellschaft ist aber mehr als ein zukunftsoptimistisches Leitbild für Sonntagsreden, sie verlangt von allen Akteuren massive „kompetenzorientierte" Veränderungen auf allen Gestaltungsebenen, von der Kultur über die Strategie, die Strukturen und Systeme bis hin zur Technologie (siehe Kapitel 2.5). Um hier konkreter werden zu können, lässt sich das Leitbild nachfolgend auf der Basis der oben skizzierten Kompetenz-Definitionen auf Gestaltungsprinzipien und -maßnahmen herunterbrechen. Betrachtet man die Kompetenz-Definition, dann sind die vier wesentlichen Gestaltungsprinzipien erkennbar, die über das Kompetenzthema hinaus typisch für die Netzwerk-Gestaltung (im Sinne von Baumgarten, Kuhn, Dangelmaier/Felser et al.) sind:

1.   Ganzheitlichkeit bzw. Integration („Das Ganze"):

In der Kompetenzdefinition findet sich der Hinweis darauf, dass die Kundenbefriedigung im Rahmen mehrerer Wertschöpfungsstufen, gegebenenfalls zusammen mit anderen Partnern und Produkten/Kompetenzträgern, erfolgt. Um möglichst effektiv und/oder möglichst effizient zu sein, erfordert Kompetenzmanagement eine „logistikorientierte" Ausrichtung bzw. eine integrative Sicht und Vernetzung entlang aller relevanten Dimensionen des Netzwerks, also Prozess, Produkt/Dienst, Partner und

Zeit. Kompetenz in ihren verschiedenen Konkretisierungen und Formen fließt idealerweise im integrierten Kompetenz-Netzwerk ohne Brüche und Verlust von Kompetenz-Bedarfen zu Kompetenz-Angeboten und/oder umgekehrt mit steigendem Konkretisierungsgrad.

2. Atomisierung, Ereignisorientierung (Real-Time), Individualisierung („Das Einzelne"):

Das Gegenstück zur Integration sind Atomisierung bzw. Ereignisorientierung und Individualisierung. Kompetenz verschwendet aufgrund ihrer strikten Wertschöpfungsorientierung nicht, weder Zeit noch Ressourcen (siehe Punkt 1). So ist sie, wenn dies der Bedarf erfordert, zeit- und prozessnah und beliebig individualisiert.

3. Kunden-/Wertschöpfungsorientierung („Das Ziel")

Die wesentliche Abgrenzung von Kompetenz gegenüber Wissen ist die Sicherstellung von Wertschöpfung und der Befriedigung von Kundenbedürfnissen, maximal und/oder kostenminimal. Kompetenz muss diesem Anspruch gerecht werden, insbesondere muss auf das verzichtet werden, was nicht wertschöpfend und nur kostentreibend ist, bzw. ergänzt werden, was notwendig ist, um Bedürfnisse der Kunden besser zu befriedigen.

4. Partnerschafts-Orientierung („Das gemeinsame Ziel")

Damit Kompetenz-Netzwerke nachhaltig optimal funktionieren und die (partnerschaftliche) Leistung für den Kunden nachhaltig gelingt, müssen für die Beteiligten situationsadäquate Formen der Partnerschaftlichkeit gefunden werden. Dabei hängt der Grad der Partnerschaftlichkeit davon ab, wie intensiv und verlässlich die Zusammenarbeit (z. B. bei gemeinsamen Investitionen) sein muss. Dabei lässt sich die partnerschaftliche Kompetenz-Nutzung und -Entwicklung in Netzwerken unterscheiden. Am Beispiel von Unternehmen/Mitarbeiten soll dies verdeutlicht werden (Scholz 2003):

Partnerschaftliche Kompetenz-Nutzung: Die Partner können erwarten, dass sie ihre gegenseitige Selbstverpflichtung (Commitment) einhalten, dass der Mitarbeiter für die Zeit, in der er in dem Unternehmen tätig ist, richtig und gut und zu 110 Prozent arbeitet und dass das Unternehmen dem Mitarbeiter für seine Arbeit entsprechend seines Kompetenzbeitrags „angemessenes" Geld und ein vernünftiges Arbeitsklima bietet. Partnerschaftliche Kompetenz-Entwicklung: Die Partner können erwarten, dass sie ihre gegenseitige Selbstverpflichtung (Commitment) einhalten, dass der Mitarbeiter für die Zeit, in der er in dem Unternehmen tätig ist, richtig und gut und zu 110 Prozent seine eigenen Kompetenzen und die Gesamtkompetenzen des Unternehmens weiterentwickelt und das Unternehmen diese Entwicklung co-finanziert (zusammen mit dem Mitarbeiter, wobei dieser unter Umständen auf Gehalt verzichtet). Beide Partner profitieren partnerschaftlich von der Kompetenz-Zunahme im Gesamtkontext, was stabilisierend wirkt. Trotzdem sieht das Szenario auch eine

Trennung der Partner vor, wobei dann sichergestellt werden sollte, dass Kompetenz-Investitionen und Kompetenz-Nutzung „fair" geteilt werden. Letztere „Verteilungsproblematik" muss sicherlich noch eingehender beleuchtet werden.

3.4 Gestaltungsebenen der Kompetenten Gesellschaft

Diese Gestaltungsprinzipien der Kompetenten Gesellschaft bergen ein enormes wirtschaftliches Potenzial. Sie sind (organisationsübergreifend) die Basis für:

- Economies of Scale/Scope, Processengineering, Wiederverwendung
- Produkt-/Serviceindividualisierung, Real-Time-Unternehmen/-Netzwerke
- wertorientiertes, kundennutzenorientiertes Re-Engineering

und vieles mehr. Ein kompetenzorientiertes Re-Engineering umfasst ganzheitlich die unterschiedlichsten existierenden und zukünftigen (!) Re-Engineering-Teilbausteine. Dies soll ebenfalls an anderer Stelle erläutert werden. Der Wandel, so viel sei hier aber bereits gesagt, wird fundamental sein und zu einer massiven, breiten Neugestaltung aller Gestaltungsebenen von der Kultur/Strategie bis hin zur Technologie führen (siehe Abbildung 1).

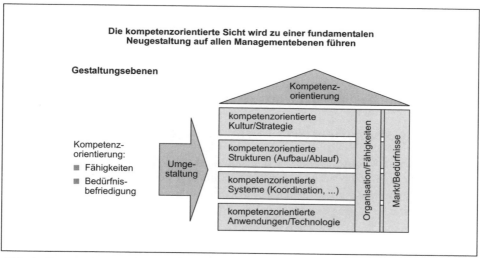

Abb. 1: Kompetenzorientierung (dual) auf allen Gestaltungsebenen

In Abbildung 2 ist zur Verdeutlichung dieses Wandels beispielhaft die kompetenzorientierte Gestaltung auf der Ebene der Strukturen (hier Aufbaustrukturen) dargestellt. Entsprechend des dualen Charakters von Kompetenz können Strukturen einerseits die Fähigkeiten einer Organisation, andererseits und dual dazu die wertschöpfende Nutzung dieser Fähigkeiten abbilden. Welche Bedeutung und welche Ausbauform jeder dieser Teilstrukturen hat, hängt dabei vom Umfeld (Markt) und seiner Dynamik ab.

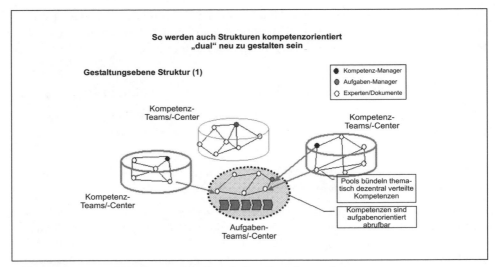

Abb. 2: Kompetenzorientierung (dual) auf allen Gestaltungsebenen

Competence Center, Kompetenz-Teams, Communities of Practice sind Beispiele für fähigkeitsorientierte Strukturen. Aufgaben-Teams, Process Center (oder andere prozessorientierte Strukturen) sind Beispiele für Strukturen zur Nutzung dieser Fähigkeiten.

4. Portale für die Kompetente Gesellschaft

4.1 Kompetenzorientierte Portallösungen

Die Technologie als unterste Gestaltungsebene ist gleich zweifach kompetenzorientiert auszurichten. Zum einen muss die Technologie selbst kompetenzorientierten Gestaltungsprinzipien entsprechen. Zum anderen unterstützt sie die kompetenzorientierte Neugestaltung der darüber liegenden Ebenen (z. B. kompetenzorientierte Strukturen, siehe oben). Nach den bisherigen Ausführungen wird deutlich, dass in einer Kompetenten Gesellschaft Portale als Investitionsruinen oder als Selbstzweck-Investitionen („Wir brauchen ein tolles Intranet", „Wir brauchen einen schicken Internet-Auftritt") eigentlich nicht vorkommen sollten. Nicht schicke, begeisternde Web-Seiten mit einer noch so begeisternden Interaktivität und auch nicht „führende" Technologie-Ansätze sind Ziel in der Kompetenten Gesellschaft, sondern immer, per definitionem, Wertschöpfung durch die optimierende Unterstützung von Kompetenznetzwerken und Kompetenzflüssen (ROI!).

In Abbildung 3 ist, stark vereinfacht, in diesem Sinne die kompetenzorientierte Evolution von Portalen dargestellt. In den Ursprüngen waren Portale nicht mehr als Einstiegs-Web-Seiten mit Link-Listen. „Kompetenzorientierter" wurden Portale dann erst im nächsten Schritt als sie zu einem integrierten Einstiegspunkt für Anwendungen weiterentwickelt wurden. Einheitliche Benutzeroberflächen, Single Sign-On, Personalisierung und ähnliche Ansätze charakterisieren die Integration im Frontend. Bald wurde deutlich, dass es nicht reicht, ansonsten unintegrierte Teilsysteme nur im Frontend zu integrieren. Heutige Prozessportale wie sie in (Grimm 2003) beschrieben werden, integrieren daher auch Prozesse und Backend-Systeme. Portale als Kompetenz-Plattformen mit einer Integration in allen Dimensionen erfordern dann noch eine weitergehende Integration entlang der Kompetenzphasen bzw. Anwendungssystemen, um ohne Brüche Kompetenz-Netzwerke und Kompetenz-Flüsse abzubilden. CRM, PLM, SCM, HRM sind nicht Teilinseln, sondern Teilflüsse im Gesamtfluss. Um hier zu integrieren, müssen Anwendungen atomisiert und vor allem Meta-Strukturen und Ereignismanagement zwischen den Systemen harmonisiert werden. Dann kann selbst bei unterschiedlichen Best-Of-Breed-Lösungen eine durchgehende Lösung geschaffen werden. Im nächsten Kapitel wird dies beleuchtet.

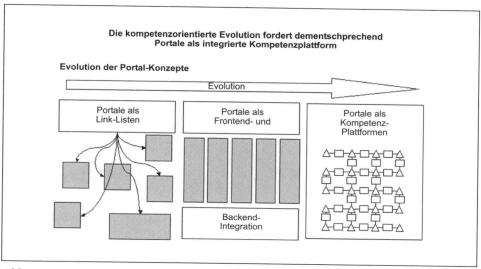

Abb. 3: Kompetenzorientierte Evolution der Portalkonzepte

Die zweite kompetenzorientierte Integration muss entlang der Dimension Organisation erfolgen. Wenn Portale in der Kompetenten Gesellschaft komplette Kompetenz-Netzwerke unterstützen sollen, dann wäre eine ideale Lösung ein „Mega-Portal", das für ein Kompetenz-Netzwerk alle relevanten Bestandteile von „vorne bis hinten" abbildet und den Kompetenz-Akteuren und -Organisationen jeweils individualisierte Sichten zur Verfügung stellt. Ein solches Mega-Portal ist allerdings zumeist unrealistisch, da es nicht nur technologisch, sondern vor allem organisatorisch und kulturell eine enorme Herausforderung (Vertrauen!) darstellen würde. Realistischer sind Teilportale für Teil-Netzwerke, die dann dem Integrationsgedanken durch ihre Vernetzung entsprechen können. Sie erlauben so einen sukzessiven Portalaufbau. Dementsprechend (bzw. entsprechend der zugehörigen Kompetenznetzwerke) können unterschieden werden:

- Organisations-Intranet-Portale (Mitarbeiterportale)
- Organisations-Extra-/-Internetportale (Kunden, Lieferanten, Partner)
- Interorganisationale Portale, insbesondere
- vertikale Branchenportale und horizontale Portale

In (Felser 2003) wird beispielhaft für verschiedene Arten von Unternehmen (Beratungen, Veranstalter, Verlage) und Netzwerk-Organisationen (Verbände, Messen, Konsortien) dargestellt, wie durch derartige Portale für diese Akteure die organisationsinterne und die organisationsübergreifende Zusammenarbeit wesentlich verbessert werden kann.

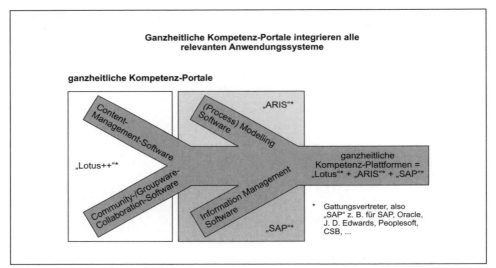

Abb. 4: Ganzheitliche Kompetenzportale

Die Verknüpfung dieser „Partialportale" überwindet schließlich im besten Fall dann noch weitgehend die Mängel der eingeschränkten Partial-Sichten. So entsteht virtuell und sukzessiv das zunächst skizzierte Megaportal mit individuellen Sichten, nur nicht Top-Down, sondern eben Bottom-Up durch Integration verschiedener Teilportale.

Es erscheint hingegen nicht sinnvoll, Portale nach Informationsformaten, Teilphasen oder Anwendungssystemen zu zerlegen. Decision Portals (MIS Informationen), Publishing Portals (Content) oder Collaboration Portals (Projektinformationen) wie auch Portale ausschließlich für CRM, PLM oder SCM sind vielfach gar nicht bewusst so isoliert konzipiert worden, sondern nur das Ergebnis eingeschränkter, schwer integrierbarer Technologien und Anwendungssysteme. Sie verhindern die geforderte, integrierte Sicht auf Kompetenz-Netzwerke und -Flüsse. Das heißt z. B. auch, dass viele der elektronischen Marktplätze unzureichende Portale sind, wenn sie überwiegend nur Transaktionen unterstützen und andere wesentliche Phasen der Kooperation nur unzureichend beachten. Dies erklärt manchen Misserfolg im Bereich der elektronische Marktplätze.

In Abbildung 4 ist dargestellt, wie unterschiedliche Teilsichten auf die Unternehmenswelt integriert werden.

4.2   Kompetenzorientierte Portaltechnologien

Die hier skizzierte kompetenzorientierte Entwicklung von Portalen, insbesondere die weitergehende Integration von Anwendungsteilsystemen (siehe Abbildung 4) und die Integration über Organisationsgrenzen hinweg, beeinflusst auch wesentlich die Portaltechnologien. Portale als Anwendungen bestehen im Wesentlichen arbeitsteilig aus (siehe Abbildung 5):

- Portalinfrastruktur (von Spezialisten wie SUN oder ERP-Anbieter wie SAP)
- Anwendungssystemen für Portale

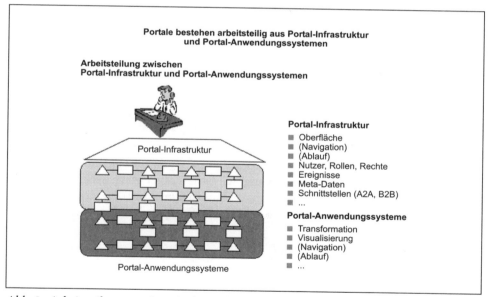

Abb. 5: Arbeitsteilung von Portalinfrastruktur und Anwendungssystemen

Die Portalinfrastruktur muss die Integration in allen Dimensionen leisten und auch Nutzer-Daten, Meta-Strukturen, Ereignisse etc. als Kopplungselemente unterstützen. Heutige Portale müssen sich hier noch weiter entwickeln, um diese weitergehende Integration (und Atomisierung) zu leisten. Einheitliche Benutzeroberflächen, Single Sign-On und selbst Prozessintegration sind hier nur ein Anfang, der insbesondere durch die Möglichkeit zu einer umfangreichen, transparenten Anwendungsintegration (siehe oben) ergänzt werden muss. Ansätze wie bei SAP NetWeaver und xApps gehen in diese Richtung.

Zugleich muss auch die portalübergreifende Integration geleistet werden. Themen wie BPM, EAI, B2B, Web-Services und Portale werden hier sicherlich eine noch weitergehende Konvergenz erleben und gemeinsam das organisationsübergreifende Wirken in Netzwerken ermöglichen. Dabei sind für alle Kompetenzphasen geeignete Austauschstandards zu entwickeln, die über heute, existierende Standards für Produktkataloge oder Zahlungsformen hinausgehen. Ideal wäre ein durchgehend standardisierter Fluss.

Anwendungssysteme als zweiter Portalbaustein (neben Portalinfrastruktur) werden durch den Zwang zur systemübergreifenden Integration vor allem im „Frontend" und in der Struktur hinterfragt. Die Anbieter derartiger Anwendungssysteme müssen ihre Systeme so öffnen bzw. integrierbar und atomisierbar machen, dass sie in Gesamtportallösungen eingebunden werden können. Neben dem Verlust des Frontends (und unter Umständen der Navigation und des Ablaufs) kann dies insbesondere bedeuten, notwendige Integrationselemente wie z. B. Meta-Strukturen (Topics etc.) zur Verfügung stellen zu müssen. Der notwendige Wandel und die damit verbundenen Investitionen werden sicherlich die Konsolidierung bei Infrastruktur- und Anwendungsanbietern weiter katalysieren.

5. Ausblick

Der hier skizzierte Wandel in Richtung portalbasierter Kompetenznetzwerke wird sicherlich aufgrund der Investitionszurückhaltung nicht in kurzer Zeit abgeschlossen sein. Da er aber betriebswirtschaftlich sinnvoll ist, werden die skizzierten Lösungen ihren Siegeszug früher oder später antreten. Dabei ist ein sukzessives Vorgehen bei der Realisierung sogar „kompetenzorientiert", da stets genau in der Art investiert werden sollte (Zeitpunkt, Umfang) wie es betriebswirtschaftlich sinnvoll ist. Nicht jedes Unternehmen braucht sofort ein Mitarbeiterportal. Die Zeit der Investitionen als Selbstzweck und von Me-Too-Aktionismus sind glücklicherweise vorbei.

Literatur

Felser, W. (2003): Die Kompetente Gesellschaft, www.competence-site.de, Kompetenzzentrum Wissensmanagement, Artikel

Grimm, S. (2003): Portale als Instument zur Kostensenkung – Funktionen, Architektur, Vorgehen, www.competence-site.de, Kompetenzzentrum Portale, E-Interviews

Gurzki, T., Hinderer, H. (2003): Eine Referenzarchitektur für Software zur Realisierung von Unternehmensportalen, in: WM 2003: Professionelles Wissensmanagement – Erfahrungen und Visionen; Ulrich Reimer, Andreas Abecker, Steffen Staab, Gerd Stumme (Hrsg.), GI-Edition – Lecture Notes in Informatics (LNI), P-28. Bonn

Scholz, C. (2003): Spieler ohne Stammplatzgarantie. Wiley

Bernd-Ulrich Kaiser

Architektur eines Mitarbeiterportals

1. Die Zielsetzung

Aus unternehmensstrategischer Sicht leistet ein Mitarbeiterportal wertvolle Hilfe. Es steht für:

▪ Effizientere Arbeitsabläufe der Mitarbeiter (Organisations-Aspekt)
Der elektronische Workflow, unterstützt von einem Mitarbeiterportal, reduziert den Aufwand für die Arbeitsabläufe erheblich. Bisher wurde hierfür die persönliche Mailbox „missbraucht", in der Alerts und andere Workflow-Aufforderungen landeten. Zwar funktioniert dies halbwegs nachteilig, ist allerdings die Schwemme derartiger E-Mails, die die eigentlichen „elektronischen Briefe" überdecken. E-Mail-Aufforderungen haben keinen Bezug zu ihrem Absender, so dass sie z. B. bei Bearbeitung nicht automatisch abgeändert werden oder als erledigt verschwinden, sondern es folgen neue E-Mails, im schlimmsten Falle bei jedem Teilschritt. Im Gegensatz dazu können Workflows in Mitarbeiterportalen den jeweiligen Status anzeigen, optimal in einem eigenen Workflow-Fenster, das nur erscheint, wenn etwas zu erledigen ansteht.

▪ Qualifizierung der Mitarbeiter für die Online-Welt (Enabling-Aspekt)
Nicht alle Mitarbeiter beherrschen die neuen Medien. Und die, die damit umgehen können, haben ihre Kenntnisse meist im privaten Umfeld erworben. Möglicherweise finden sich in dieser Gruppe vor allem die leistungsstärkeren Mitarbeiter (von Führungskräften mit erklärter Abneigung gegenüber den neuen Medien abgesehen), so dass es gerade im Sinne der Unternehmenseffizienz angezeigt ist, den leistungsschwächeren Mitarbeitern den Umgang mit dem neuen Medium nahe zu bringen. Dies gelingt sicherlich leichter durch täglichen Umgang mit dem Mitarbeiterportal als durch möglicherweise bezugsfremde Schulungen.

▪ Informationsströme im Sinne „Marktplatz des Wissens" (Knowledge-Aspekt)
Das Internet zeigt eindrucksvoll, wie wichtig das Erlangen von Aufmerksamkeit ist. Eine Site im Internet kann noch so gut sein: zum Erfolg gehört, dass die Internetnutzer diese Site auch aufsuchen. Nur die Sites mit „Zulauf" erregen andererseits auch das Interesse von Anbietern. Genauso verhält es sich mit den Sites eines Unternehmens, von denen nicht selten einige hundert mehr oder weniger gut gepflegt das Intranet repräsentieren. Ein Mitarbeiterportal bietet nun die ideale Einstiegsplattform, die jeder Mitarbeiter aufsucht, nicht nur bei Arbeitsbeginn, sondern recht häufig während des Arbeitstages. Da hier alle wichtigen Informationen für ihn zusammenlaufen, ist er auch erreichbar beispielsweise für Mitteilungen des Unternehmens oder seines Bereichs (was ja aufgrund der Personalisierung gezielt möglich ist). Der immaterielle Unternehmenswert einer derartigen zentralen Ansprechmöglichkeit, zusätzlich aufgewertet mit der Option, individuell antworten oder zumindest reagieren zu können, lässt sich kaum abschätzen. Andererseits kennt man den nicht unerheblichen Aufwand, den ein Unternehmen für seine herkömmliche Mitarbeiteransprache betreibt. Der zentrale, virtuelle Unternehmensplatz beherbergt außerdem Diskussionsforen, Chats, Bibliotheken (externes und

internes veröffentlichtes Wissen) sowie Verzeichnisse von Ansprechpartnern ("Yellow Pages"). Das Knowledge Management erhält mit dieser "individualisierbaren Sitemap" des Unternehmens ein mächtiges Werkzeug, das sowohl strukturierten als auch individuellen Wissensaufbau und -verteilung auf und zwischen allen Ebenen des Unternehmens unterstützt. Dieser "pragmatische" Knowledge Management-Ansatz, der sich umfassend auf das Intranet abstützt, hilft besonders denjenigen, für die Knowledge Management-Initiativen auf Unternehmensebene derzeit nicht im Fokus stehen.

◼ Einheitliche Intranet-Infrastruktur (IT-Kosten-Aspekt)
Voraussetzung für infrastrukturelle Maßnahmen ist die Nutzung von Anwendungen, die von dieser IT-Infrastruktur profitieren. Niemand baut ein umfangreiches und modernes Straßennetz, ohne von einem entsprechenden Straßenverkehr auszugehen. Tatsächlich treiben Mitarbeiterportale die Maßnahmen wie die Pflege von Mitarbeiterverzeichnisdiensten (im LDAP-3Format), die dann auch von anderen Anwendungen genutzt werden können. Diese möglichen Synergien rechtfertigen allein schon die Einführung eines Mitarbeiterportals.
Unabhängig von den Vorteilen des Mitarbeiterportals aus Unternehmenssicht bestimmt die Akzeptanz der Anwender den Erfolg. Zwar kann man unverzichtbare Services wie den Zugang zum Internet mit dem Mitarbeiterportal koppeln und jeden Internet-Aufruf als Nutzung des Portals werten, aber auf diese Weise erstellte Statistiken geben keine Auskunft, welchen tatsächlichen Nutzen die typischen Portalfunktionen beitragen. Ein deutlicher Mehrwert liegt in der Personalisierung, die von den Rollen, die durch die Funktion im Unternehmen geprägt sind, getrieben wird, daneben aber auch eine individuelle Ausgestaltung der wichtigen virtuellen Arbeitsfläche ermöglicht.

2.   Die Herausforderung

Die stürmische Entwicklung elektronischer Medien verlangt, die beeindruckenden neuen Möglichkeiten auch im Umgang mit den Mitarbeitern eines großen Unternehmens zu nutzen. Inzwischen gilt die "Welt der PCs" nicht mehr als Spielwiese von "Freaks" und "Hackern". Die steigende Nutzung der elektronischen Helfer, sogar auf Managerarbeitsplätzen, belegt den Wandel eindrucksvoll. Spät, aber nicht zu spät, werden die Online-Medien als hilfreich, wenn nicht sogar als unverzichtbar eingestuft.

Dabei ist der Wunsch eines elektronisch gestützten Arbeitsplatzes in Unternehmen, heute auch als Mitarbeiterportal bezeichnet, so alt wie die elektronischen Helfer selbst. Bereits während der Großrechner-Ära wurden Produkte angeboten, die eine integrierte Bürolandschaft versprachen. Die stärkere Verbreitung der PCs bescherte dann eine Vielzahl unterschiedlicher Office-Lösungen. Doch ihre Möglichkeiten, einfach Informationen aus den Unternehmensnetzen zu erlangen, zu bearbeiten und elektronisch weiterzugeben, waren sehr beschränkt. Zu unterschiedlich zeigten sich

PC-Programme und die zumeist herstellerspezifischen, proprietären Unternehmenssysteme: Eine pragmatische Lösung liefert der E-Mail-Postkorb, der, weil unstrukturiert, schnell überflutete. Aber auch damit gelangt man nicht direkt an Unternehmensdaten.

Schonungslos deckte dann die E-Commerce-Welle der Jahrtausendwende die eklatanten Schwächen bei der Systemintegration besonders bei den Businessanwendungen auf. Wunsch und Wirklichkeit klafften weit auseinander. Die Unternehmenssysteme glichen Festungen, zu denen man nur unter besonderen Vorkehrungen Zugang erhielt. Man darf hier durchaus von der Notwendigkeit einer Spezialistenkompetenz sprechen, ohne die ein Zugriff aussichtslos war. Aber selbst den Experten war der gleichzeitige Abruf von Informationen, die über mehrere Systeme verteilt waren, aus systemtechnischen Gründen verwehrt. Die Fokussierung der Unternehmenssysteme auf ihre operativen Aufgaben vernachlässigt anscheinend die strategische Komponente, Informationen denjenigen zur Verfügung zu stellen, die sich um die Ausprägung des Geschäfts, die Marktzuordnung, die Kunden- und Produktzuordnungen usw. kümmern.

Zwei Ausweichstrategien bahnten sich den Weg, eine technisch getriebene und eine händische. Die *technische Variante* vertraute auf Management-Informationssysteme und Data Warehouse, wobei der modernere Begriff „Business Intelligence" auch nicht darüber hinwegtäuschen kann, dass die überwiegende Anzahl derartiger Projekte bisher scheiterten. Die *manuelle Variante* setzt auf Assistenten, die die Daten extrahieren und in Office-Tools (Microsoft Excel, Powerpoint) aufbereiten.

Trotz oder gerade wegen der bisher überschaubaren Erfolge wird die DV-Branche nicht müde, neue Visionen zu präsentieren, zumeist in Verbindung mit einer neuen Technologiewelle (Motto: CEBIT-Software = Software, die nur acht Tage im Jahr läuft und dann auch nur in der Gegend von Hannover). So wie die Management Informationssysteme ihr Schicksal mit der so genannten Client-Server-Technik verbanden, so baut das derzeit in der Wunschliste ganz oben rangierende Mitarbeiterportal auf der Internettechnologie auf. Die HTTP-Architektur bildet damit einen Hoffnungsträger, der jedoch die Erwartungen weder inhaltlich noch technisch wirklich erfüllen kann. Das „Mitarbeiterportal aus der Tüte", so zeigen die ersten Erfahrungen, wird es nicht geben.

Ein Grund dafür mag sein, dass der Mensch in diesem Umfeld eine besondere Rolle spielt. Bei fehlender Akzeptanz „verkümmert" ein Mitarbeiterportal.

> „Der Mensch mit seinem Wissen, seiner Kreativität und seinem Engagement spielt trotz aller Technisierung nach wie vor die wichtigste Rolle im fortwährenden Wandel."
>
> *Dr. Manfred Schneider, Vorsitzender des Aufsichtsrates der Bayer AG*

Abb. 1: Zitat

Und Akzeptanz lässt sich nicht erzwingen, erst recht nicht bei Mitgliedern des Managements. Gerade diese bevorzugen die „manuelle Variante", wenn ihnen die Informationssysteme nicht gefallen. Denn der auf Mitarbeiter gestützte Ansatz baut auf den Spürsinn der Controller bzw. der Assistenten, die sich in den letzten Jahren spezialisierten und zu wahren Datengräbern in den kryptischen Unternehmensdatenbanken entwickelten. Ein Hinweis hierfür liefert der Personalzuwachs der Controllingbereiche in den letzten Jahren. Diese Mitarbeitergruppe neigt übrigens gelegentlich dazu, die automatische Aufbereitung der Daten abzulehnen, möglicherweise aus Angst um den eigenen Arbeitsplatz. Das Spannungsfeld Mensch – (DV-)Maschine ändert sich nicht schlagartig dadurch, dass man jetzt vom Mitarbeiterportal mit einer „revolutionierenden Technik" spricht.

Ein weiteres Grundproblem liegt in der Ausrichtung des Top-Managements auf die finanziellen Daten des Unternehmens. Natürlich stehen auch Kunden, Mitarbeiter und Prozesse im Fokus, oft aber nur, wenn sie sich (risikolos) rechnen. Vielversprechende Ansätze gelangen noch nicht einmal in die Entscheidungsphase, weil ein kurzfristiges Ergebnis nicht ausgewiesen werden kann. Aber auch auf Seiten der Informationslieferanten treten Probleme auf. Die Informationsflüsse in einem Unternehmen lassen sich nicht so ohne weiteres in einem Mitarbeiterportal abbilden. Denn oftmals gelten Informationen als „Besitztümer", deren gezielter Einsatz im Unternehmen die eigene soziale Rolle stärkt. Noch immer gilt als Karriere-Baustein, seine Vorgesetzten gut (und dabei auf sich aufmerksam machend) zu informieren. Ein Mitarbeiterportal, so wie früher übrigens die Management-Informationssysteme, steht unter dem „dringenden Verdacht", diese Verbindungen kappen zu wollen, weil es die Informationen anonymisiert zur Verfügung stellt.

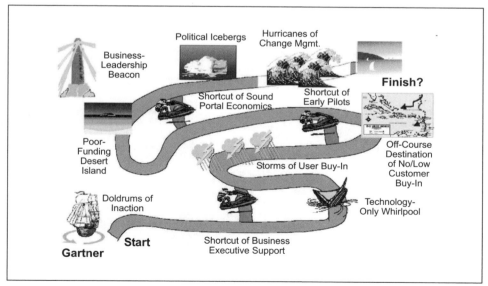

Abb. 2: Gartner Portal Jorney

Die notwendigen Änderungsprozesse sind es, die die Einführung eines Mitarbeiterportals zu einer Erlebnisreise machen, wie es die Gartner Group zu treffend darstellt.

Nach dem nun die Hürden seitens der Anwender (Akzeptanzproblem), der Assistenten (Konkurrenz), der Geldgeber (Investitonsrisiko) und der Informationslieferanten (Informationsclaim) kurz angesprochen wurden, soll eine weitere Schwierigkeit nicht verschwiegen werden: In einem großen Unternehmen gibt es keinen natürlichen Eigentümer für den Betrieb eines Mitarbeiterportals, und man ist gezwungen, die Aufgabe einem Bereich zuzuordnen. In Frage kommen die Unternehmenskommunikation, der HR-Bereich, die IT-Abteilung oder der Bereich Knowledge Management, wobei es meist von der Unternehmenskultur abhängt, wer den Zuschlag bekommt. Die Auftragsvergabe bedeutet aber nicht automatisch, über geeignete Mitarbeiter zu verfügen. Die Betreiber eines Mitarbeiterportals müssen über Erfahrungswerte sowohl auf der inhaltlichen als auch auf der IT-technischen Seite und ein unternehmensinternes Standing verfügen. Neulinge, in ein Projektteam eingebunden, bergen ein erhebliches Erfolgsrisiko.

3.   Das inhaltliche Konzept

Betrachtet man ein Portal als ein Framework, d. h. als ein Werkzeug, dass verschiedene Informationen und Dienste in einer personalisierten Benutzersicht darstellt, so erkennt man, dass das Mitarbeiterportal für sich allein keinen Content, d. h. Informationen und Dienste, enthält. Es ist darauf angewiesen, dass andere diesen Content bereitstellen und so interessant gestalten, dass es sich für den Anwender lohnt, das Portal aufzurufen. Denn der Erfolg eines Portals sollte sich nicht daran messen, wie viel Stunden es im Jahr zur Verfügung steht, sondern daran, ob und wie intensiv es genutzt wird. Zwar lassen sich die Zugriffsstatistiken beeinflussen durch (wichtige) Inhalte oder Funktionen, die ausschließlich über das Portal bereitgestellt werden. Auch In-

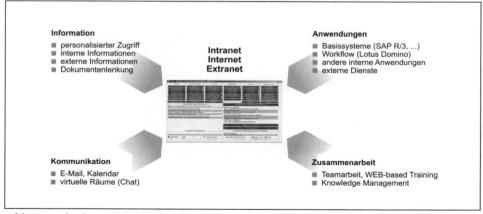

Abb. 3: Anforderungen Portal

centives, d. h. Belohnungen für die Nutzung, sind ein häufig gefordertes Instrument zur Akzeptanzverbesserung. Langfristig setzt sich aber nur ein Portal durch, das den Anwendern einen nachhaltig spürbaren Mehrwert beschert.

Es bedarf eigentlich keiner großen intellektuellen Herausforderungen, die vier Säulen eines Mitarbeiterportals zu benennen.

Die Bestandteile Information, (Zugriff auf) Anwendungen, Kommunikation und Zusammenarbeit erscheinen bereits in einigen Management-Informationssystemen, wenn auch nicht in der klaren konzeptionellen Form. So weist das 1993 bei der Bayer AG in Betrieb genommene Informationssystem für Obere Führungskräfte (ISOM) ebenfalls diese Bestandteile auf. Allerdings begrenzte die seinerzeit verwendete Client/Server-Technik die Möglichkeiten der System-Integration erheblich.

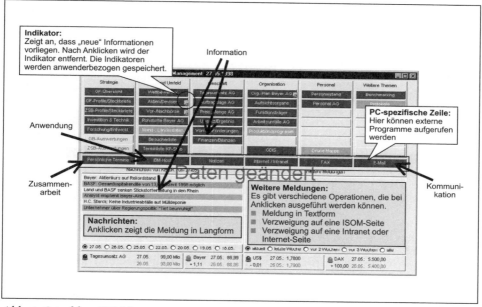

Abb. 4: Startblatt ISOM

Schon damals zeigten sich recht schnell die Schwierigkeiten, interessante Inhalte für einen exponierten Anwenderkreis über einen langen Zeitraum bereitzustellen. Mit dem Zahlenmaterial der Konzerndaten gelang dies allerdings recht gut.

Der Grund liegt in dem hohen Aufbereitungsgrad der Konzerndaten, die nur ein geringes Nachbearbeiten verlangen. Wesentlich problematischer gestaltet sich der Versuch, Inhalte der zahlreichen Dokumentenablagen, beispielsweise in Dokumentenmanagement-Systemen, für eine Verwendung im Portal aufzubereiten. Der Grund liegt darin, dass diese Dokumente kein gesichertes Wissen enthalten und somit ohne den zugehörigen Kontext nicht brauchbar sind. Für eine Veröffentlichung über ein

Mitarbeiterportal (Publishing) fehlen ihnen die entscheidenden Voraussetzungen. Ihr Wert besteht in „Best Practice", das beispielsweise im spezifischen Projektumfeld gebraucht wird, dort, wo Projektmitglieder den Context kennen und die Relevanz richtig einschätzen können.

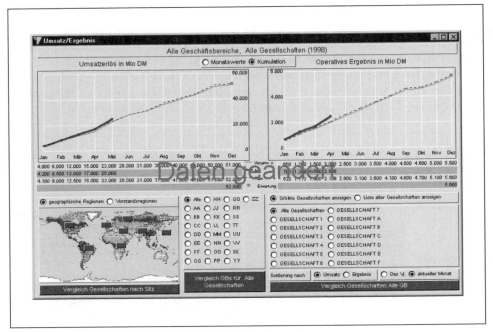

Abb. 5: ISOM Umsatz/Ergebnis

Best Practice-Wissen zu gesichertem Wissen aufzubereiten erfordert einen teuren und zudem schwierigen Schritt. Nur wenige in einem Unternehmen beherrschen die journalistische Kunst, Informationen respektive Wissen so aufzubereiten, dass es im konkurrierendem Informationsumfeld bestehen kann. Daneben führen Rivalitäten zwischen Unternehmensbereichen nicht selten dazu, dieses interne Wissen nicht zu akzeptieren („Wenn Siemens interessieren würde, was Siemens weiß" in Anlehnung an den bekannten Spruch „Wenn Siemens wüsste, was Siemens weiß"). Eine weitere Herausforderung besteht darin, dass interne Inhalte selbst vor einer internen Bereitstellung einen Genehmigungsprozess durchlaufen müssen, dessen Strenge im Ermessen der jeweiligen Vorgesetzten liegt. Unabhängig von der Unternehmenskultur finden oft nur positiv gefärbte Aussagen den Weg über diese Hürde, für künftige Leser schnell durchschaubar und im Sinne einer Wissensvermittlung zu einseitig.

Zieht man Bilanz, so ist es meist sehr mager, was einem zum Start eines Mitarbeiterportals an wirklich verwertbaren Inhalten zur Verfügung steht.

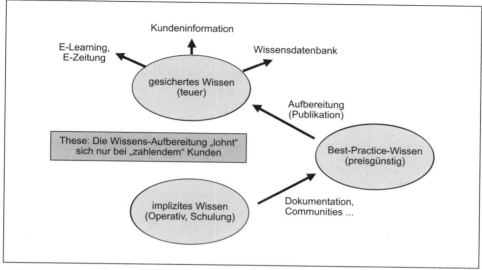

Abb. 6: Wissensebenen aus Sicht der Informationsaufbereitung

Für Content zahlende Kunden gibt es innerbetrieblich nicht. Interner Content gilt als Allgemeingut, für den man im Gegensatz zu externem Content nichts zahlen will. Selbst internen Markforschungsgruppen können nur im Rahmen von Studien Erlöse erzielen, wobei sich diese nicht nach dem Content, sondern nach dem Aufwand für die Studie richtet. Doch ohne „zahlende" Kunden bleibt das Niveau des Content entsprechend unprofessionell.

Für den Start eines Mitarbeiterportals empfiehlt es sich, externen Content, gegebenenfalls auch externe Services, zuzukaufen, um die geeignete Schwungmasse zu erhalten. Denn eine große Nutzerzahl verleitet potenzielle interne Content-Bereitsteller dazu, sich um einen Platz an dem „Single Point of Interest" zu bemühen, was die Schraube in positiver Richtung weiterdreht. Auf der anderen Seite kann man ein beim Start durch geringe Angebote verbranntes Image im Nachhinein nur schwer korrigieren.

Nicht ganz uneigennützig empfehlen Beratungsunternehmen, das Projekt Mitarbeiterportal mit einer Istaufnahme und einer Bedarfsermittlung zu starten. Dieses so genannte Top-Down-Verfahren verlassen diese Berater, wenn es an die Umsetzung geht, so dass sie nicht in die Verlegenheit kommen, praktische Erfahrung für den Betrieb eines Mitarbeiterportals beisteuern zu müssen. Diese Vorgehensweise bedeutet für den Klienten ein großes Risiko: Entsprechende Projekte scheiterten fast ausnahmslos, übrigens auch im Umfeld Management-Informationssystem in den 80er und Data Warehouse in den 90er Jahren des letzten Jahrhunderts. Selbst die detailliertesten Konzepte schaffen allein noch keine Inhalte, sei es Content oder Service. Hochrangige Manager reagieren verärgert, wenn sie nach ihren Wünschen gefragt werden und später zugeben müssen, dass diese Inhalte nicht zur Verfügung stehen.

Besser ist man bedient, nicht zu fragen, sondern sich nach vorhandenen Dingen umzuschauen und diese portalgerecht aufzubereiten (Anmerkung: Wer nicht weiß, was die Manager brauchen, hat in dem Portalprojekt und dem anschließenden Portalbetrieb ohnehin wenig Überlebenschancen). Die so genannte Buttom-Up-Methode gilt unter den Erfolgreichen als der Königsweg, den man später, wenn man Fortschritte auf der Betreiber-Lernkurve gemacht hat, gegebenenfalls um Top-Down-Komponenten ergänzen kann (Anmerkung eines langjährigen Betreibers: ... was aber schwer ist).

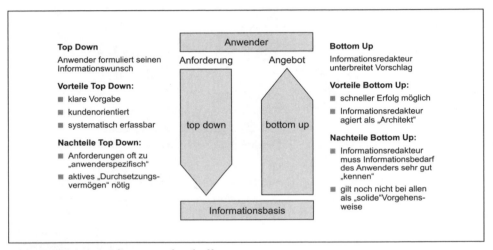

Abb. 7: Wege der Informationsbeschaffung

Der Wert eines Mitarbeiterportals steigt mit der Einbindung des Intranet-Umfelds. Obwohl kein Bestandteil des Portals bieten Intranet-Suchmaschinen, Netz-Kataloge und eine Layoutvorgabe im Sinne einer Corporate Identity willkommene Unterstützung. Aber auch die Qualität der mehr Content-getriebenen Angebote wie interner und externer Channels, die Einbindung von Legacy-Systemen und E-Mail bestimmen den Erfolg eines Mitarbeiterportals

4. Das organisatorische Konzept

Aus Sicht eines unternehmensweiten Mitarbeiterportals lassen sich vier Informationsebenen definieren:

■ *Die erste Ebene* bildet aus Sicht der Anwender den Rahmen, in dem sein Informationsbedürfnis umfassend abgedeckt werden kann. Es ist nicht praktikabel, jede der Funktionsgruppen einzeln aufrufen zu müssen und gegebenenfalls durch ein E-Mail benachrichtigt zu werden, wenn etwas zu erledigen ist bzw. wichtige Informationen vorliegen. Diese Zusammenfassung soll in seinem persönlichen Portal erfolgen, ergänzt um Kommunikations- und Kooperationskomponenten. Die erste Ebene stellt die direkt aufzurufende Anlaufstation dar. Damit folgt die dem Bild des elektronischen Arbeitsplatzes, auf dem der Mitarbeiter alle für ihn relevanten Informationen und Funktionen findet.

■ *Die zweite Ebene* fasst Themengruppen zusammen und schafft dadurch einen wichtigen Mehrwert. Sie ist die der wichtigste „Lieferant" für die erste Ebene. Die Zusammenfassung kann nach Sachthemen, nach organisatorischen oder regionalen Gesichtspunkten erfolgen, gegebenenfalls auch ein Gemisch der drei Ausprägungen. Unabdingbar auf dieser Ebene ist eine ausgeprägte Anwenderorientierung. Die Zusammenstellung muss zu einem spürbaren Mehrwert für den Anwender führen, z. B. durch die Möglichkeit einer Interaktion zwischen den einzelnen Funktionsbausteinen einer Themengruppe.

Die für die zweite Ebene auch verwendeten Begriffe „Themen-" bzw. „Bereichsportale" werden oft missverstanden. Zwar erhöhen sie möglicherweise den Marketingwert aus Sicht des Informationsanbieters, es sollte aber nicht dazu führen, jeweils die Strukturen aufzubauen, die bereits vom Mitarbeiterportal auf der ersten Ebene angeboten werden. Eine Konkurrenz diverser Mitarbeiterportal-Strukturen auf der zweiten Ebene führt einerseits zu deutlich höheren Kosten und andererseits zu einer erheblichen Verwirrung der Anwender. Zudem vermindert sie den notwendigen Druck auf die Bereitsteller von Informationen und Anwendungen der zweiten Ebene bezüglich einer einheitlichen Bedienerlogik.

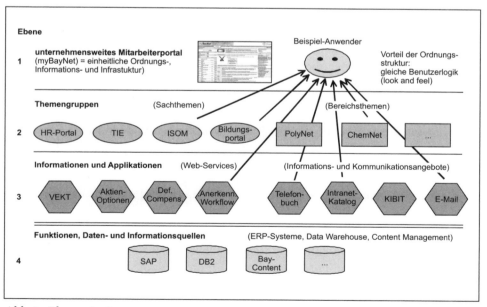

Abb. 8: Ebenen im Intranet

- *Die dritte Ebene* stellt, basierend auf der vierten Ebene, Funktions- und Informationsbausteine dar, die über einen Internet-Browser aufrufbar sind. Zwar ermöglicht dies eine Bedienung über das Intranet, fehlende einheitliche Vorgaben erschweren die Benutzerführung, weil jeder dieser Bausteine ein durchaus unterschiedliches Erscheinungsbild zeigt. Neben eigenen Zugangsregelungen mit jeweils neuem Passwort erweisen sich die Funktionsbausteine nicht selten als zu komplex für die intuitive Nutzung. Dies fördert nicht, besonders im Management, die Bereitschaft zur elektronischen Bearbeitung von Vorgängen bzw. zum eigenständigen Abruf von Informationen.

- *Die vierte Ebene* hält die Informationsquellen und die Basisfunktionen. Beispielsweise sind dies ERP-Systeme, aber auch daraus abgeleitete Informationssammlungen wie aus Data Warehouses oder Content Managementsystemen. Zu ihnen hat der Anwender nur dann Zugang, wenn er eine Sachbearbeiterfunktion ausübt. Ein übergreifender Informationsblick bleibt wegen der Komplexität nur Spezialisten vorbehalten.

Die Darstellung der Ebenen zeigt auch die Verantwortlichkeiten innerhalb dieser Architektur. Die vierte Ebene sollte ihre Arbeitsprozesse derart gestalten, dass Web-Services der dritten Ebene mit einfachen Mitteln angeboten werden können. So darf man davon ausgehen, dass die großen Anbieter von ERP-Lösungen ihre Produkte nach und nach auf eine WEB-verträgliche Version umbauen, um dem Trend nach Browser-gestützter Bedienung besser begegnen zu können. Dabei denkt man nicht nur an den Anwender, der in einer Sachbearbeiterfunktion Transaktionen ausführt, sondern auch bzw. vor allem an die „Gelegenheitsnutzer" im Rahmen von Employee- und Executive-Self Services. Die dritte Ebene sollte auf die vierte Ebene den notwendigen Druck aufbauen, WEB-Standards zu beachten. Die Ordnungsaufgaben der zweiten gegenüber der dritten Ebene bestehen darin, die einzelnen Services zu inhaltlich sinnvollen Einheiten zusammenzufassen und für die notwendige Konsistenz zu sorgen. In Unternehmen erweist sich dieses oft als politisch schwierig umsetzbar. Firmen, die Erfolge bezüglich interner Web-Services vorweisen können, setzten auf ein straffes Management, das eine zu individuelle Ausprägung der Services der dritten Ebene unterbindet. Die größte Herausforderung bezüglich der Umsetzung des organisatorischen Konzeptes stellt die erste Ebene dar, die besonders die zweite Ebene zu einer aus Anwendersicht einheitlichen Ausrichtung bewegen muss. In der Praxis lässt sich dies vorteilhaft etablieren, wenn klare Vorgaben des Unternehmens vorliegen (Governance).

Vergleicht man ein Managementinformationssystem wie ISOM und ein Mitarbeiterportal wie myBayNet, so fällt das unterschiedliche Zulassungskonzept auf. ISOM besitzt über einen so genannten Maschinen-User die vollständigen Zugriffsrechte auf alle Quelldaten, unabhängig von dort vergebenen Zugriffsrechten für die einzelnen Anwender. Die Zugriffsrechte werden dann auf der ISOM-Betreiber-Ebene verteilt, aus Gründen der einfachen Verwaltung mittels entsprechender Tabellen, die die Abfrage des Anwenders genau mit den Informationen füllt, für die er im ISOM zugelassen ist.

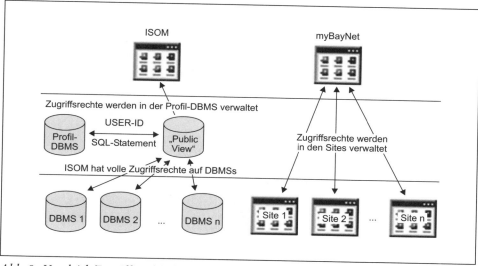

Abb. 9: Vergleich Zugriffsarchitekturen ISOM und myBayNet

myBayNet folgt einem anderen Schema. Die Zugriffsrechte werden in den Sites verwaltet, im ungünstigsten Fall für jeden Informationsblock und jeden Service unabhängig. Durchgängige Rollenkonzepte sind zwar im Aufbau, aber derzeit noch nicht einsetzbar. Damit steht aus Portalsicht kein einheitliches, inhaltlich ausgerichtetes Betriebskonzept zur Verfügung. Von Änderungen der Zugriffsrechte erfahren die Betreiber von myBayNet nur indirekt.

Es fällt schwer zu entscheiden, ob die linke oder die rechte Variante des Bildes 9 die bessere Option bedeutet. Beide haben Vor- und Nachteile. Der zentrale Ansatz (links) steht für Informationsarchitektur und -kontrolle, der dezentrale Ansatz (rechts) steht für Flexibilität, jedoch auf Kosten eines fehlenden gesamtheitlichen Ansatzes aus Anwendersicht.

5. Das technische Konzept

Ein Mitarbeiterportal verlangt eine umfangreiche IT-Infrasturktur. Es bezieht seinen Mehrwert aus dem hohen Integrations- und Automationsgrad, der nur mit aufeinander abgestimmten und vollständigen Registern realisierbar ist. Eine unternehmensweite Personalisierung setzt ein unternehmensweites Personenregister (möglichst im LDAP-Format) voraus, das auch um die Personen ergänzt werden muss, die im Auftrag des Unternehmens mit dem Mitarbeiterportal arbeiten müssen, selbst aber keine Mitarbeiter des Unternehmens sind. Hierzu zählen Berater und Betreuer von Anwendungen sowie andere Fremdfirmenmitarbeiter. Ihre Zahl kann bei großen Unternehmen vier- bis fünfstellig sein.

Ein Single sign-on, bei dem mit nur einer Einwahl alle Angebote erreichbar sind, steigert die Akzeptanz und damit den Wert des Portals erheblich. Profile sind in so genannte Profil-LDAPs abgelegt. Auch hier gilt, dass erst gute LDAP-Profile ein Portal von einer Web-Site abheben. Normalerweise hält ein Unternehmen diese Strukturen nicht oder nicht in entsprechend gepflegter Form vor. Ein Mitarbeiterportal jedoch benötigt diese Strukturen.

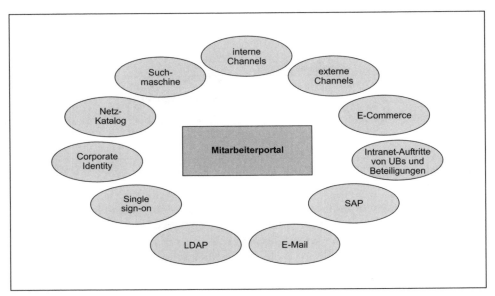

Abb. 10: Komplexes Umfeld eines Mitarbeiterportals

Dem Portalbuilder fällt die Aufgabe zu, die unterschiedlichen Services der Provider in einer vom Anwender gewünschten Form im Web-Browser darzustellen. So wird der Anwender bei Anwahl an das Mitarbeiterportal aufgefordert, sich zu authentifizieren, meist über ein Benutzerkennzeichen (USER-ID) und ein Passwort. Der Portalbuilder schickt danach eine Anfrage an den oder die Profilserver, deren Struktur vorzugsweise ebenfalls dem LDAP-Format folgt. In dem bzw. den Profilserver(n) befinden sich Informationen, welche Services welcher Provider der Anwender in seinem Portal sehen möchte. Der Portalbuilder ruft danach die gewünschten Informationen und Services von den Providern gegebenenfalls auch außerhalb eines Unternehmens-Firewalls ab und setzt sie wunschgemäß in dem Browser des Anwenders zusammen. Falls die Provider die Authentifizierung des Authentifizierungsservers nicht anerkennen können oder wollen, erscheint für jeden dieser Servcices ein neues Eingabefenster für User-ID und Passwort. Unangenehmerweise unterscheiden sich die Passworte, und sogar die Algorithmen für die periodische Änderung des Passwortes sind verschieden. Diese Faktoren beeinflussen den Wert eines Mitarbeiterportals erheblich.

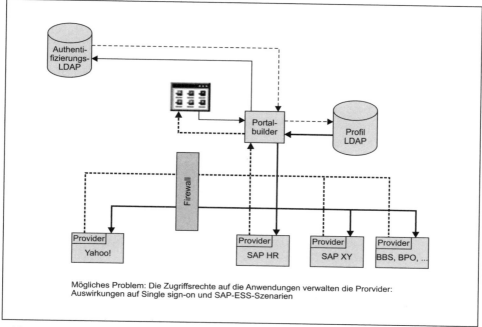

Abb. 11: Portalbuilder-Architektur

Bisher wurde auch die Frage noch nicht abschließend geklärt, ob Anwender-Rollen mit ihrer Authorisierung, z. B. aus dem SAP-Umfeld, bei den SAP-Providern verbleiben oder Bestandteile der LDAP-Profile werden. Diese Frage gewinnt dann an Bedeutung, wenn Services aus verschiedenen Basissystemen harmonisch im Portal abgebildet werden müssen. Im unglücklichsten Fall muss jeder Mitarbeiter bei jedem der Provider als User verwaltet werden, nur um den eigenen Datensatz lesen bzw. ändern zu können. Gerade große Unternehmen werden den hierfür notwendigen Personalaufwand scheuen.

Voraussichtlich wird der Erfolg eines Mitarbeiterportals, neben den Informationen und den Services, durch die Profil-LDAPs und weniger durch den (hoffentlich austauschbaren) Portalbuilder bestimmt. Eine „mandantenfähige" Architektur brächte die notwendige Flexibilität und, verbunden mit der dezentralen Komponente, auch die Bereitschaft der einzelnen Bereiche, ihr Klientel und ihre Inhalte entsprechend gepflegt zu halten. Sicherlich stammen die Basisdaten für die Mitarbeiter aus den entsprechenden HR-Systemen, bereichsspezifische Profilkomponenten sollten jedoch bereichsspezifisch gepflegt werden können.

6. Die Umsetzung

Neben der geeigneten Portalbuilder-Software benötigt man für den Start eines Mitarbeiterportals, wie oben bereits ausgeführt, ein Mitarbeiterverzeichnis und, gegebenenfalls noch wichtiger, ein geeignetes Startset in Informationen und Services. Ohne ein entsprechendes „Eröffnungsangebot" verpufft die über ein entsprechendes Ankündigungs-Marketing aufgebaute Spannung sehr schnell. Dies schadet dem Markennamen des Mitarbeiterportals (Markenname bei Bayer: myBayNet). Erfahrungsgemäß lassen sich derartige Schäden, wenn überhaupt, nur mit großem zusätzlichen Aufwand beheben. Im schlimmsten Fall startet man ein neues Projekt mit einem neuen Namen für das Mitarbeiterportal und diskriminiert die alte Lösung.

Aber auch die Technik muss von Beginn an stimmen. Ein nicht praxiserprobtes Produkt läuft Gefahr, technische Kinderkrankheiten zu zeigen. Oft fehlt bei neuen Produkten die Aussage, wie sie sich unter Last verhalten. Wenige Testanwender können einen Portalbuilder kaum erschüttern, aber tausende von Anwendern können schon zu unerwarteten Ausfällen führen.

Damit ein Mitarbeiterportal von Anfang an erfolgreich ist, sollten demnach folgende Grundvoraussetzungen erfüllt sein:

- ein unternehmensweites Mitarbeiterverzeichnis, möglichst im LDAP-Format
- eine robuste, praxiserprobte Portalbuilder-Architektur
- ein gutes inhaltliches Startset.

Im unten beschriebenen Fall stellte das E-Mail-System (Basis IBM/Lotus) des Unternehmens sein Register im LDAP-Format zur Verfügung. Damit konnte das Mitarbeiterportal auf das größte im Unternehmen verfügbare Verzeichnis zugreifen. Allerdings dauerte es noch einige Wochen, bis die Stabilität dieses „Ersatz-LDAP" professionellen Ansprüchen genügte. Heute steht dieses Register unter dem Namen „Intranet-LDAP" auch anderen internen Anwendungen zur Verfügung.

Der Markt an Portalarchitekturen war im Jahr 2000, als das Mitarbeiterportal bei Bayer eingeführt wurde, recht überschaubar. Die Entscheidung fiel auf den Portalbuilder von TIBCO, im Paket mit Inhalten und Services von Yahoo!. Der TIBCO-Portalbuilder hatte sich bereits bei dem Internetportal von Yahoo! mit einigen Millionen Anwendern als äußerst robust bewährt, so dass er die „paar tausend" Bayer-Anwender gar nicht spüren würde. Das hat sich als zutreffend herausgestellt. Inzwischen wird der Portalbuilder-Markt von den großen Softwareherstellern, allen voran SAP und IBM, als strategisch angesehen und mit entsprechendem Marketing und Produktankündigungen bedacht. Leider führt dies auch zu einer zu technologischen Betrachtung der Problematik eines Mitarbeiterportals, getrieben aus der Beobachtung, dass die Portalbuilder als Speerspitze für weitere Produkte und Services dienen sollen. Dies führt zu der unangenehmen Nebenwirkung, dass die Portalbuilder, möglicherweise im eigenen Interesse gesteuert, nicht austauschbar (kompatibel) sind und, in Einzelfällen sogar über eine Lizenzpolitik, Services ausschließlich einem bestimmten Portalbuilder vorbehalten.

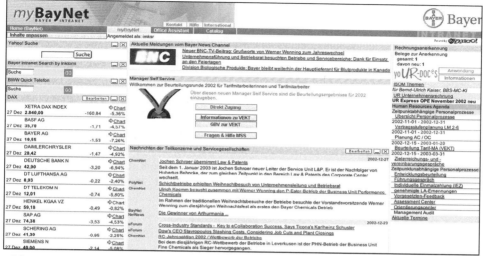

Abb. 12: myBaynet (obere Hälfte)

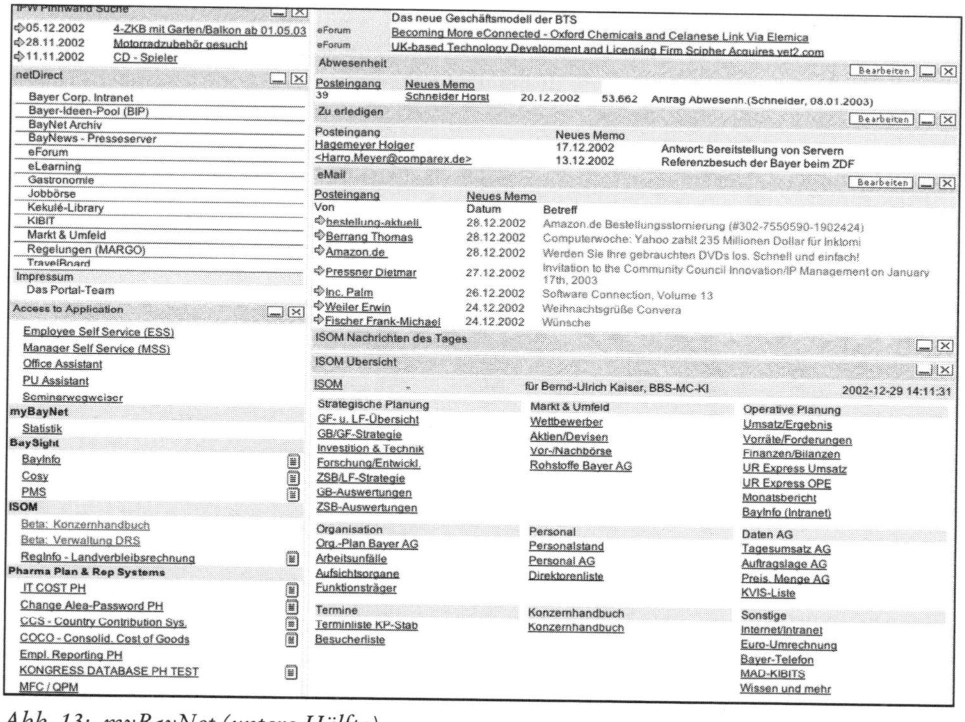

Abb. 13: myBayNet (untere Hälfte)

Ein eigenes, gutes inhaltliches Startset stand im Jahr 2000 nicht zur Verfügung. Zwar gab es ISOM, das Informationssystem für das Obere Management bei Bayer, aber eine mögliche Integration im Mitarbeiterportal besaß damals auch nicht annähernd den gleichen Bedienungskomfort wie die bis dahin eingesetzte Client/Server-Anwendung. Eine Umstellung bei den Vorstandsmitgliedern erschien aussichtslos. Inzwischen liegt eine deutlich verbesserte Fassung vor. So war man beim Start von my-BayNet darauf angewiesen, mit zugekauftem Content und Services zu starten. Entsprechendes bot Yahoo! im Rahmen seiner Enterprise Services an. Damit gelang es, von Beginn an eine große Anwenderschar anzulocken und gleichzeitig die Bayer-Mitarbeiter, die sich seit der generellen Öffnung des Internetzuganges aus dem Intranet heraus im Internet „verloren" und sich in Internetportalen personalisierte Seiten aufbauten, zurückzuholen. Innerhalb Bayer stand der gesamte Content und die Services des „Marktführers" Yahoo! zur Verfügung, verbunden mit dem Recht, diese in dem eigenen Mitarbeiterportal beliebig zu platzieren. Der damit geschaffene „Point of Interest" bildete den Nukleus für die positive Spirale, dass Interessantes nicht nur Interessenten, sondern auch die Anbieter von Interessantem anlockt. Heute umfasst das Angebot interner Informationen und Services etwa 100 Positionen.

Inzwischen erfolgen an Arbeitstagen rund 40.000 Portaleinwahlen, bei 22.000 eingetragenen Benutzern. Die vergleichsweise geringe Zahl in einem 100.000-Personen-Unternehmen resultiert zum einen aus Arbeitsplätzen ohne direkten PC-Zugang zum Intranet (beispielsweise in der Produktion), zum anderen aus der bisher nicht über den deutschen Sprachraum ausgeweiteten Verbreitung. Zwar kann das Mitarbeiterportal myBayNet von jedem Punkt des Intranets aufgerufen werden, und das sind praktisch alle Länder, in denen Bayer vertreten ist, aber die Übersetzung von deutschem Content in die englische Sprache reicht nicht aus, das lokale Interesse zu wecken. Ein internationaler Roll-out von myBayNet sollte entsprechend redaktionell, d. h. mit lokalem Content, begleitet werden.

Die Personalisierung kann, analog dem Vorbild für myYahoo! im Internet, über die Schaltfläche „Inhalte Anpassen" (1) erfolgen. Allerdings zeigt sich diese Internet-like Bedienung als nicht sonderlich intuitiv. Wie bei Yahoo! personalisiert nur knapp die Hälfte der Anwender das Angebot. Deshalb kommt der Grundeinstellung eine besondere Bedeutung zu. Für neue Angebote, aber auch für Angebote, auf die besonders aufmerksam gemacht werden soll, wurde ein Quickput-Modul entwickelt, das immer dann erscheint, wenn diese damit beworbenen Inhalte noch nicht vom Anwender personalisiert wurden. Ohne mögliches Verirren in dem Angebotsbaum kann der beworbene Service mit einem Tastendruck auch von unerfahrenen PC-Anwendern eingebaut werden. Der Erfolg von Quickput zeigt sich in der Personalisierungsrate von nahezu 100 Prozent.

Noch einfacher lassen sich Angebote mit Betätigung des auf Abbildung 14 mit (3) gekennzeichneten Schaltfeldes wieder abwählen. Dieses deutliche Anwendervotum wird verfolgt und den Anbietern der Services mitgeteilt, so dass sie gegebenenfalls gegensteuernde Maßnahmen ergreifen können. Erfreulicherweise bleiben bei der Abwahl die so genannten Second-Level-Personalisierungen erhalten, beispielsweise die Auswahl von Suchkriterien im Modul News-Clpper, der eigene Aufbereitungen ermöglicht. Bei erneuter Anwahl stehen die getroffenen Einstellungen wieder bereit.

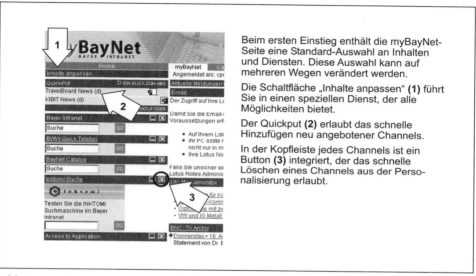

Beim ersten Einstieg enthält die myBayNet-Seite eine Standard-Auswahl an Inhalten und Diensten. Diese Auswahl kann auf mehreren Wegen verändert werden.

Die Schaltfläche „Inhalte anpassen" **(1)** führt Sie in einen speziellen Dienst, der alle Möglichkeiten bietet.

Der Quickput **(2)** erlaubt das schnelle Hinzufügen neu angebotener Channels.

In der Kopfleiste jedes Channels ist ein Button **(3)** integriert, der das schnelle Löschen eines Channels aus der Personalisierung erlaubt.

Abb. 14: Bedienungselemente myBayNet

Content im Intranet fällt bekanntlich nicht vom Himmel. Zwar verfügen die Unternehmen heute in ihren Datenbanken über riesige Informationsmengen, aber diese sind für das Mitarbeiterportal im Sinne einer Publikation unbrauchbar. Ihnen fehlt die Garantie der Relevanz und meist der zugehörige Kontext. Aus Sicht des Publishing sind es Abfallprodukte von Workflows, deren Aufgabe darin besteht, Abläufe zu steuern und nicht Erfahrungen und Wissen bereitzustellen. Ein Protokoll oder auch ein Abschlussbericht enthält Ergebnisse, aber beispielsweise keine Anweisungen zum Handeln. Der Aufbereitungsschritt von diesem „Best-Practice"-Wissen in den Datensilos hin zum publizierbaren „Gesichter-Wissen" ist natürlich möglich, aber extrem aufwändig, und nur dann empfehlenswert, wenn auf Dauer ein entsprechender Nutzen (oder Nutzer) dahinter steht. Das Füllen einer Wissensdatenbank reicht allein als Treiber nicht aus.

Das Beispiel KIBIT, eine interne Online-Zeitschrift zum Thema Knowledge Management, zeigt die Lösung dieses Problems auf. Erst sechs Monate (!) nach Erscheinen von KIBIT lag der erste Bericht über ein internes KM-Projekt in druckreifer Form vor, eine für den Aufbau der „Marke" KIBIT tödliche Situation. Die Gründe für das zögerliche Anlaufen interner Beiträge liegen zum einen in der geringen Erfahrung der Kollegen, entsprechende Artikel in interessant lesbarer Form zu schreiben. Entsprechende Fähigkeiten werden mangels Notwendigkeit (aus bisheriger Sicht) in den Unternehmen nicht gefördert. Zusätzlich spielen hierarchische Punkte eine nicht zu vernachlässigende Rolle: auch eine interne Veröffentlichung muss einen Genehmigungsworkflow bestehen.

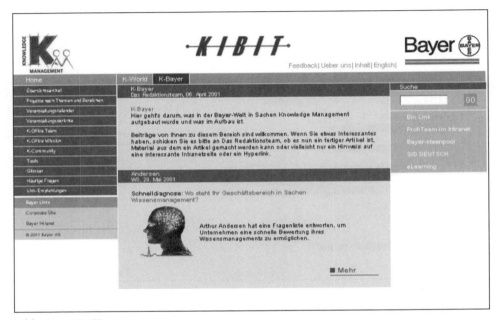

Abb. 15: KIBIT

Die pragmatische Lösung liegt auch hier, um den Prozess zu starten, im Ankauf von externem Content zu diesem Thema. Damit weckt man das Interesse sowohl der Leser als auch der potenziellen internen Schreiber. Denn eine gut besuchte Online-Zeitschrift bietet einen starken Anreiz, sich dort einem breiten Publikum zu präsentieren. Nach erfolgreichem Start und einjährigem Betrieb mit drei bis fünf neuen Artikeln pro Woche wurde damit begonnen, den externen Content zugunsten von Inhouse-Beiträgen herunterzufahren. In einem Jahr soll dann vollständig auf den externen Content verzichtet werden.

Eine enttäuschende Erkenntnis birgt der Umstand, dass in den gängigen Datenhaltungen, die unsere Workflow-Aktivitäten begleiten, kein direkt verwertbares Material für ein Mitarbeiterportal vorhanden ist. Denn die E-Mails, Protokolle, Abschlussberichte und Notizen entstehen nicht primär zu dem Ziel, Informationen oder Wissen zu verbreiten. Die Eignung für eine Veröffentlichung im Sinne einer Publikation, unter Berücksichtigung etwaiger Zugriffsberechtigungen, fehlt schlichtweg, weil nicht speziell dafür erstellt. Der für eine zielführende Veröffentlichung notwendige redaktionelle Aufwand übersteigt erheblich den „nebenbei" vertretbaren Aufwand. Leider fehlt in Unternehmen ein Wissensmarkt, auf dem interne Informationen und internes Wissen „bepreist" werden, vergleichbar mit dem externen Wissensmarkt.

Nur so lässt sich ein Qualitätsniveau der Informationen gewährleisten, weg von der unter den heutigen Rahmenbedingungen verständlichen „take it or leave it"-Haltung. Auch darf man nicht dem Fehler verfallen, Interneterfolge aus dem Hobby-Bereich („die vielen, vielen Foren") eins zu eins auf das Intranet übertragen zu wollen. Die Begeisterung im Hobbybereich erklärt sich von selbst, außerdem reichen in einer Internet-Community mit 1.000.000 Lesern 1.000 aktive Schreiber aus, das Forum interessant zu halten. Bricht man den Faktor 1000:1 auf betriebliche Foren herunter, so kommen auf 100 Leser, eine durchaus repräsentative Größe, 0,1 Schreiber. So wird es verständlich, dass in betrieblichen Projekten stärkere Unterstützung eines Sponsors (Geld!) oder Belohnungen (Incentives) sogar auch für die Leser gefordert wird. Diese Starthilfen können aber keinen dauerhaften Erfolg gewährleisten. Der redaktionelle Aufwand lohnt sich eben nur bei einem wirklichen Business Case, dessen Darstellung sich durch einen zahlenden Kunden, intern oder extern, erheblich vereinfacht.

ISOM, das Informationssystem für das Obere Management, verfolgte 1993 die Strategie eines Ausrollens „von oben", mit den Vorstandsmitgliedern als erste, exponierte Anwendergruppe. Die Signalwirkungen auf das nachgeordnete Management waren deutlich. Schließlich wollte sich niemand die Blöße geben, die Zahlen in ISOM, gegebenenfalls sogar den eigenen Bereich betreffend, nicht zu kennen. myBayNet, das Mitarbeiterportal von Bayer, ließ sich mangels relevanter Inhalte nicht derart einführen. Hier richtete sich das Produkt primär an die Mitarbeiter im mittleren Management. Das Verschmelzen beider Ansätze hakte an der „Unübersichtlichkeit" des Mitarbeiterportals, die das obere Management eher abschreckte.

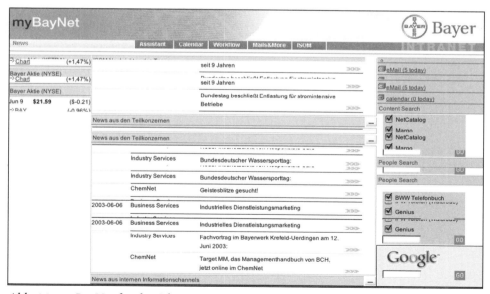

Abb. 16: myBayNet für das Obere Management

Ein neuer Ansatz adressiert jetzt mit einem entsprechend vorkonfigurierten Mitarbeiterportal speziell diese Zielgruppe. Natürlich sind beide Varianten des myBayNet technisch identisch, sie unterscheiden sich nur durch die hinterlegten, personenspezifischen Profile. Besonders gut gelingt die Einbindung von ISOM in das spezielle myBayNet, eine zwingende Voraussetzung für die Bereitschaft zum Umstieg von ISOM auf das Mitarbeiterportal, wenn auch in der „Edelversion".

7.   Business-to-Employee (B2E)

B2E bildet den Gesamtrahmen, in den das Mitarbeiterportal eingebettet werden sollte. B2E bedeutet für ein Unternehmen den konsequenten Ausbau des Intranets zu der Plattform, Services für die Mitarbeiter bereitzustellen und die Mitarbeiter in die Lage zu versetzen, ihre Arbeit effizienter zu gestalten. Die Veränderung der Arbeitsweise im Web des Intranets/Internets verlangt deutliche Veränderungen der Verhaltensweisen der Mitarbeiter. Allerdings existiert in Unternehmen für B2E kein natürlicher Owner. Daher sollte B2E von der Unternehmensleitung angestoßen und begleitet werden. Der Aufwand lohnt sich, lassen sich damit doch Prozesse vereinfachen und beschleunigen, bei einem leicht nachvollziehbaren, deutlichen Einsparungspotenzial. Das Mitarbeiterportal stellt in diesem Szenario die Drehscheibe im Intranet dar, den „Single Point of Entry" für B2E.

Martin Grothe

Extranet-Portale: Communitykonzepte und Perspektiven durch Collaboration und Blended Learning

1. Einführung

Die Behandlung von Extranets wird als unternehmerischer Gestaltungsbereich immer vordringlicher. Erstaunlicherweise finden sich jedoch nur sehr wenige Literaturquellen oder Praxisberichte. Nur zu oft wurde in der Vergangenheit argumentiert, dass hinter Extranets keine eigene Technologie stehe, sogar die gleichen Funktionalitäten eingesetzt werden können und sich folglich eine besondere Betrachtung nicht lohne. Aus einer technischen Perspektive mag diese Einordnung, lässt man einmal Fragen der Sicherheit und der Authentifizierung außer Betracht, sogar formal korrekt sein. Es ist aber das Anliegen dieses Beitrags, auf die Besonderheiten des Aufbaus von Extranet-Netzwerken hinzuweisen und einige Schwerpunkte mit konkreten Empfehlungen auszuführen.

So unterscheiden sich Extranets in ihren Anforderungen fundamental vom offenen Internet oder innerorganisationalen Intranets: Die Nutzer sind bekannt; es besteht aber nicht unbedingt eine Weisungsbefugnis seitens des Plattformbetreibers. Damit kommt der Generierung von Nutzen und der Steuerung von Aufmerksamkeit besondere Bedeutung zu. Weiterhin steht ein Extranet unter einer spezifischen Zielsetzung, die in der Regel über eine reine Informationsverbreitung hinausgeht. So erhalten Portale im Bereich geschlossener Intra- oder Extranets nur dann eine dauerhafte Berechtigung, wenn sie einen nachhaltigen Wertschöpfungsbeitrag leisten. Dies wird nur dann gelingen, wenn sie konsequent in die relevanten Geschäftsprozesse eingebettet werden. Erst in einem solchen Kontext kann eine entsprechende Plattform über interaktive Prozesse den spezifischen Mehrwert schaffen.

Hierzu ist es notwendig, strukturiert – etwa mit Hilfe der Balanced Scorecard – die Geschäfts- und Prozessziele zu differenzieren. Über Wissenslandkarten und Profile erschließen sich relevante Netzwerke. Es wird schnell deutlich, dass neben die technische Realisierung wichtige organisatorische Strukturen treten müssen: insbesondere Rollenkonzepte, Ansätze zur Förderung des Community Building und der Teilnehmerbindung. Ebenso kommt der zielgerichteten Reihung der zentralen Funktionsbereiche Context, Content, Communication und Collaboration nicht nur im Einführungsprozess eine entscheidende Bedeutung zu. Es zeigt sich, dass im Extranet durch die portalgestützte Vernetzung von Prozessen, Akteuren, Wissen, Topics und Werkzeugen bestehende Erkenntnisse mobilisiert und neue Erkenntnisse generiert werden können. Dies sei hier als Collaborative Intelligence bezeichnet.

Die Ausführungen sind daher geeignet, den Entwicklungspfad solcher Plattformen nachzuzeichnen:

- So werden Extranets zumeist als Werkzeug eingesetzt, um eine bereits bestehende Vernetzung abzubilden.

- In den ersten Schritten werden grundsätzlich die gewohnten Funktionen auf virtueller Basis realisiert; etwa die Verteilung von Information oder die Ankündigung von Veranstaltungen.

■ Erst nach diesem Transfer kommt es schrittweise zum tatsächlichen Entdeckungs-prozess des neuen Mediums: Möglichkeiten der synchronen und asynchronen Kommunikation werden bewusst eingesetzt, das Potenzial der Gruppenwahrneh-mung wird entdeckt und mit Formen der virtuellen Collaboration experimentiert.

■ In dieser Stufe sollte jedoch nicht haltgemacht werden: Erst die Zusammenfüh-rung von virtuellen und realen Prozessabschnitten erzeugt nachhaltige Veranke-rung. Auf Basis der neu hinzugewonnenen Erfahrungen und Möglichkeiten wird sich gewohntes Verhalten tatsächlich ändern.

Die folgende Abbildung führt diesen Entwicklungspfad plastisch, mit der Betonung von Community-Aspekten, in einer Matrix zusammen.

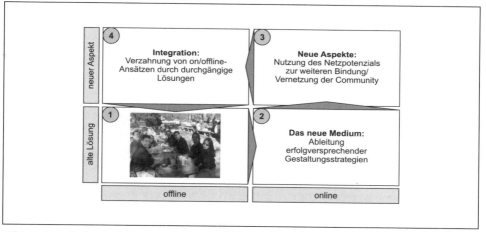

Abb. 1: Entdeckungsprozess neuer Medien

2. Ziele und Erfolgsfaktoren von Extranets

Die obenstehende Aussage, dass Extranets grundsätzlich auf ein konkretes Ziel hin aufgebaut werden, ist mitunter jedoch nur implizit gegeben: So wird hier pauschal unterstellt, dass eine Zielsetzung der „Vernetzung an sich" nicht strukturbestimmend wirken kann und nur wenige operative Ableitungen zulässt. Wichtige Zielsetzungen liegen dagegen im Bereich der mittelbaren Teilnehmerbindung, der Verbesserung von Information, Kommunikation und Zusammenarbeit oder auch in der Realisation von Synergien.

Interessanterweise sind gerade die letztgenannten Punkte geeignet, über für die Teil-nehmer erkennbare Nutzen solche Wechselkosten aufzubauen, dass eine sehr hohe Bindungswirkung erzielt wird. Gelingt es dem Betreiber in einem prozessgerichteten Netzwerk, die Arbeitsräume der verteilten Nutzer attraktiv abzubilden, und den Nutzern, für sich konkreten Nutzen und Wertschöpfung abzuleiten, dann trägt diese

Vernetzung sehr zur Stabilisierung der Beziehungen bei. Als sekundäres Gestaltungsziel wird angesichts schneller Themenentwicklung und häufiger Strukturveränderungen in den Unternehmen häufig der Aspekt der Modularität genannt. Diesem Punkt, der letztlich eine deutliche Robustheit der Strukturen und Abläufen fordert, wird in der hier zugrunde liegenden Konzeption aus flexiblen Grundbausteinen entsprochen.

Mit der Einbindung der vorhandenen Kompetenzen ist dann die notwendige Voraussetzung geschaffen, um einem Netzwerk einen nutzbringenden Erfolg zu verschaffen. Um dies jedoch hinreichend zu stützen, ist die nachhaltige Gewährleistung von Vernetzung, Zusammenarbeit und Kooperation unabdingbar. So resultiert gerade das Scheitern zahlreicher Wissensmanagement-Vorhaben aus einer Vernachlässigung dieses Faktors: das zu starke Vertrauen auf die selbstorganisierende Nutzung technischer Infrastrukturen durch potenzielle Anwender führt in aller Regel zu enttäuschten Erwartungen.

Gleichzeitig wird eine dezentrale Zusammenarbeit ohne geeignete Plattform in aller Regel durch hohen Aufwand zumindest gebremst. Damit ergeben sich drei Erfolgsfaktoren, die für die Zielerreichung kritisch sind:

- *Schaffung von Transparenz* zur Identifikation vorhandener Kompetenzen und Ansätze sowie zur Vermeidung von unnötiger Doppelarbeit.

- *Aufbau von Vertrauen*, um eine Grundlage für enge Kooperation zu schaffen und im Dialog die bestehenden Probleme aufnehmen und klären zu können.

- *Unterstützung von Kooperation*, um aus dem Netzwerk heraus gemeinsame Ergebnisse zu entwickeln und zur Wertschöpfung beizutragen.

Mit diesen Faktoren wird sowohl eine hohe Nutzung des Netzwerkpotenzials erschließbar, als auch – mittelbar – eine starke Bindungswirkung durch diesen Nutzen erzeugt. Zum einen wird deutlich, dass diese Faktoren nur eng verzahnt und nach einem klaren Konzept erreicht werden können: Hierbei kann eine virtuelle Plattform ein gutes Werkzeug sein, jedoch stets integriert mit realen Prozessen und Rollen. Zum anderen eröffnen sich für das Forum gleich mehrere Richtungen einer flexiblen Übertragung und/oder robusten Ausweitung.

3.   Funktionsmodell

Das Extranet einer Netzwerk-Community lebt von der Nutzung als interaktive Arbeitsplattform für wesentliche Vorhaben im relevanten Ziel-Bereich. Damit liegt ein mittelbarer Erfolgsfaktor in der Generierung und Bindung einer aktiven Nutzerschaft. Um möglichst wenig Beteiligte in diesem Prozess zu verlieren, muss die Anwendung ein schrittweises „Herantasten" erlauben. Es ist dies aber auch ein Pfad, der den interessierten Gast-Nutzer schrittweise mit den Funktionalitäten vertraut macht und so in einen stetigen Anwender entwickelt:

Phase	Nutzungsgrad	Leistungsangebot	Funktion
1	Orientierung im Angebot	Einfacher Überblick zu Zielen, Funktionen, Leistungen und Beteiligten	Context Navigation
2	Passive Information: Zugang zu Inhalten	Information zum Netzwerk, zu Inhaltsbereichen und Funktionen sowie Zugang zu den Inhalten selbst	Content Wissensbasis
3	Aktive Kommunikation zwischen Nutzen	Asynchrone und synchrone Kommunikation mit anderen Mitgliedern und den Betreibern	Communication Wissensverteilung
4	Zusammenarbeit: Teilhabe und (Inter-)Aktion	Registrierung, Personalisierung; Mitarbeiter in Prozessen und Abbildung eigener Aufgaben; laufendes Knowledge Sharing; Übernahme von verantwortungsvollen Rollen	Collaboration Wissensnutzung

Abb. 2: Funktionsstufen zur Nutzereinbindung und Kooperationsanbahnung

Im Folgenden werden die einzelnen Funktionsstufen in wesentlichen Aspekten charakterisiert.

3.1 Context [Navigation]

Die Navigation beschreibt den Weg des Anwenders in den komplexen Raum der Plattform. Angelehnt an die verschiedenen Frage- und Suchtypen sind alternative Zugangspfade in dem relevanten Kontext vorzusehen. Grundgerüst ist eine aufzustellende *Taxonomie* des Themenfeldes. Hier soll nur – plakativ – auf das Potenzial grafischer Strukturierungen hingewiesen werden: Hyperbolic Trees, Semantic Webs sowie Topic Maps bilden eine (multidimensionale!) Wissenslandkarte mit ihren Taxonomiebegriffen übersichtlich ab. Die Praxis zeigt, dass beim Entwurf von Internetportalen sehr viel Wert auf die Gestaltung der Navigationsstruktur gelegt wird. Ursache hierfür mag die häufig unterstellte Uniformität der Nutzer sein, die eine einzige, durchgängige Strukturierung nahe legt.

Diese Wertschätzung der Navigation ist den allermeisten Intranet- und Extranet-Portalen nicht vergönnt. Im Intranet stellen sich in vielen Fällen sehr unterschiedlich gelagerte Bereiche dar, Mitarbeiter besuchen die Seiten aus unterschiedlichem Informationsinteresse. Das „Einsammeln" verfügbarer Inhalte dominiert in einigen Fällen die Strukturierung des Kontexts. Eine konsequente Durchgängigkeit ist in vielen Fällen nicht gegeben. Extranets unterliegen häufig ebenso einem evolutionären Entstehungsprozess: Im Hauptaugenmerk steht mitunter eher die schnelle Publikation von Inhalten und Applikationen. Die Navigation entsteht dabei quasi als evolutionäres Nebenprodukt. Eine Apriori-Gestaltung gilt eher als Ausnahme. In diesem Prozess erweisen sich zahlreiche Ansätze als nicht hinreichend robust gegenüber Strukturveränderungen und Ausnahmeregelungen.

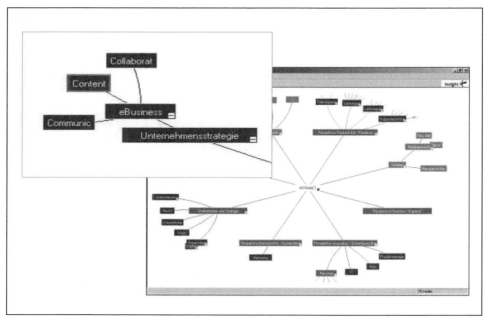

Abb. 3: Hyperbolic Tree zur Navigation

Die untenstehende Tabelle zeigt einen beispielhaften, robusten Strukturierungsansatz, der Themen, Informationsobjekte und Aspekte der Zusammenarbeit als Einstiegspfade einer Navigation wählt:

Dimension	Anforderung	Ansatz	Effekt
Themen	Die geforderte Themenbreite und -tiefe nimmt permanent zu. Neue Themen müssen gesteuert eingeführt werden.	Thematische Sortierung („Alles zu einem Thema").	Einfache Aufnahme neuer Themen.
Informations-Objekte	Informationskerne müssen schnell und effizient geschaffen werden. Die Nachfrage ist hoch und steigend.	Suche nach formalen Kriterien.	Schneller Zugriff auf die wichtigsten Ressourcen.
Zusammen-arbeit	Zur Stärkung der Teilnehmer, gegebenenfalls der Kundenbeziehungen und des Netzwerks muss die reale und virtuelle Kommunikation und Zusammenarbeit unterstützt werden.	Abbildung der verschiedenen Formen der Kooperation innerhalb eines Netzwerkes.	Förderung von Kommunikation und Zusammenarbeit.

Abb. 4: Beispiel: Navigationsmodell

In dem so aufgespannten Informationsraum können für einzelne Nutzergruppen Berechtigungsbereiche innerhalb dieser Achsen definieren werden. Die dreidimensionale Struktur kann als Würfel konzeptionell abgebildet werden:

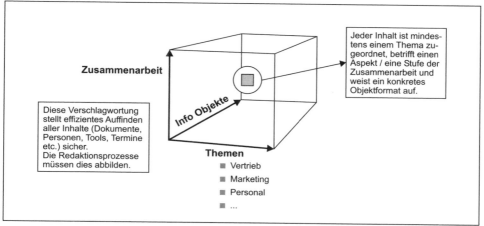

Abb. 5: Beispiel: Dreidimensionaler Informationsraum

Es ergibt sich, dass die Navigationsstruktur eine hohe Entwicklungsfähigkeit des virtuellen Werkzeugs ermöglicht. Diese Kontexterschließung ist ein zentraler Parameter für den Erfolg des Managements von Wissen mit einem (Extranet-)Portal. Für die anzustrebende Vollständigkeit des Kontextes ist die Nutzung sämtlicher bekannter Kompetenzen genauso essentiell wie die Identifikation vorhandener Defizite oder Fehlsteuerungen. Um dies zu gewährleisten, müssen besonders die strukturierten Zugangsformen die bekannten, aber auch die unerkannten Wissensbereiche adressieren.

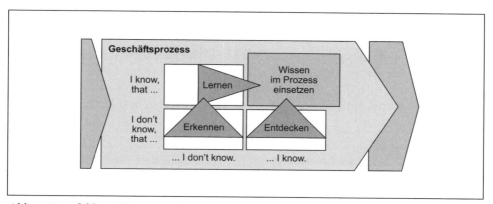

Abb. 6: Lernfelder-/Wissensmatrix

Es ergibt sich, dass eine vorschnelle Verengung vermieden werden kann, wenn – wie in Abbildung 6 dargestellt – ausgewogene Prozesse des Lernens, Erkennens und Entdeckens die eigentliche Wissensnutzung ergänzen. Hierbei ergeben sich zum einen strukturierte Einsatzbereiche für E-Learning-Anwendungen, zum anderen wird erkennbar, dass auch durch die Plattform insgesamt ein starker Fokus auf übersichtsschaffende Zugangsformen und -funktionen gelegt werden muss.

3.2 Content [Wissensbasis]

Gerade wenn (Extranet-)Portalvorhaben mit primärem Content-Fokus gestartet wurden, ist in der Regel alsbald ein Grad hoher Unübersichtlichkeit erreicht. Um hier aber den angestrebten Zugang zu gewährleisten, können ausgehend von der Taxonomie entsprechende Verschlagwortungen aufgebaut. Jeder Beitrag wird damit in dem, im Beispiel dreidimensionalen, Informationsraum verortet. Basierend auf solchen Strukturen kann der einzelne Anwender Push-Funktionen definieren, die bei relevanten Statusänderungen automatische Hinweise induzieren (und so auch eine wiederkehrende Einbindung der Nutzer sicherstellen). Damit werden die bereitgestellten Inhalte zum Auslöser dynamischer Interaktion.

Entscheidend für den Erfolg solcher Vorhaben, die letztlich wissensmanagementkonform auf Austausch und Prozessunterstützung zielen, ist darüber hinaus die Aufnahme des impliziten Wissens in Form von Experten- und Nutzerprofilen sowie Mikroartikeln, die ebenso mit den Taxonomiebegriffen verbunden und damit im Informationsraum positioniert werden. Auf der konzeptionellen Ebene des zugrunde liegenden Modells werden damit sämtliche Inhalte, seien es explizite Beiträge oder implizite Profile als Dokumente verstanden, die gleichermaßen mit Begriffen der Taxonomiestruktur verschlagwortet werden. Auf dieser Grundlage ergeben sich effiziente Such- und Findefunktionen. Als Voraussetzung sollten jedoch die Redaktions- und Taxonomieprozesse im Betriebskonzept entsprechend verbindlich ausgelegt sein.

3.3 Communication [Wissensverteilung]

Die Integration von Kommunikationsfunktionen ist inzwischen selbstverständlich: entscheidend ist die Gestaltung eines fließenden Übergangs von der Suchanfrage zu entsprechenden Inhalten und Ansprechpartnern, mit denen dann sogleich eine vertiefende Interaktion oder Zusammenarbeit aufgenommen werden kann. Hierbei sollte ein Extranet sowohl synchrone, als auch asynchrone Kommunikationsformen anbieten.

	Ein Empfänger	**Mehrere Empfänger**
Synchrone Kommunikation	Chat Instant Message Service (Gespräch) (Telefonat)	Chat Virtuelle Konferenz (Web Cams) (Meeting) (Durchsage, Radio)
Asynchrone Kommunikation	E-Mail (Short Message Service) (Brief)	Diskussionsforum E-Mail (Brief)

Abb. 7: Matrix der Kommunikationstypen

Von elementarer Bedeutung ist neben den technischen Möglichkeiten das Absenken möglicher sozialer Kommunikationsbarrieren. Prozess- und aufgabenbegleitende *Communities* erscheinen als sinnvoller Weg, um solche Kommunikation zu fördern.

Allerdings muss hier auf die Vielzahl der enttäuschten Erwartungen hingewiesen werden, die nur zu oft einen selbsttragenden Kommunikations- und Austauschprozess angenommen hatten, sobald die technische Infrastruktur hierzu verfügbar war. Aktives Community Building ist ein wesentliches Element des taktischen und strategischen Betriebskonzeptes.

3.4 Collaboration [Wissensnutzung]

Der Bereich der virtuellen Unterstützung prozessgerichteter Zusammenarbeit ist der qualitative Sprung, der mit *nachhaltigen Wertschöpfungsbeiträgen eine Verankerung von Plattformen,* seien sie nun explizit oder implizit als Wissensmanagementplattform bezeichnet, zu rechtfertigen vermag. Unterstützung der konkreten Projektarbeit durch virtuelle Arbeitsräume, Abstimmungswerkzeuge und Projektmanagement-Funktionalitäten erleichtern die verteilte Zusammenarbeit. Auch hier sei darauf hingewiesen, dass die angestrebten Verhaltensänderungen zum Einsatz dieser Werkzeuge sehr nachhaltig durch ein Einführungs-, Betriebs- und Entwicklungskonzept abgesichert werden müssen. Damit sind die Funktionsbausteine auf abstrakter und damit übertragbarer Ebene klassifiziert. In dem im Folgenden geschilderten Betriebskonzepten werden die Einsatz- und Nutzungsszenarien dieser Funktionen auf den jeweiligen Ebenen dargestellt.

4. Operatives Betriebskonzept

Bei vielen Portalen steht die strukturierte Dokumentation der Betriebs- und Einsatzprozesse nicht im Vordergrund der Aufmerksamkeit. Die Dynamik, mit der die aufgebauten Systeme fortgeschrieben werden müssen, verhindert nur zu häufig das Festhalten an einer Systematik, die Grundlage für übersichtliche Prozessbeschreibungen sein kann. So finden Ausnahmeregelungen und Provisorien zusammen, die das Ausmaß der Kompliziertheit so groß erscheinen lassen, dass für eine entsprechende Dokumentation keine Zeit zu sein scheint.

Das in diesem Beitrag skizzierte Grundmodell steht dagegen für eine sehr systematische Basisstruktur. Insbesondere die Funktionsgliederung und der multidimensionale, dokumentenorientierte Ansatz erschließt die Möglichkeit für im besten Wortsinne schlanke Betriebskonzepte. Ein Ansatz, der hier sowohl zur generischen Beschreibung, als auch zur Plausibilitätsprüfung solcher Konzepte herausgestellt werden kann, ist das Konzept des Lebenszyklus: So können für Nutzer, Dokumente, Foren, aber auch für Themen und Arbeitsräume solche allgemeinen Phasenfolgen postuliert werden.

Es ergibt sich, dass auf noch recht grober Ebene für den Pfad dieser Objekte über das Portal eine entsprechende Einteilung gefunden werden kann:

- Einrichten
- Pflegen/Ändern
- Löschen
- Archivieren

Mit dieser Grundstruktur lässt sich für Redaktions- Taxonomie-, Nutzeradministrations- und eine Reihe weiterer Prozesse ein guter erster Einstieg in eine tabellarische Betriebsdokumentation finden.

5. Taktisches Betriebskonzept

Ein operatives Betriebskonzept stellt die Nutzbarkeit eines Portals sicher. Hier kann der Vergleich zu der Fähigkeit, ein Auto zu fahren, gezogen werden. Das taktische Betriebskonzept beschreibt dann, wie auf dieser Basis mit einem Auto Transportfahrten oder Ausflüge durchgeführt werden sollten. Hierbei gilt es einige Aspekte zu bedenken, die nicht unmittelbar mit dem Fahrzeug an sich verbunden ist. Das strategische Konzept würde dann Auskunft darüber geben, welche Transporte unternommen werden sollten.

Operatives Betriebskonzept	Strategisches Betriebskonzept
... regelt die einzelnen Arbeitsabläufe (Fokus Effizienz): Anlegen eines Nutzers, Einstellen eines Dokuments etc.	... gibt Hilfestellung für den Einsatz des virtuellen Werkzeugs in der Netzwerkarbeit (Fokus Effektivität): Einführung neuer Themen, Einbindung der Nutzer, Unterstützung der Forenarbeit etc.

Abb. 8: Betriebskonzepte

Mit dieser Unterscheidung kann herausgestellt werden, dass taktische Einsatz- und Betriebskonzepte noch nicht der gängigen Praxis entsprechen. Hier wird zumeist deutlich, dass der schrittweise Entdeckungsprozess, den jedes Medium durchläuft, für die Möglichkeiten interaktiver Plattformen bei weitem noch nicht abgeschlossen ist. So werden die entsprechenden Szenarien in aller Regel fallweise durchlaufen: Zum einen liegt noch eine hohe Lernkurve vor, zum anderen fehlt auch an der einen oder anderen Stelle das Bewusstsein für entsprechende Standardisierungsmöglichkeiten in Form von generellen Regelungen.

Folglich soll hier auf mehrere Ansatzpunkte hingewiesen werden, die ein solches Potenzial bergen. Das virtuelle Werkzeug bietet die Klaviatur für weitergehende Aufgaben:

5.1 Einführung von neuen Themen

Ein Extranet verbindet Akteure zu einem Netzwerk. Zumeist bestand das Netzwerk mit eigener Zielsetzung, bestimmten Strukturen und Abläufen bereits vor der technischen Plattformerstellung. Damit bestehen mehrere Kommunikationskanäle, in denen die Aufmerksamkeit der Mitglieder erreicht werden kann: Neben dem Extranet zumeist persönliche Begegnungen und häufig publizierte Newsletter. Diese Vielfalt bietet dem Betreiber bisher nicht verfügbare Möglichkeiten, um Inhalte und insbesondere neue Themen in das Netzwerk zu tragen: Über einen differenzierten Einsatz der jeweiligen Effizienzdomänen lässt sich die Aufmerksamkeit (möglichst breit) aufnehmen und in die Stufen aktiver Kommunikation oder sogar Zusammenarbeit führen. Damit wird die Gestaltungsperspektive über den „Tellerrand" des Extranet-Portals ausgeweitet. Das Extranet wird klar als ein Werkzeug im Konzert mit mehreren anderen positioniert.

5.2 Projektarbeit und Veranstaltungen

In der Ausgestaltung von Extranets lassen sich sehr weitgehende Unterstützungsfunktionalitäten einbringen. Es zeigt sich jedoch, dass das technisch Machbare nicht unbedingt der Schrittmacher des akzeptierten Fortschritts ist. Oftmals ist sogar das Gegenteil der Fall: Je weiter die neue Lösung von den gewohnten Handlungsweisen entfernt ist, desto unwahrscheinlicher ist ihre Nutzung.

So kann hier auch nur empfohlen werden, sich bei der Unterstützung von Projektarbeit durch Intra- oder Extranetfunktionalitäten auf keinen Fall davor zu scheuen, mit kleinen, häufig unspektakulären Schritten zu beginnen. Abhilfe zu schaffen, dass Teilnehmer gefunden werden, Termine übersichtlich dargestellt, Dokumente im stets aktuellen Stand verfügbar sind und Abstimmungen einfach realisiert werden können, schafft schnell Akzeptanz und überzeugte Nutzer. Hier kann viel von erfolgreichen Wissensmanagement-Vorhaben gelernt werden.

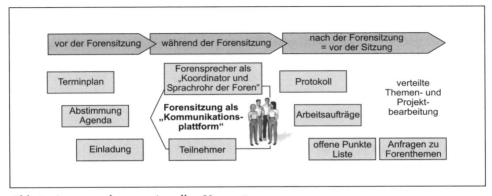

Abb. 9: Ansatzpunkte zur virtuellen Unterstützung

Ein solches Vorgehen sei als „invasiv" bezeichnet. Es sollten erst solche Aufgaben grundlegend gelöst werden, bevor eine breitere Nutzerschaft an Ähnlichkeitsanalysen, massive Personalisierung, Co-Editing und artverwandte Powertools herangeführt werden kann. Gute Ansatzpunkte für solche Unterstützungsleistungen werden in der Ansicht realer Sitzungen deutlich: Insbesondere für die Sitzungsvorbereitung und -nachbereitung kann durch geeignete virtuelle Werkzeuge schnell sehr deutlicher Mehrwert geschaffen werden. In der weiteren Entwicklung können aus diesen sinnvollen ersten Schritten im Extranet dauerhafte Anlauf- und Austauschstellen zu den jeweiligen Themen und Arbeitsbereichen entwickelt werden.

5.3 Blended-Learning-Programme

Bereits für die beiden erstgenannten Gestaltungspotenziale ist die – für viele Extranet-Umgebungen naheliegende – verbundene Sichtweise auf reale und virtuelle Komponenten eines Netzwerks grundlegend. Werden zudem die zwei vorherrschenden Ziele von Extranets aufgenommen, dann scheint die Integration von Schulungsmodulen beinahe zwingend: So fördern solche Maßnahmen die oftmals postulierten Synergieeffekte untereinander und erhöhen zudem die Bindung der einzelnen Teilnehmer an das Netzwerk insgesamt.

So gilt für viele Beispiele, dass die Partner Kompetenz in ähnlichen Bereichen vorhalten und ausbauen müssen. Schulungsmaßnahmen sind ein nahe liegender Weg hierzu. Oftmals machen faktische Hindernisse jedoch traditionelle Maßnahmen schwierig:

- geringe Teilnehmerzahlen pro Unternehmen
- großer Reiseaufwand zu zentralen Schulungsorten
- hohe Kosten der Abwesenheit vom Arbeitsplatz (!)

Virtuell unterstützte Lern-/Schulungsformen können in Extranet-Umgebungen attraktive Abhilfe bieten. Allerdings sind reine E-Learning-Programme nur für wenige Aspekte geeignet. Blended Learning als Kombination von virtueller Plattform und realen Workshops (Präsenzveranstaltungen) ist die zeitgemäße Antwort auf diese Herausforderung. Im Mittelpunkt kann reales Problemlösen (etwa didaktisch durch Fallstudien umgesetzt) als weiterer und direkter Nutzen für die Teilnehmer stehen. Die bereits dargestellten Funktionen bieten eine prinzipielle Basis zur Unterstützung von Lerngemeinschaften. Entsprechend aufbereitete Inhalte lassen sich einbinden. Ebenso lässt sich Arbeit in Projektteams unterstützen. Damit stünde Lernen als spezielle Form der Zusammenarbeit als ein wichtiger Baustein gleichermaßen in der dargestellten Funktionsfolge.

5.4 Community Building

Bereits im operativen Betriebskonzept wurde das Prinzip des Lebenszyklus eingeführt: Das Anlegen eines Nutzers, die Pflege seiner Stammdaten und schließlich auch die Löschung und gegebenenfalls die Archivierung markieren operative Aufgaben.

Die Entwicklung einer Community dagegen ist eine diffizilere Aufgabe. Erst das Entstehen einer gemeinschaftlich wahrnehmbaren Nutzerschaft schafft die Basis für nachhaltigen Austausch und Zusammenarbeit im entsprechenden Netzwerk. Ein solches (soziales) Konstrukt zu etablieren ist eine häufig vernachlässigte Aufgabe.

So wird aktives Community Building als Basis zielgerichteter Collaboration oft zugunsten technischer Fragestellungen zurückgestellt. Gleichwohl kann die Herausbildung und Entwicklung produktiver Communities durch konkrete Strategien unterstützt werden (vgl. Kim 2000, S. XIII f.):

1.	Articulate your community's PURPOSE
2.	Provide flexible, extensible gathering PLACES
3.	Create meaningful, evolving member PROFILES
4.	Design for a range of ROLES
5.	Identify and empower natural LEADERS
6.	Encourage appropriate ETIQUETTE
7.	Promote cyclic EVENTS
8.	Integrate the RITUALS of community life
9.	Facilitate member-created SUBGROUPS

Abb. 10: Strategien zum Community Building

Gerade in diesem Bereich scheint die Lernkurve gleichwohl noch sehr steil zu sein. Allerdings soll hier nicht unerwähnt bleiben, dass diese Leitgedanken sich durchaus in allgemeinen Ansätzen zur Mitarbeiterführung und Personalentwicklung wieder finden. So ist die Aufgabe der Einbindung eines Nutzers oder eines Mitarbeiters in einen neuen Bereich prinzipiell sehr ähnlich. In beiden Fällen sollen schließlich Akteure über eine Orientierung, passive Informationsversorgung und aktive Kommunikation zur Zusammenarbeit geführt werden. In beiden Fällen sind mechanistische Vorstellungen zugunsten eines tieferen Verständnisse komplexer und teilweise selbstorganisierender Systeme in den Hintergrund getreten. Aus dieser Perspektive erscheint der Lebenszyklus eines Nutzers weitaus differenzierter: So entsteht eine entsprechende Umsetzung und Abbildung als große Herausforderung an die Gestaltung von virtuellen Netzwerken.

Die Abbildung auf der folgenden Seite stellt diesen wichtigen Pfad plakativ dar (vgl. Kim 2000, S. 115 ff.).

Insgesamt wird damit immer stärker die Frage aufgeworfen, weshalb sich Nutzer nach einer Plattform richten sollten, wenn eine gute Konzeption doch verlangt, dass sich die Plattform nach ihnen richtet. Weiterhin wird deutlich, dass die Tragfähigkeit von Communities steigt, wenn die Mitglieder über ein Rollenkonzept in die Gestaltung und Entwicklung der Gemeinschaft einbezogen werden.

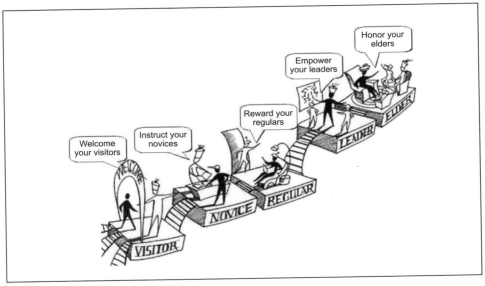

Abb. 11: Member Life Cyle

6. Nutzen

6.1 Motivation

Auch für Extranets steht das Thema Motivation der Mitglieder zumeist weit oben auf der Agenda. Hier soll aber nicht der Weg über komplizierte Anreizsysteme empfohlen werden, sondern die konsequente Ausrichtung an den Arbeits- und Wertschöpfungsprozessen nahe gelegt werden. Gelingt es, dort Nutzen zu generieren, dann wird das Portal auch Verwendung finden. Gelingt es nicht, dann gibt es genaugenommen auch wenig Gründe, dass die Mitarbeiter sich mit einer solchen Plattform auseinandersetzen sollten. So zeigen singuläre Appelle an die Wissensteilung in aller Regel keinen nachhaltigen Effekt. Allerdings muss in diesen Überlegungen sehr wohl kontextspezifisch zwischen dem Nutzen für das Unternehmen und für den individuellen Nutzer unterschieden werden. In dieser Gestaltungsaufgabe spielt die Unterscheidung und Berücksichtigung materieller und immaterieller Nutzenkomponenten eine wichtige Rolle:

- *Materieller Nutzen* in den Dimensionen Kosten, Zeit und Qualität ergibt sich über die konkrete Zusammenarbeit

- *Immaterielle Komponenten* entstehen über ein Rollenkonzept und Möglichkeiten, sich über eigene Leistungsbeiträge zu positionieren.

Der Nutzenbeitrag für ein Unternehmen, sei es Betreiber eines Portals oder Teilnehmer an einem Extranet-Netzwerk, bemisst sich gleichwohl zuallererst nach seinem Return on Investment.

6.2   Return on Investment

Die Frage nach dem konkreten Return on Investment (oder einer ähnlichen Bewertungsgröße) eines Extranet-Projekts wird zu Recht gestellt. Allerdings sollte hier präzisiert werden, dass nicht das technische Extranet den ROI bestimmt, sondern die Einsatz- und Nutzungskonzeption. So wird ein Extranet-Portal zu einem bestimmten Zweck aufgebaut. Dieser Zweck determiniert den Rahmen für das ROI-Modell fest. Welche Möglichkeiten gibt das Werkzeug Extranet dem Betreiber, um in diesem Rahmen einen angemessenen ROI zu erzielen? Wenn der ROI als Quotient aus Revenue bzw. Operating Profit und dem eingegangenen Investment definiert wird, dann lassen sich die beiden Stellschrauben getrennt untersuchen.

- *Return* (bzw. Operating Profit): Diese Größe ist unmittelbar abhängig von den unterstützten Nutzungsszenarien.

- *Investment* (bzw. Kapitalbindung): Dominierender Anteil für den grundsätzlichen Aufbau des Extranets (Hardware, Hosting, Software, Basisentwicklung, Team, Vermarktung etc.). Ein geringerer Bestandteil wird durch die Nutzungs- und Einsatzszenarien determiniert.

Der Hebel liegt damit in der Vermittlung von Nutzen, für den die Mitglieder zu Zahlungen bereit sind. Wichtig ist auch an dieser Stelle die Unterscheidung zwischen der Sicht des Betreibers und der Sicht der einzelnen Nutzer, seien es Unternehmen oder einzelne Akteure: Beide müssen langfristig für sich einen positiven ROI erkennen können. Abgeleitet aus dem Grundkonzept dieser Darstellung kann Nutzen (als Ansatzpunkt für Erlöse) in vier Stufen generiert werden:

1. Navigation *(Context):*
   Vermittlung, Überblick, wichtige Themen, Veranstaltungen, ...
2. Information *(Content):*
   Bereitstellung (exklusiver) Inhalte, Hintergrundinformation, ...
3. Kommunikation *(Communication):*
   Identifikation von relevanten Experten, Ansprechpartnern, ...
4. Zusammenarbeit *(Collaboration):*
   Ausschöpfung Synergien, gemeinsames Problemlösen, ...

Hochwertiger betrieblicher Nutzen kann (erst) durch Zusammenarbeit erreicht werden. Auf dieser Basis ergeben sich für das Revenue-Modell mehrere, auch ergänzende Ansatzpunkte: neben einer „Teilnahmegrundgebühr" können auch Beträge für einzelne Aktivitäten erhoben werden (Prinzip „Pay per View/Action" etc.).

In einem Netzwerk sollte es für die Partner neben der Teilnahmegebühr und einzelnen leistungsbezogenen Kosten auch Einnahmemöglichkeiten geben: Beiträge und Zusammenarbeit müssen sich auch monetär bemerkbar machen. Dieser wichtige Anreiz erhöht den Nutzen für alle Beteiligten. So erzeugt auch eine auf tatsächlicher Wertschätzung beruhende Beziehung zum Portalbetreiber bzw. der Trägergemeinschaft einen sehr deutlichen Druck für die Portalgestaltung und -weiterentwicklung, nachhaltigen Nutzen und mehr als plakative Synergien für die Mitglieder zu generieren.

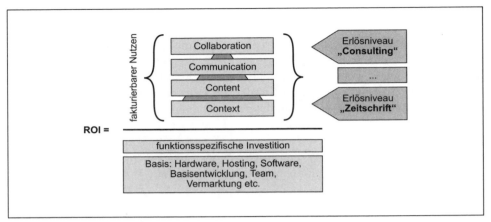

Abb. 12: Komponenten ROI-Kalkulation

7. Perspektive

Das Thema Extranet-Portal wird weiter an Bedeutung gewinnen. Einige Schwerpunkte aus diesem Themenkreis sollten mit diesem Beitrag aufgezeigt sowie mit Ansätzen und grundsätzlichen Strukturkonzepten versehen werden. So zeigt sich, dass zum einen Erfahrungen mit den bestehenden Internet-Auftritten nicht konsequent für die Entwicklung von Extranet-Lösungen herangezogen werden. Zum anderen bildet sich eine Ausrichtung auf Aufgaben nachhaltiger Zusammenarbeit erst langsam heraus. Eine Aufnahme von Lern-Funktionen ist gar erst vereinzelt anzutreffen.

Gerade aber in diesen Feldern können Extranets sehr sinnvolle und wirtschaftlich einsetzbare Werkzeuge sein. Erst mit diesen wertschöpfenden Nutzungsszenarien lässt sich ein nachhaltiger positiver Effekt darstellen. Das volle Nutzenpotenzial wird gleichwohl erst dann realisiert, wenn in Fragen der Gestaltung und der Weiterentwicklung von Extranet-Portalen die Perspektive des Nutzers und der Nutzerschaft als Community sehr viel stärker Berücksichtigung findet.

Literatur

Grothe, M., Gentsch, P. (2000): Business Intelligence – Aus Informationen Wettbewerbsvorteile gewinnen, Adisson Wesley

Grothe, M. (2003): Collaborative Intelligence verbindet Business Intelligence und Wissensmanagement, in: Zeitschrift für Controlling & Management, 47 Jg., S. 102–106

Grothe, M.: Collaborative Intelligence – Absicherung von „Beyond Budgeting" durch Wissensnutzung in verteilten Geschäftsprozesse, in: Zeitschrift für Controlling & Management, Sonderheft 1/2003, S. 94–100

Kim, A. J. (2000): Community Building on the Web, Peachpit Press, Berkeley

Fünfter Teil

Portale: Quo vadis?
Die nächste Generation

Sebastian Grimm
Die Entwicklung des Portalmarktes

Sebastian Grimm

Die Entwicklung des Portalmarktes

1.   Einleitung

Mit der Entwicklung des Internets eng verbunden ist die Entwicklung einer neuen Benutzerschnittstelle als Zugangstor zu den Inhalten des Internets: das Portal. Und ganz im Sinne eines Portals stellen Internetportale, egal ob Sie Kunden, Partner oder Mitarbeiter als Nutzer haben, nicht mehr nur den Zugang zu Informationen, sondern zunehmend auch zu Prozessenund Wissen bereit. In einem Rückblick im ersten Abschnitt wird diese Entwicklung von einfachen Informationsplattformen hin zu komplexeren multifunktionaleren Portalen verdeutlicht. Im zweiten Abschnitt wird dann auf die zunehmende Begriffsvielfalt rund um das Thema Portale eingegangen. Denn je mehr Funktionen Portale zur Verfügung stellen, um so breiter wird auch die Palette an vielfältigen Begrifflichkeiten.

Ebenso wie eine Stadt, deren Zugangstor ein Portal ist, sich im Laufe der Zeit verändert tun dies auch Internetportale. Treiber dieser Entwicklung sind die Ansprüche die durch die Nutzer der Portale gestellt werden und die sich Trends widerspiegeln. Diese Trends von Kundenseite, wie der verstärkte Wunsch nach Selbstbedienung, die zunehmende Nutzung alternativer Zugangskanäle oder der Bedarf nach einem vollständigen Kommunikationsprozess werden im ersten Teil des dritten Abschnitts erläutert. Im zweiten Teil dieses Abschnitts werden diesen Trends auf Kundenseite, die Trends bei den Betreibern von Portalen, also Unternehmen, Behörden oder andere Gruppen gegenübergestellt, um daraus erste Ableitungen für die Entwicklungen im Portalmarkt zu treffen.

Diese Entwicklungen im Portalmarkt die sich in Universalität, Autonomie, Einfachheit, Integrativität und Sicherheit zusammenfassen lassen, werden im vierten Abschnitt beschrieben und führen zu einer Ableitung eines zukünftigen Portalbildes im fünften und letzten Abschnitt in dem mögliche Zukunftsszenarien vorgestellt werden.

2.   Rückblick

Mitte der 90er Jahre begann das Internet den experimentellen und unkommerziellen Charakter zu verlieren und wurde mehr und mehr als eine weitere Möglichkeit begriffen, um Produkte und Dienstleistungen zu kommunizieren und zu verkaufen. In diese Zeit fällt auch die Entstehung des Begriffes Portal. Wobei unklar bleibt, woher dieser Begriff eigentlich kommt. Seit dieser Zeit wird der Begriff Portal in unterschiedlicher Intensität und auch Bedeutung für eine Vielzahl von Ausprägungen gleichermaßen verwendet.

Der Begriff Portal hat sich mittlerweile etabliert, auch wenn er immer noch in einer Vielzahl von Bedeutungen verwendet wird.[1] Aber mittlerweile ist jedem Nutzer des Internets klar, dass der Begriff Portal für eine Internetadresse steht, in dem ein Nutzer sich umfassend informieren kann, kommunizieren kann und teilweise auch Prozesse nutzen kann.

Am Beginn der Entwicklung des Portals und des Portalbegriffs stand für viele sicher Yahoo. Mit Yahoo wurde die Begrifflichkeit Portal bekannt und nur mit Yahoo konnte man sich unter Portal etwas vorstellen. Dabei war das Yahoo der Neunziger „nur" eine Zusammenfassung von Informationen und Links, also Verweisen auf andere WebSites. Der Vorteil von Yahoo im Gegensatz zu anderen damaligen WebSites war seine zentrale Rolle und die Möglichkeit über Kategorisierung sehr einfach Internetseiten zu einem bestimmten Thema zu finden. Diese Suchfunktion ist auch heute noch eines der entscheidenden funktionalen Kriterien eines Portals, wobei sich die Suche aber weg von Linklisten hin zu einer der natürlichen Sprache ähnlichen Funktion entwickelt hat.

In den Boomphasen des Internets Ende der Neunziger gab es immer mehr Portale. Diese waren zum Teil Yahoo sehr ähnlich, wie etwa Lycos oder Web.de. Teilweise wurde der Portalbegriff aber auch kreativ erweitert. So wurden immer mehr Funktionen und Informationen abseits der Suchunterstützung implementiert und das Portal mehr und mehr als ein Einstiegspunkt zur Nutzung des Internets verstanden. So bauten AOL und T-Online als klassische Internetzugangsprovider ihre teilweise proprietären (d. h., nur mit eigener Zugangssoftware zugänglichen) Portale aus und ergänzten diese um Funktionen wie Webmail, Foren und Shoppingbereiche. Hinzu kam eine Umgestaltung der Oberfläche. Nicht mehr die Suche (mittels Linklisten oder Suchfeldern) stand im Mittelpunkt, sondern die Bindung des Nutzers an das Portal. So wurden Inhalte externer Seiten nicht mehr verlinkt, sondern unter dem Branding des Portals angezeigt. Die Portaloberfläche sollte, ähnlich der Titelseite einer Zeitung, alle wichtigen Informationen auf der ersten Seite darstellen und so den Nutzer auf der Seite des Portals halten, da es (aus Sicht des Portalbetreibers) keine Notwendigkeit gibt, auf eine andere Seite zu wechseln. Diesen Anspruch versuchen viele der genannten Portale auch heute noch zu erfüllen. Das Nutzerverhalten hat sich jedoch verändert.

Zusätzlich bauten – neben Start ups – eine Reihe von etablierten Unternehmen Shoppingportale zu bestimmten Themen auf, in denen der Nutzer neben der reinen Kauffunktionalität auch eine Vielzahl von zusätzlichen Informationen bekam. So gab und gibt es eine Reihe von Drogerie- bzw. Gesundheitsportalen (etwa Rossmann) oder auch eine Reihe von Buch- und CD-Portalen (hier zuallererst das berühmte Beispiel amazon, aber auch BOL oder Barnes and Nobles versuchten sich darin). Viele dieser Portale gibt es heute nicht mehr (etwa vitago.de) oder sie wurden fusioniert (etwa Buch.de mit BOL).

---

1   Vgl. auch Stelzer (2003) in Kapitel 1 dieses Buches.

Mit dem Ende der Boomphase des Internets Anfang dieses Jahrhunderts wurde auch sichtbar, worauf es auch bei Portalen und Portalbetreibern ankommt: Orientierung am Nutzer, Aufbau einer hohen Bekanntheit (Marke) und vollständiges Leistungsangebot. Diese konnten vor allem etablierte Unternehmen und eine geringe Anzahl neu entstandener Unternehmen leisten. Mit diesem Ende war aber auch der Begriff Portal zum Teil verbrannt, bzw. kein Unternehmen wollte ihn mehr in den Mund nehmen, obwohl er doch sehr plakativ beschreibt, was ein Portal können sollte. Portale wurden und werden aus Unternehmens- und aus Nutzersicht zu dem was sie heute sein sollten: Ein weiterer Kommunikationskanal über den Unternehmen mit ihren externen Nutzern und Anspruchstellern (also Partnern oder Investoren) kommunizieren. Damit entstand der Begriff des Multichannel Managements. Notwendig wurde vor allem eines: Die Abwicklung von nutzerrelevanten Geschäftsprozessen in einer nutzerfreundlichen Art und Weise.

Ende der Neunziger bzw. Anfang dieses Jahrhunderts begann ein neuer Trend. Die Begrifflichkeit Portal verlagerte sich zunehmend ins Unternehmen. Während Unternehmen sich zuerst nur ein Intranet zulegten, über das die Mitarbeiter auf Essenspläne, aktuelle Informationen oder auch einzelne Dokumente zugreifen konnten, wurde das Ganze mit der Zeit zu einem Mitarbeiterportal. Der Anspruch, der dahinter steht, ist der gleiche wie im Internet. Der Nutzer, in diesem Fall der Mitarbeiter, sollte über eine Plattform (ein Portal) auf alle unternehmensrelevanten Informationen zugreifen können. Der Nutzen der sich davon versprochen wurde, war eine Zeitreduzierung bei der Suche nach Informationen und die Vermeidung von Druckkosten.

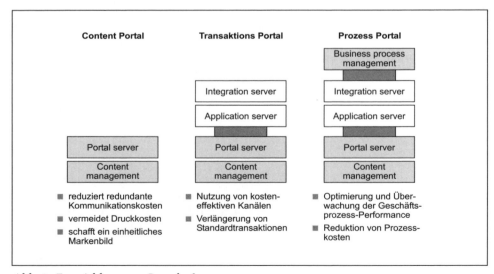

Abb. 1: Entwicklung von Portalen[2]

---

2   Quelle: Forrester Research Inc. und abaXX Technology AG.

Viele dieser Mitarbeiterportale genügen aber bis heute noch nicht diesem Anspruch. Die Essenspläne werden zwar im Portal gelesen, dann aber doch ausgedruckt und aufgehängt. Darüber hinaus ging die Akzeptanz nach anfänglicher Euphorie schnell wieder zurück, da Informationen nicht aktuell waren, das E-Mail alsKommunikationsmittel schneller war und vor allem die Unterstützung des wichtigsten Unternehmensinstrumentes fehlte: die Geschäftsprozesse.

Im Augenblick stehen Portale damit, sowohl intern als auch extern, vor einem nächsten evolutionären Schritt: der Unterstützung und Automatisierung von Geschäftsprozessen. Damit folgt auf die Entwicklung von Informations- und Transaktionsportalen jetzt die Stufe von Prozessportalen und damit der Eintritt in die produktive Nutzung von Portalen.

3. Treibende Faktoren

Beobachtet man die Entwicklung des Portalmarktes in den letzten Jahren, lässt sich eine Tendenz sehr gut feststellen: Die Entwicklung und der Einsatz von neuen Technologien begann zuerst in den Webportalen und setzte sich dann mit einiger Verzögerung auch bei den Unternehmensportalen und anschließend bei den Mitarbeiterportalen durch. Dies war mit Funktionen wie Chat und Newsgroups ebenso, wie mit Instant Messaging und derzeit mit Weblogs (eine Art privater Newsfeed). Am Beispiel von Online-Banking-Portalen lässt sich das sehr gut nachvollziehen. So gibt es portalinterne Instant Messaging-Systeme (etwa AOL Messenger) bei den WebPortalen schon seit einigen Jahren. Die Banken beginnen derzeit diese Form der Kommunikation mit Nutzern zu implementieren. Somit empfiehlt sich auch bei der Betrachtung der treibenden Entwicklungen eine nach zuerst nach Nutzergruppen aufgeteilte Vorgehensweise, die anschließend um die Entwicklungen in den Portal einsetzenden Unternehmen ergänzt wird. Abschließend werden die Trends bei den Technologien aufgegriffen.

3.1 Trends bei den Nutzern von Portalen

Die Nutzer von Portalen können, wie oben beschrieben, Kunden, Partner, Investoren oder Mitarbeiter sein. Dabei kann eine weitere Verfeinerung der Benutzer erfolgen. So könnten Kunden nach Firmen- und Privatkunden unterteilt werden und entsprechende Portale aufgebaut werden. Da sich viele Trends von den privaten Kunden über die Firmenkunden und Partner zu den Mitarbeitern verlagern, wird nachfolgend nicht auf jede einzelnen Nutzergruppen oder Rollen, explizit eingegangen. Sollte es für einzelne Nutzergruppen eines Portals (etwa die Mitarbeiter) spezielle Trends geben, wird darauf hingewiesen.

Der Trend zur Selbstbedienung (Self-Service)

Ähnlich wie die Entwicklung von Tante-Emma-Läden zu Filialen und zu Supermärkten und damit zu einer immer größeren Selbstbedienung des Kunden findet eine solche Entwicklung bei der Nutzung von Portalen statt. Getrieben wird diese natürlich zum einen von den Unternehmen, die darin Kostenersparnisse in anderen Kanälen erwarten. Aber gerade auch Kunden eines Unternehmens sehen in der Selbstbedienung über Internetportale eine Möglichkeit, Prozesse und Transaktionen schneller, bequemer und vor allem außerhalb der gesetzlichen Öffnungszeiten durchzuführen. Dabei geht, mit zunehmender Akzeptanz und mit zunehmender Bedienbarkeit der Portale, der Trend hin von einfachen Funktionen, wie Suche, zu komplexen Prozessen, wie etwa die Reisezusammenstellung und Immobilienfinanzierung. Vielfach stoßen die Nutzer von Portalen dabei auf Grenzen, weil Unternehmen nicht erkannt haben, dass Nutzer bereit sind, auch komplexe Prozesse abzuwickeln oder weil sie Vorbehalte gegenüber Internetprozessen haben (Stichwort Kanalkannibalisierung). Im Zweifelsfall werden aber Nutzer zu dem Anbieter wechseln, der ihm diese Möglichkeiten einräumt. Bei den Partnern ist dieser Trend ebenso ausgeprägt. So möchten viele der Partner eines Unternehmens Prozesse wie Rechnungsabwicklung, Fehlerbehandlung und Materialänderungen über ein Portal abwickeln. Allerdings sind nur wenige Unternehmen dazu derzeit in der Lage.[3]

Trend zum vollständigen Kundenprozess

In dem Sinne, wie Kunden verstärkt Internetportale als Selbstbedienungskanal begreifen, werden sie auch dazu übergehen, ihren gesamten Kundenprozess über ein solches Portal abzuwickeln. Ein Kundenprozess beschreibt die Schritte, die ein Kunde durchläuft, bis er sich für den Kauf eines oder mehrerer Produkte entscheidet. Ein solcher Kundenprozess ist beispielsweise die Reisebuchung, bestehend aus den sehr unterschiedlichen Produkten Flug, Hotel und Mietwagen. Der Kunde möchte nicht für jedes dieser Produkte ein eigenes Portal aufsuchen, sondern über ein Portal die Unterstützung aller dieser Produkte in Abhängigkeit voneinander. Das heißt, der Kundenprozess besteht aus einer Vielzahl von Informationsanfragen (Verfügbarkeit, Preise etc., der einzelnen Produkte) und aus einer Transaktion, in der er das gesamte Paket erwirbt. Also eine Funktionalität, die ihm der Mitarbeiter eines Reisebüros problemlos bieten kann.

Trend zur Nutzung verschiedenster Kommunikationskanäle

Ein Trend der durch die vermehrte Nutzung von Portalen verstärkt wird, ist die zunehmende Nutzung verschiedenster Kommunikationskanäle für einen Kundenprozess. So werden bei komplexeren Prozessen, aber auch schon bei einfachen Transak-

---

3 AMR Research: „Early Supplier Portals Show Benefits, but Companies Are Rethinking Architectures"; Juli 2003.

tionen, etwa der Kauf einer Buches, zwischen drei und fünf Kommunikationskanäle synchron verwendet. So schaut sich der Kunde das Buch im Buchladen an, kauft es später im Internet und fragt bezüglich einer Lieferverzögerung am Telefon nach. Damit wird klar, dass ein Portal nicht als getrennter Kommunikationskanal und separat von den anderen Kanälen betrachtet werden kann, sondern es muss mit diesen Kanälen integriert werden. Der oben angesprochene Kundenprozess darf damit nicht nur auf das Portal beschränkt bleiben, sondern muss über die Grenzen der Kanäle hinweg organisiert werden[4].

Trend zur Nutzung der gesamten Kommunikation

Wenn man Kommunikation vereinfacht als aus drei Phasen bestehend betrachtet, also Information, Transaktion und Service, zeigt sich schnell, dass Portale sich in ähnlichen Schritten entwickeln. Am Anfang stand die Information im Vordergrund, derzeit die Transaktion und zukünftig der Service sowie der gesamte Kommunikationsprozess. Damit wird auch deutlich, dass das Internet ein eigenständiger Kommunikationskanal wird und zum Teil schon ist, von dem der Nutzer erwartet, dass die gesamte Kommunikation durchgeführt werden kann.

Wenn man sich die einzelnen Kommunikationsphasen im Detail betrachtet, merkt man schnell, dass Portale derzeit nicht alle Stufen gleichermaßen unterstützen. Bei der Information fehlt beispielsweise der gesamte Bereich der Beratung. Nutzer von Portalen stehen zwar eine Vielzahl von Informationen zur Verfügung, diese werden aber nicht nutzergerecht und zielorientiert aufbereitet und präsentiert. Dieser Mangel macht sich vor allem bei komplexen Produkten wie Autos bemerkbar. So ist es trotz der vorhandenen Technologien noch immer nicht möglich, sich möglichst einfach ein passendes Auto zusammenzustellen. Alle Hersteller gehen davon aus, dass man das Produktportfolio kennt und arbeiten nicht mit gezielten Fragen nach dem Bedarf des Nutzers. Doch welcher Nutzer kennt schon alle in Frage kommenden Modelle eines Herstellers bzw. sogar mehrerer Hersteller?

Ähnlich stellt sich die Situation im Bereich Service dar. Es gibt im Optimalfall eine Vielzahl von Informationen zu Problemen, aber keine nutzer- und problemspezifische Aufbereitung dieser Informationen. In den meisten Fällen fehlt zudem die Abwicklung von Serviceprozessen. Doch Nutzer eines Portals möchten nicht nur Teile ihrer Kommunikation über ein Portal abwickeln, sondern sie haben ein großes Interesse daran, den gesamten Kommunikationsprozess aus Bequemlichkeitsgründen über ein Portal abzuwickeln.

---

4 Vgl. dazu Sebastian Grimm, Jürgen Röhricht: „Die Multichannel Company" Galileo Verlag Bonn, 2003.

Trend zur höheren Interaktivität und Aktualität

Die vorher aufgeführten Trends führen direkt zu einem letzten Trend. Der Bedarf nach einer hohen Interaktivität und Aktualität. Wenn man anerkennt, dass ein Portal ein weiterer Kommunikationskanal des Unternehmens ist, dann wird daran auch deutlich, dass dieser Kanal interaktiv, also kommunikativ, sein muss und dies auch von den Nutzern gefordert wird. Nicht umsonst genießen interaktive Funktionen, wie Chats und Instant Messaging, eine so hohe Beliebtheit. Gleiches gilt natürlich auch für die Aktualität. Für viele ist das Internet mittlerweile zu einer ersten Adresse geworden, wenn es um die schnelle Informationen geht. Man denke nur an die massive Informationsnachfrage nach den Anschlägen des 11. September oder auch während der Flut im Jahr 2002, die das Internet teilweise zum Erliegen gebracht hat. Deshalb erwarten auch die Nutzer von Portalen eine hohe Aktualität.

Zusammenfassend lassen sich aus diesen Trends folgende Anforderungen an die Portale der Zukunft aus Nutzersicht ableiten:

1. Unterstützung vollständiger und durchgängiger Kommunikations- und Geschäftsprozesse

2. hohe Integrativität

3. nutzergerechte und zielorientierte Aufbereitung von Inhalten – Personalisierbarkeit in Abhängigkeit von Profilen, dem Kontext und dem Nutzerstatus

4. Aktualität und Interaktivität

3.2 Trends bei den Unternehmen, die Portale einsetzen

Die Trends zwischen den Nutzern eines Portals und damit einer Dienstleistung oder einem Produkt eines Unternehmens und die internen Trends bei Unternehmen beeinflussen und bedingen sich gegenseitig. So kann jedem Trend auf Nutzerseite ein entsprechender Trend auf Unternehmensseite entgegengestellt werden. Die nachfolgende Betrachtung wird jedoch nicht auf alle diese Trends eingehen, sondern einige neue Trends herausarbeiten.

Trend zur massiven Kostenreduktion

Seit jeher versuchen Unternehmen ihre Prozesse effizienter und kostengünstiger abzuwickeln. Mittlerweile sind viele der internen Prozesse eines Unternehmens weitgehend automatisiert oder zumindest standardisiert. Doch gerade in wirtschaftlich schwierigen Zeiten versuchen Unternehmen weiter Kosten zu reduzieren. Meist geschieht das durch den Abbau zusätzlicher Dienstleistungen und damit oft zu Lasten des Kunden. Der Phase einer solchen Leistungsbeschränkung folgt dann meist eine Phase in der Kundenbindung wieder groß geschrieben wird. Portale können ein Instrument sein, um auf der einen Seite Kosten zu reduzieren, aber auf der anderen Seite die Leistungen sogar noch auszubauen und damit die Kundenbindung sicherzustellen. So ist allgemein bekannt, dass die Abwicklung einfacher Transaktionen über ein Portal zwischen 50 und 80 Prozent der Kosten dieser Transaktion über ein Call Center oder eine Filiale einsparen kann.

Bei komplexeren Prozessen, wie Beratung und Service oder dem gesamten Kommunikationsprozess, wird diese Einsparung noch verstärkt.

Trend zur Dynamisierung von Preisen und Produkten (Kundenprozess und Leistungsintegration)

Ein Trend, der in der Reisebranche oder bei verderblichen Gütern schon seit langem existiert, setzt sich zunehmend auch in anderen Branchen durch: die Dynamisierung von Preisen und Produkten. Deutlich wird das etwa an den Banken. Eine Differenzierung über einzelne Produkte, wie Girokonten, ist so gut wie unmöglich. Also erfolgt die Differenzierung bei den Preisen (etwa ein kostenloses Online-Konto) oder beim angebotenen Produktportfolio (etwa die kostenlose Monatskarte für das Girokonto). Wie oben dargestellt führt die Abbildung von Prozessen in einem Portal zur Senkung der Prozesskosten. Somit ist es sinnvoll, die Dynamisierung der Preise oder Produkte abhängig von der Nutzung des Angebots zu gestalten. So beinhaltet das kostenlose Konto etwa nur Online-Transaktionen und keine (bzw. kostenpflichtige) Kontakte über Telefon und Filiale. Ebenso können einem langjährigen Kunden bessere Kreditkonditionen eingeräumt werden als einem Neukunden. Doch nicht nur Banken sehen in der Dynamisierung der Preise in Abhängigkeit vom Kunden eine Chance, die Wettbewerbsfähigkeit zu verbessern. Selbst Produkte wie CDs können auf diese Weise vermarktet werden. Die Grundlage dafür ist das Wissen über das Verhalten und die Vorlieben von Kunden. Um dieses Wissen zu generieren, sind Portale bestens geeignet, da sie über Personalisierung und Verhaltenstracking das Wissen über einen Kunden erweitern können und vor allem in der Lage sind, dynamisch in Echtzeit zu reagieren, etwa in dem Regeln und Konditionen hinterlegt werden.

Trend zur Verlagerung von Beratung und Service

Aus den obigen Trends wird sichtbar, dass Unternehmen bestrebt sind, gerade die kostenintensiven Prozesse der Beratung und des Services auf kostengünstigere Kanäle zu verlagern. Das war das Ziel der Einführung von Call Centern und das ist auch das Ziel der Nutzung von Internetportalen. Voraussetzung dafür sind die Prozessunterstützung der Portale und eine Wissensgrundlage auf der ein Portal „autonom" Entscheidungen trifft.

Trend zum Multichannel-Unternehmen

Wie oben dargestellt nutzen Kunden mehrere Kanäle für die Kommunikation mit dem Unternehmen. Aber auch Unternehmen haben erkannt, dass jeder Kommunikationskanal seine spezifischen Vor- und Nachteile hat, die ihn für ganz spezielle Funktionen geeignet machen. Zudem sehen Unternehmen die Unterschiede in den Prozess- und Transaktionskosten eines Kanals und sind natürlich bestrebt immer den jeweils günstigsten Kanal zu verwenden.[5]

Portale stellen für viele Transaktionen und Prozesse den derzeit günstigsten Kanal dar und werden entsprechend von Unternehmen derzeit und zukünftig für die Abwicklung komplexer Transaktionen und Prozesse verwendet.

Trend zur homogenen Arbeitsumgebung

Neben diesen Trends, die direkt oder indirekt auf den Kunden eines Unternehmens zurückzuführen sind, gibt es innerhalb von Unternehmen immer die Bestrebung zur Vereinheitlichung der Arbeitsumgebung. Das Ziel dabei ist die Reduktion von Schulungskosten, die Reduktion des Administrations- und Wartungsaufwandes und die Beschleunigung von Prozessen. Unter diesen Gesichtspunkt fällt auch das Ziel der Homogenisierung der IT-Landschaft.

Ein Mitarbeiterportal ist der nächste und Erfolg versprechende Versuch, eine solche einfache Arbeitsoberfläche zu schaffen. Unternehmen stehen dabei aber noch am Anfang, weil sie vor allem ihre vorhandenen Applikationen mit einer neuen „Portal"-oberfläche versehen und diese in einem Portal zusammenführen. Dabei bleiben aber alle Beschränkungen der zugrundeliegenden Systeme bestehen, d. h., der Aufwand wird nicht reduziert, sondern bleibt erhalten. Einige Unternehmen gehen deshalb den entscheidenden Schritt weiter. So richten den Arbeitsplatz, das Portal, an den Prozessen aus, die der Mitarbeiter zu erledigen hat und schirmen den Mitarbeiter von der technologischen Ebene ab. Das führt dazu, dass der Mitarbeiter nur seine Geschäftsprozesse und die dafür notwendigen Informationen erhält und keine Kenntnis der Technologie benötigt. Gleichzeitig führt ein solches Prozessportal zur Reduktion der Komplexität der Basissysteme, da an diesen keine unternehmensspezifischen Anpassungen mehr notwendig sind. Sie stellen ihre Funktionen als eine Art Service dem Portal und dem Geschäftsprozess zur Verfügung. Man spricht deshalb oft auch von einer serviceorientierten Architektur.

Auch aus Unternehmenssicht gibt es ein Reihe von Trends, die die Entwicklung von Portalen beeinflussen. Zusammengefasst sind dies:

1. starke Prozessorientierung zur Senkung von Kosten
2. Abbildung komplexerer Prozesse wie Beratung und Service
3. Homogenisierung von Prozessen und Architekturen
4. Integration des Portals in ein Multichannel Management

---

5 Vgl. Sebastian Grimm, Jürgen Röhricht: „Die Multichannel Company"; Galileo Verlag Bonn, 2003.

3.3 Trends bei den Technologien

Die Entwicklung von Portalen wird neben den Nutzern und den Unternehmen auch durch technologische Entwicklungen beeinflusst. Nachfolgend werden die drei wichtigsten Trends Standardisierung, WebServices und OpenSoure betrachtet.

Trend zur Standardisierung

In kaum einem anderen Bereich der Softwareindustrie (denn letztendlich sind Portale nichts weiter als Software) gibt es so starke Bestrebungen, Basistechnologien zu standardisieren. Die Gründe dafür sind ebenso vielfältig wie unübersichtlich. Sei es um ein zentrale Rolle einzunehmen, sei es um tatsächlich die Integration zwischen Produkten verschiedener Hersteller zu vereinfachen oder auch nur um den Wettbewerb zu begrenzen. Standardisierungsbemühungen gibt es etwa im Bereich der Portlets, mit dem JSR 168, der beschreibt wie Portlets standardkonform erstellt werden und der Spezifikation zu Remote Portlets, die beschreibt, wie auf Portlets in anderen Portalen zugegriffen werden kann. Daneben gibt es im Bereich der WebServices eine Vielzahl von Bemühungen etwa um Prozesse zwischen WebServices zu beschreiben (Web Services Choreography Working Group[6]) oder auch um WebServices allgemein zu beschreiben (Web Services Architecture[7]). Auch im Bereich des Prozessmanagement gibt es ähnliche Bestrebungen etwa mit der Workflow Management Coalition[8]. Alle diese Bestrebungen sollen dazu führen, dass Portale einfach zu implementieren und unternehmensübergreifend zu integrieren sind. Keiner dieser Standards hat derzeit eine produktive Reife erreicht, so dass die Vielzahl von schon vorhandenen Portalen unter Umständen angepasst werden muss oder sich diese Standards nicht durchsetzen werden.

Trend zu Web Services

Das Ziel von WebServices ist die dynamische Nutzung von Dienstleistungen oder Produkten eines Unternehmens über das Internet ohne sich über Schnittstellen Gedanken zu machen. So könnte sich etwa eine Finanzsystem eines Controllers dynamisch von einem WebService den aktuellen Umrechnungskurs einer Währung geben lassen, ohne das der Controller dazu das System wechseln müsste.

Trend zu Open Source

In kaum einem Bereich wird so viel Open Source eingesetzt, wie im Bereich der Portale. Der Trend dabei ist eindeutig. Sobald Funktionen allgemeingültig werden, werden die entsprechenden Open-Source-Produkte eingesetzt. Beispielhaft sei hier der

---

6   Vgl. www.w3.org.
7   Ebenda.
8   www-wfmc.org.

Webserver Apache erwähnt. In dem Bereich, der strategische Bedeutung für Unternehmen hat und der eine Differenzierung erfordert, werden kommerzielle Produkte eingesetzt. In Abbildung 2 wird dieser Unterschied nochmals verdeutlicht.

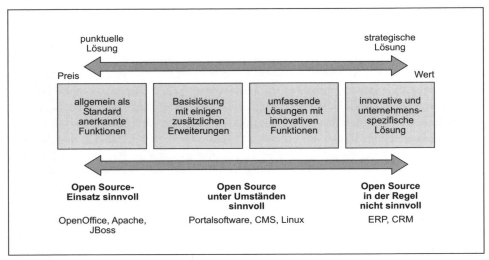

Abb. 2: Entwicklung Open Source

Portale, speziell Prozessportale, gehören sicher zu den Bereichen in den es auf absehbare Zeit keine Alternative zu kommerziellen Produkten gibt, da nur diese einem Unternehmen den entscheidenden Wettbewerbsvorteil bringen können.

4.   Auswirkungen auf die Portalentwicklung

Geht man davon aus, dass das Internet ein Basis-Kommunikationskanal ist, wie es die Deutsche Bank schon 2000[9] beschrieb, so können Portale zukünftig die Standard-Zugriffschnittstelle auf diesen Kanal werden, so wie es das Telefongerät für die Übertragung von Sprache wurde. Mit diesem Vergleich wird aber auch deutlich, dass Portale, egal ob als Mitarbeiter-, Kunden- oder Partnerportal, noch weit von einer idealen Form als Kommunikationsmittel entfernt sind. Und dieser Vergleich zeigt, in welche Richtung sich Portale in den nächsten Jahren entwickeln werden bzw. entwickeln sollten. Die Betrachtung der Trends, die sowohl von Kunden, als auch von Unternehmen und Technologien aufgezeigt werden, führen denn auch zu den Eigenschaften, die ein solches weit entwickeltes Portal besitzen sollte:

---

9   „Das Internet – eine neue Basistechnologie", Deutsche Bank Research, August 2000.

- Einfachheit
- Universalität
- Autonomie
- Integrativität
- Sicherheit

Auch wenn in einigen Bereichen Portale teilweise diesen Eigenschaften genügen können, so schafft es bis heute kein Portal, alle diese Eigenschaften zu unterstützen. Zudem variieren einige dieser Eigenschaften je nach Nutzergruppe oder Inhalt eines solchen Portals.

Einfachheit

Die wichtigste Eigenschaft eines Portals ist Einfachheit. Die Schwierigkeit dabei ist vor allem die Entwicklung einer Nutzerschnittstelle, die es schafft, die zunehmende Komplexität eines Portals möglichst simpel dazustellen. Dabei gibt es aber, anders als beim Telefon die Sprache, keine Standards auf die eine solche Benutzerschnittstelle aufbauen kann. Die Versuche, Standards festzuschreiben, basieren allesamt auf den Technologien des Frontends (etwa Portlets), aber nicht auf dem Nutzungsverhalten einer breiten Masse von Personen. Dementsprechend unterschiedlich und kompliziert sind einzelne Portale derzeit zu bedienen. Damit wird gerade Nutzergruppen ohne entsprechende Kenntnisse die Nutzung eines Portals erschwert oder gar verweigert.

So wird es zukünftig zu einer Reihe von Versuchen kommen, die Benutzerschnittstelle zu standardisieren und zu vereinfachen. In welche Richtung sich diese Vereinfachung entwickeln wird, ist derzeit noch nicht absehbar. So gibt es Portale, die Topic Maps als Visualisierung von Begriffen und Wissen untereinander verwenden, während andere Portale auf natürlichsprachige Suchfunktionen setzen oder eher starre Mechanismen, wie Portlets und Menüstrukturen verwenden. Bis zu einer einfachen und einer allgemein verständlichen standardisierten Portalstruktur wird so noch einige Zeit vergehen.

Universalität

Portale werden zukünftig eine universelle Kommunikationsplattform. Damit ist sowohl der universelle und jederzeitige Zugriff auf die Inhalte eines Portals über unterschiedliche Kommunikationskanäle gemeint, als auch die vollständige Abbildung der gesamten Kommunikationsprozesse.

Universeller Zugriff

Die Technologie von Portalen und die bereits vorhandenen technischen Standards sowie der Anspruch des Internets nach Offenheit und Zugänglichkeit fördern die Möglichkeiten, auf ein Portal zuzugreifen. So ist es technisch kein Problem mehr, auf ein

Portal über Sprache, über mobile Geräte oder über ein entsprechend ausgestattetes Fernsehgerät zuzugreifen. Für viele dieser Zugriffsmöglichkeiten gibt es entsprechende Standards.

Damit wird es möglich, Portale tatsächlich zu jedem Ort und zu jeder Zeit zu nutzen. Dementsprechend müssen sich Portale und deren Betreiber darauf einstellen, eine Vielzahl von Zugriffsmöglichkeiten zu unterstützen. So könnte ein Portal, das einen Call-Center-Mitarbeiter bei der Beantwortung von Fragen unterstützt, ebenso über Sprache durch den Fragesteller direkt zugänglich sein und so die Arbeit des Call-Center-Mitarbeiters vereinfachen. Damit führt der Bedarf nach einem universellen Zugriff automatisch aber auch zum Bedarf nach einer Portalplattform. Denn warum sollte der Kunde in seinem Unternehmensportal andere Informationen und Prozesse finden als in seinem sprachgesteuerten Portal in dem er auf die Call-Center-Struktur zurückgreift? Der universelle Zugriff stellt die Unternehmen also vor das Problem, dass sie noch sehr viel mehr ihre Prozesse aus Kundensicht gestalten müssen, da nur dann sichergestellt wird, dass die richtigen Zugriffsgeräte unterstützt werden. Zusätzlich setzt diese Universalität im Zugriff die entsprechende einfache Benutzerschnittstelle voraus.

Portale werden durch diese Universalität also zunehmend die Basis für die Kommunikation mit dem Kunden und können die bisher genutzten Kommunikationskanäle auf einer zentralen Plattform vereinen. Damit wird deutlich, dass diese Plattform die Kommunikation universell unterstützen können muss.

Universelle Kommunikation

Neben dem universellen Zugriff auf ein Portal spielt auch die Universalität eines Portals in der Kommunikation zukünftig eine wichtige Rolle. So muss sich ein Portal nicht auf eine bestimmte Stufe in der Kommunikation beschränken wie es etwa die Zeitung oder das Radio müssen. Ein Portal kann den gesamten Kommunikationsprozess von der Anbahnung über die Beratung bis hin zur Transaktion und zum Service unterstützen oder sogar komplett durchführen. Hinzu kommt, dass dieser Prozess in Echtzeit ablaufen und komplett ohne Kommunikationsbrüche und damit Verluste durchgeführt werden kann. Zusätzlich kann das Internet fast alle Reize (mit Ausnahme der Haptik – also dem Anfassen) ansprechen und unterstützt damit die Kommunikation fast optimal. Diese Möglichkeiten sind unter den vorhandenen Kanälen nahezu einzigartig. So fehlt dem Telefon beispielsweise der visuelle und der haptische Reiz.

Natürlich setzt diese Universalität entsprechende Technologien voraus. Sie sind bereits jetzt zum Großteil verfügbar, etwa die Prozessportaltechnologie der abaXX Technology AG, die die Abbildung des universellen Kommunikationsprozesses erlaubt. Der Einsatz einer solchen Technologie setzt die Bestimmung der Kunden- und Kommunikationsprozesse voraus und ist in vielen Unternehmen trotz der CRM-Bemühungen noch lange nicht abgeschlossen.

Autonomität

Die logische Konsequenz aus einer einfachen Bedienung und damit Nutzung und der angesprochenen Universalität sowohl im Zugriff als auch in der Nutzung ist die Autonomie eines Portals. Autonomie bedeutet im Falle eines Portals das selbsttätige Treffen von Entscheidungen bzw. das weittestgehende Vorbereiten von Entscheidungen, die anschließend von einer Kontrollinstanz gefällt werden. Portale werden damit von einer entscheidungsunterstützenden zu einer entscheidungsvorbereitenden und -durchführenden Instanz. Basis dafür sind nicht etwa „selbstdenkende" Technologien, sondern vielmehr die Abbildung des Wissens der Mitarbeiter und der Nutzer eines Portals und natürlich die ständige Kontrolle dieses Wissens.

Das Erreichen einer Autonomie eines Portals wird in Stufen erfolgen. Zuallererst werden Standardprozesse mit einer einfachen Ausnahmebehandlung im Portal ablaufen. Diese Prozesse gibt es bereits heute in Bankingportalen (etwa das Aktienordern zu einem bestimmten Niedrigkurs) oder in Service-Portalen. Das Verhalten und die Ausführung eines solchen Prozesses kann überwacht und aufgezeichnet werden und führt über die Auswertung zu wertvollem Wissen über den Prozess. Durch eine entsprechende Anpassung werden dieser Prozess und seine Ausnahmen immer weiter verbessert und die Intelligenz des Portals erhöht. Ein solches Konzept wird etwa von der IDS Scheer AG und der abaXX Technology AG unter dem Begriff Business Process Lifecycle Management erprobt. Die zunehmende Intelligenz eines Portals führt zu einer immer größeren Autonomie, die durch wissensverarbeitende Technologien (etwa Data Mining oder Constraints) weiter erhöht werden kann.

Die Autonomie von Entscheidungen und Prozessen in Portalen wird sich zuerst in Kunden- und Partnerportalen niederschlagen. Aber auch Mitarbeiterportale werden zukünftig Entscheidungen unterstützen oder auch selbsttätig treffen. Ein einfaches Beispiel wäre etwa die Genehmigung von Reisen, die einen bestimmten Wert unterschreiten. Damit können Portale in Unternehmen und für Unternehmen zu effektiven Steuerungsinstrumenten werden. Voraussetzung dafür ist ebenso wie für die Universalität die Integrativität von Portalen.

Integrativität

Um den vorher beschriebenen Entwicklungstendenzen gerecht zu werden, ist es notwendig, dass Portale integrativ sind, dass heißt auf der einen Seite, umfangreiche Dienstleistungen für den Nutzer zu integrieren und auf der anderen Seite mit den entsprechenden Systemen zu integrieren. Während das letzte eine eher technische Integration darstellt, die bereits heute über eine Vielzahl von Schnittstellen bewerkstelligt werden kann, stellt die nutzerorientierte Dienstleistungsintegration heute noch die Schwachstelle vieler Portale dar.

Nutzerorientierte Integration

Die Anforderungen der Nutzer nach Unterstützung des gesamten Kommunikationsprozesses oder auch nach einer verstärkten Selbstbedienung im Portal fördern die Integration unternehmensfremder Dienstleistungen und Produkte. So werden zukünftig Fluglinien nicht mehr nur Flüge in Ihren Portalen anbieten, sondern dynamisch Reisen, bestehend aus unterschiedlichen Bausteinen, zusammenstellen lassen. Dazu sind die Angebote und Informationen anderer Anbieter zu integrieren. Das gleiche gilt für Webportale, die bereits heute einen Großteil Ihrer Informationen aus externen Contentquellen beziehen. Ein weiteres sehr gutes Beispiel für diese Integration stellt Google dar, die mit ihrem Newsservice genau diese kundenorientierte Integration zeigen: News, gewichtet nach ihrer Relevanz im Internet aus den verschiedensten Quellen zu einer Oberfläche zusammengeführt.

Natürlich findet diese Entwicklung in gleicher Form auch bei anderen Nutzergruppen wie Partnern statt. Auch dort wird das Portal zunehmend alle Funktionen und Dienstleistungen abhängig vom einzelnen Partner darstellen und nicht verschiedene Portale für unterschiedliche Produkte bereithalten. Zudem wird das Portal die Zusammenarbeit zwischen einzelnen Partnern oder dem Unternehmen fördern. Stichwort: Collaboration. Auch Mitarbeiterportale werden diese Form der Integration nutzen. Sie ist bei diesen sogar noch notwendiger, da ein Geschäftsprozess bereits heute aus dem Zusammenführen unterschiedlicher Informationen besteht.

Technisch realisiert wird diese Form der Leistungsintegration sicherlich zukünftig vermehrt über WebServices.

Technische Integration

Neben der dynamischen Integration einzelner Dienstleistungen anhand des Nutzerbedarfs wird es auch weiterhin die statische Integration der vorhandenen Systeme geben. Mit dieser Integration werden die vorhandenen Systeme eines Unternehmens in ein Portal eingebunden, um einzelne Prozessschritte abzudecken. Da sich aber die internen Prozesse eines Unternehmens im Normalfall von den Prozessen des Nutzers eines Portals unterscheiden, hat ein Portal eine entsprechende Anpassung zu leisten, es muss also selbst in der Lage sein, Prozesse durchzuführen (Prozessportal).

Die technische Integration beschränkt sich damit also eher auf einzelne Funktionen als darauf, ein gesamtes System in ein Portal zu integrieren. Bisherige Ansätze einfach Oberflächen von Systemen als Portlets in ein Portal einzubinden, gehen damit eindeutig zu kurz und werden kurz- bis langfristig durch prozessorientierte Ansätze ersetzt werden. Abbildung 3 verdeutlicht dies.

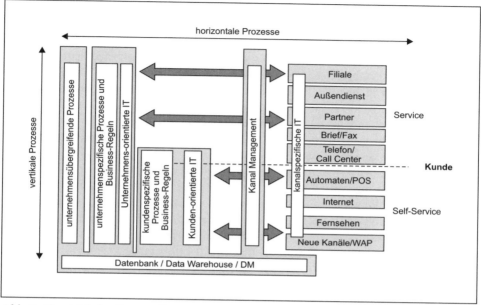

Abb. 3: Vergleich der Prozesse[10]

Sicherheit

Damit Portale diese umfassenden Kommunikationsplattformen, wie sie oben beschrieben wurden, werden können, brauchen sie vor allem eins: die Akzeptanz ihrer Nutzer. Und die steht und fällt vor allem mit einer Eigenschaft: Sicherheit. Portale werden sicherer werden. Sei es durch die Durchsetzung der digitalen Signatur, sei es durch neu entwickelte Mechanismen oder sei es durch neuartige Autorisierungsmechanismen wie die Biometrik. Der Grund dafür ist einfach. Je komplexer die Prozesse werden, je mehr an Kommunikation in ein aus Nutzersicht anonymes Portal verlagert wird, um so größer ist auch der Bedarf nach entsprechenden Schutzmechanismen für die eigenen Daten. In diesem Punkt müssen sich auch die Betreiber von Portalen wandeln und etwa Garantien für die Sicherheit bieten. Nur dann lassen sich die oben genannten Effekte, wie universelle und autonome Portale erreichen und die gewünschten Kostenspareffekte erzielen.

Die oben beschriebenen Entwicklungstendenzen sind sicher nicht vollständig. Viele dieser Tendenzen sind aber bereits absehbar oder in Teilbereichen schon verwirklicht. Eines ist aber in jedem Fall sicher: Portale werden zu einem vollständigen und vollwertigen Kommunikationsmittel von Unternehmen und Nutzern.

---

10 Vgl. Sebastian Grimm, Jürgen Röhricht: „Die Multichannel Company". Galileo Verlag Bonn, 2003.

5.   Zukunftsszenario

Wenn man sich die zukünftige Entwicklung von Portalen anschaut, stellt man sich sicher zuerst die Frage, welche Portale es geben wird. Am einfachsten lässt sich diese Frage aus den unterschiedlichen Nutzersichten beantworten. Ganz deutlich wird dabei, dass es nicht mehr viele Portale für verschiedene Nutzergruppen geben wird, sondern dass es ein Portal für ein Unternehmen oder für die einzelnen Marken des Unternehmens geben wird. Diese Portale bündeln jeweils alle Funktionen, Prozesse und Kommunikationsinstrumente aller Nutzergruppen. Je nach Nutzergruppe wird der Funktionsumfang dynamisch angepasst oder durch den Nutzer selbst bestimmt. Ein solches Portal wird sicher über eine einfache und eingängige Benutzeroberfläche und Benutzerführung verfügen. Diese Benutzerschnittstelle wird standardisiert sein und dem Nutzer die Wahl zwischen unterschiedlichen Zugriffsmethoden lassen. Unterhalb dieses zentralen Portals kann es dann je nach Bedarf für einzelne Nutzergruppen spezifische Portale geben, die auch direkt angesteuert werden können. Auf Kundenseite wird dieses Portale die unterschiedlichen Teilprozesse des Kundenkommunikationsprozesses (wie Information, Beratung, Transaktion und Service) integriert zusammenfassen und dabei auch auf externe Dienstleistungen dynamisch zurückgreifen. Gleiches gilt entsprechend für Partner.

Für Mitarbeiterportale bedeutet dieser Ansatz, dass sie die gleiche Basis, wie die Kundenportale benutzen, nur andere Prozesse und Sichten unterstützen. Somit stehen dem Mitarbeiter die gleichen Informationen, wie dem Kunden oder dem Partner zur Verfügung. Damit wird durch ein Portal der durch die CRM-Orientierung oft gepredigte Ansatz „One view to the customer" Realität.

Hinzu kommen wird eine völlig neue Form von Portalen. Man könnte sie als persönliche Portale bezeichnen. Diese Portale werden im Zuge der immer weiter fortschreitenden Integration der Haushaltsgeräte in das Internet entstehen. So gibt es bereits heute Anwendungen, etwa von Bang und Olufsen, bei denen Hifi-Geräte über eine Art Portal gesteuert werden. So kann etwa das Portal über das Internet Songs laden und diese über die Hifi-Anlage abspielen. In die gleiche Richtung zielt die I-Tunes Initiative von Apple. Je mehr solcher Geräte im Haushalt vorhanden sind, um so notwendiger wird aber die Integration über eine gemeinsame Oberfläche.

Analog den Veränderungen auf Nutzerseite gibt es Veränderungen auf Unternehmensseite. Um die Anforderungen der Nutzer eines Portals abbilden zu können, müssen Unternehmen notwendigerweise Portalplattformen aufbauen, also die bisher vorherrschenden unterschiedlichen Produkte für unterschiedliche Nutzergruppen vereinheitlichen. Dies wird zuerst bei den kundenorientierten Abteilungen der Fall sein, d. h., der Call-Center-Mitarbeiter wird sicherlich zuerst die gleiche Portalbasis benutzen wie der Kunde und der Partner. Gleichzeitig werden die bereits installierten Mitarbeiterportale mit den Kunden- und Partnerportalen zusammenwachsen müssen.

Funktionell werden diese Portalplattformen zwei hauptsächliche Kriterien erfüllen müssen. Die Unterstützung, Abbildung und Automatisierung von Prozessen sowie langfristig die Abbildung von Wissen. Damit werden Portale das hauptsächliche Arbeits- und Kommunikationsinstrument eines Unternehmens.

Auf Unternehmensseite wird es aber noch eine weitere Entwicklung geben, die auf die Entwicklung von Portalen zurückzuführen ist. So wird es eine Aufteilung der Unternehmen in Produzenten und Nutzern von Inhalten geben, wobei ein Unternehmen beide Rollen übernehmen kann. So gibt es bereits heute bei einer Reisebuchung nur zwei oder drei Produzenten von Inhalten, d. h. Unternehmen, die eine vollständige Datenbank aller Flüge oder Ferienhäuser aufgebaut haben. Demgegenüber stehen eine Vielzahl von Nutzern dieser Inhalte. Gleiches gilt etwa auch für den Buchverkauf, wo amazon eine mittlerweile sehr starke Rolle als Contentproduzent (in diesem Fall für Bücher) erreicht hat. Gerade die Orientierung am Kundenprozess fördert diese Entwicklung, da ein Kundenprozess Inhalte unterschiedlicher Quellen benötigt. Man denke dabei nur an den Autokauf, der neben den technischen Informationen zum Auto auch Finanzierungs- und Versicherungsangebote umfasst.

Unterstützt wird dieses Zukunftsszenario durch die Entwicklung entsprechender Technologien. So wird es in naher Zukunft Benutzerschnittstellen geben, die sich an unterschiedliche Ansprüche anpassen lassen und die einfach und intuitiv zu bedienen sind. Diese Schnittstelle wird sich neben den bereits vorhandenen Portlets oder Menüstrukturen auch aus weiteren Bausteinen zusammensetzen, etwa Topic Maps oder natürlichsprachigen Eingabemechanismen. Ein weiteres technisches Problem ist bereits durch Webservices und andere Technologien gelöst – etwa die einfache Zusammenführung von unterschiedlichen Quellen. Aber auch dabei wird es in Zukunft neue Technologien geben, die eine Integration vor allem durch den Nutzer eines Portals weiter vereinfachen. So muss es, gerade wenn man dem Szenario persönliches Portal folgt, möglich sein, selbst eigene Inhalte in sein Portal zu integrieren – etwa ein neues Haushaltsgerät, dass über dieses Portal gesteuert wird.

Dieses Zukunftsszenario kann aber nur eine Möglichkeit von vielen darstellen. Ebenso wie Trends ständigen Veränderungen unterworfen sind, sind auch die Auswirkungen dieser Trends nicht vollständig vorhersehbar. So kann auch dieses Zukunftsszenario nur eine persönlich gefärbte Wiedergabe und Adaption von möglichen Entwicklungen sein.

Stichwortverzeichnis

Die Autoren

Prof. Dr. Christian Bachem ist Geschäftsführer der Beratungunsfirma .companion, einer unabhängigen Strategieberatung für Marketing-Management im E-Business mit Sitz in Berlin und San Francisco. Seit 1996 lehrt Professor Bachem an verschiedenen Hochschulen unter anderem im Rahmen von MBA-Programmen an der Uni St. Gallen und der Steinbeis Hochschule Berlin. Seit April 2003 hat Christian Bachem eine Professur an der Fachhochschule für Technik und Wirtschaft Berlin. Seine dortigen Arbeitsschwerpunkte sind Marketing-Management, Handelsmarketing und Neue Medien.

Dr.-Ing. Rainer Bamberger ist Vorstandsvorsitzender der Infoman AG, die SW-Produkte im Bereich Kundenkommunikation über die Kanäle Telefon, Web, Mail, Fax, Brief etc. herstellt. Zu den Kunden zählen DaimlerChrysler, Homag, Bausparkasse Schwäbisch Hall und die Deutsche Telekom. Dr. Bamberger ist Lehrbeauftragter an der Universität Stuttgart für das Lehrgebiet internationales Technologiemanagement. Er studierte in Karlsruhe Wirtschaftsingenieurwesen und promovierte am Fraunhofer IAO im Themengebiet der ERP-Systeme.

Dipl.-Inf. Stefan Bohlmann ist Mitgründer und Geschäftsführender Gesellschafter der btexx business technologies GmbH mit Sitz in Wiesbaden. Seine fachlichen Schwerpunkte sind die Bereiche mySAP Enterprise Portal, SAP NetWeaver, Web Application Development und IT-Security.

Dr. Winfried Felser studierte Informatik und Betriebswirtschaft an der Universität Paderborn und an der Fernuniversität Hagen. Von 1993 bis 1996 promovierte er als Stipendiat des Heinz Nixdorf-Instituts im Bereich wiederverwendungsorientierter Softwareentwicklung. Von 1996 bis 1998 arbeitete er dann bei einer Unternehmensberatung, bevor er 1998 stellvertretender Leiter am Fraunhofer-ALB in Paderborn wurde. Dort beschäftigte er sich unter anderem mit Kompetenzmanagement in Unternehmens-Netzwerken. Die Arbeiteten in diesem Bereich führten 1999 zur Gründung von NetSkill. Als Vorstand der NetSkill AG ist er heute für die Kompetenz-Plattform www.Competence-Site.de verantwortlich und unterstützt Großorganisationen und Verbände bei der Konzeption und Realisierung von Kompetenz-Plattformen.

Dr. Ivo Geis ist Rechtsanwalt in Hamburg unter anderem mit Schwerpunkt im Recht der Informationstechnologie. Zu diesem Rechtsgebiet nimmt Dr. Geis auch in seinen Veröffentlichungen Stellung. Dr. Geis ist Mitglied des Gesetzgebungsausschusses für Informationsrecht des Deutschen Anwaltvereins.

Prof. Dr. Peter Gentsch ist Mitgründer und Leiter des Competence Center-Wissensmanagement des Instituts eBusiness & Management an der Steinbeis Hochschule Berlin. Er ist seit vielen Jahren als Consultant und Coach für namhafte Industrie- und Dienstleistungsunternehmen tätig. Professor Gentsch hat zahlreiche Projekte im Bereich E-Business, CRM und Wissensmanagement geleitet und durchgeführt. Zudem ist er Autor zahlreicher nationaler und internationaler Veröffentlichungen zu den Themen Innovationsmanagement und E-Commerce.

Sebastian Grimm ist als Manager Strategic Research and Analyst Relations für die abaXX Technology AG tätig, einem auf Portaltechnologien spezialisierten Softwarehaus aus Stuttgart. Zuvor war er bei der Mercedes Benz Accessories unter anderem für den Aufbau diverser Kundenportale zuständig. Er ist Diplom-Betriebswirt und beschäftigte sich schon während des Studiums mit Krisenmarketing und mit Trends im Marketing. Sebastian Grimm ist Mitglied des German Business Network und der National Geographic Society.

Prof. Dr. Martin Grothe setzt sich in Wissenschaft und Praxis mit dem zielgerichteten Einsatz von virtuellen Medien und analytischen Business Intelligence-Lösungen auseinander: Am Institute of Electronic Business (www.ieb.net), einem An-Institut der Universität der Künste Berlin steht die Entwicklung virtueller Gemeinschaften im Mittelpunkt: Solches „Community Building" bezieht sich zunehmend auf Wissensmanagement, Blended-Learning-Konzepte und aufgabenbezogene Zusammenarbeit („Collaboration") in Unternehmen oder Netzwerken. Praxisprojekte für Unternehmen zielen ab auf die Entwicklung von Wissensaustausch, Partner(ein)bindung, Zusammenarbeit und Intranet/Extranet-Konzepte sowie die Weiterentwicklung von Controlling- und Business Intelligence-Lösungen (mit einem Schwerpunkt auf multidimensionale OLAP-Modelle).

Thorsten Gurzki studierte Informatik an der Universität Stuttgart. Er ist Projektleiter und Koordinator für internationale Forschungs- und Beratungsprojekte im Competence Center Electronic Business Integration am Fraunhofer-Institut für Arbeitswirtschaft und Organisation (IAO). Schwerpunkte seiner Arbeit liegen in den Bereichen Strategien und Technologien für Vertrieb und Beschaffung, Enterprise Architectures, IT-Wirtschaftlichkeitsbetrachtung sowie Softwaretechnik. Er ist Autor und Mitautor einer Vielzahl von Publikationen im Themenfeld Electronic Business und Dozent an verschiedenen Berufsakademien und Hochschulen.

Christoph Hammer ist Diplom-Kommunikationsdesigner (FH) und seit 15 Jahren im Multimedia-/Internetbereich mit den Schwerpunkten Konzeption, Business Development, Marketing und Projektleitung tätig. Seit 1999 arbeitet er als Senior Consultant E-Commerce/E-CRM bei der I-D Media AG.

Prof. Dr. Stefan Jugel ist Inhaber eines Lehrstuhls für Internationales Marketing an der University of Applied Sciences – FH Wiesbaden. Seit Jahren ist er begleitend zu seiner Hochschultätigkeit in verschiedenen Funktionen für junge, wachstumsstarke Unternehmen tätig: Er ist Vorsitzender des Aufsichtsrats der OSI Informationssysteme AG sowie Mitgründer der area5F AG, für die er als Interimsvorstand tätig war. Darüber hinaus sammelte er Erfahrung in weiteren Aufsichts- und Beiratsmandaten sowie als Gutachter für Venture-Capital-Beteiligungen. Vor seiner Hochschul- und Startup-Tätigkeit übte Professor Jugel verschiedene Positionen bei der Robert Bosch GmbH aus, zuletzt als Leiter Verkauf Westeuropa. Er hat Betriebs- und Volkswirtschaftslehre an den Universitäten Mannheim und Paris-Dauphine studiert und bei Prof. Dr. Hans Raffée in Mannheim promoviert.

Dr. Bernd-Ulrich Kaiser hat 1970 in organischer Chemie an der Universität Münster promoviert. Seit seinem Eintritt in die Bayer AG hat er verschiedene Stationen in Forschung, Produktion, Marketing, IT und Stab durchlaufen. Seit 1993 ist er verantwortlich für ISOM, das unternehmensweite Informationssystem für das Obere Management. Derzeit ist er Leiter „Business Information Architecture" im Bereich Bayer Business Services. Schwerpunkte neben ISOM: das Bayer-Intranet, unter anderem mit dem Mitarbeiterportal myBayNet und das Corporate Knowledge Management. Mehrere Artikel zum Thema Management Informationssysteme und Data Warehouse sowie Autor des Buches „Unternehmensinformation mit SAP®EIS".

Sue Lee ist für Springer Science + Business Media in Wiesbaden bei den GWV Fachverlagen im Stab der Geschäftsleitung tätig und für Online Marketing, Change Management und Innovationsmanagement zuständig. Zuvor war sie als Business Development und Channel Managerin eines internationalen Internet-Startup sowie mehrere Jahre im Marketing eines deutschen Chemiekonzerns in Südamerika tätig.

Detlef Müller-Solger, Diplom-Volkswirt, ist Berater und kaufmännischer Leiter der DiDACTO AG, Neuwied. Das Unternehmen bietet Aus- und Weiterbildungen, erbringt Beratungsdienstleistungen in den Bereichen Wissensmanagement und E-Goverment und ist Systemhaus. Bei der DiDACTO AG bringt Detlef Müller-Solger seine Erfahrungen als Geschäftsführer einer Medienagentur und als Strategieberater eines E-Business Inkubators ein. Zurzeit berät er die E-Bürgerdienste Baden-Württemberg.

Dr. Abdi Scheybani ist Director Sales und Consulting bei der Business Intelligence Group GmbH, zu deren Kunden Unternehmen wie Microsoft Deutschland, Otto Versand, Emnid und Ikea zählen. Inhaltliche Schwerpunkte sind Data Mining gestützte Direktmarketingoptimierung, Kundenwertmodelle, Online-Recommender-Systeme sowie strategisches Vertriebsontrolling mittels moderner Datenanalyseverfahren. Dr. Scheybani war sechs Jahre als Top-Management-Consultant bei A. T. Kearney tätig. Seine Projektschwerpunkte waren dort Strategieentwicklung, Restrukturierung und Sourcing, insbesondere in High Tech-Industrien. Als Leiter des Produktvertriebs und Strategischer Partner Manager der I-D Media AG gewann er wertvolle Praxiserfahrungen zu Themen wie CRM und E-CRM.

Marco Schmoeker studierte Informatik, mit Nebenfach Marketing an der Universität Hamburg. Er arbeitet seit 1999 bei der I-D Media AG als Senior Consultant im Bereich Marketing und E-CRM. Zuvor war er für verschiedene Firmen als Projektleiter von Internet-Projekten und in der Entwicklung von Internet- und DB-Anwendungen tätig. Er ist Autor mehrerer Publikationen zu Themen wie Betriebssysteme und Softwareentwicklung.

Prof. Dr. Dirk Stelzer ist Professor für Wirtschaftsinformatik, insbesondere Informations- und Wissensmanagement, an der Technischen Universität Ilmenau. Im Anschluss an das Studium der Betriebswirtschaftslehre arbeitete er an der Universität zu Köln und am Betriebswirtschaftlichen Institut für Organisation und Automation an der Universität zu Köln (BIFOA). Im Rahmen seiner Promotion beschäftigte sich Professor Stelzer mit Fragen der Sicherheit der Informationsverarbeitung. In seiner Habilitationsschrift diskutiert er verschiedene Konzepte des Softwarequalitätsmanagements. Seine aktuellen Forschungsschwerpunkte sind Informationsmanagement für digitale Güter, betriebliches Wissensmanagement sowie elektronische Business-to-Business-Marktplätze.

Dipl.-Informatiker Heiko Stock ist als SAP Platinum Consultant bei der SAP Deutschland AG & Co. KG in der Geschäftsstelle Hamburg tätig und für SAP Security Beratung und die Durchführung von Security Reviews verantwortlich.

Prof. Dr. Bernhard Wasmayr lehrt Betriebswirtschaftslehre, insbesondere Finanzierung, an der Fachhochschule Ludwigshafen am Rhein. Davor hat er als zuständiger Abteilungsleiter den Bereich „Beteiligungsfinanzierung" der Investitions- und Strukturbank Rheinland-Pfalz (ISB) GmbH aufgebaut und war Geschäftsführer der dort angesiedelten Venture-Capital-Gesellschaften. Professor Wasmayr studierte Volkswirtschaftslehre an der Johannes Gutenberg-Universität Mainz und promovierte am dortigen Institut für Finanzwissenschaft.

Gerald Wieder ist als Leiter Corporate IT Relations bei der Coca Cola Erfrischungsgetränke AG in Berlin im Bereich Business Systems tätig und betreut dort die Themenbereiche IT Strategie & Portfoliomanament, Multiprojektmanagement sowie IT-gestützte Prozessunterstützung/-optimierung. Gerald Wieder studierte Betriebswirtschaft mit dem Schwerpunkt Wirtschaftsinformatik und war für die IBM Deutschland GmbH, die Vobis Microcomputer AG, die Unternehmensberatung Arthur D. Little International Inc. und für die I-D Media AG tätig. Während seiner Zeit bei Arthur D. Little absolvierte er sein zweites Studium zum MBA. Für die I-D Media AG war er als Geschäftsführer der iCubate GmbH, einem Joint Venture mit dem Otto Versand tätig, wo er für die Muttergesellschaften neue internetbasierte Geschäftsmodelle entwickelte (siehe hierzu auch sein Buch: Internet-Geschäftsmodelle mit Renditen aus dem Jahr 2003).